云南省哲学社会科学研究基地2011年重点项目
云南师范大学省级重点学科"教育学"建设

云南高等教育史

封海清　张　磊◎著

科学出版社

北　京

内 容 简 介

本书是一部云南高等教育通史，立足中国教育及云南经济与社会发展的大背景，全面展现了从明清书院教育到改革开放时期云南高等教育发展的宏观历史图景，可以使读者尽览云南高等教育的艰难曲折与多彩辉煌。本书以严谨的历史学方法，在丰富的史料基础上多方考辨，不但复原了云南高等教育的发展史，而且对云南高等教育史中的若干重要问题提出了新的观点；并研究了学界未曾涉及的一些方面。本书既有助于促进云南高等教育史的研究和教学，又有助于整体把握中国高等教育发展的普遍性和多样性，对于云南高等教育政策的制定也具有参考价值。

本书适合从事高等教育研究及管理的人员、高等教育学科的研究生，以及对云南教育史感兴趣的读者阅读。

图书在版编目（CIP）数据

云南高等教育史/封海清，张磊著．—北京：科学出版社，2018.12
ISBN 978-7-03-059753-3

Ⅰ.①云… Ⅱ.①封… ②张… Ⅲ.①地方教育－高等教育－教育史－云南 Ⅳ.①G649.287.4

中国版本图书馆CIP数据核字（2018）第277116号

责任编辑：朱丽娜 刘曹芃 崔文燕/责任校对：韩 扬
责任印制：徐晓晨/封面设计：润一文化

编辑部电话：010-64033934

E-mail：edu_psy@mail.sciencep.com

科学出版社 出版
北京东黄城根北街 16 号
邮政编码：100717
http://www.sciencep.com

北京中石油彩色印刷有限责任公司 印刷
科学出版社发行 各地新华书店经销

*

2018年12月第 一 版 开本：720×1000 B5
2018年12月第一次印刷 印张：25
字数：500 000

定价：128.00元
（如有印装质量问题，我社负责调换）

目　　录

第一章

古代云南的高等教育

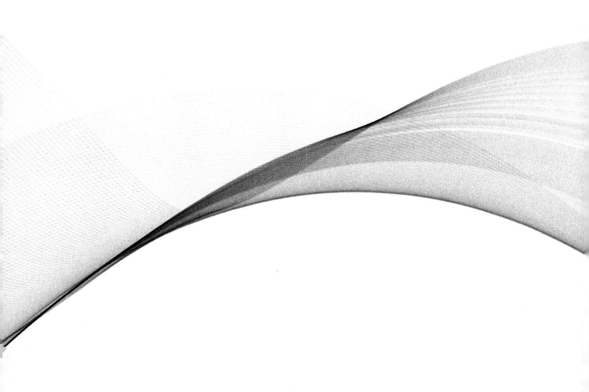

第一节　古代云南教育的发展

一、汉唐间云南教育的艰难起步与迟缓发展

（一）关于云南教育源头的考辨

清康熙时期，云贵总督范承勋在其《改建省城府县学宫记》一文中曾言："云南有学始于汉章帝元和二年，其说存，其地未可深考。自汉以下，历时兴替，亦未有定所。迨元而建置始可考焉。"[①]这段话一方面说明云南以儒学为主的学校教育开始于东汉；另一方面说明，早在三百多年前的清朝，人们对于元朝以前的云南教育已因史料之不足征而无法详细了解。

所以在没有获得新的材料之前，对于云南教育的历史我们虽可上溯于两汉，而真正可以了解其整体面貌的，还是只能起自元代。

春秋战国时期，滇池及周围地区分布着"滇""劳浸""靡莫"等数十个部落，其中以"滇"为大。"耕田，有邑聚。"而"西至同师（今保山），北至叶榆（今大理）"的今滇西地区则居住着"名为巂、昆明"的部族，"皆编发，随畜迁徙。毋长处，毋君长"[②]，还处于以原始畜牧业为主的阶段。而此时期滇池地区已进入青铜时代，创造出了以农耕为主的青铜文化，农业和畜牧业、手工业的分工已经完成。但从已发掘的考古文物看，在西汉中期以前滇池地区青铜时代的第一、第二期墓葬随葬器物中，"不见中原地区传入的器物"[③]。这些都说明此时期云南和

[①]　周钟岳等：《新纂云南通志》卷 132《学制考二》，昆明：云南人民出版社，2007 年，第 478 页。

[②]　（汉）司马迁：《史记》卷 116《西南夷列传》，北京：中华书局，1982 年，第 2991 页。

[③]　王大道：《滇池地区的青铜文化》。《云南省博物馆学术论文集》，昆明：云南人民出版社，1989 年，第 147 页。

中原地区的经济文化交流不甚密切，因而受中原汉文化的影响不大。总体发展水平的低下使教育未能成为独立的社会部门。综合历史文献和考古资料来看，尚无反映学校教育出现的信息。

但是，中原文化在云南的传播及教育活动并未完全中断。据《史记·西南夷列传》载："始楚威王①时，使将军庄蹻将兵循江上，略巴、黔中以西……蹻至滇池，（地）方三百里，旁平地，肥饶数千里，以兵威定属楚。欲归报，会秦击夺楚巴、黔中郡，道塞不通，因还，以其众王滇，变服，从其俗，以长之。"②庄蹻王滇后，积极传播内地文化，"以声教诱服诸夷，夷人皆悦"③。这是目前可见的最早在云南开展中原文化教育的文字记载。冯甦为清初云南官吏，所说不知所据，但庄蹻入滇后将中原文化传播于云南应是顺理成章之事，冯甦所记不应是空穴来风。

自汉武帝经略西南以后，云南的儒学教育开始逐渐形成。但究竟发端于何时，迄今为止这还是一个真伪错乱、莫衷一是的问题。

倪蜕《滇云历年传》卷2云："司马迁立讲堂于叶榆，为滇云讲学之始。"④此说源于司马迁之经略西南夷的传说。据方国瑜先生引司马迁《自序》考证，司马迁元封元年（公元前110年）奉使西征巴蜀以南，"曾'远略'昆明，但未尝至其地。更无'立讲堂'之事"⑤。倪氏所说出于附会。

另一种广为流传的观点是汉武帝时叶榆（今大理）人张叔、盛览因师从司马相如而成为云南最早的儒学传播者和教育家。云南教育史研究成果多采用这一观点。较有影响的《云南省志·教育志》《云南民族教育概况》《云南教育简史》《云南教育史》等均持此说。其所本均为明代李元阳所撰万历《云南通志》，主要依据为以下四条。

第一，卷1《地理志一》：元封二年，"以中郎将司马相如持节开越嶲，按道侯韩说开益州，授经教学，今云南有古汉学基"。注"见《南中志》"。

第二，同卷又云："元封二年，使司马相如入西夷，冉駹、叶榆之君皆请为内臣，士人盛览从相如学，归授乡人，文教之开始此。"

第三，卷11《人物志第七》，"盛览"注引《古今书尺》云："（盛览）字长

---

① 楚威王在位时期为公元前339年～公元前329年。常璩《华阳国志·南中志》认为庄蹻入滇事在楚顷襄王时期（公元前298年～公元前262年）。刘琳先生在《华阳国志校注》（巴蜀书社1984年版）中经考辨亦认为其事"应在顷襄王之世"（第338页）。

② （汉）司马迁：《史记》卷116《西南夷列传》，北京：中华书局，1982年，第2993页。

③ （清）冯甦：《滇考》卷上，《中国西南文献丛书·西南史地文献》第10卷，兰州：兰州大学出版社，2004年，第364页。

④ （清）倪蜕：《滇云历年传》卷2，云南省图书馆藏翻刻本。

⑤ 方国瑜：《〈史记·西南夷列传〉概说》，《云南史料丛刊》第1卷，昆明：云南人民出版社，1990年，第2～3页。

通，叶榆人。学于司马相如，所著有《赋心》四卷。有司马相如答书云：'词赋者，合綦组以成文，列锦绣而为质，一经一纬，一宫一商，此赋之迹也。赋家之心，包括宇宙，总览人物，斯乃得之于内，不可得而传。'"

第四，称引《太平御览》："张叔，叶榆人，天资颖出，过目成诵。俗不知书，叔每疾之，思变其俗。元狩间，闻司马相如至若水造梁，遂负笈往，从之授经，归教乡人。"①

李元阳此说一出即被广泛采用，谢肇淛的《滇略》、冯甦的《滇考》、倪蜕的《滇云历年传》、师范的《滇系》及清代康熙、乾隆、道光的《云南通志》等皆从之，遂使影响广泛。

实际此说纯属子虚乌有。早在1958年，方国瑜先生就撰文指出：李元阳所说是出于附会和虚构，并没有这些事实。其理由如下。

第一，据《西京杂记》卷2，盛览为"牂牁名士"，牂牁设郡在西汉元鼎六年（公元前111年），而司马相如卒于元狩六年（公元前118年），那时还没有牂牁郡。

第二，李元阳称引《太平御览》，"但检《太平御览》无此文"。

第三，张叔事实套取《汉书·文翁传》故事的虚构。②

在方国瑜先生考辨的基础上，我们再按李元阳的说法逐条做进一步的分析：李氏所言四条材料，除第三条材料来源于《西京杂记》卷2"百日成赋"条外，第一、二、四条均未见于《史记》《汉书》《后汉书》等两汉及以后史籍，不知其所本。

第一条材料据李元阳言，来源于《华阳国志·南中志》。然查《南中志》，有"相如持节开南中，按道侯韩说开益州"，并无"授经教学"等语。查《史记·卫将军骠骑列传》附《韩说传》，韩说元鼎六年因"击东越有功，为按道侯"，无开益州事，《汉书》同。

第二条材料谓元封二年（公元前109年）司马相如"入西夷"，致使冉駹、叶榆等请为内臣。然在出使时，司马相如为回击反对经略西南夷的大臣及坚定汉武帝的决心，曾写下《难蜀父老书》，载于《史记·司马相如列传》。该文起始即言："汉兴七十有八载"，当为汉武元光六年（公元前129年），早于元封二年20年，且元封二年司马相如已辞世9年矣，何来入西南夷？李元阳所言相如出使时间有误。《史记》本传载：唐蒙略通夜郎后，邛、笮君长皆欲内附，汉武帝"乃拜相如为中郎将，建节往使。副使王然于、壶充国、吕越人驰四乘之传，因巴蜀

---

① （明）邹应龙修，李元阳：《云南通志》，云南省图书馆藏万历四年刻本抄本。

② 方国瑜：《汉晋至唐宋时期在云南传播的汉文学》，《方国瑜文集（第一辑）》，昆明：云南教育出版社，1994年，第351页。

吏币物以赂西夷……至蜀，蜀太守以下郊迎，县令负弩矢先驱，蜀人以为宠……司马长卿便略定西夷，邛、筰、冉、駹、斯榆之君皆请为内臣。"[1]这说明司马相如略定西南夷较为顺畅，仅到蜀地，即因给予大量财物而使邛、筰、冉、駹、斯榆的部落酋长内附，相如并未到若水以西、以南。而且，"其后人有上书言相如使时受金，失官"[1]，即司马相如被人举报出使巴蜀时受贿，因此被免职。因而司马相如在彼时既没有机会也无心收盛览、张叔为徒。

第三条材料说盛览"学于司马相如，所著有《赋心》四卷"，则与其所本之《西京杂记》有所出入：《西京杂记》"百日成赋"条下云："其友人盛览，字长卿。牂牁名士，尝问以作赋。相如曰：'合纂组以成文，列锦绣而为质，一经一纬，一宫一商，此赋之迹也。赋家必包括宇宙，总览人物，斯乃得之于内，不可得而博览。'乃作《合组歌》、《列锦赋》而退。终身不敢言作赋之心矣。"[2]是盛览自知不如司马相如而终身不敢作赋，何来《赋心》四卷？

第四条材料述张叔从司马相如学经事，通览《太平御览》未见有关于叶榆张叔负笈师从司马相如学经的记载。方国瑜先生已指出其实乃套取《汉书·文翁传》故事而虚构出叶榆张叔。《汉书·文翁传》载："孝景末，（文翁）为蜀郡守……选郡县小吏开敏有才者张叔等十一人……遣诣京师，受业博士。"[3]李元阳实据此而张冠李戴且加以演绎。其实，早在修撰《新纂云南通志》时，周钟岳等已指出鄂尔泰《云南通志》将《文翁传》中的蜀郡小吏张叔事迹混入的错误[4]。但最早混淆张叔者，还不是李元阳。民国《大理县志》卷27《艺文部三》中收录有明人高奣所作《大理乡贤祠记》，即有"大理古梁州域，汉置郡建学，张叔从司马相如授经，归教乡人，而乡献自此始"之说。大理乡贤祠由大理知府汪标主持修建于明宪宗成化年间（1465～1487年），早于李元阳撰写《云南通志》近百年。李元阳之说盖源于此。

据此而言，所谓张叔、盛览负笈师从司马相如学经之说多为附会与杜撰，极不可靠。蔡寿福《云南教育史》称"据《太平御览》载，叶榆人张叔，叶榆人盛览'闻司马相如至若水造梁，遂负笈往，从之受经，归教乡人'"[5]。实属谬传。

（二）汉唐间云南的学校教育撮要

当然，李元阳的错误及后人的误信谬传并不能说明西汉时期云南尚无学校

---

[1] （汉）司马迁：《史记》卷117《司马相如列传》，北京：中华书局，1982年，第3046～3047、3053页。

[2] （晋）葛洪撰：《西京杂记》卷2，西安：三秦出版社，2006年，第63页。

[3] （汉）班固：《汉书》卷89《文翁传》，北京：中华书局，1962年，第3625页

[4] 周钟岳等：《新纂云南通志》卷188《汉至元耆旧传》，昆明：云南人民出版社，2007年，第184页。

[5] 蔡寿福：《云南教育史》，昆明：云南教育出版社，2001年，第132～133页。

教育。经过汉武帝自建元至元封三十余年对西南夷的经略，特别是在设置牂牁、越嶲、犍为、益州四郡后，中央政府对云南的直接管辖覆盖了云南的大部分地区，汉武帝"乃令天下郡国皆立学校官"的教育政策势必波及云南。

　　尤其值得注意的是：西汉在郡县设置地方官学的政策恰恰源于文翁早期在蜀郡的实践。《汉书·文翁传》："文翁……景帝末为蜀郡守。仁爱好教化，见蜀地辟陋，有蛮夷风。文翁欲诱进之，乃选郡县小史开敏有材者张叔等十余人，亲自饬厉，遣诣京师，受业博士……又修起学官于成都市中，招下县子弟以为学官弟子……由是大化，蜀地学于京师者比齐鲁焉。至武帝时，乃令天下郡国皆立学校官。自文翁始云。"① 蜀郡建立地方官学体系的办学模式可以北上影响汉代中央政府，亦可南下而影响毗邻的云南。

　　东汉时期云南已有学校教育。《后汉书·南蛮西南夷传》：肃宗（章帝）元和中（约公元 85 年），蜀郡王追② 为益州太守，在滇池地区"始兴起学校，渐迁其俗"③，是为云南开办地方官学的最早记载。清代同治时期云南巡抚岑毓英在《改建大理太和学宫碑记》中亦云："考诸《府志》，大理有学，始于汉元和三年。"④

　　常璩《华阳国志·南中志》中记载："（东汉）明、章之世，毋敛人尹珍，字道真，以生遐裔，未渐庠序，乃远从汝南许叔重受五经，又师事应世叔学图纬，通三材。还以教授，于是南域始有学焉。"⑤《后汉书·南蛮西南夷列传》亦载此事，惟时间记为桓帝时。这是云南学校教育起源的另一个说法。牂牁郡毋敛，经考证多认定为今贵州正安县或独山县。清代郑珍的《遵义府志》说："凡属牂牁县，无地不称先师"，可证乡人以其为贵州先贤。然亦有人认为云南省富源县为其故里，依据是富源在清朝就建有"尹珍故里"牌坊。无论其籍贯在哪，因尹珍一生从事教育，其影响波及牂牁全境，惠及云贵是可以肯定的。

　　亦常有学者引光绪二十七年（1901 年）五月于昭通白泥井出土的东汉《孟孝琚碑》所载孟孝琚"十二随官受《韩诗》，兼通《孝经》二卷"来佐证，至少在东汉时期，云南已建立了官办学校，开始了规范的学校教育。但孝琚"随官"受诗，是指在其父为县令的武阳（今四川彭山），并非在云南，因而似不能以此证明云南或昭通地区当时已有完备的儒学教育。但孝琚学《韩诗》以前应有一定的文化基础，其父为官前更应有较好的教育基础，当来源于今昭通地区的学校教育。

---

① （汉）班固：《汉书》卷 89《文翁传》，北京：中华书局，1962 年，第 3625 页。

② 方国瑜先生查阅《太平御览》卷 261 引《后汉书》作"王阜"，并据《华阳国志》《东观汉记·王阜传》确认"王追"为笔误。见前引方国瑜先生文。

③ （南朝）范晔：《后汉书·南蛮西南夷列传》，北京：中华书局，1965 年，第 2847 页。

④ 周钟岳等：《新纂云南通志》卷 132《学制考二》，昆明：云南人民出版社，2007 年，第 484 页。

⑤ （汉）常璩：《华阳国志》卷 4《南中志》，成都：巴蜀书社，1984 年，第 380 页。

上述史料共同反映了东汉时期云南在昆明、大理、曲靖和昭通地区已出现以儒学为主的学校教育。

东汉以后到元朝以前，云南教育的状况则尚未发现有较详尽的记载，所关史料多从侧面反映了学校教育仍在实施。《华阳国志·大同志》载：西晋"（太康）五年（应为三年，282 年），罢宁州，诸郡还益州，置南夷校尉，持节如西夷，皆举秀才贤良。"①《爨宝子碑》载："州主簿治中别驾，举秀才，为郡太守。"事在东晋安帝时期。《爨龙颜碑》亦载爨龙颜"举义熙十年（414 年）秀才，除郎中"。②这些都说明两晋时期云南已实行察举制，察举秀才、贤良。察举制至东汉虽有地方官挟私以售的弊病，但对于被举荐之人仍有文化标准方面的要求：东汉阳嘉元年，顺帝规定：郡国举孝廉"限年四十以上，诸生通章句，文吏能牋奏，乃得应选"，此后之察举"变荐举为课试"③。据此，被荐举为秀才贤良的前提是受过相当程度的教育。由此可以看出，云南的学校教育仍在进行中。

南诏、大理国时期，云南教育也在延续之中，惜无史籍详载，但亦可从史籍中看出端倪：

《滇载记》云：细奴罗之孙"晟罗皮之立，当（唐）玄宗先天元年（712 年），立孔子庙于国中"④。立孔庙具有宣示官方价值观的象征意义。既要奉儒学为圭臬，则必须以儒学教育为基础。至晟罗皮之孙阁罗凤时，又以相州（今河南安阳）郑回为子弟师。《新唐书·南诏传》载："郑回者，唐官也……阁罗凤重其淳儒……俾教子弟。"⑤阁罗凤之子凤迦异、孙异牟寻都曾以郑回为师学儒学，因此"异牟寻颇知书，有才智"。是为郑回传播儒学于南诏王族。《僰古通纪浅述》载：劝丰佑天启五年设立学校："是年，唐武宗改元会昌。建二文学，一在峨嵋，一在玉局山，为儒教典籍驯化士庶，以明三纲五常。其教主为杨波远、杜光迁、杨蛮佑、郑回等。"⑥则劝丰祐时期已建有儒学学校。

南诏时期，教育上尤为值得大书特书之事是派遣子弟到其他地区求学，开云南对外交流学习之先河。

《新唐书·南诏传》："贞元十五年（799 年），异牟寻请以大臣子弟质于皋（韦皋，时为唐剑南西川节度使），皋辞，固请，乃尽舍成都，咸遣就学。"⑦孙樵《书田将军旁事》亦云："南康公（韦皋）凿清溪道以和群蛮，俾由蜀而贡，又择群

① （汉）常璩：《华阳国志》卷 8《大同志》，成都：巴蜀书社，1984 年，第 615 页。

② 方国瑜：《云南史料丛刊》第 1 卷，昆明：云南大学出版社，1998 年，第 398 页。

③ 钱穆：《国史大纲》（上册），北京：商务印书馆，1996 年，第 174 页。

④ 杨慎：《滇载记》。方国瑜：《云南史料丛刊》第 4 卷，昆明：云南大学出版社，1998 年，第 757 页。

⑤ （宋）欧阳修等：《新唐书》卷 222 上《南蛮传上》，北京：中华书局，1975 年，第 6271 页。

⑥ 尤中校注：《僰古通纪浅述》，昆明：云南人民出版社，1989 年，第 36 页。

⑦ （宋）欧阳修等：《新唐书》卷 222 上《南蛮传上》，北京：中华书局，1975 年，第 6272 页。

蛮子弟聚于锦城，使习书算，就业辄去，复以他继。如此垂五十年，不绝其来，则其学于蜀者不啻千百。"①

大规模的交流学习取得了较好的成效：唐宋间云南人好书法，崇奉王羲之，《元史·张立道传》："先是云南未知尊孔，祀王逸少为先师"②，其风习实源于此番交流学习。元李京《云南志略》"白人风俗"条载："其俊秀者颇能书，有晋人笔意，蛮文曰'保和（南诏劝丰祐年号，为唐宝历、太和年间）中，遣张志成学书于唐'。故云南尊王羲之，不知尊孔孟。"陶宗仪《书史会要》："张志成，云南大理僰人。蒙氏保和年间，遣张志成学书于唐，有晋人笔意，故今重王羲之书。"《明环宇通志》卷111亦载："张志成，昆明人，唐太和间入成都，学王羲之草书归，国人多习之。"此事可见南诏派遣学生入唐学习影响之深远与广泛。不唯如此，樊绰《云南志》卷9："凡试马军须五次上"，即"马军"的选拔考试须测试五场，五场考试通过方为合格。其中，第五场考试即是"能算能书为一次上，试过有优给"。对军人考试也有书算的要求，说明此时南诏民间书算教育已较为普及。

正因为如此，一旦唐王朝减少或停止了对来唐求学的资助，就会引起南诏的强烈不满。《资治通鉴》卷249宣宗大中十三年载："如是五十年，群蛮子弟学于成都者殆以千数，军府颇厌于廪给……杜悰为西川节度使，奏请节减其数，诏从之。南诏丰祐怒，其贺冬使者留表付巂州而还。又索习学子弟，移牒不逊。自是入贡不时，颇扰边境。"③为减少开支，唐中央政府试图减少南诏学生，而致使南诏强烈不满，由此不惜与唐交恶。所谓"不逊"之辞，《唐语林》卷2有载："词云'一人有庆，方当万国来朝；四海为家，岂计十人之费。'"南诏在这一事件上的愤怒，恰恰反映出南诏领导人对于子弟求学蜀地的重视程度。

北宋建立后，太祖赵匡胤着力应对北方边事，无力南顾，且"鉴唐之祸基于南诏"，没有发展与大理国的关系。《续资治通鉴》载："（王）全斌既平蜀，欲乘势取云南，以图献，帝（宋太祖）鉴唐天宝之祸起于南诏，以玉斧画大渡河以西曰：'此外非吾有也。'"④此即为"宋挥玉斧"。云南与内地的关系渐为疏远，再无入蜀求学之事，但大理国的儒学教育仍在继续。《滇载记》《南诏野史》均记有段正淳时（宋徽宗初），入宋"求经籍，得六十九家，药书六十二部"。范成大《桂海虞衡志》亦载乾道癸巳（1173年）冬，"忽有大理人李观音得、董六斤黑、张般若师等"到广西横山卖马，同时求购《文选五臣注》、《五经广注》、《春秋后

①　（宋）姚铉：《唐文粹》卷100。《摛藻堂四库全书荟要·集部》卷19923，台北：世界书局，1985年影印本。

②　（明）宋濂：《元史》卷167，《张立道传》，北京：中华书局，1976年，第3916～3917页。王逸少，即"书圣"王羲之，羲之字逸少。因唐太宗喜好其书法，遂风行于唐。南诏遣子弟求学于蜀，风习濡染，遂使王羲之名重于云南。

③　（宋）司马光：《资治通鉴》卷249，北京：中华书局，1956年，第8078页。

④　（清）毕沅：《续资治通鉴》卷4《宋纪四》，北京：中华书局，1957年，第89页。

语》、《三史加注》、《初学记》、《张孟押韵》、《切韵玉篇》及佛教书籍。由此可见，汉文化教育，特别是儒学教育仍在大理国进行，否则无人能读懂这些书，也就没有求书、购书的需求。元初郭松年著《大理行纪》言："（大理国）自段氏而上，有国家者，设科取士，多出此辈。"[①]由此可证大理国确有学校教育。

二、元明清时期云南教育的体系化、规模化发展

元明清时期中央政府一改唐宋对云南以朝贡制度为纽带的羁縻政策，而实施直接统治的治理方式。采取行省制、屯戍制、"土流兼治"、"改土归流"和儒学教育制度，积极清查人口，广泛征收赋税，推行屯田，开采矿产，使中央政府的统治深入云南边疆地区。在这一过程中，各级教育体系建立，元明清时期云南的教育进入了体系化、规模化发展的时期。这一时期云南教育始终是以政府主导，所以其教育体系也主要是以官学为主体，而民间办学则处于补充、辅助的地位。其教育体系可以分为儒学、社学、义学和书院。

儒学，又称庙学，是对应科举的官办学校教育。按行政辖区设置府、州、县学。在军队集中驻扎地，则设都司儒学、行都司儒学、卫儒学。在少数民族聚居区则设置宣慰司儒学和安抚司儒学。儒学以"诵诗书，习礼仪"为主要教学内容，按礼、乐、射、御、书、数分课教学。为管理好儒学教育，中央政府专门设置学官，在府设立教授，州设学正、训导，县设教谕，"掌教诲所属生源，训导佐之"。

社学，元代已有，是古代以民间少年儿童为教育对象的学校机构，主要设在城镇、乡村地区，招收 8 ～ 15 岁的学龄少年儿童。每 50 家设社学 1 所，以承担民间子弟的启蒙教育，使之掌握日常知识、伦理规范、行为习惯及法律常识为主要任务。明代吕坤作《社学要略》云："乡间社学，以广教化。子弟读书，务在明理，非必令农民子弟人人考取科第也。"[②]基于这一目标，社学的教学内容有别于儒学：学生先学习《三字经》《百家姓》《千字文》等童蒙教材，再学习经、史、历、算及律令、冠、祭、婚、丧等礼。

义学，又称义塾，是面向贫困子弟和少数民族子弟提供初等教育的学校，公益性特点显著。对于义学的诞生，目前学界较为一致的看法是北宋范仲淹所创的宗族义学："范文正公尝建义宅，置义田、义庄，以收起宗族。又设义学，教养咸备，意最近古。"[③]义学有官办、民办、官民合办之分。明清时期纳入官方管

---

① （元）郭松年：《大理行记》。王叔武：《大理行记校注·云南志略辑校》，昆明：云南民族出版社，1986 年，第 23 页。

② 转引自（清）陈宏谋：《养正遗规》，《五种遗规》译注小组译注，北京：中国华侨出版社，2012 年，第 237 页。

③ 李修生：《全元文》卷 240，南京：江苏古籍出版社，1999 年，第 675 页。

理体系中，至清代则官办官管的特点尤为突出。清朝在边疆民族地区普遍设置义学，以"识字明理""开化夷民"为教育目的，以"训以官音，教以礼仪，学为文字"为教育内容。

书院，兴起于唐宋之际，是具有私家自由讲学特点的中国封建社会中特有的一种教育组织和学术研究机构。明代以降，书院受官府控制甚严，基本上被纳入官学教育机构。书院没有严格的地域和生员额数限制，学无定制，员无定额。

明清两代的教育体系基本一致，没有太大差别。惟自晚清以降，随中国的社会变迁与政治变革，中国教育在向西方学习的过程中发生了较大的变革，清末"新政"后，中国的教育体制及教育内容均发生巨大的变化。

（一）元代云南教育体系的形成

云南教育真正得到较大发展并形成体系始于元朝。忽必烈灭南宋后，在云南建行省，开始了中央政府对云南的直接管理。云南建行省，脱离了四川腹地的管辖，表明云南在全国逐渐显露其重要地位。忽必烈十分重视对云南的统治，"镇之以亲王，使重臣治其事"，先后派其子忽哥赤、重臣赛典赤·赡思丁和他的长子纳速剌丁任云南王或行省平章政事，加之将统治中心由滇西迁至滇中昆明，使云南得到快速的发展。至元十一年（1274年），赛典赤为首任云南行省平章政事，积极开发云南，并注重提高云南人的文明程度，极大地促进了云南的发展。当时，"云南俗无礼仪，往往自相配偶，亲死则火之，不为丧祭，无统稻桑麻；子弟不知书。赛典赤教子跪拜之节，婚姻行媒，死者为之棺椁奠祭；教民播种，为陂池已备水旱；创建孔子庙、明伦堂，讲经史，授学田，由是文风稍兴"[1]。

至元六年（1269年），元王朝即构建了以中央"国子学"和地方的路、州、县学组成的完备的官办教育体系。至元十九年（1282年），"命云南各路皆建学，以祀先圣"[2]。至元二十九年（1292年），忽必烈"设云南诸路学校，其教官以蜀士充"[3]。成宗大德九年（1305年），云南行省右丞忽辛"乃复下诸郡邑遍立庙学，选文学之士为之教官，文风大兴"[4]。

在中央和行省两级政府的推动下，云南初步形成了府州一级的地方官学教育体系。至元十一年（1274年）赛典赤治滇之初，出于"夷俗资性悍戾，瞀不畏义，求所以渐摩化服其心者，其惟学乎"的认识，"乃捐俸金，市地于城中之

---

① （明）宋濂：《元史》卷125《赛典赤赡思丁传》，北京：中华书局，1976年，第3063页。
② （明）宋濂：《元史》卷81《选举志一》，北京：中华书局，1976年，第2032页
③ （明）宋濂：《元史》卷17《世祖本纪》，北京：中华书局，1976年，第360页。
④ （清）岑毓英等修，陈灿等纂；光绪《云南通志》卷125《忽辛传》，云南省图书馆藏清光绪二十年刻本。

北偏，以基庙学"①，于至元十三年（1276年）建成中庆路大成庙。其事亦得力于时任中庆路总管的张立道。《元史·张立道传》载："（至元）十五年，除中庆路总管，佩虎符。先是云南未知尊孔，祀王逸少为先师。立道首建孔子庙，置学舍，劝土人子弟以学，择蜀士之贤者，迎以为弟子师，岁时帅诸生行释菜礼。"②此后，元代在中庆、大理、临安、澄江、仁德、威楚、武定、丽江、永昌九个路府及安宁州、石屏州、嵩明州、邓川州、鹤庆州设置学宫，云南的学校教育开始形成一定的规模。延祐元年（1314年），元王朝为管理云南各级教育机构，专门设立了云南行省儒学提举司。

云南学校教育体系和教育制度的形成奠定了云南教育发展的基石，为提高云南人民的文化素质、促进内地文化向云南各民族的传播及巩固国家的统一都发挥了重要作用。

但是，其官学推广的地区主要还是集中于今滇中、大理、红河等较发达地区，师资水平与学生文化水平也较低，与内地相比，总体上仍较为落后。皇庆元年（1312年），元王朝实施科举考试。天启《滇志》卷8《学校志》序云："今考旧志，终元之世，所载科甲之选，仅仅五人焉。"③云南进入会试的每榜录取名额只有5人，其中，蒙古2人，色目2人，汉1人。据党乐群考证，整个元代云南考中进士的仅有6人。④从中可窥见当时的云南教育尚处于落后状态。

（二）明代云南教育的发展

明王朝甫建，为巩固其统治十分重视教育。洪武二年（1369年），朱元璋即提出发展地方教育的思想："治国以教化为先，教化以学校为本。京师虽有太学，而天下学校未兴。宜令郡县皆立学校，延师儒，授生徒，讲论圣道，使人日渐月化，以复先王之旧"。⑤出于同样的目的——稳定边疆，明王朝建立初期就十分重视边疆地区的教育。

但对于云南教育的管理和推进却远远晚于内地。盖因对云南的直接统治滞后。明初云南仍处于元梁王巴匝剌瓦尔密的控制之下，而少数民族上层首领又拥兵自重。直到洪武十四年（1381年），朱元璋派傅友德、蓝玉、沐英等率领30万大军南下进讨，才实现了对云南的严密控制。通过实施卫所制度，中央王朝向

---

① 郭松年：《创建中庆路大成庙碑记》卷1。《景泰云南图经志书》。方国瑜：《云南史料丛刊》第六卷，昆明：云南大学出版社，2000年，第94页。

② （明）宋濂：《元史》卷167《张立道传》，北京：中华书局，1976年，第3916～3917页。

③ （明）刘文征：《滇志》卷8，昆明：云南教育出版社，1991年，第275页。

④ 党乐群：《云南古代举士》，昆明：云南人民出版社，2008年，第53页。

⑤ （清）张廷玉等：《明史·选举志一》，北京：中华书局，1974年，第1686页。

云南大量派遣军队驻守，为保证军队给养，实施大规模屯田。由此带动了向云南的大规模移民。移民方式以军事移民为主，主要集中于曲靖、陆良、昆明、祥云、大理、永昌、临安等地势平展、土地肥沃、气候条件好的云南经济腹地。军队到云南后，其家小随迁，在驻扎地边屯戍边从事农业生产，亦兵亦农，在加强控制的同时也加强了对云南的开发，形成了云南的一次以农业为主、规模空前的经济开发热潮。这对云南的社会发展和经济、文化的进步产生了重要推动作用。广泛的卫所制度及移民浪潮，也改变了云南的社会结构，产生了重视汉文化教育、效忠朝廷和控制城乡的士绅阶层。云南教育也随着内地汉族移民的广泛进入而得到较大的发展。

政治安定后，朱元璋即于洪武十五年（1382 年）命云南"府州县学校宜加兴举"，"教养子弟，使知礼仪，以美风俗"①，于洪武十七年（1384 年）诏命云南增设学校，县设书院，乡设乡塾。于是，云南各级地方官纷纷设置学宫，云南开始大规模兴办学校，即使在土司管辖地区和其他少数民族聚居地区也大量设置学校。洪武二十八年（1395 年），朱元璋下诏："诸土司皆立县学"，并谕礼部："其四川、云南边夷土官，皆设儒学，选其子孙弟侄之俊秀者以教之。"②"其后宣慰、安抚等土官，俱设儒学。"③

永乐年间（1403～1424 年），按全国统一的制度，云南加强了对教育的管理和监督，设置了"云南提督学校按察司副使"，负责全省的儒学教育管理。各府府学设教授 1 人，训导 4 人；州学设学正 1 人，训导 3 人；县学设教谕 1 人，训导 2 人，分别负责各级学校教育。

为解决大量卫所官兵子弟的入学问题，英宗正统九年（1444 年），诏令军卫皆立学，进一步促进了云南教育向边地的辐射。

明代云南教育发展最显著的特点是以儒学教育为主体的官学教育的迅速扩张。云南的儒学和各类教育机构在中央王朝和地方官的共同努力下，获得了前所未有的发展：

第一，学校分布更为广泛。其分布地区发展到绝大部分的设府地区，包括部分没有改土归流的较边远土府、土州（表 1-1）。

---

① （明）张纮：《云南机务钞黄》。方国瑜：《云南史料丛刊》第 4 卷，昆明：云南大学出版社，1999 年，第 559 页。

② 台湾"中央研究院"历史语言研究所校印：《明实录·太祖实录》卷 239，台北：中文出版社，1962 年，第 890 页。

③ （清）张廷玉等：《明史》卷 75，北京：中华书局，2000 年，第 1214 页。

表 1-1 明代所建学宫一览表 ①

府	州	县	学宫名	建立时间	建立人
云南府			云南府学宫	元至元十三年（1276年），明洪武初重建	赛典赤·赡思丁 沐英
		昆明	昆明县学宫	弘治十六年（1503年）	巡抚林元甫/陈天祥
		富民	富民县学宫	天启二年（1622年）	巡抚杨春茂
		宜良	宜良县学宫	弘治（具体年代不详）	
	嵩明		嵩明州学宫	元至正八年（1348年）	同知阿罗哥室里荡
		杨林			
		邵甸			
	晋宁		晋宁州学	洪武十六年（1383年）	
		呈贡	呈贡县学宫	洪武十六年（1383年）	
		归化			
	昆阳		昆阳州学	永乐元年（1403年）	
		三泊			
		易门	易门县学宫	万历二十五年（1597年）	巡抚陈用宾
	安宁		安宁州学	元大德六年（1302年）明永乐元年重建	知州李智明
		禄丰	禄丰县学宫	嘉靖二十一年（1542年）②	
		罗次	罗次县学宫	万历二十一年（1593年）	陈用宾
楚雄府			楚雄府学宫	洪武十九年（1386年）	
	楚雄		楚雄县学宫	永乐元年（1403年）	
	镇南		镇南州学宫	永乐五年（1407年）	
	南安		南安州学宫	洪武二十七年（1394年）	
	姚州		姚州学宫	永乐元年（1403年）	
		广通	广通县学宫	嘉靖二十五年（1546年）	知县吴习
		大姚	大姚县学宫	嘉靖二十五年	知县王佩
		定远	定远县学宫	嘉靖二十七年（1548年）	
	黑盐井直隶提举司		黑盐井司学	万历四十五年（1617）	府署井事韦宪文卜
	琅盐井直隶提举司		琅盐井司学	天启年间	署同知吴思温详
	白盐井直隶提举司		白盐井司学	万历三十七年前	
大理府			大理府学宫	元至元二十二年（1285年）	参政郝天挺
	太和		太和县学宫	洪武二十七年（1394年）	
	云南		云南县学宫	洪武十八年（1385年）	
	邓川		邓川州学宫	元代（具体年代不详）	

---

① 本表以《新纂云南通志·学制二》为底本，参校以《明实录》制作。

② 《新纂云南通志·学制二》谓建于隆庆元年，《明实录·世宗实录》卷266载，嘉靖二十一年"设马龙州、禄丰县儒学"。

续表

府	州	县	学宫名	建立时间	建立人
大理府		浪穹	浪穹县学宫	洪武十八年（1385 年）	
		凤羽			
	蒙化①		蒙化州学宫	洪武中	
	赵州		赵州学宫	洪武十八年（1385 年）	知县金文举
	宾川		宾川州学宫	弘治七年（1494 年）	
	云龙		云龙州学宫	永乐十七年②（1419 年）	
武定府			武定府学宫	隆庆二年（1568 年）	巡抚陈大宾
	和曲				
	禄劝		禄劝州学宫	崇祯三年（1630 年）	知州陈所养
		元谋	元谋县学宫	崇祯三年	知县范齐欧
澂江府			澂江府学宫	元大德年间	总管魁纳
	新兴		新兴州学宫	隆庆元年（1567 年）	
	路南		路南州学宫	嘉靖三十五年（1556 年）	同知周耿
		江川	江川县学宫	隆庆元年（1567 年）③	
		河阳	河阳县学宫	天启六年（1626 年）	知府李若金
临安府			临安府学宫	元至元二十二年（1285 年）	宣抚使张立道
		建水	建水县学宫	万历四十三年（1615 年）	
	石屏		石屏州学宫	元至正间	
	阿迷		阿迷州学宫	洪武间	
	宁州		宁州学宫	洪武二十六年（1393 年）	
		通海	通海县学宫	洪武二十五年（1392 年）	
		河西	河西县学宫	元泰定间，洪武二十九年（1396 年）重修	
		嶍峨	嶍峨县学宫	永乐十五年④（1417 年）	
		蒙自	蒙自县学宫	洪武二十七年（1394 年）	
广西府			广西府学宫	弘治八年⑤（1495 年）	
	师宗		师宗州学宫	万历间	知府伍揆文
	弥勒		弥勒州学宫	嘉靖间	知府王业
	维摩				

①　蒙化州景泰元年改为府，州学亦改为府学。事见《英宗实录》卷190。

②　《明实录·太宗实录》卷210："永乐十七年六月丁亥，设云南云龙州儒学。"《新纂云南通志学制二》谓建于天启四年，有误。

③　《明实录·穆宗实录》卷6："隆庆元年三月甲子……诏建云南新兴州江川县儒学，除学正、教谕各一员。"《新纂云南通志学制二》谓建于嘉靖四十五年，有误。

④　《明实录·太宗实录》卷191："永乐十五年七月庚午，设四川乌撒军民府及云南临安府嶍峨县二儒学。"《新纂云南通志学制二》谓建于洪武十五年，恐有误。

⑤　《明实录·孝宗实录》卷150："弘治八年十月己未……开设云南广西府儒学。"《新纂云南通志学制二》谓巡按刘思问建于成化十七年，恐有误。

续表

府	州	县	学宫名	建立时间	建立人
丽江府			丽江府学宫	元（具体年代不详）	
	宝山		宝山州学宫	永乐十六年（1418）①	
	巨津		巨津州学宫	永乐十六年（1418）	
	通安		通安州学宫	永乐十六年（1418）	
	兰州		兰州学宫	永乐十六年（1418）	
鹤庆军民府			鹤庆府学宫	元（具体年代不详）	
	剑川		剑川州学宫	洪武二十三年（1390年）	州判赵彦良
	顺州②		顺州学宫	永乐十五年（1417年）	知州王义
永昌府			永昌府学宫	元至元年间	
		保山	保山县学宫	嘉靖十一年（1532年）	巡抚顾应祥
	腾冲		腾冲司学宫	成化十六年（1480年）	巡按樊莹 参将沐诚
		永平③	永平县学宫	嘉靖十一年（1532年）	
顺宁府			顺宁府学宫	万历三十四年（1606年）	巡抚陈用宾檄建
	云州		云州学宫	万历三十四年	巡抚陈用宾檄建
曲靖府			曲靖府学宫	洪武十七年（1384年）	
	陆凉		陆凉州学宫	嘉靖二十一年（1542年）	
	宣威		宣威州学宫	嘉靖二十八年（1549年）	巡抚顾应祥、林应箕 郡绅缪文龙
	罗平		罗平州学宫	万历十五年（1587年）	府同知黄宇
	马龙		马龙州学宫	嘉靖二十一年（1542年）	知州张栋
	沾益		沾益州学宫	嘉靖二十八年（1549年）	巡抚顾应祥、林应箕
		平彝	平彝县学宫	万历六年（1578年）	
寻甸军民府④			寻甸府学宫	元建仁德府学 明正德九年（1514年）	知府戴鳌
元江府			元江府学宫	洪武二十六年（1393年）	
景东卫			景东卫学	正德十一年（1446年）	
	镇雄		镇雄州学宫	嘉靖中	

---

① 《明实录·太宗实录》卷197："永乐十六年二月戊戌，云南丽江军民府检校庞文郁言：'本府宝山、巨津、通安、兰州四州归化日久，请建学校。'从之。"

② 《明实录·太宗实录》卷185："永乐十五年二月壬戌，顺州知州王义请设学，从之。"

③ 《明实录·世宗实录》卷142记是年九月"诏设云南永平、保山二县儒学。"

④ 寻甸府元朝时为仁德府，明洪武十六年改为寻甸军民府，清康熙八年改府为州。《新纂云南通志·学制考二》列为曲靖府下之寻甸州，不符。

从表 1-1 可以看出，明代云南有 15 个府（含军民府、卫）、33 个州、25 个县建立了学宫，其分布范围已达云南的大部分地区。此外，今昭通地区明代设乌蒙军民府、芒部府，属四川。该地区亦设有学校：宣德八年（1433 年），四川乌蒙军民府奏请建学，可使"远人通知礼义，亦得贤才备用"。于是"遣行人章聪、侯琏赍敕往谕，设乌蒙教授、训导各一名。"① 按当今行政区划划分，则除今西双版纳、德宏、文山、迪庆四州外，均建有学宫。未建学宫地区主要是因为其中绝大多数尚未改土归流。学宫的分布状态为：密集于今滇中及大理、红河地区进而向四方辐射。相较元代，教育布局更为合理，政府提供了较为丰富的官学教育资源，为更多边远地区的人民接受正规教育提供了保障。如正统十年（1445 年），朝廷批准云南金齿设立金齿司儒学，"南诏之地，惟金齿最远，去京师万余里。国朝设兵备，命将以重兵守之，诸夷款服。乃者守臣言，宜设学校，立师儒，教之诗书礼乐。诏从其言，建学于城之中，以新举儒士余谷为训导"②。据台湾学者黄开华统计，明代云南在土司地区设立官学 65 所，远高于周边之贵州（31 所）、广西（9 所）、四川（14 所）。③ 一些土司还在辖区建立儒学，如天启中云南黑盐井司建立黑盐井司学、琅盐井司建琅盐井司学。④

第二，学校层次和种类增多。从元代较单一的路、州学，发展到了府、州、县三级官学和儒学、社学及书院三种类型。

云南社学的设立晚于内地。嘉靖年间副都御史顾应祥《滇阳社学记略》言："今天子稽古立教，诏天下郡邑皆建社学。惟滇远在南服，有司以治兵事，未有以应。"⑤ 成化八年（1472 年），定边县（今南涧县）知县冯源广建社学，以后逐渐推广，主要分布于社会经济文化比较发达的云南府、大理府、临安府、姚安府、鹤庆府等地。永昌府等边远地区也有设立。设社学较多的为云南府昆明县，设社学 31 所；姚安府有社学 28 所；鹤庆府建社学 36 所。据天启《滇志·学校志》不完全统计，明代云南全省设社学 165 所。

明代书院教育见后述。

第三，学校数量剧增。明代在云南新建学宫 63 所，加上重建或恢复元代学宫，全省正规府、州、县、卫学学宫达 77 所⑥，书院 78 所，社学可考者 165 所，

---

① 卢金锡：《昭通县志稿》卷 3《政典志·学校》。张宽寿：《昭通旧志汇编 1》，昆明：云南人民出版社，2006 年，第 152 页。

② （明）陈文：《景泰云南图经志书》卷 6。方国瑜：《云南史料丛刊》第 6 卷，昆明：云南大学出版社，2000 年，第 94 页。

③ 黄开华：《明代土司制度设施与西南开发》。余贻泽：《明代土司制度》，台北：学生书局，1968 年，第 179 ～ 204 页。

④ 穆彰阿，潘锡恩等：《嘉庆重修一统志》卷 480，北京：中华书局，1986 年，第 2966 页。

⑤ （明）李元阳：（万历）《云南通志》卷 8《学校志》，线装本。

⑥ 据表 1-1 统计。《云南省志·教育志》所述明代学宫数为 73 所，见该书第 120 页。

共计有教育机构320所，比旧说280多所的说法还要多出30多所①。入学生员子弟也迅速增加。据提学道副使樊枢良天启元年所上《请加额解疏》载："向往尔时，庠序之士不逮九千余人，未有今日之盛也。自四十八年三月职受以来，迄今岁考，东西十六郡，将遍按籍计之，有一万二千余人，而新进者不与焉。"②这说明仅1620～1621年云南就有12 000多人在各级正规儒学中就学，如果历年累计，其数量应相当巨大。

第四，云南的教育质量和水平显著提高。以科举为参照，元代云南仅6人考中进士，而据党乐群考证，明代云南共有文举人2783人，文进士267人。③学宫的广泛设置、教师水平的不断提升，使儒学教育在其中起到较大推动作用。经过云南儒学教育，有不少人取得了较大成就，名冠一时。如安宁杨景，"少补州学，举永乐癸卯乡贡，卒业国子"；其后做官于广西，称名一时，其子杨一清"年十四举乡试，登成化八年进士"；弘治至嘉靖年间官至吏部尚书、武英殿大学士兼太子太傅，被称为"有明称贤宰辅，必首推杨文襄公一清"④。嵩明州兰茂不仅精通黄岐之术，而且对儒学也有高深研究。清康熙《嵩明州志》谓其"年十三通经史"，"于濂、洛、关、闽之学焕如也"。其友贾惟孝，嘉靖间庠生，"精研理学，善医能文，尤工诗赋"⑤。大理李元阳，"儿时好读书，补郡学弟子员"⑥，嘉靖丙午进士，曾任监御史、荆州知府。"才识通渊"，撰万历《云南通志》，至今仍为研究云南地方史必读文献。

教育的发展使"士子"的数量不断增加，夯实了士绅阶层产生和成长的基础。景泰《云南图经志书》各卷的记载：云南府"士大夫多才能，乐事朝廷，不乐外官。"姚安府："今士类之盛，科不乏人。"大理府："郡中之民少工商而多士类，悦习经史，隆重师友，开科之年举子恒胜它郡。"⑦明代教育的质量由此可见一斑。

明代云南教育能够有较大的发展，主要源于统治者对教育于边疆稳定作用的充分认识。据《太祖实录》，早在洪武二十八年（1395年），"户部知印张永清言：

---

① 陆韧：《论云南士绅阶层的兴起与形成》，《云南师范大学学报（哲学社会科学版）》，2007年第1期，第63页。

② （明）刘文征：《滇志》卷23《艺文志》，昆明：云南教育出版社，1991年，第767页。

③ 党乐群：《云南古代举士》，昆明：云南人民出版社，2008年，第58～59页。

④ 周钟岳等：《新纂云南通志》卷189《人物志一·杨景传》；卷190《人物志二·杨一清传》，昆明：云南人民出版社，2007年，第211、217页。

⑤ （清）王崾，任洵：《嵩明州志·兰茂传》，云南图书馆藏本。

⑥ 李选：《侍郎中溪李公行状》。李元阳：《中溪家传汇稿》，《丛书集成续编》第115册，上海：上海书店，1994年，第633页。

⑦ （明）陈文：《景泰云南图经志书》卷6。方国瑜：《云南史料丛刊》第6卷，昆明：云南大学出版社，2000年。

'云南、四川诸处边夷之地，民皆啰啰，朝廷与以世袭土官，于三纲五常之道懵焉莫知，宜设学校以教其子弟'"。朱元璋较为认可，并指示礼部："边夷土官皆世袭其职，鲜知礼仪，治之则激，纵之则玩。不预教之，何由能化？其云南、四川边夷土官皆设儒学，选子孙弟侄俊秀者以教之，使之知君臣父子之义，而无悖礼争斗之事，亦安边之道也。"①

另外，也得力于寓居云南的知识分子士绅。随着明代大规模的汉族移民进入云南，有较多士人流放或寓居云南。他们来到文化事业、儒学教育相对落后的云南，以弘扬儒学、培育人才、发展云南地方文化作为己任，纷纷设塾授学，投身于云南地方文化事业，成为云南儒学教育的重要师资来源，为云南教育人才做出了特殊贡献。天启《滇志》卷13《官师志·流寓》共记载明代流寓云南的卓越代表45人，其中，以授学为业或以学术立身者33人，这类流寓人士几乎都成了分布云南各地对各民族人民传道、解惑、授业的儒学传播者。②

（三）清代云南教育的发展变化

清代中国的官学教育随着社会形势的变化分为两个阶段。

第一阶段，从清初至鸦片战争。清代云南的官学教育同全国一样，第一阶段主要体现在儒学、书院、义学几个方面。其间，基本沿袭明代旧制，学校与科举平行，教育为科举服务。官府主办的学校有中央官学和地方官学两级。中央设国子监，另有附属于国子监的算学、八旗官学以及俄罗斯学等。地方官学，有按行政区划设立的府、厅、州、县儒学；各级所学程度同一，根据生员定额规模有大、中、小学之分；学习无固定年限，有白头仍在学、终生为秀才者，但学生不一定在学肄业，只要按时参加考课、合乎条件，即可获取资格。

另有各地常设的书院及城镇乡间开办的社学、义学等。顺治时清廷即为书院"颁给帑金，风励天下"③，但鉴于明末书院讲学结社议论时政之风，实际上对其采取了抑制政策。雍正十一年（1733年）命各省省城设书院，"各赐帑金千两为营造之费"④，书院教育才被激活，逐步发展起来，成为"辅学校所不及"的重要官办或民办教育机构。

社学沿袭于明代，顺治九年题准每乡置社学一区，而主要分布于汉族城乡之间。义学为官民义捐或用公款举办的学校，主要为资助孤寒贫困子弟而设的免

---

① 台湾"中央研究院"历史语言研究所：《明实录·太祖实录》卷239，台北：中文出版社，1962年，第891页。

② 陆韧：《论云南士绅阶层的兴起与形成》，《云南师范大学学报（哲学社会科学版）》，2007年第1期，第65页。

③ 赵尔巽等：《清史稿》卷106《选举制一》，北京：中华书局，1977年，第3102页。

④ 周钟岳等：《新纂云南通志》卷134《学制考四》，昆明：云南人民出版社，2007年，第520页。

费教育学校，均受官府管辖。康熙五十一年（1712 年），"令各省府州县多立义学"，此后各地即广设义学，"延请名师，聚集孤寒生童，励志读书"[1]。清代云南的义学多置于民族地区，而"尤重在开化夷民"[2]，设置十分普遍。至道光年间，云南的义学达 709 馆，景东、普洱、蒙化、开化等边远府州皆多有增设。[3]

第二阶段，从鸦片战争至辛亥革命。其间，由于帝国主义列强的侵略和外国资本主义的侵入，中国社会发生了重大变化，独立的中国变成了一个半殖民地半封建的国家。内忧外患的严重局势使统治者认识到"非兴学不足以图强"。于是在清末几十年间，洋务学堂、维新学堂、新政学堂先后开办，在人们对科举制积弊的责难和声讨之中，从中央到地方的各类学校不断发生变化，儒学、书院、义学陆续改为学堂。光绪三十一年（1905 年）八月，清廷下诏"立停科举以广学校"；从次年开始，所有科考立即停止。此后，高、中、初级师范及实业等各类教育纷纷兴起，教学内容改设不少与社会生活及国计民生相关的知识学科。延续 1300 年之久的科举制度及长期的封建教育形式宣告结束，以日本和西方学校教育为模式的中国近代教育制度正式登上历史舞台。

值得注意的是，清代统治者为了宣扬其文治武功，表现出对教育的高度重视。有清一代不仅"凡学皆设学官以课士"，而且给予生员以较好的待遇："朝廷建立学校，选取生员，免其丁粮，厚以廪膳，设学院、学道、学官以教之，各衙门官以礼相待，要养成贤才，以供朝廷之用。"[4]

由于政策支持，云南教育在明代基础上得到了较大的发展：康熙二十年（1681 年）"三藩之乱"平定后，云南教育逐渐走上正常发展的轨道，明代原有的各地儒学相继得到恢复，不少偏远和少数民族地区也有儒学兴建。至康熙三十三年（1694 年），依据清廷批示，云南进行了一次有清一代规模最大的学校设置：设云南省曲靖、澄江、广西、元江、开化、顺宁、武定、景东八府学，寻甸、建水、新兴、赵州、剑川、昆明、宜良、楚雄、定远、保山、和曲、禄劝、云州、姚州、河阳、南宁、新平十七州县训导各 1 员。[5] 训导的设置反映了官办州、县学的建立。此后，从康熙到道光年间，云南又继续在边远民族地区丽江府、昭通府、普洱府、中甸厅、思茅厅、他郎厅、威远厅、龙陵厅等地设置学宫。至清末新式学堂建立前，全省各地学宫在明代基础上增加到 101 所，其中，府学 14 所、州学 29 所、县学 34 所、厅学 12 所、提举司学 3 所。另有 9 所仅奏

---

① （清）索尔纳等：《钦定学正全书校注》，武汉：武汉大学出版社，2009 年，第 287 页。
② 周钟岳等：《新纂云南通志》卷 134《学制考四》，昆明：云南人民出版社，2007 年，第 521 页。
③ （清）阮元等监修，王崧、李诚等纂：(道光)《云南通志》，道光十五年刻本，云南省图书馆藏。
④ 《钦定大清会典事例》卷 389，礼部卷 102，光绪己亥夏御制本。
⑤ 《清实录》卷 160《圣祖实录》，中华书局影印本，2008 年，第 7986 页。

设而未设。

康熙至嘉庆年间，清政府核准云南录取的额进、廪生、增生、文生、武生、童生，总计达 5840 名[①]，数量较大，说明儒学教育的规模已很大。

清代云南教育最具特色、成效最大的当首推义学教育的规模化发展。清代义学教育与儒学教育有着极大的不同，其以"识字明理"为目的，侧重"开化夷人"的教育目标。教学内容则以"训以官音，教以礼仪，学为文字"为主，更为接近普通初等教育。康熙四十一年（1702 年）"定义学小学之制"，康熙五十二年（1713 年）"令各省府州县多立义学，延请名师，聚集孤寒生童，励志读书"[②]，从政策上鼓励义学的发展。康熙时云南首任总督蔡毓荣为贯彻康熙的旨意即稳定云南，"饬行有司各设义学，教其子弟，各以朔望讲约，阐扬圣谕，以感动其天良。各选年高有德之人，给予月廪，风示乡里"[③]。至雍正时期，云南布政使陈宏谋更不遗余力地推进义学教育，先后发布《查设义学檄》《查设义学第二檄》《查设义学第三檄》，并制定《义学规条议》，使云南义学教育的发展达到高潮。

清代云南的义学设置，最早记载为康熙五年（1666 年）富民士民雷应龙等设的县义学。雍正元年（1723 年），定全国各州县设立社学、义学之例；雍正三年（1725 年）议准"云南威远地方设立义学，令夷人子弟有志读书者入塾诵读"[④]。雍正五年（1727 年）又议准东川"土人等处"建立义学，选聘塾师，使当地民族子弟与汉族学童同处学习。可见，在云南义学一开始就把教育对象指向少数民族，是规模化的民族教育。

康熙年间是云南义学的初创阶段，约设义学 139 所，雍正和乾隆年间是云南义学发展的鼎盛时期，各府厅州县义学达 700 余所。在这一时期义学不仅数量增长迅速而且分布范围急剧扩展，向边远、少数民族地区推进。如滇南傣族、哈尼族和彝族聚集的普洱府有 56 所；滇西北纳西族、藏族聚居的丽江府 58 所；滇东北彝族聚居的昭通府 41 所；滇东南壮族、苗族、瑶族较多的开化府、广南府从清代始设学校；清末仍保有义学 40 所。[⑤]一些偏远的民族地区更是突出，如腾越厅建有义学 60 所，蒙化（巍山）厅 35 所，明代无办学记载的丽江县自乾隆至光绪朝也达 27 所。[⑥]

康熙至光绪年间，云南府厅州县先后兴建的义学达 866 所，从城镇到乡

---

① 据《新纂云南通志·学制考三·古代学制·学额》所列数据统计。

② （清）素尔讷等：《钦定学政全书》卷 73《义学事例》，北京：中华书局，2015 年，第 897 页。

③ 方国瑜：《云南史料丛刊》第 9 卷，昆明：云南大学出版社，2001 年，第 436 页。

④ （清）鄂尔泰等：（乾隆）《贵州通志》卷 9《学校志》，《四库全书》文渊阁本。

⑤ 于晓燕：《清代滇黔义学比较》，《云南师范大学学报（哲学社会科学版）》，2008 年第 1 期，第 105 ～ 111 页。

⑥ 周钟岳等：《新纂云南通志》卷 134《学制考四》～ 136《学制考六》，昆明：云南人民出版社，2007 年。

村，从边疆到内地，都"因土制宜，随方设学"。^①义学能在云南取得较大发展，与陈宏谋等云南地方政府要员的努力有着直接关系，甚至可以说他们是重要的推手。

雍乾之际，陈宏谋出任云南布政使，对云南义学进行调查和清理整顿，使义学得到空前的发展。陈宏谋对于义学教育的作用有着充分的认识。他认为："滇南越在遐荒，夷多汉少，土地硗瘠，居民穷苦，多有俊秀子弟，苦于无力延师。又夷俗不事诗书，罔知礼法。急当诱掖奖励。俾其向学亲师，熏陶渐染，以化其鄙野强悍之习。是义学之设，文化风俗所系，在滇省尤为紧要也。"^②不仅如此，可以说陈宏谋还有着推进教育普及的美好理想。他认为，"夫蒙养为圣功之始，则教小子尤急于教成人；兴学为变俗之方，则教夷人尤切于教汉户。今欲使成人、小子、汉人、夷人，不以家贫而废学，不以地僻而无师，非多设义学不可"。又说"人性皆善，无不可化诲之人，汉夷一体，无不可转移之俗"——推进义学教育的目的在于使所有人都能接受教育。基于这一认识，他批评此前的义学教育"或只为成材而设，而蒙童小子未能广行教读；或只设在城市，便附近汉人子弟，而乡村夷倮未能多设义学"，要求"无地而不设学"。^②作为一个封建官僚，能有这样的认识，实属难能可贵！在行动上，他先后发布了《查设义学檄》《查设义学第二檄》《查设义学第三檄》，强力推进义学教育。此外，他还亲自制定了《义学条规议》，对办好义学提出"馆师宜慎""化诲宜广""学徒宜分别递升以示鼓励""田租归官经理以绝私隐"的四条具体建议，从师资选用、教学方法和教育模式以及经济保障等方面做好推进义学的顶层设计。这四条建议成为云南办好义学的指导方针，保证了义学的办学质量。为推进义学教育发展，他甚至自己带头捐出上千两白银、数百亩良田为云南各府州县义学办学购置学田供给义学束脩。同时也号召各级官员捐资办学。

在各地官绅士民的响应支持下，云南义学纷纷建立，当时即有"学馆林立，称极盛焉"的记载。在陈宏谋努力之下，"筹设各府厅州县义塾七百余所……使夷民均入学，粗通文墨，其后夷苗多能读书者，皆其教也"^③。陈公之功伟哉！

清代云南义学教育是具有广泛性的民族教育，通过义学教育使云南各族人民的文化素质得到提高，进一步推进了汉文化在边疆少数民族地区的传播，增强了云南人民的国家意识。

各级地方官学和社学义学的发展使云南教育水平得到提高。据党乐群统计，明清两朝（至光绪二十四年，即 1898 年），云南共考中文进士 971 人，高

---

① 周钟岳等：《新纂云南通志》卷 134《学制考四》，昆明：云南人民出版社，2007 年，第 522 页。
② 周钟岳等：《新纂云南通志》卷 134《学制考四》，昆明：云南人民出版社，2017 年，第 530 页。
③ 符廷铨等修，杨履乾纂：《昭通县志稿》卷 4《官师志·文职》，云南省图书馆 1924 年铅印本。

于广西、辽宁等地。其中，清代达 704 人。[①] 此项数据或可从侧面反映出云南教育水平的提升。教育水平的提升为明清时期以书院为主体的云南高等教育的发展奠定了厚实的基础。

第二节　明清时期云南的书院教育

一、高等教育及"中国古代高等教育"辨析

何谓高等教育？在中国高等教育研究界，高等教育始终是一个尚未取得共识的概念，甚至各以其是为是，而对于什么是"古代高等教育"，则更是众说纷纭。对于中国高等教育的产生，有的学者将其历史上溯至夏商时代，称夏代已有大学教育。其依据是当时不仅设立了学校，而且已有"小学和大学之分"[②]；有的则认为，中国不仅在先秦时期已存在高等教育，而且春秋战国时期官学的崩溃与私学的兴起是我国古代高等教育发展史上第一次质的飞跃[③]。

诚然，如刘海峰教授所言，中国古代高等教育也具有早熟性，形成了产生早、演进迟的特点[④]。但是早熟的萌芽并不必然生长为有机体本身，可能胎死腹中，也可能发育僵滞永远停留于萌芽状态，还可能出现变异。正如中国资本主义萌芽的早熟一样，始终未能成长为真正的资本主义本体。中国高等教育萌芽的早熟并不必然意味着高等教育本体的早产。

什么可以称之为"古代高等教育"？其判别标准可以是两个：一是内涵标准，二是条件标准。

高等教育虽然是一个动态的、历史的概念，从古代到现在并没有完全一致的形态，也不会有完全一致的内涵，但是任何概念都是对事物本质的反映，都有其质的规定性，如果离开这种质的规定性，则无法将事物区分开来。并不是传授每一个时代最高水平的知识、培养最高层次人才的教育就是那一时代的高等教育。高等教育这一概念也必定有其质的规定性。这种质的规定性可以从内涵和形

---

①　党乐群：《云南古代举士》，昆明：云南人民出版社，2008 年，第 59～61 页。

②　曲士培：《中国大学教育发展史》，北京：北京大学出版社，2006 年，第 3 页。

③　张传燧，朱璋龙：《中国高等教育发展史上四次重大变革及其启示》，《交通高教研究》，2003 年第 4 期，第 3～16 页。

④　刘海峰：《传统文化与中国古代高等教育的特点》，《机械工业高教研究》，1994 年第 4 期，第 6～11 页。

成内涵的外在条件两个方面来辨析。从内涵方面分析，布鲁贝克指出："高等教育与中等、初等教育的主要差别在于教材的不同：高等教育研究高深学问。在某种意义上，所谓'高深'只是程度不同，但在另一种意义上，这种程度在教育体系的上层是如此突出以致使它成为一种不同的性质。"①洪堡则认为："与传授以学习既成知识的中学不同，大学的特征在于常常将学问看作是没有解决的问题不断地进行研究。"所以，大学作为高等学术机构，"它总是把科学当作一个没有完全解决的难题来看待，它因此也总是处于研究探索之中"②。这就是高等教育在内涵上的质的规定性：第一，高等教育传播和研究高深学问；第二，高等教育与其他层次教育在知识程度上存在巨大差异，因而带来其性质的不同——高深学问不仅在程度上具有高深性，而且其性质还具有较强的不确定性和未知性，因而需要不断探索。也就是说，高等教育在本质上是一个不断对高深知识进行探索及传授的过程。内容的高深性和方式的探索性构成了高等教育的本质属性。

如果此说成立，则高等教育形成的基本条件有三个。第一，知识的生成和增长必须达到一定的量，足以形成较为丰富的知识体系，并在此基础上形成了知识的分化——在普通知识之外产生、积累并不断丰富高深知识。由此形成了教育的分级，具有了基础教育之上的教育。第二，知识的增长使传授这些知识的学校体系的产生成为必须，由此产生传授高深知识的专门教育机构。第三，形成专业化的知识传授群体并由此产生保证高深知识传授所必需的职业资格制度，即教师的准入制度。联合国教科文组织正是基于知识体系的考量而在《国际教育标准分类法》中按照教育活动内容的复杂程度，将教育分成不同的"级别"，以入学条件和学习内容界定高等教育，将第三级教育（1976年版）或第五级教育（1997年版）确定为高等教育，即把对知识体系中最复杂内容的学习过程界定为高等教育。而教师资格准入制度的形成，在欧洲是起于中世纪大学兴起，那时具有"硕士""博士"头衔的人才具有任教资格；在中国则是在西汉确立"五经博士"以后。

以此判断中国古代高等教育，其开端应始于汉代"太学"的设立。这一时期，在"独尊儒术"的文化政策下，以今古文经学为主的儒学知识体系（两汉太学中设博士的经学计有14种）形成了，积累并发展了以《九章算术》《周髀算经》《氾胜之书》为代表的自然科学知识体系，传授和研究高深学问才有了一定的基础。而以太学为代表的中央官学和郡国至乡聚的学、校、庠、序的各级地方官学体系形成，此外还有书馆、经馆等私学教育机构，构成了较为完备的学校体系；公元前136年置五经（诗、书、礼、易、春秋）博士；公元前124年，开始"为博士

---

① ［美］约翰·S.布鲁贝克：《高等教育哲学》，郑继伟等译，杭州：浙江教育出版社，1987年，第2页。
② ［德］洪堡：《论柏林高等学术机构的内部与外部组织》，陈洪捷译，《高等教育论坛》，1987年第1期，第92页。

置弟子五十人"。至此，太学正式建立，汉王朝有了专门传授高深儒学知识的机构。太学博士的入选不仅有严格的人数限制，而且需由皇帝征召或公卿荐举学术名流，具有资格限定的特征。对于太学生的选拔，两汉虽为荐举，但也有较为严格的条件。在这些条件下，中国古代高等教育方告形成。此后，中央官学更明确规定了入学者须是接受过下一级教育中的优秀者，如南宋高宗时期规定："凡诸道住本州学满一年，三试中选，不犯第三等以上罚者，可送入太学肄业。"①

兴起于唐末的书院教育自两宋时期也成为中国古代高等教育的主要构成部分。宋代理学、明代的心学和实学都极大地促进了书院的发展。书院兴起后，成为学术研究和人才培养场所。在人才培养方面，书院的入学条件必须是学生接受过下一级的教育，书院强调学生读书穷理，格物致知。书院教学内容虽偏于儒学，但横向以释、道相参印，涵盖经史子集、诗词文赋，纵向于经学一科也深研其奥，显现其高深性；其教学方式采用个别钻研、相互问答与集中讲解相结合，教学与研究相结合，读书作文与学术争鸣（讲会）相结合，内部学习与外部开放相结合的办法，体现出较强的探究性；在知识发展方面则注重学术创新和发展高深学问，因而更具有高等教育的属性和特点。

所以说，只有汉代太学兴起后的中央官学和两宋勃兴的书院教育更符合我们所界定的高等教育的属性。

从元明清时期云南的教育体系看，在儒学、社学、义学和书院教育四种教育类型中，只有书院教育更接近于高等教育的范畴。而且云南作为一个地方省份，也没有以国子监为代表的中央官学的高层次教育，所以云南古代的高等教育主要是书院教育。

二、国子监提供的中央高等教育

至少从明代开始，云南已有少数学生可以到国子监接受高等教育。明王朝中央政府制定政策，鼓励云南选送生员至国子监（太学）接受进一步教育。选派至国子监的学生分为两类：一类是少数民族土官的子弟，另一类是由各级官学选送的学生。

《太祖实录》载："洪武十七年（1384 年）……普定军民府知府者额谴其子吉隆及其营长之子阿黑子等十六人入太学""洪武十七年九月癸卯……赐国子监云南生吉隆等冬衣"②是为云南首次派少数民族子弟入明代中央学府读书。此后，

① （元）脱脱等：《宋史·选举志三》，北京：中华书局，1977 年，第 3666 页。
② 台湾"中央研究院"历史语言研究所：《明实录·太祖实录》卷 162，卷 163，台北：中文出版社，1962 年，第 656、658 页。

洪武十九年（1386 年）云南“罗罗土官”派子弟二人入南京国子监，“洪武十五年六月戊寅朔辛卯，云南北胜州酋长高策，甫七岁，率所部降。后十年，入朝，送大学，及长，还为土官，令所历土官视效之。莅事之日，即禁通把事毋置田宅，以渔于民。边境赖之以宁。”①可见土官选送子弟入国子监就学者渐多。

洪武十八年（1385 年）令：“云南所属生员有成材者不拘常例，从便选员”。②此后，通过“岁贡”、“选贡”和“考贡”等方式，云南官学诸生进入国子监学习的日渐增多：

> “洪武二十三年（1390 年）三月癸巳……云南大理府贡生员尹惟贤等入国子监，赐袭衣、靴鞋。”③
>
> “洪武二十五年（1392 年）二月壬子朔……云南布政使司贡生员杨嵩等六人入国子监，命月朔朝见，著于令。”④
>
> “永乐元年三月丁酉……赐国子监云南生张文礼等二十八人夏衣。”⑤
>
> 正统三年（1438 年）九月甲辰，“行在礼部尚书胡濙奏：‘国子监云南监生等三十八人夏衣，该司官吏宜依时请给’”⑥。
>
> “景泰七年（1456 年）五月辛未……旧制，云南各卫所学军生岁贡，考中，俱选南监读书。至是，金齿等卫岁贡生员吴圮等三名，奏乞依选贡例，改选北监。从之，著为令。”⑦

上引史料说明：第一，云南入国子监诸生除土官所送子弟（夷生）外，仍有按明朝统一规定，通过选拔、考试等由省、府、县岁贡或选贡之生员；第二，卫学亦有固定之入国子监之学额。由此可知，云南选拔入国子监生员的范围较广，已涉及卫所等军事管辖地区。

云南监生的选拔方式一直在岁贡、选贡间摇摆。景泰四年（1453 年），礼部尚书胡濙等联名合奏：“云南所属各府、州、县儒学生员，自洪武、永乐年间开设以来，不分流、土官衙门，一例岁贡，至洪熙元年（1425 年）以后，始分土官衙门者选贡，流官衙门者岁贡。”此事一直到成化年间尚未固定。成化三年

---

① 谈迁：《国榷》卷 7。方国瑜：《云南史料丛刊》第 5 卷，昆明：云南大学出版社，1998 年，第 10 页。
② 台湾“中央研究院”历史语言研究所：《明实录·太祖实录》卷 171，台北：中文出版社，1962 年，第 680 页。
③ 台湾“中央研究院”历史语言研究所：《明实录·太祖实录》卷 200，台北：中文出版社，1962 年，第 778 页。
④ 台湾“中央研究院”历史语言研究所：《明实录·太祖实录》卷 216，台北：中文出版社，1962 年，第 821 页。
⑤ 转引自方国瑜：《云南史料丛刊》第 4 卷，昆明：云南大学出版社，1998 年，第 493 页。
⑥ 转引自方国瑜：《云南史料丛刊》第 4 卷，昆明：云南大学出版社，1998 年，第 497 页。
⑦ 转引自方国瑜：《云南史料丛刊》第 4 卷，昆明：云南大学出版社，1998 年，第 498 页。

（1467 年），礼部尚书姚夔仍纠结于此事："云南、贵州等处选贡生员，国初以来，初以其远方，特示优容之意，其后宣德、正统年间，已尝考贡。天顺年来，又复选贡。今国家文运百年于兹，道化旁洽，岂远近有间。比年云南、贵州科举举士，往往联名足征者，宜自成化四年为始，仍照正统年例，一体考贡。"①

明代国子监生的选拔方式，除会试不第者可入监卒业外，大量生源来源于地方政府的岁贡和选贡。"岁贡"，即由府州县三级地方政府选拔推荐，府学一年选推 2 人，州学二年推 3 人，县学三年推 1 人，"岁贡之始，必考学行端庄，文理优长者以充之。其后，但取食廪年深者"②。所以，岁贡生的质量逐渐下降。而选贡是在岁贡之外的考选，"务求学行兼优，年富力强，累试优等者，乃以充贡"②。因为是经过考试选拔出来的，所以其质量较高。"选贡多英才，入监课试辄居上等。"明王朝中央政府出于对云南边疆落后地区的照顾，前期对入国子监的生员采取的是推选而没有采取考选的选拔方式。宣德、正统年间及成化起改为以考贡为主，可以推想云南入监之生源的质量得到提高。

监生在国子监的学习，内容较为丰富，程度较深，要求较严：

《明史·职官志二》载："造以明体达用之学，以孝悌、礼义、忠信、廉耻为本，以六经、诸史为之业"。"凡经，以《易》、《诗》、《书》、《春秋》、《礼记》，人专一经，《大学》、《中庸》、《论语》、《孟子》兼习之。"③朱元璋还要求监生读经史之暇，兼读《说苑》、讲《律令》。

对于监生的学业管理则采取了六堂三级晋级积分制的动态管理制度。明国子监分为六堂：正义、崇志、广业、修道、诚心、率性。"凡通四书未通经者，居正义、崇志、广业。一年半以上，文理条畅者，升修道、诚心。又一年半，经史兼通、文理俱优者，乃升率性。"对升入"率性"堂者，实行积分制，经过各种考试积分，"岁内积八分者为及格，与出身。不及者仍坐堂肄业。"监生每月皆须考试，"每月试经、书义各一道，诏、诰、表、策论、判、内科二道。每日习书二百余字"。④

明国子监还创新性地实施"历事"制度。历事，就是实习，"先习吏事"，"历练政事"。监生历事，始于洪武五年（1372 年）。洪武二十九年（1396 年）规定："始令监生年长者分拨历练政事。"此后，监生历事成为定制。

可以看出，明国子监所学内容丰富、专业（人专一经），具有高深性；教学层级分明，管理规范，要求严格，是名副其实的高等教育。云南生员人数虽不

①　转引自方国瑜：《云南史料丛刊》第 4 卷，昆明：云南人民出版社，1998 年，第 498～499 页。
②　（清）张廷玉：《明史》卷 69《选举一》，北京：中华书局，2000 年，第 1123 页。
③　（清）张廷玉：《明史》卷 73《职官志二》，北京：中华书局，2000 年，第 1194 页。
④　（清）张廷玉：《明史》卷 69《选举一》，北京：中华书局，2000 年，第 1121 页。

多，但确实得到了高深学问的学习机会。

三、明代云南书院的建立与发展

从目前掌握的史料看，尚未见唐宋时期云南创建书院的记载。或因唐宋时期云南处于南诏、大理治下，与中原交流有所疏离，或因云南地处偏远，兴起于唐宋之际的书院未能从文化的中心区走进文化边缘区。

元代在云南建立行省、开展直接统治后，中原与云南的文化交流加强。"书院之设，莫盛于元。"元代采取多种措施积极保护、鼓励书院发展，因而全国书院获得较大发展。据王颋《元代书院考略》统计，元代书院共有 408 所，其中，新建 134 所，再建 59 所①。较之两宋书院 203 所，增长了 2 倍。云南受其影响，应已建有书院。肖雄认为"元代云南无书院之建设"，主要依据是云南元代及以后所出史料不见有关元代云南建有书院的任何记载②。但是，无论从元代积极发展书院的政策还是元代书院的发展规模考察，加之云南周边，广西、贵州在南宋时期已建立书院，至元代书院均有所恢复和发展③，云南似不应无书院。王炳照先生在《中国古代书院研究》之《各省（区）历代书院统计表》中列有云南书院 1 所，但未标明书院名称、所在及史料出处。方国瑜先生引吴大勋《滇南闻见录》卷上"赛回子"条说：昆明"书院先只城外一区，即赛氏典赤所建也"，认为（云南）"书院之设亦自元代始有之，但讲学之事当在元代以前已有也"④。此条史料可证云南元代已建立书院。然吴大勋未说明该书院的名称、建立时间，故尚需进一步挖掘史料予以考订。

至明代中期，云南的书院在由各地方官府主创并拨给学田支持的情况下逐渐兴建，书院教育已渐次开展起来。在弘治年间，明代云南书院的建立已见于史料记载。

李天凤认为："关于云南有史可考的第一所书院，目前有两种说法：一说是明弘治元年（公元 1488 年）腾冲县的秀峰书院；另一说法是建于明朝弘治十一年（公元 1498 年），大理府浪穹知县蔡肖杰在县城北（今洱源县）建立的龙华书院。"⑤关于秀峰书院的建立，其记载出于清乾隆年间《云南腾越州志》，查之万

① 王颋：《元代书院考略》，《中国史研究》，1984 年第 1 期，第 157～168 页。

② 肖雄：《明清云南书院与边疆文化教育发展研究》，北京：中国社会科学出版社，2017 年，第 19 页。

③ 李彦福，雷坚：《试论宋元明清时期的广西书院》，《广西社会科学》，1986 年第 4 期，第 151～181 页；杨军昌：《贵州书院教育》，《教育文化论坛》，2013 年第 5 期，第 2 页。

④ 方国瑜：《汉晋至唐宋时期在云南传播的汉文学》，《方国瑜文集》第 1 辑，昆明：云南教育出版社，1994 年，第 382 页。

⑤ 李天凤：《明清云南书院发展述略》，《教育评论》，2003 年第 2 期，第 90～92 页。

历年间李元阳等修《云南通志》，未记录腾冲县建有秀峰书院，也未见于明代所修其他方志中，故其说只能存疑，有待进一步考证。浪穹县龙华书院的建立时间，天启《滇志》载："龙华书院，在县治北，弘治戊午知县蔡霄杰建。"[1] 李元阳《云南通志》亦记为弘治戊午年（1498 年）建。《新纂云南通志》则记为景泰年间建。根据三书的成书时间及两相对照，我们取第一种说法，即明代云南第一所书院为 1498 年建立的大理浪穹县之龙华书院。由于不在省会，加之维持不力，龙华书院不久便被废弃。

除龙华书院外，弘治年间在今大理地区还建有苍山书院和崇正书院。正德《云南志》载：苍山书院在（大理）"府城外西南陬，苍山之麓，弘治十二年巡按使谢朝宣建"[2]。苍山书院的格局为"中为正厅，左右为两厢房，后有步瀛桥及贮书楼等"[2]。两进院落规模不算小。正德《云南志》还记载了蒙化府崇正书院的建立："在府城西门外，本废僧寺。弘治十四年署府事曲靖府同知胡光即其地建书院，名曰崇正，避异端也。"[3] 其事亦见于李元阳之《云南通志》。

依上所述，在明弘治年间，云南已出现多所书院，且集中于大理地区。

在明代云南书院发展史上的一大盛事是五华书院的建立。史载：（五华书院）"嘉靖三年建，万历二年巡抚邹应龙重修。"[4] 嘉靖三年（1524 年）由时任巡抚王启建立，因为地址选在五华山麓北，所以将其命名为五华书院。初有房舍七八十间，王启"置讲堂、斋舍""区本钱廪饩""选博士弟子将进而讲习于其中"[5]。书院建成后，王启"喜诸生之朝夕相与刮摩，必将大有所成，以应昌期之用，又喜滇之名儒将自是辈出，而书院将与白鹿衡岳垂名不朽也"[6]。然王启离任后五华书院逐渐衰败。50 年后，万历二年（1574 年），巡抚邹应龙重修时，建堂三间，左右号舍数十间。万历三十八年（1610 年）秋，提督学政黄琮又命云南府再次重修。至万历四十年（1612 年）暮春告成，规模有所扩大，有屋 172 间，其中半为修复，半为重建。在校生人数最多时有正课 80 名，副课 80 名。"遇都市之岁，并取阖省诸生上等者，选委府佐教官，督课评骘。"[6] 算得上是云南所有书院当中规模最大的了。作为省会书院，五华书院从建立开始时就受到官府的特殊照

---

① （明）刘文征：（天启）《滇志》卷 8，昆明：云南教育出版社，1991 年，第 295 页。

② （明）周季凤：正德《云南志》卷 3。方国瑜：《云南史料丛刊》第 6 卷，昆明：云南大学出版社，2000 年，第 140 页。

③ （明）周季凤：《正德云南志》卷 6。方国瑜：《云南史料丛刊》第 6 卷，昆明：云南大学出版社，2000 年，第 169 页。

④ 林超民：《西南稀见方志文献·云南通志》，兰州：兰州大学出版社，2003 年，第 185 页。

⑤ （明）王启：《五华书院记》。林超民：《西南稀见方志文献·云南通志》，兰州：兰州大学出版社，2003 年，第 185 页。

⑥ （明）刘文征：（天启）《滇志》卷 8《学校志》，昆明：云南教育出版社，1991 年，第 285 页。

顾，加上建立时间早，影响较其他书院大得多。往后云南各地建立的书院，大多仿效五华书院建立学制、院舍等。

此外，大理、云南、澄江、楚雄、临安、曲靖等各府州县陆续建起了大批书院，据天启《滇志》卷8《学校志》记载，天启年间云南全省书院已经发展到56所。整个明代，云南共建立了78所书院[①]。这些书院中除少数私人建立或创建者不详外，绝大部分为官办（有57所），这和当时全国书院发展形势有所不同。

从地域分布来看，明代云南书院的布局呈现出极不均衡的格局：大理府19所，云南府12所，临安府8所，永昌府6所，楚雄府、曲靖府、澄江府各5所，姚安府、鹤庆府各4所，寻甸府3所，元江府、广西府各2所，蒙化府、武定府、景东府各1所。大理、云南、临安三府所拥有的书院即占总数的50%，相当于其余十二府书院的总和。元江、广西、蒙化、武定、景东五府则各仅有1～2所。这种状态更能显现出云南书院发展的特点。至元朝设置中庆府，将省会之所移至昆明前，大理一直是云南的行政中心，经济、社会和文化发展水平远高于其他地区，其教育发展也比其他地方早，即便历经元明两朝，大理的影响力依然非常大，故书院以其为最，昆明次之。临安府则因明代内地汉族移民的大量迁入而使得文化水平大大提升，得"文献名邦"之誉，元代至元二十二年（1285年）即继大理、昆明之后第三个建立庙学，可见其教育基础雄厚。其他府州县所建书院所不多，但能够将书院发展至基本涵盖整个云南，不能不说是个了不起的贡献。

书院发展的不平衡不仅表现在空间上，同时也表现在时间上。明代云南书院发展最快、规模最大的时期是在嘉靖至万历年间（1522～1619年）。其间，嘉靖年间云南建立书院23所，隆庆仅有五年却建立书院13所，万历年间建18所。97年间所建书院即达54所，占有明一朝云南全部书院的69.23%。而天启、崇祯年间仅各建1所书院。这与明代全国书院发展的轨迹基本吻合。明初统治者高度重视和大力发展官学，书院被忽视，处于沉寂状态。正德以后，尤其嘉靖至万历年间则转而兴盛。据曹松叶统计，明代全国有书院745所，嘉靖年间即创建了215所[②]，占新建书院总数的28.9%；万历年间创建114所，占总数的15.3%。两者之和占总数的44.16%[②]。由此可见，明代云南书院的发展与全国是同步的。

四、清代云南书院的发展

清代是云南书院发展的黄金时期，同时又是云南书院发展的终结时期。云

---

① 《云南省志·教育志》谓明代云南有书院70所，然未说明所据。此处从肖雄《明清云南书院与边疆文化教育发展研究》的说法。肖氏将明代云南全部书院详加梳理并做成统计表，其说更为可信。

② 曹松叶：《宋元明清书院概况》，《国立中山大学语言历史研究所周刊》第10集，1930年第113期，第3～29页。

南书院发展"始于明代，盛于清代，终于清代"①。笔者认为，清代这一云南书院发展最重要的历史阶段从时间上可以分为三个时期：清初、康雍乾嘉庆时期、道光至清末时期，这三个时期正好反映了清代云南书院的恢复发展、繁荣昌盛和改制巨变。

清初，统治者有鉴于明末以东林书院为代表的书院结社聚集，"妄议国事"，对封建统治造成威胁的历史教训，并着眼于防止利用书院宣传民族思想，在入主中原较长一段时期内，极力限制书院的发展。顺治九年（1652年），即下令："不许别创书院，群聚徒党，及号召地方游食无行之徒，空谈废业。"②因此，全国书院的建设和发展都处于沉寂期。就云南而言，还存在其特殊的情况，即清军入关以后，云南短时期内并未纳入中央统治之下，先是李定国、孙可望占据云南，后是吴三桂割据称雄，云南饱受战火侵袭，各地书院都或多或少地受到战火波及，几近废止。据《新纂云南通志》引雍正《云南通志》记载，明代多数书院皆为"今废"，可知明代书院在清初多数废弃。

据史料记载，顺治年间云南仅建书院两所，即信天书院（昆阳州）和育贤书院（顺宁县）③。两所皆在顺治十七年（1660年）所建，分别位于昆明和顺宁（今凤庆县）。

康熙中，随着统治稳固、社会稳定、经济发展，清朝统治者开始加强文化建设。书院的建设和发展也得到重视。自康熙二十五年（1686年）起，通过向书院赐匾、赐书等形式肯定并鼓励书院发展，各地纷纷闻风而动，积极修复和兴建书院。书院进入了复苏和快速发展的黄金时期。云南的书院也在这一时期得到较大发展。

康熙二十四年（1685年），总督蔡毓荣、巡抚王继文建"昆明书院"，规模庞大，前殿三楹、后厅五楹、两庑三十厦，拥有学田300亩。康熙四十二年（1703年），获康熙御书"育材"而改称"育材书院"，这极大地刺激了云南书院的发展。雍正九年（1731年），总督鄂尔泰重建五华书院。雍正十一年（1733年），雍正要求督抚在各省创建书院，五华书院得赐帑金千两，《图书集成》5018本。地方督抚陆续购买经史子集图书万余卷收藏其中，选拔士子入内课读，"凡滇人士之略具隽才者无不招而纳之"。五华书院至此而成为云南省省会书院。此后，云南各地掀起创建书院的高潮。以前未设过书院的一些偏远地区也先后建立若干书院，如丽江府有雪山书院、玉河书院，思茅厅有思诚书院，文山县有开文

---

①　云南省地方志编纂委员会：《云南省志·教育志》，昆明：云南人民出版社，1995年，第129页。

②　（清）索尔纳等：《锁定学政全书校注》，武汉：武汉大学出版社，2009年，第94页。

③　周钟岳等：《新纂云南通志》卷134《学制考四》和卷135《学制考五》，昆明：云南人民出版社，2007年，第539、565页。

书院、文山书院、萃文书院、凤鸣书院，镇沅厅有碧松书院等。据肖雄研究，"清代书院建设普及云南行省所辖的 14 府 4 直隶州 4 直隶厅"[①]。

清代云南共建有多少所书院，说法不一。笔者的学生陈富贵据《新纂云南通志·学制四》所列书院统计为 204 所[②]。《云南省志·教育志》谓清代"云南共建书院 226 所（不包括恢复清代以前建的书院）"[③]。古永继认为，"除去少数在明代及清初以前已废毁者外，清代曾有书院 201 所，为明代的 3 倍多"[④]。而肖雄则据各类方志梳理、统计为"清代云南始建或重建书院共 238 所"[⑤]。尽管统计数据有所差异，但都体现出一个趋向：自康熙朝始，云南的书院进入大发展时期，整个清代云南书院数较之明代增加了 3 倍左右。其中，康熙、雍正和乾隆时期在云南所建书院占清代云南书院总数的一半左右（陈富贵统计为 100 所，《省志·教育志》统计为 105 所，肖雄统计为 132 所），可见康雍乾时期云南书院迅速发展的程度。

嘉庆朝以后，云南书院发展的速度放缓，历经咸丰六年（1856 年）杜文秀和同治二年（1863 年）马荣两次战乱，云南书院元气大伤，特别是战乱首发之地大理和昆明，书院被毁，藏书被焚，院舍被拆。虽经其后恢复重建，然再也未能恢复到康乾盛世时期的盛况。至咸丰、同治年间，云南书院逐渐衰败，咸丰朝十年间云南仅建 2 所书院。到光绪年间，虽然如回光返照，云南又建了 22 所书院，但毕竟只是昙花一现，后或改制转型为新式学堂，或自行消亡，书院教育最终还是走向了尽头。

清末云南书院的转型可以经正书院为代表。经正书院于光绪十五年（1889 年）上奏请建，光绪十七年（1891 年）三月建立，以专课经史，不课制艺为教学宗旨，力图摆脱科举对书院的桎梏，给云南高等教育带来了一缕新风。然整个书院的颓势难挡，光绪二十九年（1903 年），清廷下令各书院一律改为学堂，云南的书院也大多转型为学堂，开始尝试新式教育。

五、明清云南书院教育

由于云南经济、文化发展的不平衡，尤其是教育基础和水平高低不一，明清时期云南的书院教育并非都可以划入高等教育的范畴。如清代广南府之培风书

---

① 肖雄：《明清云南书院与边疆文化教育发展研究》，中华书局部印制，1934 年；北京：中国社会科学出版社，2017 年，第 194 页。

② 陈富贵：《清代昆明书院研究》，云南师范大学硕士学位论文，2012 年。

③ 云南省地方志编纂委员会：《云南省志·教育志》，昆明：云南人民出版社，1995 年，第 129 页。

④ 古永继：《清代云南官学教育的发展及其特点》，《云南社会科学》，2003 年第 2 期，第 93 页。

⑤ 肖雄：《明清云南书院与边疆文化教育发展研究》，北京：中国社会科学出版社，2017 年，第 49 页。

院，"在历任公祖，延请不过情面荐托，山长到馆亦不过因循了事。故百余年来，科目寥寥"①。培风书院这类师资水平低下、教学内容简单的书院应并非个案。但多数书院仍注重山长的选拔，一般均要求科甲出身、"品端学粹"、"号为多士"，诸生学习多以经史为主，兼习诗赋文辞、"小学"，所研习内容即为当时的高深知识，教学模式多采取生徒自主学习为主、教师讲授为辅、严格考课监控的模式。因而可以说，云南多数书院具备了高等教育的特征。即使偏远之地，仍秉持较高办学标准。如地处滇南并非声名显赫的蒙自县道成书院，"萃聚远近士子于院中，聘硕学通儒主讲，称曰'山长'，随时讲授经义及诗赋古文辞"②；顺宁府之凤山书院亦"诸生习读经书诗艺，每月三课"③。蔡寿福主编之《云南教育史》谓明清两代"云南具有高等教育性质的书院仅有 2 所（指五华、经正书院），大多数书院则属于初等教育甚至启蒙教育的性质"④，其说过于武断。如前所述，明清云南官学、社学、义学发展较快，已经成为初等教育及中等教育的承担主体，谓书院大多属于初等教育甚至启蒙教育的性质，不仅以偏概全，且缺乏依据。

兹就明清云南书院教育的一般情况述析如下。

（一）明清云南书院的教学

1. 书院的教学内容

明清云南书院的教学内容均是以经史为主，主要围绕儒学经典而展开。

明弘治十二年（1499 年），督学王臣为苍山书院落成所作《苍山书院记》中说："今夫人不可以不学，而亦不可以学非所学。其学云何？圣贤之学也，全体大用之谓乎？""是故尽性至命，必本乎孝弟；穷神知化，必通乎礼乐。""六经者，道之所寓，政化之所自出也。学者其沉酣浸渍而有得焉，由斯道以福斯民，畅皇极而叙彝伦，岂复有加于是耶？"⑤可见其始终把儒学，尤其是把六经作为苍山书院最主要的学习内容。百余年后，至提督学政黄琼重修五华书院时，其教学更已偏重科举。黄琼《重修五华书院记》云："或曰：'科举兴而士为辞章之学，今将以辞章课之，则利达之媒已耳，于世道何裨焉？'"黄琼则为此进行了辩解，认为"安见今之科举不为昔之宾兴与？"⑥此正说明了五华书院当时已将用于科举

---

① （清）何愚：（道光）《广南府志》。云南省图书馆据上海徐家汇藏书楼藏清道光廿八年（公元 1848）刻本传抄庋藏。

② 云南通志馆：《云南通志馆征集云南省各县旧日书院资料》，民国二十年至民国二十三年抄本。

③ 凤庆县地方志办公室：《顺宁府（县）志五部》，香港：天马图书有限公司，2001 年。

④ 蔡寿福：《云南教育史》，昆明：云南教育出版社，2001 年，第 270 页。

⑤ （明）李元阳：《云南通志》卷 8《学校志》，云南省图书馆藏明万历四年刻本抄本。

⑥ （清）师范：《滇系》卷 8 之 2，云南省图书馆藏云南官书局据清嘉庆二十二年刻本重刊本。

的"辞章"之学作为主要的教学及考核的内容。

至清代，云南绝大多数书院的教学内容都较为广博，涉及经史子集、诗词文赋，但其目标仍是围绕科举来进行的。为科举而课之，是其普遍做法，这和全国其他地方有所不同。清代全国书院有四种类型：以讲求理学为主的、注重"制艺"的、以"经世致用"为目的的和以博习经史词章为主的①，类型较为丰富。而云南书院则仅以制艺为目的。

鄂尔泰在《征滇士人入书院教》中言："读书之法，经为主，史副之。"又言："《四书》本经、《孝经》，此童而习之者。外此，则先之以《五经》，其次如《左传》之淹博，《公》、《谷》之精微，《仪礼》之谨严，《周礼》之广大，《尔雅》之辨析豪芒，大至无外而细入无间。此十三经者，阙其一即如手足之不备，而不可以成人者也。至于史，则先《史记》，次《前汉书》，次《后汉书》。此三史者，亦阙一不可。""此外如《家语》、《国语》、《国策》、《离骚》、《文选》、《老》《庄》、《荀》、《列》、《管》、《韩》以及汉、唐、宋、元人之文集与《三国志》、《晋书》以下诸史参读参看，择其尤精粹者读之，其余则分日记看。"②

作为云贵桂三省总督，鄂尔泰所言并非仅为读书之法，其实也规定了书院诸生研习的内容。涉及哲学伦理学（儒家经典、道家法家著作）、史学、文学、语言学等学科的内容，较为广博。

道光间《彩云书院条规》亦云："诸生课程经史为要。"③宁州宁阳书院山长"随时讲授经义与诗古文辞"，邓川州德源书院山长"主阅堂课，讲授经史"。④及至光绪十七年所建之经正书院仍坚持"令逐日研究《钦定七经》及《朱程语录》、《通鉴》、《史议》、《大学衍义》、《文献通考》并掌故诸书，引之识义理、稽故实，手抄口诵，日渐淹贯"⑤。

在经正书院建立以前，云南书院以经史为主的教学实际是以科举为目的的。书院每月的考课均以"制艺"为主要考核内容。如五华、育材书院"课试题目亦四书一，试帖一，童子试帖祇六韵……（育材书院）与五华同……初一制艺，十五诗赋"⑥。晋宁州之象山书院"每月堂课一，在注重八股文时代，每月课题为四书文一，五言律诗……后改经义策论，其课题则四书或五经义一，史论或实务

---

① 孙培青：《中国教育史》，上海：华东师范大学出版社，2009 年，第 272 页。

② 周钟岳等：《新纂云南通志》卷 134《学制考四》，昆明：云南人民出版社，2007 年，第 523 页。

③ 《彩云书院条规》，云南省图书馆藏道光十九年刊刻本。

④ 云南通志馆：《云南通志馆征集云南省各县旧日书院资料：宁阳书院，德源书院》，民国二十年至民国二十三年抄本。

⑤ 《经正书院条规》，滇南盐署光绪十七年刻本。

⑥ 云南通志馆：《云南通志馆征集云南省各县旧日书院资料：育材书院》，民国二十年至民国二十三年抄本。

策一"，宣威州之榕城书院"月课，书院及学署、州署，每月均示期课士，题皆四书文及试帖各一首"，新平县之桂香书院"每月官课一次，堂课二次，考试日由山长点名给卷，试题制艺一篇，试帖诗一首，限一日交卷，违者不阅"①。

随着西学东渐之风日盛，至光绪年间，云南书院的教学内容发生了显著变化，以经正书院为代表的一些书院开始转向以学术而非科举为目标，如《经正书院条规节要》所申明："经正书院盖以储经纬史之才，与他书院异者有二：他书院兼课制艺，仅按月课试。经正书院则以古学为主，逐日立课，以督其所学，一也；他书院除月课外，诸生不常见山长。经正书院则课堂加详，使一堂晤时，既收讨论之功，复有熏陶之盖，二也。"②所谓古学，即专门应对科举之外的经学，是黄宗羲、顾炎武、阎若璩所主张之超越宋儒之"汉学"，目的在于经世致用。在云南少数书院中还出现了教授近代科学的变化。如光绪年间宁阳书院山长秦康龄在书院"教诸生以史地算术等科目，学者宗之"③。

2. 书院的教学模式

云南书院的教学模式大抵以自主学习为主，山长教习讲授为辅（这种教学模式也否定了云南书院为初等教育之说）。值得称道的是，在讲课过程中允许学生"问难"（提问、质疑及提出自己的见解并由师生进行讨论）。这种教学模式和严格的考课制度相结合，不失为一种能够激励学子自主学习的教学模式。但在以"制艺"为主要学习活动的清代，学子的自主学习仅限于固定的经史词章，时文制艺。教学内容被限定之后，这种教学模式的作用被大打折扣。

鄂尔泰曾言："士患不读书耳，倘肯潜心院中，如董子下帷，足不窥园，日取十三经、廿一史，次第读之，自可开拓心胸，推倒豪杰，毋自画也。"④这明显是要求书院生徒以自主读书为主。鄂尔泰在五华书院甫重建之际所提《征滇士人入书院教》（见上引文），不仅规定了读书的内容，而且提出了读书的方法、治学的路径，更可见书院以生徒自主学习为主要教学模式。

新平县桂香书院的教学安排较为典型地反映了这种自主学习的模式。

> 每月初一讲书，初二县尊官课，十一讲书，十二山长堂课，十六学师官课，二十一讲书，二十二山长堂课，试题官课制艺一篇，试帖一首。除

---

① 上引均见《云南通志馆征集云南省各县旧日书院资料：象山书院，榕城书院，桂香书院》。

② 周钟岳等：《新纂云南通志》卷134《学制考四》，昆明：云南人民出版社，2007年，第527页。

③ 云南通志馆：《云南通志馆征集云南省各县旧日书院资料：宁阳书院》，民国二十年至民国二十三年抄本。

④ （清）师范：《滇系·艺文五》，云南省图书馆藏云南官书局重刊本。

艺帖外，间杂试经古及字课，讲书经史诗不一。①

也就是说，每月逢"一"讲课，共三天；逢"二"加"十六"考课，共四天；其余二十三天均为学生自学。

《彩云书院条规》中还对生徒如何读书给予指导，提出了读书的原则为："用力要专""经书宜多读""史鉴宜常看"，方法上则"读书欲精不欲博"，"须立定课程，每月读新书若干，温旧书若干，心不鲁莽，功不间断"，"经书既熟，即读《左传》、《国语》、《庄》、《骚》、《史记》，又及汉唐各大家。"② 足见生徒自主读书实为书院学习的基本途径。

从《经正书院条规节要》中也可以看到，其他书院学子除了每月既定的课试时间和山长讲授的时间外，是不常见到山长的。所以书院教学以学生自学为主，山长讲课的时候并不多，讲时则以专题的形式讲授。

书院的藏书可以反映生徒自主学习的内容较为广博。以五华书院为例，据光绪朝《云南通志》载，五华书院所藏书为：《古今图书集成》《御纂经书》《周易折中》《书经传说汇纂》《诗经传说类纂》《孝经衍义》《朱子全书》《性理精义》《御选古文渊鉴》《斯文精粹》《万世玉衡录》《臣鉴录》《明文粹集》《四礼》《四礼翼》《孝经注解》《小学纂注》《近思录集解》《四书闽本集注》《钦定诗义折中》《周易述义》《春秋直解》《御制诗初集》《诗二集》《文初集》《声韵指南》《唐人试帖》《五花大全》《滇明诗略》《国朝滇诗略》《续刻滇南诗略》《滇南文略》《读书分年日程》《切问斋文钞》《六书说》《劝士条约》《泰律篇》《石淙诗钞》《关中奏议》《韵字略》《痘疹会通》《云南试读》《大成礼典》《圣谕十六条》《钦定四书文》《旧云南通志》《旧云南府志》《驳吕留良四书经义》《御批通鉴辑览》《周礼精华》《仪礼章句》《孝经注解》《朱子小学》《唐宋文纯》《唐宋诗纯》《南诏野史》《古文渊鉴》《养蒙图说》《学案初模》《易经注解》《诗经注解》《春秋三传注解》《书经注解》《礼记注解》《四书集注》《圣谕广训》《九成宫字帖》等。其藏书以经史为主，涵盖宋明理学、诗词文赋、文字学、书法、云南地方史志等。

除书院教学最可称道的是自学、讲课外，学子可以"问难"山长："每山长登堂讲论，则诸生环侍，监院亦侧席以待。山长入座后，即屏息静气，悉心听受，必另有见解或怀疑义，始准离席问难山长。"③ 问难，即"诘问""质疑"之意。《中庸》即提出"交相问难"以明辨的方法，此后古代士子儒生如王充、贾宗之流，

---

① 吴卓如修，马太元等纂：《新平县志第九·教育》，民国二十二年刻本。

② 《彩云书院条规》，道光十九年刊刻本。

③ 周钟岳等：《新纂云南通志》卷134《学制考四》，昆明：云南人民出版社，2007年，第528页。

常以问难为学术探讨的方法，所谓问难经传，不绝于书。至南宋，书院教学普遍注重问难，强调学生读书要善于提出疑难，鼓励学生间、师生间、不同门派间开展质疑论辩，教学多采用问难论辩方式。如朱熹特别重视学生提出的疑问，鼓励学生"读书须有疑"，"大疑则可大进"，认为"师生函丈间往复诘难，其辨愈详，其义愈精"①。通过问难，书院生徒就读书所疑向教师讨教，师生之间反复诘难，直至将问题探究清楚。这种方法不但可以于论辩之中启发新知，而且对于培养学生的思维能力和独立精神具有重要作用。云南书院的教学方法是对这一优良传统的继承。

3. 书院教学的成就

明清云南的书院教学以科举为目的，并且在教学过程中培养了一批优秀的人才。

清代五华书院科举中榜率较高，在每三年一次的全省乡试中，中榜者不少于二三十名之数，而且更为重要的是培养了一批影响云南文化面貌的文化名人，如钱沣、何钟泰、方玉润、王肇曾、方学周、唐文灼、何傅岩、吴桐、李玉湛和"五华五子"（戴䌹孙、杨国翰、池生春、李于阳、戴淳）、刘家奎、林绍清、朱庭珍、魏家琇、陈均、李增、周于礼、罗元奇等。

钱沣（1740～1795 年），字东注，号南园。乾隆三十六年（1771 年）考中进士，选入翰林词馆，任监察御史、两任湖南学政、江南道监察御史、通政司参议加太子太保、吏部尚书、协办大学士。一生品德高尚，正直耿介，不畏强暴，监察权贵（如和珅、毕沅等），更兼才学出众，其书画之名，享誉海内。其书法参以欧、褚笔意、独创"钱体"字，得颜体之神而不袭其貌，被视为几百年来学颜真卿最得真意的上品之作，乃至形成清代学颜体必从学钱沣入手的风习，翁同龢、谭延闿兄弟均师之。又善画马，形肖神俊，世争宝之。著有《南园诗存》《南园文存》，身后留《南园先生遗集》。

方玉润（1811～1883 年）字友石，不仅著有《三易原始》《〈诗经〉原始》《鸿蒙室诗文二抄》《风雨怀人集》，以及日记、杂记等文学类著作 19 册，而且著有《运筹神机智略》《运筹神机三略——论智、守、战》等兵书，深得曾国藩赏识。

戴䌹孙（1796～1856 年），字袭孟，"五华五子"之一。道光九年（1829 年）中进士，任工部主事。工诗，亦善骈体。著有《味雪斋诗钞》和《味雪斋文钞》等诗文 26 卷，并编撰《明史·名臣言行录》及《昆明县志》10 卷。《昆明县志》至今仍是研究清代昆明地区历史文化不可或缺的文献资料。

---

① （宋）黎靖德：王星贤点校《朱子语类》，第一册，《原序》，北京：中华书局，2006 年，第 2 页。

杨国翰（1787～1833年），字凤藻，号丹山。嘉庆二十年（1815年），入五华书院，受教于刘大绅（字寄庵）等名流硕儒。才学出众，与戴纲孙、池生春、李于阳和戴淳并称为"五华五子"。嘉庆二十五年（1820年）赴京会试，进入殿试，名列三甲第三十五名，赐同进士出身。同年八月为道光帝"钦点知县"，出任奉化知县。嗣后任诸暨、海盐、仁和、海昌知县。在任期间关注民生发展生产，注意兴学施教，"人皆以杨青天呼之"。与林则徐亦师亦友，被林则徐誉为"望重五华，才高三迤；功歌两浙，名达九重"。其诗文在云南古代文学史上也有一定地位。

池生春（1798～1836年），道光三年（1823年）进士，选为翰林院庶吉士，授翰林院编修，后任广西学政。注重培养边疆及少数民族人才，"选边县才俊子弟诣桂林受业学官，及傜民知书计者皆遣就学"，积极兴办学校，"出府钱修治下县书院十余所"①。

育材书院培养的车文富、汤立贤、冯思永、周长青亦为其学子中优秀者。

经正书院涌现出诸如袁嘉谷、李坤、秦光玉、钱用中、李燮羲等近代云南史上之风云人物。

袁嘉谷（1872～1937年），字树五，22岁入经正书院研习。光绪二十九年（1903年）6月，应经济特科试，列二等七名，复试列一等一名，授翰林院编修，是云南所出唯一的状元；曾任晚清学部编译馆馆长、浙江提学使；民国初期应蔡锷之聘曾任云南省参议，后任云南省立图书馆馆长、东陆大学国文教授，在云南大学执教十余年。袁嘉谷在学术上有多方面的贡献：在史学上，参编《清史稿》《新纂云南通志》《云南丛书》《滇南金石萃编》，主编《滇史丛录》《滇绎》《云南大事记》《石屏县志》等，对保存云南地方史料文化做出很大的贡献；在文学上，著有《卧学堂文集》十二卷，《卧学堂续集》两卷，精通各体诗歌，其诗"铿锵动听，对仗工整，意境优美，在音律方面尤其高超"②；在经学研究方面，著有《经说》《四书札记》等；主张经史结合，读经要特别注意"通经致用"。

秦光玉（1869～1948年），14岁补县学生员，23岁考取经正书院。从经正书院毕业后，其赴日本留学，学成回来之后，历任云南学务公所普通科长、两级师范学堂监督、省立第一师范校长、教育厅长、图书博物馆长等职，参与编纂《云南丛书》，纂集《滇文丛录》，有编《续云南备征志》并参与编写和主持审定《新纂云南通志》，对整理、出版云南文献的贡献很大，先后创办成德中学、求实中学。尤其值得一提的是，秦光玉与袁嘉谷等人联名提请清末云南提学使叶尔恺

---

① 周钟岳等：《新纂云南通志》卷198《列传十》，昆明：云南人民出版社，2007年，第313页。

② 温梁华：《云南经正书院及其几位著名人物》，《昆明师专学报（哲学社会科学版）》，1986年第4期，第109～120页。

将五华、育材、经正书院的图书汇集成立云南图书馆，并三任馆长，为云南图书事业的发展做出了较大贡献。秦光玉醉心治学，尝言"行政不如著书，居官有碍治学"，为治学不惜辞去教育厅长一职。其著作颇丰，主要有《滇南名宦传》《明季滇南遗民录》《云南历代名人事略》《诗集》《公牍》等共 14 部，是著名的文献学家、教育家、史学家。

钱用中（1864～1944 年），字平阶，云南晋宁人。经正书院高才生。长期担任云南教育行政工作，一直致力于教育行政和新文化传播。钱用中历经两种教育范式，深知古代教育之弊病并可窥见近代教育之端倪，在云南教育从古代到近代的转化过程中，做出了巨大贡献。时人称誉："六区师范之推广，边疆小学之扩张，各县中学之倡办，运筹帷幄，功非小补。而全省教育经费之独立，以去就力争而维持之，为全省教育人士所称道。"何作楫在《陈诒恭蒋谷钱用中传》中说："昆明教育自创办迄于发达后，能进而确立制度，肯定其既得成绩，并指出发展方向，俾各方面工作稳步前进，臻于更完善之域者，为钱用中。"①

（二）书院的教学管理制度

1. 完善的师生选拔制度

书院在师生选拔方面较为严格。首先是对教师的遴选尤其是山长的遴选有较高要求。乾隆元年（1736 年）规定："嗣后书院讲席，令督抚学臣悉心采访，不拘本省邻省，亦不论已仕未仕，但择品行方正，学问博通，素为士林所推重者，以礼相延，厚给廪饩，俾得安心训导。"②可见山长的人选必须是远近闻名的饱学之士、宏学硕儒。又据记载"书院山长应请进士、举人，且品学兼优者，素服众望者担任"③，可知书院多聘科举取得功名、德行高尚者任山长。云南书院山长也多选学术、道德水准高者。以五华书院为例，《滇系·五华书院山长志》载五华书院历任山长共 19 名，据温梁华考之《新纂云南通志》《滇南碑传集》《滇南碑传续集》尚有未列入的 6 人④，合计 25 人。其中，除《五华书院山长志》标明为进士者 5 人外，据党乐群、温梁华考证还有 10 人为进士⑤。计有 15 人为进士，占总数的 60%，且大多为闻名遐迩、称誉士林之士：孙人龙为康熙癸巳会

①　本段所引均转自温梁华：《云南经正书院及其几位著名人物》，《昆明师专学报（哲社版）》，1986 第 4 期，第 109～120 页。

②　《钦定大清会典事例》卷 395，光绪己亥夏御制本。

③　云南省广南县地方志编纂委员会：《广南县志》，北京：中华书局，2001 年，第 918 页。

④　温梁华：《五华书院考略》，《昆明师专学报（哲学社会科学版）》，1987 年第 3 期，第 98 页。

⑤　党乐群：《云南古代举士》，昆明：云南人民出版社，2008 年，第 328～330 页。

元,张甄陶为乾隆己丑庶常,"皆能讲求实学,迄今已七十余年或四十余年,而其教泽所及,即新进后生无不仰之"①。可见其德高望重。无锡浦起龙,为进士,兼通文史,不仅著有《读杜新解》《古文眉诠》《史通通释》等著作,而且培养了王昶、钱大昕、王鸣盛等著名学者。赵州谷际岐,乾隆乙未进士,在五华书院任山长三年,从学者三百余人,在癸卯、丙午两次秋试中,"得隽者五十四人,故滇中名人大半出其门下"。其他府州书院山长选拔也有较高标准。如广南府培风书院自嘉庆壬申起,山长"必择素悉品学兼优,勤于教诲,且非科甲出身者不得延请"。②云龙州彩云书院选拔山长的标准为"科甲中品学兼优"③,宾川州笔山书院山长张汝钦为进士,被称为"品诣之超卓,心术之纯粹,百年来第一人"④,经正书院首任山长许印芳,乡试第二名,举人,云南名儒。著《诗法萃编》,为云南第一部诗评著作。创作诗歌颇丰,有《五塘诗草》六卷刊刻问世,并选编《滇诗重光集》,为后人研究云南古代诗歌发展史和诗坛情况的主要资料。

其次是对于生徒的选拔,则以荐举和考核相结合,择优选录。为加强对书院的控制,清代自乾隆时对于书院生徒的选拔就有明确规定:"嗣后各省书院肄业之人,令各州县秉公选择报送,各布政使司会同专司稽查之道员再加考验,其果才堪造就者,方准留院肄业,毋得滥行收送……其恃才放诞,佻达不羁之士,不得滥入。"⑤云南也坚决执行了这一选拔标准。如雍正十三年(1735年)总督尹继善为五华书院制定教规,规定选择生员的途径和标准:"而集学使所取前列诸生并通行各属举报文行兼优之士,严加考验,拨其尤者取入书院肄业。"⑥从中可以看出,生徒选拔的一个标准是经学使考核过的"诸生",即府、州、县学生员中的优秀者;另一个标准就是各州县推荐的品学兼优的学生。除荐举外,选拔还需再次考核("严加考验"),时称"甄别"。审查通过后,每年一、二月或十一月举行入学考试,而后四月还有一次补考,最后确定本年度或下年度的学生人数。

2. 殊异的学额限制制度

无论官办还是民办,基于财力和教师资源的有限性,书院均需以一定学额来控制规模。而明清云南书院大多为官办,除出于财政的考虑外,还有政治的考量,即防止书院生员聚徒成党,威胁稳定,因而对书院的招生规模更需加以控

---

① (清)师范:《滇系·五华书院山长志》,云南省图书馆藏云南官书局重刊本。

② (清)林则徐等修,李希玲纂:《广南府志》卷2,云南省图书馆藏光绪三十一年补刻本。

③ 《彩云书院条规》,云南省图书馆藏道光十九年刻本。

④ 《云南通志馆征集云南省各县旧日书院资料》,民国二十年至民国二十三年抄本。

⑤ 《钦定大清会典事例》卷395,光绪己亥夏御制本。

⑥ (清)师范:《滇系》卷8之5,云南省图书馆藏云南官书局重刊本。

制。政府对书院学额的控制主要通过财政手段来实现：即控制书院的学生生活费——"膏火"的数量。书院将学生分为"正课"（内课）和"副课"（外课）生，正课生即由官方全额拨给"膏火"的学生，而副课生则需部分承担生活费。在学额之外，经考核也接受部分自付伙食的学生，旁听书院讲习讲课。

如五华书院，"道光九年，巡抚颜伯焘移育材书院膏火三十分入五华书院，并捐银五百八十二两，并增设十份，为一百二十份"[①]。则此前五华书院有学生规模为正课生八十人。"道光二十一年，山长廖敦行请于巡抚张沨中，定为正课八十份，以前巡抚颜伯焘捐添膏火及笔资之银，增设副课八十份，仍取正课三十份还育材书院"[①]，即道光二十一年（1841年）五华书院的学生规模为正课生八十人，副课生八十人。每逢乡试之年，五华书院就会额外增加学生名额，"嘉庆十八年议定：乡试之年，自二月至八月，每月加膏火三十份"[①]。据以上所述，五华书院的正式学生人数，一般在八十至一百六十人。

育材书院的规模小于五华书院。虽然经常有增设生童膏火之事，但到同治十三年依监院议定，生员数量维持为生童正课各二十人，副课各二十人。[②]

经正书院"课分内外。内课二十四分，以高才生充之，住院寝食，每年十二月，月各领膏火银六两。外课八十分"[②]，亦即学生内课生二十四名，全部为全省各地招来之高才生，可住院肄业；外课生分正额、副额两类，共八十名，二十名正额，60名副额。而外课生即为走读生，因为条件没有内课生好，待遇也比内课生差。

府州、县级书院的生员数量远没这么大规模。如昆阳州桂香书院："山长束修四十四两，聘金二两，节礼十八两。生员膏火十六份……童生膏火十份。"弥勒县桂香书院，嘉庆六年"设立膏火二十份，每份给银六钱"。楚雄府凤山书院，"额设膏火生员十六分，童生四分"，广南府培风书院，"生童膏火三十分。每份月给钱六百文"。[③]

因财力大小、地位高低和地域区别，书院每份膏火钱的含金量也有较大差异，不仅省会书院与府州县书院有较大差异（如五华书院生员膏火每份有银一两六钱至二两，而弥勒桂香书院只有每份银六钱，培风书院则只有每份六百钱），就是同级书院也有较大差异，如经正书院在光绪十七年（1891年）生员膏火每月每份达银六两，而五华书院、育才书院在同治十一年（1872年）至同治十三

①　周钟岳等：《新纂云南通志》卷134《学制考四》，昆明：云南人民出版社，2007年，第524页。

②　周钟岳等：《新纂云南通志》卷134《学制考四》，昆明：云南人民出版社，2007年，第529页。

③　散见《云南通志馆征集云南省各县旧日书院资料》之昆阳桂香书院、弥勒桂香书院、楚雄凤山书院、广南培风书院，民国二十年至民国二十三年抄本。

年（1874年）的正课生员的膏火每份只有二两，只相当于经正书院外课生[①]。

3. 严格的考核制度

书院对于生童都有严格的考核制度。其考核制度可分为两类：一类是围绕科举进行的课堂考试，即通常所谓"考课"；另一类为通过笔记对学生学习行为的考核。前者多为人所注意，而后者常被忽略。

（1）考课

明清，尤其是清代书院的考课已成常态化、制度化。或一月多次，或日有课，月有试。考课从类型上分，可以分为两类：官课和师课。官课即由地方主官如省级由总督、巡抚、学政或布政使等，县级由知县等主持的课堂考试，并由这些官员命题、阅卷和评定试卷等级；师课即书院内部组织的考试，由山长主持。有的书院又将师课分为"正课"和"副课"，或"堂课"和"馆课"。

五华书院教学制度非常严格，自尹继善于雍正十一年扩建后，即规定："课期月凡四：初三、十八两日为官课，自督抚、学政及云南府以次而周，皆监院先一日白之，至日诣官廊请课题，一四书文，一试贴诗，至夕而毕。十三、二十八两日曰师课，则院长自课之，亦一四书文，一试帖诗，至夕而毕。"[②]无论官课师课，经过评定甲乙列榜，成绩优异者均奖给"笔资"。

育才书院的课试同样定为每月四次，"官课仍定为每月初三、十八，师课定为每月初一、十五，官课试题与五华同，师课题初一制艺，十五诗赋"[③]。

经正书院，"其课期定每月二十三日为官课，十八日为师课……皆以经史古学为重"[④]。除月考外，经正书院还有年考："每年十月，由两院暨司、道、府、县轮试策论、经文、疏考诗赋。"[⑤]内外课生通过考试可以实行交叉递补，内课生成绩差的有可能被调为外课生，而外课生成绩好的也可以成为内课生，这种竞争制度极大地激发了经正书院学子们的学习热情。

州县书院仍有官课与师课，这一类书院官课一般由道台、知府、知州、知县或教谕、训导轮流主持，每所书院官、师课时间各不相同，但目的相同，都是为了严格教学制度，敦促学生学习。新平县桂香书院一月四考，二次官课二次堂课，已见上述，如罗次县碧城书院："每月之初二、二十六各考课一次，分超、

---

① 周钟岳等：《新纂云南通志》卷134《学制考四》，昆明：云南人民出版社，2007年，第525、528、529页。

② （清）师范：《滇系》卷8之5，云南省图书馆藏云南官书局重刊本。

③ 《云南通志馆征集云南省各县旧日书院资料：育材书院》，民国二十年至民国二十三年抄本。

④ 《云南通志馆征集云南省各县旧日书院资料：经正书院》，民国二十年至民国二十三年抄本。

⑤ 周钟岳等：《新纂云南通志》卷134《学制考四》，昆明：云南人民出版社，2007年，第524页。

特、一三等，奖银自一两至三两为定。"① 又如禄丰县桂香书院："诸生除县两月课外，院中复有堂课，大约优等生每月可领膏火多则一二两，少则数钱。"② 又如昆阳州桂香书院："山长及儒学按月各课一次，评定甲乙，支领膏火。"③

（2）考核

除课堂考试外，云南书院为严格管理学生的自学，还通过检查和评价学习笔记对其学习进程及效果进行考核。

如新平《桂香书院学规》规定：诸生"对于每日功课，各立课程簿一本将每日功课及所读看之书逐一登记，随时听山长诘问。如有不记或捏记（案：即伪造笔记）者，每次扣膏火一课，至三次革出"④。

《经正书院条规》中也规定，住院学生"每人每季刊给课程日记一本，合将每日占诵考究之书，或经或史"，"自行登记"，"每十日呈请山长考核一次，或令覆讲义理，抑或驳问同异"⑤。其《课程日记例言》中对如何使用《课程日记》及考核标准有更为细致的表述，"凡有心得，触类引申，即著录于篇，是为日记"，"有所发明，已即附录于后"，也可"将所读经史随读随抄"。考核标准则按"每月以三十条为及格"，抄书者则以"每月六十页为及格"⑥。

可以看出，这类考核主要是考察诸生读书情况、札记或抄书多少。考核不仅有量的考核，还要通过"诘问""驳问""覆讲"等方式对其所读书的理解与思考程度进行考核。考核优异者有奖，不合格者处罚，屡教不改者直至开除。这类考核对督促、控制诸生的自主学习较有成效，是书院考核的重要组成部分，惜乎未为学界所识。

4. 动态的升降制度

书院为保证人才的培养质量、激励学子专心治学，制定了动态的升降制度。

如五华书院考试规定严格，生员根据成绩而升降，正课内成绩不合格者都降为副课，副课内成绩优秀者则升为正课。这些做法在激发学生的竞争观念和忧患意识方面起了很大的作用，既为学生的学习施加了压力又增强了动力，故五华书院每次秋榜，中试率有三十人之多，少亦二十人。⑦

---

① 《云南通志馆征集云南省各县旧日书院资料：碧城书院》，民国二十年至民国二十三年抄本。

② 《云南通志馆征集云南省各县旧日书院资料：禄丰桂香书院》，民国二十年至民国二十三年抄本。

③ 《云南通志馆征集云南省各县旧日书院资料：昆阳桂香书院》，民国二十年至民国二十三年抄本。

④ 吴卓如修，马太元等：《新平县志第九·教育》，民国二十二年石印本。

⑤ 《经正书院条规》，云南省图书馆藏滇南盐署光绪十七年刻本。

⑥ 转引自肖雄：《明清云南书院与边疆文化教育发展研究》，北京：中国社会科学出版社，2017 年，第155 页。

⑦ 李天凤：《明清云南书院发展述略》，《教育评论》，2003 年第 2 期，第 90～92 页。

经正书院，"三、别其升降。内课高才生之月课合堂课、官课，每三课考核一次。若三课均考列外课等内，则是毫无进益，罚半月膏火银三两，待下次考入内课等内，方准补复。若再连三次考列外课等内，则全分扣除。有非高才生应考课而三次考列内课二十四名内者，则存记之，遇有高才生额出序补"[①]。

5. 严苛的作息制度

与考试相对应的是书院日常管理，一般来说，"书院每年二月开学，年底闭课"[②]。每天从早到晚，学生什么时候入学，什么时候休息，都有明确的规定。比如昆阳州巨桥书院（即桂香书院，乾隆年间改名巨桥）的管理制度："每日卯初齐集，未时始散。学生入院后关门上锁到指定的座位上就座。每天在院六小时，除家里送饭用餐一小时外，学习五小时，其间不准游戏，不准离位（解便除外），不准闲谈，不准带亲友入院，家里无要事不准请假，一切应酬要谢绝。谈经习文时，为避免互相影响，不懂的不能互问。只能记于本子上向教师求教。"[③] 由此可见，书院的管理十分严格，甚至可以说近于苛刻。真正做到了"两耳不闻窗外事，一心只读圣贤书"的地步。从作息制度也能看出书院的学习方式大部分是以自学为主，强调理解、领悟和躬行。但这和两宋书院会讲等学习自由相比，已是巨大变异，两宋的会讲带有浓厚的学术探讨氛围，不为科举，只为治学。这时的自学多数为了一朝科举，金榜题名。

六、明清云南书院发展的特点

1. 起步晚，发展快

据曹松叶统计，宋代全国新建书院即达 203 所，分布于长江流域的占总数的 74.6%。与云南毗邻的四川，早在唐代已出现书院，如建于唐贞元年间遂宁县的张九宗书院，至宋代四川书院已形成一定规模。贵州也早在南宋绍兴年间即在绍庆府治彭水县（今贵州沿河县）建有銮塘书院和竹溪书院[④]。广西在南宋时期已建有 11 所书院，其中，全州的清湘书院、桂林的宣城书院在全国已有一定知名度和地位[⑤]。而云南迟至明弘治年间才有 4 所书院，形成一定规模是在明嘉靖年间。较之川黔桂，云南书院兴起晚了三百多年。

---

① 周钟岳等：《新纂云南通志》卷 134《学制考四》，昆明：云南人民出版社，2007 年，第 524 页。

② 富民县地方志编纂委员会：《富民县志》，昆明：云南人民出版社，1999 年，第 584 页。

③ 晋宁县地方志编纂委员会：《晋宁县志》，昆明：云南人民出版社，2003 年，第 686～687 页。

④ 杨军昌：《贵州书院教育》，《教育文化论坛》，2013 年第 5 期，第 2 页。

⑤ 李彦福，雷坚：《试论宋元明清时期的广西书院》，《广西社会科学》，1986 年第 4 期，第 152 页。

甚至到光绪年间，云南还在兴办书院（新办 22 所），有的书院（如平彝县彝训书院）直至宣统元年（1909 年）仍然延续其教学活动。

虽然起步晚，但书院的发展较快，尤其清代云南书院的发展呈阶段性快速发展态势。康熙年间，云南新建和重建书院即达 52 所，仅昆明地区在康雍乾年间新建书院就有 13 所，恢复设立的书院 14 所。康雍乾时期在云南所建书院百余所，占清代云南书院总数的一半左右，到达书院发展的一个高峰。经历咸丰九年和同治二年两次战乱，书院遭到极大破坏，被毁书院 40 余所。到光绪年间，几乎所有书院都经历恢复重建，且新建书院 22 所。其中如经正书院，创办之初起点就非常高，因其改革书院教学流弊，为日薄西山的封建制度培养通经致用人才的目标，而深受重视，督抚奏请，朝廷审批，专项经费，全省选拔优秀学生。十二三年时间里，经正书院就培养了 91 名高才生，成为清末最著名的书院之一，与浙江诂经精舍、广东学海堂、四川尊经书院并称于世，足见其发展速度。可以说这一时期昆明书院又经历了一次发展高潮。故而，清代云南书院起步虽晚，但发展速度较快。

2. 官学化程度极高

云南书院的官学化程度较高，尤其是清代书院几乎全为官学。如在昆明的诸多书院当中，至今有证可查的诸多书院中除一所为民办外，几乎全为官办性质。

首先，建立者为政府官员，办学所用费用一律官方承担。康熙二十四年（1685 年）设立之育材书院，总督蔡毓荣亲自监督操办，置田买房，所有费用一律政府支付；康熙二十九年（1690 年）恢复罗次县碧城书院，知县章民望亲自捐谷，康熙三十年（1691 年）设立宜良县雉山书院，建立者为知县龙灿，每年束脩谷物政府承担；后如康熙三十年（1691 年）设立昆阳州桂香书院、康熙四十二年（1703 年）设立易门县聚奎书院、同年设立嵩明州龙泉书院，建立者或为知县，或为知州。雍正九年（1731 年），鄂尔泰恢复省会五华书院，雍正十一年（1733 年），清廷命各省设立书院，各给银千两为营建之费，并供给师生膏火。这一政策更进一步强化了书院的官办色彩。一纸批文下，各省纷纷争设书院。时尹继善为云贵总督，于是即刻为五华书院"新建官廨。辟讲堂，增学舍，并购置学田，聘请名师，广集生徒，制定条规、刊刻教材"[①]。此后，五华书院修葺、增设、日常办学所需及山长束脩、员役银米、生员膏火等费用，主要都靠收取官府划拨的学田庄园租息或由盐税当中抽取。嘉庆十八年（1813 年）议定，

---

① 周钟岳等：《新纂云南通志》卷 134《学制考四》，昆明：云南人民出版社，2007 年，第 524 页。

乡试之年自二月至八月每月加膏火三十分，督抚、学政及司道、知府各衙门捐发。道光二年（1822年）议定膏火每月每分增银五分，于各官养廉内摊捐。道光四年（1824年）规定山长每年束脩银四百两，每月新蔬银十五两、米二京石，每节节仪银六两。从此昆明各地设立之书院莫不由官府建立者，或由官府出面合办。从中可以看出，书院从建立到经营，所有费用全部由官府划拨，而且是逐年增加，这为保证书院的稳步发展提供了有力保障，同时也从经济上强化了书院对政府的依赖。

其次，书院从山长的遴选到生徒的选拔也由官府严格把关。山长选聘，全由地方主官操作，并多以前任官员担任。五华书院25任山长皆是博学鸿儒，功名立世，官袍加身，如孙人龙、施培应、张甄陶、蒋鸣鹿者，尽皆官宦出身。

最后，皇帝赐字、赐书、题匾等为书院发展再添一道"符咒"。康熙四十二年（1703年），康熙亲自为育材书院御书"育材"二字，颁赐制匾，以示鼓励。光绪帝为经正书院赐书"滇池植秀"匾额，悬于院内。又如，鄂尔泰将雍正帝御赐的《古今图书集成》五百二十函五千零一十八本藏于五华书院，使五华书院的藏书增添了"御赐"这一光环。

通过上述措施，官府完成了对书院的全面控制。

3. 具有稳定边疆的政治功能

云南地处边疆，安民护边，稳定边疆是政府的主要职责。政府在兴教化、促文明的同时，有意识地将教育作为稳定边疆的一个重要手段，而书院，便不可避免地承担了这个主要功能。

明清时期，云南的书院创办绝不仅仅是为了培养能够考科举的人才，而且还承担着夷方开导、安邦定边之责。

1）将边疆人才纳入官方体制内。地处边疆的云南书院培养了大批应试科举人才，将边疆人才纳进官方体制之内，进可以发挥其智力支持的作用，退可以保证其不会成为统治者的异己力量。

2）充分发挥教化作用，增强统治的向心力。书院承担着封建道德教化的任务。蔡毓荣修建育材书院时即云："是举也，虽出自余与抚军王公入滇之初念……要莫非兴教化、厚风俗、期至治之同心也，然则滇人士之诵习其中者，其亦思昆明为首善之地，敦孝弟以立其本，存忠信以厚其基，服礼义以娴其身，尚廉耻以致其行……即处而淑身，亦乡党之人不失也。凡若此者，皆教化之所由兴、风俗之所由厚也。将由此而两迤、六诏，家敦孝友，户列诗书，野老矢何力之歌，郊童庚不识之颂，地方久安长治之道，讵不在于是乎？"①从中可以看到，他期望书院不仅仅是为了培养应科举的人才，更重要的是，通过培育生徒而将孝悌忠信、仁义礼智的道德规范传播于乡党，通过加强书院的教化功能而得地方长治久安。

同时，通过发展书院提高少数民族的文化水平进而促进边疆发展也是稳定边疆的长远之道。明清时期，云南的书院覆盖了大多数少数民族聚集区，如在思茅、他郎、威远、腾越、缅宁、龙陵、巧家、大观、鲁甸、景东、蒙化、永北、镇沅、恩乐 14 个厅的书院即达 32 所，此外在少数民族较多的地区也建有不少书院，如楚雄县有 6 所书院，丽江县 5 所，鹤庆州 4 所、建水县 5 所、石屏州 3 所、文山县 5 所，马关县 3 所。②这对于少数民族接受汉文化教育、提高其文化水平起到了积极作用。

4. 向近代教育转型被动

在清末书院改制浪潮中，云南遵行光绪二十八年（1902 年）颁布之《钦定学堂章程》，在没有培养方案、缺师资、缺教材、缺生源的情况下，所有书院匆忙改制为高等学堂、中等学堂和小学堂，转型极为被动。

光绪二十九年（1903 年），总督魏光焘奉上谕，参照《钦定京师大学堂章程》，将五华书院匆忙改设高等学堂，而"其时，各府、厅、州、县中、小学堂尚未一律开办"③。生源无法从下级学校选入，只好另行选取办法："堂各六十人，其旧有之学生中因事请假及出洋游学，空额以补习科及初级师范学生补之，称为普通部。又附设优级师范三堂，每署选送举贡生员之文理明通、品行端正、志在教育者各二人，计十四府、三直隶州、五直隶厅、七十二州县。凡有学额之处，俱照章送省考验入堂，肄业约百八十余人，名曰师范部。"④在课程和师资方面，"其课程，中学之外，仅有英、法、日文，算学、体操等项，余皆阙如。光绪三十二年（1906 年）添聘日本教习三员，一文科，一数理化科，一博物科，普通科学于是粗备"④。这说明高等学堂当时课程资源和师资极为短缺。这给高等学堂的运行带来了一定的困难，正如学务处总理陈灿总结的："一在开端未从初等、高等小学下手，故各府虽不乏已设中学堂，然升入之学生全由考选，程度多不合格，高等学堂亦然；一在开办学堂，未先从师范入手，故不但一切办法诸多未备，教法亦劳而少功。"④

---

①　周钟岳等：《新纂云南通志》卷 134《学制考四》，昆明：云南人民出版社，2007 年，第 529 页。
②　云南省教育志编纂委员会：《云南省志·教育志》，昆明：云南人民出版社，1995 年，第 134 页。
③　周钟岳等：《新纂云南通志》卷 137《学制考七》，昆明：云南人民出版社，2007 年，第 605 页。
④　周钟岳等：《新纂云南通志》卷 137《学制考七》，昆明：云南人民出版社，2007 年，第 606 页。

为弥补被动改制之乱，云南不得不退而求其次：选派速成师范生前往日本学习办学管理、教法及诸科学课程；光绪三十三年（1907 年），又将云南高等学堂改为两级师范学堂，以培养能够教授新式科学的教师。

经正书院亦在光绪二十九年（1903 年）改为师范传习所，光绪三十四年（1908 年）与另一省会中学堂合并，改为两级师范学堂附属中学。其他各书院或改为中学堂，或改为小学堂。至此，云南四百余年书院教育的历史被动结束。

七、明清云南书院兴衰的主要原因

（一）政府政策导向是书院兴衰的主要影响因素

中国封建统治者为确保统治的稳定和长治久安，历来重视对教育的控制。唐之所谓"古者为政，莫不以学为先"，明之所称"治国以教化为先，教化以学校为本"，其将教育视为统治工具的思想皆一以贯之。在专制主义中央集权体制进一步强化的明清两朝，文化专制更胜于前。通过教育政策严密控制教育走向的策略登峰造极。因此，书院及书院教育的兴衰与政府政策直接相关。由于云南缺乏私学的广泛基础和规模化的士大夫群体，官学始终占据绝对优势，因而受政府政策的影响更巨。

明初虽颁发《兴学令》，大力发展官学，但对书院却采取了冷淡政策，使书院未能得到发展。直至百余年后，嘉靖至万历年间书院才得到较大发展。然官宦集团与宦官集团进行权力角逐，以书院为斗争的舞台，致使明中央王朝屡屡下诏"毁天下书院"。故明代书院命运多舛，天启以后渐趋委顿。

清初顺治时期，鉴于明代书院讲学结社议论时政之风，为防止书院聚徒成势、成为反清的思想策源地，对书院采取了抑制政策。顺治九年（1652 年）明令："不许别创书院，群聚徒党，及号召地方游食无行之徒，空谈废业。"[①] 随着康熙时期清政权统治的逐渐稳固，其教育政策开始变化，实施积极的文教政策，对书院的发展采取赐匾、赐书等方法鼓励书院发展。至雍正十一年（1733 年），认定"建立书院"为"兴贤育才之一道也"，因而命各省省城设书院，对各省会"各赐帑金一千两"开办书院，同时规定："将来士子群聚读书，须预为筹划，资其膏火，以垂永久。其不足者，在于存公银内支用。"[②] 这从地位和经费方面对书院予以了肯定和保证，书院遂得以较大地发展。光绪二十四年（1898 年）令各省、府、厅、州、县书院一律改为兼习中学西学、不课时文（即八股文）之学校，至

---

① （清）陈梦雷：《古今图书集成·选举典·学校部》，光绪十年描润本。

② （清）张廷玉，刘墉，纪昀等：《清朝文献通考·学校考八》，光绪八年浙江书局刻本。

光绪二十九年（1903 年）书院即告终结。

明清时期云南书院的发展轨迹基本与政府的书院政策变化相吻合。如明代云南书院虽勃兴于嘉靖至万历时期，然时断时续，发展不稳定，至明末基本废毁；清代康雍乾时期云南书院快速发展，竟至占清代云南书院总数的一半左右，光绪二十九年（1903 年）后书院整体向新式学堂的转型，足以证明云南书院发展与政府政策的高度相关性。

（二）地方政府主要官员对教育的重视程度是书院能否发展的重要推手

除政府的政策外，书院的兴废存亡也与地方官员尤其是主要官员的态度有着直接关系。这主要是因为地方大员拥有较大权力，掌握较多资源。明代以布政使、按察使和都指挥使"三司使"分掌地方钱、谷、兵、马及司法监察，虽然是行政、司法、兵权三权分立，但就一省内部而言，仍是高度集中。清代确立督抚制度后，乾隆时期开始明确了直省的统属关系：清代 18 省"分之为府，府领州县，直隶州亦领州县，皆属于布政使司，而统治于总督巡抚。巡抚专辖本省，总督所统或三省或两省"[①]。"府、厅、州、县统以总督巡抚，领以布政司。"[①]督抚，尤其是边疆督抚具有较大权力。书院能否发展与其是否重视具有较大关系。凡是官员较为重视的，书院就能有较大的发展，反之，则难保其存继。

以五华书院为例，自其嘉靖三年（1524 年）建院至光绪二十九年（1903 年）转为高等学堂，历时 379 年。作为省会书院，其规模和影响力均属云南书院之首。但在 379 年间，其有史可考的"重修""新修"等就计有 10 次（明代 2 次，清代 8 次）。除同治二年（1863 年）为马荣焚毁外，其余时间的破败均非外力所致，多由地方督抚等大员的不重视。其重修或增建（有的重修实为增建）又多因地方官员的重视。在明代，巡抚邹应龙在五华书院建立 50 年后即重修，"建堂三间，左右号舍数十间"，重建规模较大，可推知此前五华书院已破败。又经 30 年，五华书院已是"颓梁落栋，鞠为茂草"，故提督学政黄琼再次重修。然至清康熙九年（1670 年）鄂尔泰重修前，又"已久废"。非邹应龙、黄琼、鄂尔泰、尹继善及马如龙（提督，马荣焚毁后重修者）之力，五华书院盖不存焉！

凡重修五华书院者，大多为充分认识到书院对于稳固边疆、教化人民、培育人才、提高边疆文化水平具有重要作用的有识之士。

如黄琼认为，至万历三十八年（1610 年），明代已在云南建立直接统治二百余年，而"蠹贼溃讧、寇攘窃据，无时无之"，其原因就在于"教道衰而彝伦斁"，

---

① 《钦定大大清会典》（乾隆）卷 8《户部·疆理》，光绪己亥夏御制本。

故须重视庠序及书院课督。而云南为"百濮之余"，发展教育当"倍力""倍笃"①。

鄂尔泰认为，"国家最重者为人才，人臣最急者亦惟人才"，而"书院者，储才之区也。"云南文化落后，致使"有至老不识其（指十三经、廿一史等经典）名目者"。鄂尔泰认为这是治滇者，包括他本人之过。"学者力不能致经史及前古历代之书，而为之上者又不思代为致之，是更历数千百年后欲求一奇才异能之士而不可得。"为此，他急于兴办教育及书院，企望为云南培养具有较高文化水平的人才，提出："有能读吾书者，吾即以贤子弟待之，衣食必周，寒暑必恤，家室之薪水、书斋之膏火必继。"②

"三司"、督抚对教育及书院的重视自能带动府州县官员兴办书院的热情。据肖雄统计，明代云南78所书院中，除15所未考出始建者及2所为"合学公建"外，其余61所均为地方官员倡议，"或由官员个人捐资，或由地方政府直接拨款，得以顺利建成"③。云南最早的书院皆由地方政府官员所建，如大理府苍山书院，弘治十二年（1499年）由"御史谢朝宣建"，浪穹县龙华书院由"知县蔡霄杰建"④。清代仍沿袭其风，书院大多也由地方官员所建，如明代尚无书院的丽江，清康熙四十九年（1710年）就由通判樊经建起了玉河书院，雍正三年（1725年）又由知府杨毖、教授万咸燕共同设立了雪山书院⑤。康熙、雍正、乾隆及嘉庆四朝，仅云南府就有易门知县路光岱与士民公设桂香书院、禄丰署县蔡维寅重建桂香书院、嵩明知州雷御龙建龙泉书院、严遂成倡捐巢经书院、罗茨知县任温建罗阳书院、宜良知县李凉率阖邑绅士公建雪堂书院、晋宁州知州李瑞元创建象山书院、呈贡县知县赵怀锷建三台书院、并拨给学田以为经常性办学经费，以确保办学经费的落实和稳定⑤。

尤其值得一提的是，明清时期云南地方官员捐资助学蔚然成风，对书院的发展起到了较大的促进作用。如石屏州龙泉书院，始建于明嘉靖年间，后荒废。万历二十九年（1601年）知州徐应斗重建，"计工费可六千金，皆捐俸助工，自为经理"⑥。思茅厅署同知史斌道光三年（1823年）为思诚书院"捐置铺房十四间、银五十两，交绅士生息，作束脩、膏火之资"⑦。开化府知府李锡于康熙三十三年

---

① （明）黄琮：《修建五华书院记》。师范：《滇系》卷8之2，云南通志局光绪丁亥（十三年）刻本。

② （清）鄂尔泰：《征滇士入书院教》。周钟岳等：《新纂云南通志》卷134《学制考四》，昆明：云南人民出版社，2007年，第522～523页。

③ 肖雄：《明清云南书院与边疆文化教育发展研究》，北京：中国社会科学出版社，2017年，第32页。

④ （明）李元阳：万历《云南通志》卷8，云南省图书馆藏万历四年刻本抄本。

⑤ 周钟岳等：《新纂云南通志》卷135《学制考五》，昆明：云南人民出版社，2007年，第572页。

⑥ （明）刘文征：《滇志》卷20。涂时相：《重修龙泉书院记》，昆明：云南教育出版社，1991年，第681页。

⑦ 周钟岳等：《新纂云南通志》卷136《学制考六》，昆明：云南人民出版社，2007年，第576页。

（1694 年）捐设开文书院，雍正八年（1730 年）文山知县徐本僎捐设文山书院[①]。

仅五华书院在清代就获得许多官员的捐赠，如嘉庆二十年（1815 年），学政顾莼同捐银一千两，交昆明县生息，作字课卷价、奖赏之资。道光元年（1821 年）学政杨殿邦捐廉增置书舍。道光二年（1822 年），议定膏火每月分增银五钱，于各官养廉内摊捐。同治十三年（1874 年）署布政使沈寿榕捐五华书院《十三经注疏》等书十五部，光绪四年（1878 年）巡抚杜瑞联捐《钦定全唐诗》《全唐文》等书 30 部[②]。

（三）能否适应社会发展变革的需要是书院是否具有生命力的内在主因

明代嘉靖至万历年间，清代康雍乾嘉时期是云南书院发展较好的时期。其发展既得益于政府政策的支持及地方官员的大力推进，也得益于其满足了士子科考的需要。而到清代后期，书院发展的官学化程度极高，到了清末更成了书院继续发展的桎梏。云南从督抚到地方官员，对书院的控制越来越大，书院的发展离现实的社会生活越来越远，成为社会发展的障碍。书院教学以科举为核心。续行日久，弊病逐一暴露出来。一方面完全沦为科举之附庸，所课皆为八股试帖之业，不关实务。如时人所言："士风浮夸，动滋事端；多课帖括，无惮实用；注重膏奖，志趣卑随。"[③]在西方列强轰开中国大门、民族危急日趋严重之时，仍津津于八股时文，于国家民族毫无益处。光绪十九年（1893 年），《格致书院课艺》刊发了这样一则言论："乃观中国一乡一邑，书院林立，所工者惟文章也，所求者乃科举也，而此外则别无所事……今日四邻日强，风气日变，泰西诸国各出奇技淫巧以赚我钱，而我之八股五言曾不足邀彼一盼，试问制艺能御彼之轮舰乎？曰不能也；能敌彼之枪炮乎？曰不能也。自知不能而尚不亟思变通，是犹讳病忌医，必至不可救药也。"[④]这是书院生徒根据社会底层之言论所刊，大抵亦可代表当时社会的舆论，说明社会对书院教育与社会脱节之现象日益不满。另一方面，有的山长滥竽充数，不治学问，学子不思进取，只为谋取书院之膏火奖赏，书院的衰落已不可避免。云南的书院情况相类，也不能幸免。

---

① 周钟岳等：《新纂云南通志》卷 136《学制考六》，昆明：云南人民出版社，2007 年，第 581 页。

② 周钟岳等：《新纂云南通志》卷 134《学制考四》，昆明：云南人民出版社，2007 年，第 524 页。

③ 葛飞：《晚清书院制度的兴废》，《史学月刊》，1994 年第 1 期，第 104～108 页。

④ （清）潘克先：《中西书院文艺兼肄论》。邓洪波：《中国书院史》，上海：东方出版中心，2004 年，第 563 页。

（四）内忧外患破坏了书院发展的外部环境

中法战争后，英法帝国主义对云南的侵略日益加剧。马嘉理事件、片马事件接踵发生；蒙自、思茅等地区在西方列强威逼下先后开放为商埠。甲午战争后，列强争相在云南建立侵略基地，加大资本输出，法国更强迫清政府同意其在云南修筑铁路，力图控制云南的经济命脉。在进行资本输出和划分势力范围的同时，西方列强也极力进行文化侵略，从思想上对云南人民发起冲击。据光绪《续云南通志·洋务志·教堂》统计："1893年，云南各地有教堂48所，到1901年时，云南各地共有11 207名天主教徒。"[①] 外国传教士在各地建立多所教会学校，教学内容除《圣经》外，另有算术、历史、地理、自然、美术等课程，在传教的同时传播西方近代文化。教会学校的兴起对云南传统教育包括书院教育构成了冲击。

外患不断，内忧频仍。云南地区在咸丰六年（1856年）开始的杜文秀暴动，直到同治十三年（1874年）方才平息。这给云南书院的教育与发展带来巨大灾难。经历这些兵祸，多数书院元气大伤，再无往日风采，尤以五华书院受伤最大，藏书楼被毁，书籍、院舍十不存一。育材书院藏书楼及书籍亦在兵祸中被毁。有些书院如安宁州之升庵书院、禄丰县之桂香书院、易门县之桂香书院等在战乱中被毁，之后再未重建。

---

① 转引自张力，刘鉴唐：《中国教案史》，成都：四川社会科学院出版社，1987年，第376页。

第二章

近代云南社会经济变迁
与高等教育的发端

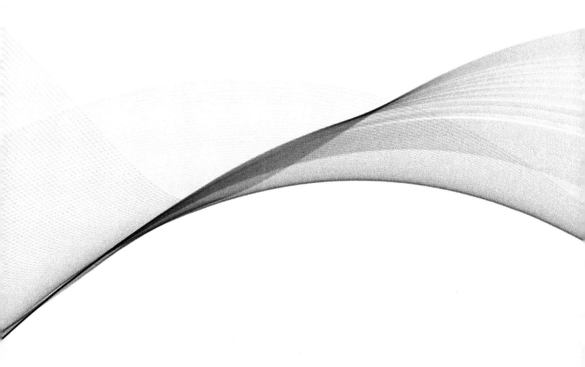

第一节　云南近代经济的变迁与工业化的起步

自鸦片战争后，中国开始了前所未有的巨变，中国社会逐渐由传统向近代转型。在这一大背景下，云南也发生了广泛的变化，开始了向近代社会的艰难转型。但是，云南近代化的进程迟滞于沿海地区。云南的近代化不是始于1840年，而是在1883年中法战争之后。可以说，云南近代化的过程实际是一个在外部作用力下被动的近代化的过程，虽然最终结果是内部条件和外部力量相互作用的产物，但外部的作用力发挥了更大的影响。云南近代化主要沿着两条主线展开。一是逐渐对外开放的过程：在被动开放的环境下，云南被裹挟进世界市场。云南的区域地位也从政治经济的落后、边缘地区转变为对外开放，吸引国外资金、物资、信息、技术流和对外贸易的前沿地区。二是自然经济解体的过程：和全国社会、经济形态的变化一致，在外国资本主义经济的强力冲击下，逐渐改变自给自足的自然经济形态，进入近代工商业主导的近代经济和社会形态。

云南近代经济的发展变化主要表现为近代工商业、交通业的形成发展与经济结构的改变、国际贸易异军突起和城市经济的迅速发展以及经济功能强化。

以洋务运动为标志，中国开启了以优先建立近代军事工业为主的近代工业化进程。云南的近代化虽然由于区位原因起步稍晚，但在19世纪80年代中法战争后也渐渐展开。云南经济的近代化历程经历了三个发展阶段：第一阶段，中法战争后，以军事工业、近代矿冶业为主的近代工业在云南产生，自然经济开始解体；第二阶段是在清末新政时期，以日用化工业、印刷业等为主的轻工业开始产生发展，云南经济结构由单一农业结构向商业、工业和农业多元结构转变；第三个阶段是滇越铁路开通后，大量外来商品涌入，外向型商品经济渐趋发达，自给自足的自然经济遭到彻底破坏，近代民族工商业逐渐发展，人口向昆明、个旧、蒙自等工商业中心区聚集，启动了云南的城市化进程，民族资产阶级和产业工人阶级产生，社会结构改变。

云南的对外开放带来了观念的更新，不仅使云南在辛亥革命、护国运动中成为全国的弄潮儿，而且使云南刚刚诞生的近代高等教育在军事教育、留学教育等领域步入全国先进行列；近代工商业的建立和发展产生了对新式教育和专门人才日渐强烈的需求，而社会结构的改变、人口聚集和经济发展为高等教育的诞生和生长提供了现实基础。

一、云南近代的对外开放

云南近代的对外开放是在英法帝国主义殖民扩张的压力下被迫进行的，其内涵主要是经济和贸易的开放，其开放路径是设置海关—开通口岸—开放路权、矿权—修筑滇越铁路—进入国际市场。从 19 世纪上半叶开始，英法两国加紧对中南半岛的入侵，缅甸、越南等相继沦为殖民地。与其接壤的云南失去了屏障，暴露于殖民者的魔爪之下，英法殖民者遂加紧对云南的侵略。英国殖民者先后于 1831 年、1868 年和 1874 年三次经印度、缅甸进入云南搜集情报、勘测地形，绘制地图。借马嘉理事件，英殖民者迫使清政府于 1876 年签订《烟台条约》，打开了云南的大门。与此同时，法国海军与殖民部也组织探险队沿湄公河北上，于 1867 年 10 月进入云南，发现了经红河进入云南的通道。法国商人杜波伊即于 1871 年开始经营河内—云南之间的军火、食盐贸易。依据 1887 年中法《续议商务专条》、1895 年中法《续议商务专条附章》、1897 年中英《续议缅甸条约附款》等约章，云南在 1889 年、1897 年和 1902 年分别设立了蒙自、思茅、腾越三个海关。根据中法界约和商约，1895 年，法国又迫使清政府开放云南蒙自、河口、思茅及广西龙州四处通商口岸，并攫取了通商、减税等特权和在云南、广西、广东的开矿权和铁路筑路权，并于 1903 年开始修筑滇越铁路，1910 年通车。

蒙自、腾越、思茅的开关，开埠和滇越铁路的开通，以及后来昆明的开埠，造就了云南对外开放的格局：滇越铁路通车以后，对外逐步形成了以滇越铁路、滇缅商路为纵轴，以昆明为中心，以蒙自、个旧为集散地面向越南、泰国、马来西亚、印尼等国家直至欧洲；以下关为集散地面向缅甸、泰国及南亚的对外开放格局。外国资本、生产资料和生活用品大量进入云南，在云南开办企业、金融业和商业，而云南的矿产品和农产品也进入南亚、东南亚及欧洲。云南被拉入世界市场，由此改变了云南近代社会的面貌和性质，也提高了云南的区域地位和作用，使云南成为中国抗御帝国主义侵略的重要屏障和对外开放的前沿。

在经济上，以 1902 年成立的英法隆兴公司在昆明、澄江、临安（建水）、开化（文山）、楚雄等地开采矿产为标志，云南的矿产等资源被大量攫取，英法等国及印度的商品向云南大量倾销，云南被强迫拉进世界市场。云南经济随之发生深刻地变革，棉纱、机器等大量进口，而锡、铜、铁等矿产品和农副产品大量出口，外向型经济形态形成。

在文化方面，随着蒙自、思茅、腾冲、昆明的开埠和滇越铁路的开通，西方的思想观念、生活方式逐渐影响到云南社会的各个层面和各民族。特别是在这一时期，基督教会侵入云南。早在康熙三十五年（1696 年）法国天主教即在云南设立教区和教堂。1853 年《天津条约》签订后，天主教更将传教范围从昆明扩大至今玉溪、曲靖、文山、楚雄等地 30 余州县，教徒达 3 万余人。1877 年，天主教将传教范围扩大到怒江、迪庆、临沧、昭通等边疆少数民族地区。随着宗教的传播，教会多在传教地区设立教会学堂和医院，以争取信众。特别在少数民族地区，更是广设学校，传播宗教及西方文化。而云南为着自身向近代化转型的需要，也开始向日本、欧美大量派遣留学生，学习西方的文化和先进科学技术。云南文化也在被动向外开放中发生改变。

虽然云南的近代化是外生型的，是在外力压迫下被动的进程，但云南人并未消极坐等改变，而是在被动的态势下采取了主动应对的策略。如在陈荣昌、罗瑞图、王鸿图建议下，1904 年开始昆明主动开设对外商埠；工商业主自主修建个碧铁路；把商号开到缅甸、印度等地；主动引进设备建立耀龙电灯公司、云南锡业公司等。

二、云南近代工业的建立及经济结构的改变

1880 年中法战争之后，早已觊觎云南丰富资源和战略地位的英法殖民者通过不平等条约迫使清政府打开了云南的大门。蒙自、腾越、思茅、昆明的相继开埠以及中法滇越铁路的建成通车，为云南的工业近代化提供了启动的必要条件。云南选择的工业近代化方式主要是基于自身社会历史及经济资源条件下的资源型工业近代化，资本积累的途径主要依赖于矿冶业开发、商业及烟土种植、药材、皮革等的生产，其中矿业的工业化成为云南早期工业化的主导产业。1910 年，滇越铁路建成通车，成为云南早期工业化的起点，由此形成了云南以交通业的发展为先导、资源加工尤其是矿业资源开发加工为主体、商品经济迅速发展、商业资本推进轻工业发展的工业化格局。

产业结构由此而发生重大改变，以农业为主体的单一产业结构改变为农、工、商并立的多元产业结构，如时人所论："滇越铁道筑成，以丛山僻远之省，一

变而为国际交通路线……欲返于古代之朴质，纯以农立国，其势有所不能也。"[1]

（一）近代矿冶工业的建立与发展

由于云南矿产资源丰富，矿业生产成为云南经济的支柱产业。早在元代云南行省建立时，即以产金银铜铁闻名，大理、威楚、金齿等地成为主要矿产地，泰定五年（1328 年）云南所缴纳矿课之金银即为全国首位。明清时期已形成了以铜矿开采为主，金、银、铁、锡、铅、朱砂、硫黄等矿并举的矿业开发格局。中法战争后，云南又形成了以铜、锡、铅、锌为主的矿业开发，锡矿开采及冶炼逐渐超过铜业，成为云南矿业的龙头。云南历届政要发展经济无不以振兴矿业为第一要务。云南总督岑毓英建立了云南矿物招商局，但由于经营不善而停办。光绪十三年（1887 年）又以云南巡抚唐炯为矿务大臣督办云南矿务，成立云南矿务公司，以"官督民办"的形式，招募民间商股，购置机器、自设炼炉，延聘日本人为工程师，成为云南第一个具有近代工业性质的矿冶企业。辛亥革命后，云南都督蔡锷仍认为"开发滇省矿业，实为目前急要之图"。第一次世界大战期间，随着世界市场对锡、铜等战略物资需求的增强，云南锡、铜等矿冶业得到了较大发展，使云南对外贸易形成出超形态。

鸦片战争前，云南的铜的年产量曾达到 1000 万斤以上。鸦片战争后，受国外"洋铜"输入的冲击，年产量有较大下降，最高不过百万斤，低至数十万斤。1913 年，云南军都督府成立官商合办的东川矿业公司。受第一次世界大战的影响，属于战略物资的铜、锌涨价，刺激了生产，年产量一度达到 200 多万斤。

19 世纪 90 年代后，云南矿业开始由以铜矿产业为主转向以锡矿产业为主，矿区也由滇东北向滇南和滇东南转移。光绪三十一年（1905 年），成立了官商合办（官股 48 万多元，商股 18 万多元）的"个旧厂官商有限公司"，用贷款收锡的办法向私营业主收购锡锭，贩卖至香港，获利甚丰。宣统元年（1909 年），云贵总督锡良改组个旧厂官商有限公司为个旧锡务股份有限公司，由王燮生任总经理，并增设开采、冶炼部门，向德国礼和洋行购进冶炼、洗选、化验、动力等机械设备，于同年安装投产。"这些设备就当时来说已颇具规模，其中包括一个 14 公里的空运索道，一个通用的洗砂场，三个炼锡倒焰炉，三个净锡炉，两个煤气发生器。"[2] 先进的大机器生产使锡年产量迅速提高：1890 年出产 1338 吨，1908 年出产 4629 吨，比 1890 年增加了近 2.5 倍，1917 年出产 11 223 吨，又比 1908

---

① 云南通志馆撰，云南省志编纂委员会办公室整理：《续云南通志长编》（下册），内部印刷，1986 年，第 339 页。

② 缪云台：《缪云台回忆录》，北京：中国文史出版社，1991 年，第 18 页。

年增长了 1.42 倍[①]。

除铜和锡外，在滇东北的会泽、巧家，滇西的腾冲，滇中的禄劝等地，还有很多私营的铅、锌、铁、金、雌黄等矿冶企业。

（二）近代制造业及轻工企业的兴起

1. 近代官办工业企业产生

1882 年，中法战争爆发后，云贵总督岑毓英"出关督师，乃由外国购办各种毛瑟快枪和克虏伯炮、瓦瓦士炮，以济军用"。为了解决枪械修理和弹药补充问题，岑毓英派人从广东，上海，福建等地雇募工匠十多人，购置外国机器，修理枪炮，制造子弹，于 1884 年 3 月开办了云南机器局。这是云南的第一个现代军事工厂。虽然机器局规模小，设备差，收益低，但是，机器局的开办毕竟开启了云南近代工业化的进程，标志着云南近代工业的诞生。光绪二十七年（1901年），云南开办印刷厂。光绪三十一年（1905 年）造币厂设立，宣统元年（1909年）制革厂开办。1912 年，官办之"云南模范工艺厂"成立，以电力为动力进行机械器具和木器生产。

官办较为成功的应为邮政通信业。光绪十年（1884 年）云南即开设电报局。1896 年初，清政府在全国 24 处设有海关的地方都设立了海关邮局，蒙自为其中之一。这一年在蒙自设立的海关寄信局，便是云南省的第一个邮政局。同年在云南府（昆明）成立邮政分局，在个旧设立邮寄（政）代办所。1897 年 2 月 20 日，蒙自寄信局改为大清蒙自邮政总局，在蛮耗设立转运处，正式开始对外办理业务。发展至光绪二十七年（1901 年），大清蒙自邮政总局在全省三分之二的地区建立了分局、代办所、信柜等邮政机构。1911 年，蒙自邮政总局已有国际邮路 2 条、省际邮路 3 条。国际邮路一条为蛮耗—河口—越南老街；另一条为楚雄—大理—腾越—缅甸。省际邮路一路为开化（今文山）—剥隘—广西百色；一路为曲靖—平彝（今富源）—安顺至贵阳；一路为通海—云南府（昆明）—曲靖—昭通—四川。邮政几已覆盖全省。据蒙自海关 1901 年贸易年报记载："本年八、九月间，大清邮政已分设全省内地，计由河口直至省会，由思茅而达百色，绵亘广有三千里之遥。省中各宪均出邮政便民告示颁发各邮政处所，张挂谕众遵行。本口邮政每三天发信一次去通海、开化、广南、普厅、剥隘等处，每七天一次则发石屏、思茅二处。去年已有法国邮政局设于蒙自、省垣，为邮递铁路信件，民间亦可购票投寄，并可转递四川之重庆云。"[②]

---

① 马曜：《云南简史》（新增订本），昆明：云南人民出版社，2009 年，186 页。

② 杨梅：《近代云南海关年度贸易报告述要》，《云南档案》，2012 年第 8 期，第 34～37 页。

2. 官商合办及民办企业的兴起

英法对云南路权、矿权的攫取及滇越铁路开通后外国商品的大量倾销，使云南人对帝国主义的经济侵略有了切肤之痛。兴办民族工业，抵御侵略，争取利权成为当时的共识。当时云南留日学生即指出："我们云南实业最不发达，除了饮食物外，其它一切日用什物，大半由省外、国外搬来。一年间，利源不知外溢几千万。如今滇越铁路一通，我们不兴实业，则法人的货，源源而来，我们的钱源源而去。数年后，民穷财尽，岂不是速亡之道吗？"①《云南实业杂志》倡导："各省劝导商民设立精制业，虽微而利甚厚，无形之耗费品未始非挽回利权之一端也。"②于是有识之士纷纷集资创办企业。如"个旧官商有限公司"就是云南地方绅商为了维护本国锡矿矿权，在夺回七府矿权后集议筹资开发的。③

同时，商业资本发展到一定程度，便会进入工业领域，由此推动云南近代轻工业的发展。

在中法战争后的 30 多年，云南民族工商业者开办了一大批中小型轻工业企业。滇越铁路开通前，昆明就有周静斋、郭价、刘茂廷等人先后开办裕通、松茂、云兴火柴公司；廪生方公辅、刘万宜和监生王玮、魏永令等于 1903 年在昆明开办开成玻璃公司，生产玻璃平片、瓦片、瓶盂等。但工料不精、玻璃光泽黑暗，以后产品滞销停业。其他还有隆昌火柴公司（后改名为云昌火柴公司）、荣兴烟草公司、六和兴旺（烟草）公司、裕通煤油公司、华昌（皮革）公司、森昌柏木（木材）有限公司、宣威火腿公司（昆明分部）、云雾茶庄、呈贡纺织公司和云丰机器制面公司等。1910 年，周桐在昆明创办广同昌钢铁机器公司，云南开始有了有一定规模的民办机器制造企业。

滇越铁路的开通不仅使现代技术设备的引进成为可能，而且导入了一种全新的生产力要素。在运用西方先进机器生产的推动下，云南实业获得较快发展，尤其是烟草、日用轻工、化工业的发展较快。

1910 年，同庆丰票号王鸿图（云南商会总会总理）、裕丰号绸缎庄老板左益轩等 19 个主要发起人筹集股本 25 万元，创办"商办云南耀龙电灯股份有限公司"，从德国西门子引进两台 240 千瓦水轮发电机组及送配电设备，兴建了石龙坝水电站，是为我国最早的水电站。

1910 年后，逐渐开始采用机器生产的行业有广同昌铜铁机器股份有限公司、

---

① 义侠：《为滇越铁路告成警告全滇》，《云南》第 19 号，1910 年，第 5 页。

② 云南巡按使署：《推广渔牧两项制造品办法》，《云南实业杂志》，第 3 卷第 3 号，中华民国四年，法规，第 9 页。

③ 光绪二十八年（1902 年），法国同英国相勾结，联合成立"隆兴公司"（又称 / 英法七府矿务公司）。该公司经过与清廷谈判，议定对滇省临安、澄江、开化、楚雄、元江、永北和云南七府矿产的独占权。

启隆机器厂、振亚机械厂等制造业企业及轻工业中的皮革、猪鬃、面粉加工业、火柴业、印刷业、纺织业，以及炼油、玻璃、造纸的化工业等。

1913 年，昭通人张启之在昆明真庆观开办丽日火柴公司，"所出物品精良适用、价廉物美，与外洋输入者无异，购者不绝"①。长春丽染织工厂、永丰织袜厂开始用机器生产。1912 年成立的崇文印书馆也开始用印刷机印刷，年印书籍杂志四五万册。

1909 年，蔡荣九在昆明创建了云南第一家手工卷烟厂——"荣兴烟草公司"，开近代卷烟业之先河。与此同时，云南开始试种美国烟叶，并试制机制卷烟。至1919 年底，机制卷烟也获得了成功。1922 年，庾恩锡创办亚细亚烟草公司，购置美国、日本生产的大型卷烟机械，日产卷烟 30 万支，成为云南开办成功的机制卷烟生产企业。

如当时人所说，民国初，云南各项实业已经在有计划地筹办之中。"今云南之所谓实业，如水利、如垦殖、如矿务、如种植、如造纸工厂、制丝工厂、织绒工厂等荦荦诸大端，莫不毅然决然规划井井次第施行矣。"②

（三）滇越铁路与近代交通业的发展

云南属于高原山区，境内山脉纵横，江河交错，地形复杂，交通极其不便，成为经济发展的主要瓶颈。改善交通成为时人之共识。光绪二十九年（1903 年）腾越海关贸易年报记载："缅腾商道，中国境内早经失修，原议在太平江左岸须开通新路一条，即自交界之咕哩嘎至蛮线者，今年已经议妥开通，由缅政派委工部人员帮忙修理，由中国筹给经费。"光绪三十年（1904 年）腾越关记载："原议在咕哩夏开通新路一条，缅甸营造处业已派员到地监督，年头兴工，将自缅甸界边起。其间经过野人山一段最为险要，约长五十里之路，於雨水未发之前已经修理完竣。现在从新街至腾越计有一半系属平易之途。及至冬令，便有骡帮多起行走新路。"③

中法战争后，法国于 1898 年获得滇越铁路筑路权。1903 年，滇越铁路开工修筑，1910 年通车。这条米轨距的铁路，南起越南海防，北至中国昆明，全长855 千米。滇越铁路开通后，带动了云南交通业的发展，以前以马帮为主的交通运输开始在滇越铁路的示范效应下转向近代铁路、公路为主。在个旧锡矿主们的积极倡议下，云南成立了滇蜀腾越铁路公司，通过官商联合形式筹措资金，于

---

① 《丽日公司将制出火柴》，《共和滇报》，大中华民国四年六月五号。

② 惠我春：《论云南宜速设机器纺纱工厂》，《云南实业杂志》，第 1 卷第 5 号，中华民国三年，第 1 页。

③ 杨梅：《近代云南海关年度贸易报告述要》，《云南档案》，2012 年第 8 期，第 34～37 页。

1913 年开始筹建个（个旧）碧（碧色寨）临（临安）石（石屏）铁路，个碧铁路于 1915 年开工，1921 年 11 月 9 日通车；鸡街至临安（建水）段于 1918 年动工，1928 年通车。个碧临石铁路全长 175 千米。此后，云南又先后修通滇缅铁路（昆明—安宁段）和川滇铁路（昆明—沾益段）合计 215 千米，使云南的铁路里程在 1949 年占到西部铁路总里程的 50%，极大地改变了云南以前全靠人背马驮的交通运输格局，推进了云南交通运输业的近代化。

滇越铁路通车后，缩短了云南交通运输的时空距离：过去人背马驮，翻山越岭，费时费力，运费高、运量低。到内地如北京、上海等地，往往要经贵州、湖南到汉口，约需时 40 日[①]，而滇越铁路运输，6 天到香港，9 天到上海，运量大增，成本降低。由此，促进了云南商品经济的迅猛发展。

（四）商品经济繁荣与国际贸易的迅速拓展

明清时期，云南就存在着茶马古道、零关道等国内贸易的通道，既有大批江西、四川、两湖商人到云南经商，云南的马帮贸易也深入内地。但贸易规模小，品种少。

中法战争后，随着外来商品的大量输入及资本主义生产关系的影响，云南商品经济迅速发展，并且形成面向南亚、东南亚的国际贸易格局。

清末民初，云南国内贸易规模扩大，形成了"云南省际贸易之途径，迤东一带与川、黔交往频繁，而以昭通、曲靖为货物聚散之中心；迤南一带则与两广、上海交易，而以蒙自、个旧为货物聚散之中心；迤西一带与康藏发生交易，而以下关、丽江为货物聚散之中心。全省复以昆明为出、纳之总枢纽"[①]的国内贸易格局。

云南本土商帮和川、藏、黔、湘、鄂、桂、粤、江、浙、沪、港等地商人，把沿海和内地的百货输入云南，又把滇产土货运往沿海内地，从而促进了云南商品经济的发展。在光绪三十二年（1906 年），仅昆明一地就有商业行帮 57 个[②]，涉及纺织、盐业、烟土、茶叶、酒业、药材、木作、当铺、文具、书籍等，商帮中有来自安徽的瓷器帮、浙江的杂货帮、湖南广东土药帮等外省籍商帮。商品除本地的，还有来自北京、安徽、广东、广西、湖南、四川、贵州的，还有外国货。商品流通的范围空前扩大。滇越铁路开通后，昆明的商业经济更是发展迅猛，"商业店铺已达 9751 户，其中布店就达 484 户，比通车前的 177 户增加了1.7 倍"[③]。最终形成了以昆明为中心的云南统一的区域市场。在滇越铁路通车后

---

① 周钟岳等：《新纂云南通志》卷 144《商业考二》，昆明：云南人民出版社，2007 年，第 108 页。

② 谢本书：《近代昆明城市史》，昆明：云南大学出版社，1997 年，第 63～64 页。

③ 云南省地方志编纂委员会：《云南省志·经济综合志》，昆明：云南人民出版社，1995 年，第 157 页。

没几年的时间昆明即形成了"匪但两粤、江浙各省之物品，由香港而海防（越南港口城市）、而昆明，数程可达，即欧美全世界之舶来品，无不纷至还（沓）来，炫耀夺目，陈列于市"①。

中法战争后，法英等国殖民者强行把云南推向世界的同时，也为云南商人追求利润提供了空间，云南的国际贸易迅速拓展。

云南与缅甸、越南、老挝等接壤国家一直有着贸易往来，主要以土特产为主。在清代滇缅贸易中，云南出口商品主要为铜、铁、铜罗锅、绸缎、毡、布、瓷器、烟、茶、黄丝、针线等，而缅甸输入云南以及经云南转输内地的商品主要包括珀、玉、棉花、牙、角、盐鱼等，尤以棉花为最。②

但正如《续云南通志长编》所言："云南山岳盘结，交通梗阻。故在滇越铁路未开通以前，进出口货物量与值均甚微小。""云南自设蒙自、思茅、腾越三关后，始有正式之国际贸易。追滇越铁路通车后，尤为繁茂。"③

19世纪80年代末，法英掌管云南海关，控制了中国的关税自主权。外货入滇不收内地税，享受着比中国商品更为优惠的条件。由于价格低廉，法英等国的商品源源不断地涌入云南。法英将产于越南、印度的机器纺织的棉纱、棉布，经蒙自、思茅、腾越口岸倾销到云南。蒙自、思茅、昆明和大理等地是销售的重点区域。随着滇越铁路通车，运输价格迅速下降，纱、布及棉花的进口量突增，占据了进口货物金额的70%，例如棉花，1908年进口57 660担，第二年就增加为84 791担，比上年增加了47%。大量的外国商品，在很短的时间里就竞争获胜，充斥市场。"凡我市面销场，人民日用，几乎无一非洋货所充斥矣。入口货以棉花、棉纱、棉布、意赤利布、小呢、毕叽、洋火、煤油为大宗。余如洋铁货、磁货、石碱、洋伞、燕窝、海带、干鱼等类，销数亦巨。"④这些商品主要来自法英美日等国和香港，在洋货输入国中以法国居第一位⑤。

而出口物以矿产品（大锡为主）、生丝、茶叶、雌黄、山货、药材、羊毛、猪鬃等大宗商品为"拳头"产品，出口缅甸、泰国、越南、印度等国和香港，再转至法国、英国等欧洲国家。仅锡矿、烟土两类商品的贸易收入几乎占当时云南财政收入的2/3。

据统计，从开埠到1930年，云南口岸贸易总体上呈现出一种快速增长的态

①　谢本书：《近代昆明城市史》，昆明：云南大学出版社，1997年，第56页。

②　屠述濂：《腾越州志》卷3，《土产》，光绪二十三年重刊本，成文出版社（台北）影印，1967年，第46页。

③　云南通志馆撰，云南省志编纂委员会办公室整理：《续云南通志长编》（下册）卷74，《商业考一》，内部印刷，1986年，第565页。

④　陆复初：《昆明简史（下）》，昆明：昆明市志编纂委员会编辑出版，1983年，第485～486页。

⑤　李硅，梅丹：《云南近代对外贸易史略》。中国人民政治协商会议云南省委员会，云南文史资料委员会：《云南文史资料选辑》第26辑，昆明：云南人民出版社，1986年，第38页。

势：从贸易额来看，进口从 1890 年 1 560 450 海关两增长到了 1930 年 16 883 749 海关两，出口由 910 493 海关两增长到 7 221 625 海关两，总贸易则从 2 470 943 海关两增长到 24 105 419 海关两，后者分别是前者的 10.82、7.93 和 9.76 倍；从增长率看，进口、出口以及总贸易年均增长率分别是 6.13%、5.31%、5.86%。这样的一种增长趋势，不仅是云南对外贸易史上绝无仅有的，而且与东部沿海口岸相比，也毫不逊色。[①]

不仅商品流通范围广泛、种类繁多，而且商业组织的分布范围也向省外和国外逐渐延伸。云南许多大商号不仅在省内的昆明、下关、蒙自、腾越等城市设立分号，还在宜宾、重庆、拉萨、武汉、上海、香港以及国外的曼德勒、仰光、清迈、加尔各答等地开设分号，经营商品的采购、加工和销售。[②]腾冲商人李永茂所开的永茂和商号在缅甸瓦城（曼德勒）开设缅甸总店，并设八个分号；洪盛祥不仅在国内的下关、昆明、嘉定、广州、香港开有分号，而且在缅甸的仰光、瓦城、腊戍、八莫和印度的加尔各答均开有分号。永昌祥、春延记、顺春茂等在缅甸曼德勒设置分号，恒盛公商号等也在印度加尔各答设分号。

自蒙自、腾越、思茅、昆明开埠通商后，西方资本主义国家的商业资本也进入云南，在云南设立洋行，经销各类洋货并开展国际贸易。有名的如法国人开设的安兴洋行（1900 年）、续沙厘爷洋行，希腊人开设的哥胪士洋行（1906 年）、若利玛洋行（1911 年），日本人开的保田洋行（1909 年）和英美烟草公司的分公司等。与此相关，国外银行也到云南开办分行，将金融资本渗透于滇。1914 年，法国东方汇理银行东京分行在蒙自设立分行。1918 年，中法实业银行在昆明设立分行。

近代云南的国际贸易具有三个显著的特点：一是贸易方向主要是南亚、东南亚以及欧洲；二是阶段性特征明显，贸易商品逐渐由生活品为主转向以生产资料为主，滇越铁路开通前后，其变化尤为明显；三是贸易类型为两头在外，其供需及原料购进、产品销售主要都是对外。

由于云南所处的区位及开埠与滇越铁路的开通，云南近代对外贸易从一开始就形成了面向南亚、东南亚的格局。自古代，云南就形成了滇西由腾越入缅甸、滇西北由中甸和德钦进入西藏，再由西藏进尼泊尔、印度的茶马古道，以及滇南经思茅、车里（景洪）到老挝、泰国等多条商路。中越之间亦有多条贸易通道存在。滇越铁路开通后，云南与南亚、东南亚国家的贸易往来更加紧密。在滇越铁路开通的最初几年，年均货运量就保持在 10 万吨左右，1911～1913 年，云南全省进出口贸易总额即达 58 724 163 海关两，比通车前的 1907～1909

---

① 张永帅：《近代云南的开埠与口岸贸易研究（1889～1930）》，复旦大学博士学位论文，2011 年，第 34 页。

② 马曜：《云南简史》（新增订本），昆明：云南人民出版社，2009 年，第 190 页。

年净增 22 434 895 海关两，增长了 61.8%。而贸易交易地主要在越南、缅甸和印度，或通过这些国家再行转口贸易。生丝的大量出口主要是为满足缅甸、印度人日常穿着纱笼对丝织品的需求。从清末到民国，云南商号如茂延记、兴盛和、福春恒、永昌祥等就大量开展生丝贸易，在云南、四川等收购蚕茧加工成丝条，运往缅甸、印度、泰国销售。雌黄、山货、药材的销售也是如此。回程时，则把棉花、棉纱、棉布等运回云南销售。① 福春恒则直接在四川设厂加工生丝再行出口。

　　开埠后，云南对外贸易的商品主要转向生产资料的进出口。在这些进出口商品中，进口以棉纱为最。据蒙自、思茅和腾冲 3 海关 1889～1911 年的统计，进口额中棉纱、疋头和棉花占 40% 以上。进口棉纱多来源于印度，经缅甸转口进入云南。《新纂云南通志》载："蒙自开关以前，尚有大量棉花进口，到 19 世纪末，太多为印度的棉纱所代替，棉花进口日益减少。"② 1902～1911 年，由腾越海关进口的印度棉纱总量占到进口总额的 76.5%，已取代缅甸棉花的进口量。出口方面，则滇越铁路方向出口货物以大锡为最主要商品，而腾越—下关的滇缅贸易商路的出口商品主要是生丝和雌黄。通常从赵州（凤仪）把雌黄运至缅甸。1902～1912 年，腾冲海关的生丝出口由 432 担增加到 1314 担，雌黄出口由 663 担增加到 4512 担③，分别增长了约 2 倍和 5.8 倍。

　　中越之间的贸易主要为转口贸易。云南的大锡通过越南而进入香港、欧洲，而云南需要的机器设备也多通过越南而进入云南。如个旧矿务公司、耀龙电灯公司进口的大型机械设备都是经越南进口。1908 年和 1924 年昆明商人所购"飞龙""飞鹰"号两艘蒸汽机轮船，均是从越南购进的法制轮船。1925 年，昆明设立人力车公司，大多数人力车也系"向海防购买安南产品来昆，极盛时期，大约超过 500 辆"④。除通过越南的转口贸易外，中越之间也一直延续着每年一度的进出口商品交易会。据蒙自海关 1919 贸易年报记载："河内之每年赛会（Hanoi fair），一如往时，亦于十二月行之。会中广留场所，以供滇省物品之陈列。滇省为唯一之与会者，因此会为越南域内各省而设，出品之前往与赛者，均依期预备，出奇斗胜，在会场中颇形生色，为参观者所称许。"⑤

　　随着国际贸易的发展，因外商多使用外币而使多种外币亦能在云南流通，如墨西哥的"飞鹰"银元、越南的"站人"法洋及东方汇理银行发行的越币等。

---

① 马曜：《云南简史》（新增订本），昆明：云南人民出版社，2009 年，第 190 页。

② 周钟岳等：《新纂云南通志》卷 144《商业考二》，昆明：云南人民出版社，2007 年，第 108 页。

③ 董孟雄、郭亚飞：《云南地区对外贸易史》，昆明：云南人民出版社，1998 年，第 81 页。

④ 陈松年：《云南解放前的驿传和交通》，中国人民政治协商会议云南省委员会，云南文史资料委员会：《云南文史资料选辑》第 29 辑，昆明：云南人民出版社，1986 年，第 25 页。

⑤ 杨梅：《近代云南海关年度贸易报告述要》，《云南档案》，2012 年第 8 期，第 34～37 页。

云南近代的国际贸易虽然兴盛，但缺乏工业基础，是典型的两头在外的贸易格局，即销售商品的市场在外，商品原料的来源在外。其出口商品主要销往缅甸、越南、印度，或通过这些国家再销往英法等欧洲国家，而商品原料也来自缅甸、印度或国内的四川等地。如前所述，其生产所需棉花、棉纱主要来源于印、缅，而生丝又主要来源于四川等地。从腾越海关历年进口的商品种类来看，进口棉纱、棉花和布匹常年约占进口总额的 70%，一些年份甚至超过 90%，而其中棉纱、棉花进口又大大超过洋布①。在出口的大宗商品中，黄丝、猪鬃、生皮皆来自四川，仅有石磺为滇自产。四川生丝是销往缅甸的大宗商品。1918 年福春恒为了和日本洋丝竞争，在四川嘉定设第一个解丝厂生产 1 磅装"狮球牌"洋纺，销路很好，遂扩大投资在四川各地设丝厂多达 18 个，雇工 6000 余人，年产解丝 5000 箱②。永昌祥、茂恒等在四川也有不少丝厂。后来，福春恒甚至到山东博山投资用机器解丝以销缅。云南落后的工业体系不仅提供不了完整的工业品市场，也不能对外提供更多的商品。

（五）经济结构的改变

自中法战争到民国初年，云南经济结构发生了三个方面的重大转变：一是产业结构改变，工商业快速崛起，与农业形成鼎足之势；二是在所有制结构上民营经济迅速发展，在经济中的占比提高；三是交换结构上国际贸易占据重要位置。

在帝国主义经济侵略下云南以农业为主的自然经济解体，商业经济崛起，工业从无到有，以矿冶业为龙头带动工业发展。一方面是在充斥市场的洋货的冲击下，传统手工业解体，如《蒙自地志资料》卷 4 记载：城郊及新安所原有土织机约 500 多户，年产土布 60 万匹。蒙自开关后，洋纱、洋布大量进口，棉纺织工业旋即土崩瓦解，个体小作坊主大量破产。另一方面是在学习西方的过程中以东川矿务公司、个旧锡务有限公司、耀龙电灯公司为代表的近代工业建立。随着云南的开埠，商品经济繁荣，面向南亚、东南亚的国际贸易规模和范围扩大，以福春恒、洪盛祥为代表的一批跨省跨国商业企业形成。产业结构由农业一家独大转向农、商、工鼎足而立的格局。

晚清新政时期，政府通过制定如《振兴工艺给奖章程》《奖励公司章程》《奖励商勋章程》等章程，鼓励民营经济发展。在这一政策背景下，云南工商企业的所有制结构开始变化，民营经济逐渐壮大。在矿采业中，"个旧大锡的 90% 左右，

---

① 云南通志馆撰，云南省志编纂委员会办公室整理：《续云南通志长编》卷 73《手工业》，内部印刷，1986 年。

② 施次鲁：《福春恒的兴起、发展及其衰落》。中国人民政治协商会议云南省委员会，云南文史资料委员会：《云南文史资料选辑》第 18 辑，昆明：云南人民出版社，1983 年，第 67 页。

出自中小私营（企业）土法采炼"，以"顺成号"为代表的八大商号兼营锡矿采炼与销售，产品运销香港，成为民营矿业企业的翘楚。此外，在稀有金属矿开采中，也有许多民营企业。1912 年以后，云南开采有铅锌 46 处，锌矿 16 处，大小铁矿 85 处，多为私人经营。[①]

在这一时期，云南民间资本向工业转移现象凸显。自唐炯主持云南矿业后，即改变了官府垄断矿业的政策，开始从官办到"官督民办"、"官商合办"乃至"商办"，逐步向民间资本开放矿产开发权。为吸引省外资本，"其愿自携巨本来滇开办不入股份者，亦听其便"[②]，即允许私人资本独资办矿。由此促进了私人资本向矿业的投入。云南矿务公司成立时即以"招商集股、购办机器"为首要工作，故"招商集股"，建立官商合办的矿业股份公司成为清末民初云南省政府的主要矿业经营方针。20 世纪初，云南官商合办的矿业企业有 4 家，即宝华锑矿公司（1908年）、个旧锡务公司（1909 年）、东川矿业公司和明良煤矿公司，个旧锡务公司"官股提足一百万元，商股集有七十六万九千五百元"，占到 43%，东川矿业公司民间商股更是占到资本总额的 87%[③]。民间资本所占比例并不小。民国初年，云南都督蔡锷依然坚持"召集商股共筹巨资，以厚资本"的政策。

私人资本集资开办矿厂的情况也已频频出现，如明良煤矿最早就是在"光绪三十年（1904 年），闽人六某集资二千两，在可保村创立开济公司，经营采煤业。1919 年，由庚晋侯、刘若愚、陈肇琪等集资十万元接办开济公司，更名为煤矿公司"[④]。

王鸿图等创办耀龙电灯公司时，"初为商办，后改官商合办。股额初为银元二十五万元"[⑤]，其 19 个股东中，有资料可考的 16 个人均为商业资本家，从事11 个行当的商业零售业。

在商业中，民营企业几乎一统江山。至 1909 年，洪盛祥已垄断了云南雌黄的生产销售及对缅甸、印度的出口贸易，而福春恒也成为生丝加工和出口的最大商号。其他大商号如永昌祥、茂恒记、茂延记、兴盛和、春延记、顺春茂等各领风骚，中小商业企业则成百上千，聚集于昆明、大理、个旧、蒙自、会泽、曲靖等城市，如前所述。

在交易结构方面，随着云南被强迫拉进世界市场，自给自足的以满足内需

①　马曜：《云南简史》（新增订本），昆明：云南人民出版社，2009 年，第 189 页。

②　中国史学会：《洋务运动》（七），上海：上海人民出版社，1961 年，第 32 页。

③　陈征平：《云南工业史》，昆明：云南大学出版社，2007 年，第 394 页。

④　云南通志馆撰，云南省志编纂委员会办公室整理：《续云南通志长编》（下册），内部印刷，1986 年，第 479 页。

⑤　云南通志馆撰，云南省志编纂委员会办公室整理：《续云南通志长编》（下册），内部印刷，1986 年，第 339 页。

为主的内向经济转为以外贸为主的外向经济。以矿业为例，近代云南矿业发展的特点之一就是生产发展不是出于国内的消费与需求，而是直接依附于世界市场。大锡年均出口量占 85%，国内市场消费年均仅为 15%[①]。

第二节　云南近代社会变迁

一、城市功能的丰富与城市化初起

近代经济的变迁影响到城市发展及其功能的变化，或者说经济变革与城市相互作用、相互影响，使得近代云南的城市，无论是旧有城市还是新兴城市其功能都不再是单一的政治功能，城市的经济功能及经济聚集作用日益增强，尤其是商业经济在其中发挥着重要作用。同时，云南的开埠和滇越铁路的开通，也改变了云南城市发展的格局，滇越铁路沿线城市和滇西大理——腾冲滇缅商贸沿线城市迅速发展起来，而滇东北城市则逐渐衰落。

元代至元十三年（1276 年）在昆明建中庆路后，昆明成为云南行中书省的省会，遂替代大理成为云南的政治中心。赛典赤在原"鄯阐城"的基础上扩造"中庆城"，确定了昆明城的基本格局。被马可波罗称作"壮丽的大城"的昆明城，彼时已"城中有商人和工匠"，甚至还有"聂斯托利派基督教徒、萨拉森人或回教徒"[②]。明代昆明城面向盘龙江以西拓展，城市主要还是政治中心，城内主要是衙署、官邸，居民较少。至清代，昆明城虽然仍是以政治功能为主，但由于人口的聚集，商业也逐渐发展起来。道光年间，昆明城南门外是城外市民主要集中地，已形成"繁华喧杂"的主要商业区。"若三市街、珠市桥、金马碧鸡坊、云津铺、盐行街、太和街、东寺街等，都是昆市精华荟萃处。房屋栉比云连，货物堆山塞海。"[③] 除了南城外的大市场，大、小西门外及大、小东门外，都各有一相当繁盛之市场[④]。道光十年（1830 年），云南府人口有 1 448 101 丁（含屯户）。

---

① 陈征平：《近代云南的矿业工业化与社会扩散效应》，《云南社会科学》，2002 年第 2 期，第 74 ～ 75 页。

② 马可波罗：《马可波罗行纪（珍藏版）》第二卷，冯承钧译，上海：东方出版社，2011 年。聂斯托利派为中世纪基督教的一个后被视为异端的派别，主张耶稣神、人二性区分及基督二性连接说，唐贞观年间传入中国，被称为"景教"。萨拉森（Saracen）人，原指从今之叙利亚到沙特阿拉伯之间的沙漠游牧民族，广义上则指中古时代所有的阿拉伯人。

③ 昆明市志编纂委员：《昆明市志长编》卷 6，内部资料，1984 年，第 313 页。

④ 昆明市志编纂委员：《昆明市志长编》卷 6，内部资料，1984 年，第 333 页。

由于咸同之际杜文秀暴动的三次围城，昆明民众死伤较剧，被杀或投水死者达数万人之多。此外又遭遇瘟疫、地震等天灾人祸，昆明人口锐减。至光绪十年（1884年）云南府仅有人口254 295，五十年间人口减少了近120万。随着中法战争后工商业的发展和社会安定，特别是滇越铁路的开通，昆明作为省会城市的经济聚集作用日渐增强，人口也随之聚集。至宣统二年（1910年），整个昆明地区有民户87 359户，422 370人，宣统三年（1911年）又增至89 144户，435 897人。城区人口（含城郊）95 235人。[①]1915年，昆明城市人口已达450 000人，在当年全国城市人口中排第17位，仅次于成都而高于汉阳、南京[②]。

回民暴动后的战乱对昆明城破坏比较大，"在咸丰、同治年代，经过几次围城战争，忠爱坊被火焚，城外趋于荒凉，商埠移入城内，城外迄未恢复。直到光绪年间，始又逐渐改观。滇越铁路通车，（昆明）辟为商埠，才又兴盛起来"[③]。

此后，昆明的商业中心转移到城内，随着滇越铁路终点站建于城南，南门外再度繁华。

滇越铁路开通后，"匪但两粤、江浙各省之物品，由香港而海防而昆明，数程可达，即欧美全世界之舶来品，无不纷至还（沓）来，炫耀夺目，陈列于市"[④]。商品交易内容由本地商品为主转为以洋货和外省商品为主。从马市口到德胜桥"两旁的商店塞满了洋货，无非是洋纱、洋布、洋油、洋纸、洋匹头、纸烟、洋火、罐头、洋杂货、洋铜铁器、玩具等件，应有尽有，无一不备"[⑤]。商业的发展促使交易场所发展起来，1913年，昆明建立劝业场，这是昆明第一个室内集贸市场，拥有商业店铺100余间。1919年建立云津市场，1920年建立玉溪商业场。

由此可见，清末民初，昆明城市经济发展迅速，城市经济功能显著增强。以贸易为先导，"因商而兴"成为近代昆明城市发展的主要动力和特点。由此而使昆明逐渐成为全省经济的中心。这主要是昆明发挥了城市所具有的聚集经济效益的作用，是区域经济空间聚集（生产要素的地域集中和交换行为的空间重叠）作用的结果。

古城大理在近代也焕发出新的生机。南诏王皮罗阁在公元8世纪时修建和经营太和城40余年，其后继者经营羊苴咩城，使大理成为南诏乃至整个云南的政治、经济、军事和文化中心。元代虽以昆明取代大理的全省中心城市的地位，

---

①　昆明市志编纂委员会：《昆明市志长编》卷7，内部资料，1984年，第270页。

②　何一民：《试析近代中国大城市崛起的主要条件》，《西南民族学院学报（哲学社会科学版）》，1998年第6期，第116～126页。

③　昆明市志编纂委员：《昆明市志长编》卷6，内部资料，1984年，第333页。

④　云南通志馆撰，云南省志编纂委员会办公室整理：《续云南通志长编》卷73，内部印刷，1986年，第339页。

⑤　陈荣昌，顾视高：《续修昆明县志》卷5，《物产志二》，民国二十八年铅印本。

但大理城市的发展并未被阻断。明朝时期大理府城"城廓方正，街衢井然，轴线清晰，礼制建筑居中"[1]，已具有成熟规制和相当规模。清中期，大理城市商业已有一定发展。城中货栈林立，市面繁荣。通过茶马道，与四川和西藏已开展跨省贸易和国际贸易。"从四川运来的货物，主要是药材、黄丝、丝织品、白蜡、会理布和其它日用手工艺品。从下关大理销四川的货物，以茶叶、药材、香油、山货、皮革为大宗。"[1]在与西藏的贸易中，从西藏输入大理的货物主要有毛织品及西藏的药材。下关、大理输往西藏的主要是茶叶、红糖、酒、火腿、粉丝等。通过西藏，再远销尼泊尔、印度。大理城内有不少四川的坐商和行商，也有广东、湖南、江西等省的商人前来贸易。本地商人则主要从事滇缅贸易。杜文秀统治大理时期（1856～1872年），注重发展工商业，下关"商号由原来的30家，发展到40余家，其中大商号如日心德、春延记、兴盛和等，各拥有资本四、五万两左右，小本经营的小贩更大大增加"[2]。

但总体来讲，腾越开埠以前大理及滇西对外贸易规模比较小。从贸易商品的构成看，输入的货物主要以宝石、燕窝、鹿茸、象牙、羽毛、玻拍、药材等奢侈品为主，辅之以少量的生产用原料。输出的货物主要有铜、铜器、铁器、雌黄、纸、扇、伞、水银、朱砂、熟丝、丝绸等手工业品，输出商品以当地土货为主，其中以丝织品为最重要。

到1902年腾越开关后，下关遂成为滇西的中心市场。商号由40余家发展到80余家。商品经济进一步繁荣，商品交易范围及规模的扩大，每年三月街，来自本省、四川、江西、广东、广西、浙江、湖南、贵州、西藏等省及缅甸商人云集此地，人数达到10万人[3]。此时期金融业也在下关兴起，如永昌祥主要通过"代官解库银"开展汇兑业务，并和其他一些商号兼营驻外劳工的外币汇兑业务。当时赴缅甸银厂务工者不下四五万人，劳工汇款和侨汇，每天约可收汇缅币五六十万元[4]。

边城腾冲自明清以降一直开展着滇缅贸易，开埠后城市的人口增长迅速，商业经济大发展，国际贸易到达高峰。清嘉庆二十五年（1820年），腾冲改州为直隶厅时，"今滋生男妇大小二十万一千五百二十一名，计二万二百九户。又屯田民男妇大小共六万六千六百八十九名，计八千六百四十一户"[5]，即人口共计268 210万。咸同间暴动后，腾冲"十室九空"，人口锐减，光绪五年（1879年）

---

① 中国科学院民族研究所，云南民族研究所：《云南白族社会历史调查报告》，1963年，第124页。

② 中国科学院民族研究所，云南民族研究所：《云南白族社会历史调查报告》，1963年，第125页。

③ 吴晓亮：《大理史话》，昆明：云南人民出版社，2001年，第132～133页。

④ 杨克成：《永昌祥简史》，中国人民政治协商会议云南省委员会，文史资料委员会：《云南文史资料选辑》第9辑，昆明：云南人民出版社，1989年，第76页。

⑤ （清）屠述廉：《腾越州志》卷5《户口》，清光绪二十三年（1897年）重刻清乾隆五十五年（1790年）刻本，云南省图书馆藏。

时，只余 55 407 人。随着暴动平息和随后而来的开埠，人口又迅速增长，到宣统二年（1910 年）时，人口达到 120 012 人，二十年间人口增长达 116.6%，到 1912 年时达 239 556 人，已恢复到嘉庆年间的人口规模。然从 1910 年到 1912 年两年间人口增加了近一倍（99.61%），显然不是自然增长的结果，而是人口迁移（回流、迁徙）的结果。人口的变化说明了腾冲城的吸引力和支撑力得以增强，反过来，人口的增长又促进了城市的发展。开埠后，腾冲作为城市的经济功能显著增强，商品经济特别是对外贸易迅速扩张。"商埠以南城之外四、五、六保街为商户荟萃之区……城内则为官署、局所、学校、民居所在之地。"[①] 而对外贸易则突飞猛进：1902 年开关时，腾冲关外贸值为 66.2 万海关两，到 1911 年时即达 168.4 万海关两，增长了 1.5 倍，十年间平均增长率为 10.93%[②]。

在腾冲开埠及下关作为滇西区域经济中心的带动下，姚州（姚安）、镇南（南华）、永平等小城市作为以大理为枢纽的滇缅、滇川、滇藏三条商路的支点也发展起来。

开埠及滇越铁路开通后，蒙自、个旧、开远等新兴城市形成和发展起来，开埠后，蒙自的人口快速增长。1889 年，蒙自县人口仅为 12 000 人。开埠后"在铁道未通以前，以蒙自为通商巨埠。凡洋广货品入口，均到蒙屯集始转销他处，市面隆盛，万商麇集，人马喧闹，极一时之繁茂"[③] 至 1910 年即突增至 60 912 人，仅十年间就增长了约 4 倍，1919 年又增加到 81 453 人，比 1889 年增加了 5.79 倍[④]。在城内外也形成了两个商业区：一个是外国人聚居的南湖东岸，有法国、意大利、美国、德国、日本五国领事馆，数十家外国洋行、银行、酒店，还有一条以越南人为主的街道；另一个则是县城的西门外，集中了由中国人开办的外贸商号和各种服务业的商贸区，也是商号店铺鳞次栉比。

康熙年间个旧仅为蒙自一乡，乾隆时期始发现锡矿，开始发展。据康熙《蒙自县志》所载："个旧为蒙自一乡，户皆编甲，居皆瓦舍，商贾贸易者十有八九，土著无几……"[⑤] 个旧锡矿业的发展、滇越铁路通车后对外贸易的发展提供了大量的就业机会，吸引了大批农村劳动力和外地商人汇集于此，从事矿冶或相关服务业工作。从矿工的地区来源看，最初主要来自本区域的石屏、建水等地，"到 1909～1937 年间，已扩大到陆良、曲靖、宣威、平彝（今富源县）、昭通以及滇西一带"[⑥]。个旧人口快速增长。

① 许秋芳，李根源，刘楚湘：《腾冲县志稿》卷 20《商务》，昆明：云南美术出版社，2004 年，第 327 页。

② 董孟雄，郭亚飞：《云南地区对外贸易史》，昆明：云南人民出版社，1998 年，第 80 页。

③ 王继林：《云南通志馆征集蒙自县志资料》第 3 册，《市集》，1935 年抄送。

④ 云南省档案馆：《云南省档案史料丛编——近代云南人口史料第 2 辑上（1909～1982）》，内部资料，1987 年，第 71 页。

⑤ 方国瑜：《方国瑜文集》第 3 辑，昆明：云南教育出版社，2003 年，第 5 页。

⑥ 陈昌范，邹启宇：《个旧锡业"鼎盛时期"出现的原因和状况》，云南历史研究所，内部资料，1979 年。

表 2-1　20 世纪初个旧非农业人口的增长

年份	非农业人口（人）	总人口（人）	非农业人口占比（%）	年均增长率	
				非农业人（%）	总人口（%）
1900	21 000	53 000	39.62		
1903	25 000	60 000	41.67	5.98	4.22
1908	50 000	72 000	69.44	14.87	3.71
1910	62 580	80 410	77.83	11.87	5.68

资料来源：个旧市志编纂委员会：《个旧市志》，昆明：云南人民出版社 1998 年版。

从表 2-1 中可以看出，在 20 世纪的头十年，个旧的总人口和非农业人口都有显著增长，尤其非农业人口增长的速度极快，远高于总人口的增长。十年间非农人口占比从约 40% 增长到 77.83%。1903 ～ 1908 年，非农业人口增长率是总人口增长率的 4 倍，1908 ～ 1910 年，非农业人口增长率是总人口增长率的是 2 倍。而在非农业人口中，工业人口最多。据张肖梅《云南经济》的统计，到 1932 年，个旧总人口中工业从业人口占比达 46.6%[1]，产业发展对人口的聚集作用表现甚为突出。

明清时期开远为阿迷州，为少数民族聚居地区。在滇越铁路通车前，开远"工商业均不发达，自滇越铁路修通后，路当要冲，一时舶来品日新月异，工乃渐知改良，商则渐事远贩"[2]。作为滇越铁路的中点，开远成为工商文明起步较早的城市。早在 1905 年，阿迷州在汉武路就开办了阿迷邮政局。1909 年，阿迷州又开办了电报局。滇越铁路通车后，随着交通、通信、商业物流的发展，昆明、个旧、文山的大批官办、民营企业纷纷在开远设机构、建场，省内外商家进驻经营，百货（杂货）店、饭店及饮品、客栈、加工销售店、药店、镶牙、雕刻、理发、淋浴、祭品、首饰、照相、修理等各种店铺有 350 多个。汉武路及升庵路、连云街至顺城街、大新街、东寺街、东正街、城内大街成为主要商业区。法国人沿着火车站，建起了一条洋正街，沿街布满洋楼、俱乐部、酒楼、球场，还修建了医院、行车公寓、机车库、水塔、工人住宅区、防空洞、防洪沟甚至墓地。1909 年越南人在洋正街南侧，建起了一条越南街。在这一时期，开远出现了历史上的第二次移民潮。据统计，开远 1911 年人口为 5 万余人，至 1918 年，滇越铁路通车后的 7 年间，开远人口增至 8 万余人，净增 60%。[3]

建水自唐元和年间设县，其城始建于公元 810 年前后。明洪武年间在建水设临安卫指挥使后，再筑临安卫城。建水成为当时滇南的政治、经济和文化中

---

① 张肖梅：《云南经济》，民国三十一年版，第 360 ～ 361 页。

② 云南省经济研究所：《云南近代经济史文集》，昆明：经济问题探索杂志社，1984 年，第 189 页。

③ 云南省档案馆：《云南省档案史料丛编——近代云南人口史料第 2 辑上（1909 ～ 1982）》，内部资料，1987 年，第 71 页。

心。滇越铁路开通后，建水商业经济得到较大发展，商人们在建水城里办起了387家商店和公司，还出现了总管上海、香港、缅甸、泰国等地42个分公司的国际跨国公司。①

滇东北的城市，如曲靖、会泽和昭通等，经历了汉、晋、元、清大发展，交通兴盛、移民汇聚，社会经济文化长足发展。如会泽在清代"铜商四方辐辏"，十分繁盛。但随着云南开埠及滇越铁路开通，云南经济中心南移至个旧、蒙自及大理、腾冲，滇东北城市逐渐衰落。

从表2-2可看出，随着工商业的发展，近代工商业的发展使云南城市人口的结构发生了较大变化：全省工商业从业人口占比为17.08%，昆明市高达51.07%，个旧达48.93%，石屏达42.95%，三个城市的人口构成中工商业从业人口已接近或超过50%，远超农业人口。说明这三个城市的产业结构发生了重大转变，尤其是昆明、个旧的工商业已成为城市的主要支柱。全省从事工业生产的人口的数量和占比提高，全省工业人口总数达70.9397万人，占比达13.78%。个旧、昆明、石屏、路南四城的工业人口已超过就业人口的20%，其中，个旧工业人口占到其总从业人口的46.6%，接近其就业人口的一半，成为名副其实的工业城市，昆明市的工业人口也达36.67%，地处僻壤的石屏也达31.41%。从就业人口占比看，据《续云南通志长编·民政三》所引1932年云南民政厅《云南户口调查统计表》（三）统计数据，当年昆明市人口为143 700人，

表2-2　1932年云南人口职业分配表

地区	总计 人数（人）	农业 人数（人）	比例（%）	工业 人数（人）	比例（%）	商业 人数（人）	比例（%）	人事服务 人数（人）	比例（%）
全省	5 148 786	2 437 784	47.35	709 397	13.78	169 602	3.30	1 832 003	35.58
昆明市	65 470	2 342	3.58	24 010	36.67	9 429	14.40	19 990	30.53
昆明县	82 631	54 773	66.29	5 234	6.34	4 872	5.90	13 282	16.07
宜良县	47 741	19 098	40.00	5 398	11.31	1 429	2.99	19 937	41.76
呈贡县	32 842	23 039	70.15	1 614	4.91	366	1.11	6 429	19.58
路南县	40 531	19 329	47.69	8 587	21.19	557	1.37	10 963	27.05
澄江县	30 575	14 836	48.52	2 254	7.37	571	1.87	11 640	38.07
蒙自县	58 369	21 072	36.10	6 152	10.54	2 416	4.14	26 770	45.86
建水县	85 874	30 630	35.67	11 626	13.54	2 729	3.18	37 249	43.38
石屏县	69 647	19 526	28.00	21 878	31.41	8 047	11.55	17 653	25.35
开远县	42 504	18 068	42.50	4 127	9.71	866	2.04	17 871	42.05
个旧	49 226	9 557	19.41	22 940	46.6	1 146	2.33	11 434	23.23

资料来源：张肖梅《云南经济》，民国三十一年版，第E17～24页。

① 郭翠华：《云南第一条民营铁路——个碧石铁路》，《云南档案》，2004年第2期，第17页。

昆明县为 184 552 人，昆明市、县人口合计 328 252 人。如按表 2-2 的统计，昆明四类就业人口为 148 101 人，占总人口的 45.11%，昆明市就业人口达 45.56%。基于当时社会风俗妇女主要从事家务劳动，不进入社会就业的状况，其就业人口所占比例较高。以昆明市和昆明县相比，昆明县则还是以农业人口占绝对多数，反映出城市与农村的人口结构的较大差异。这一状况反过来证明了昆明的城市化程度较高，使昆明市作为近代城市应具有的功能和特征得以凸显。

城市人口构成的变化说明云南经过半个世纪的近代化历程，在滇越铁路沿线和滇缅商路沿线城市化进程已经启动，城市的产业结构得到较大调整，城市功能转向以经济为主。

二、社会阶层的变化

有学者指出："近代中国社会阶层最明显的变化是传统的士、农、工、商地位的变动和转化，其中最突出的是商人地位的上升，绅士地位的下降，以及绅士与商人合流而形成的一个新阶层：'绅商阶层'。"[①]云南近代社会阶层的变化与此相似。社会阶层的变化首先显著地反映在商人阶层的崛起。

外省寓滇商帮崛起最为迅猛。《新纂云南通志·商业考》载："清中世，外省商之贸易于滇者，最早为江西帮、湖南帮之墨庄、瓷器庄；四川帮之丝绸、茶叶、玻璃等，其事业有相沿迄至近者，江西帮之万寿宫遍于各地。其后则两广帮、北京帮相继而来……山西帮、浙江帮则经营汇兑存放，规模较大。"[②]此外，湖南和湖北商人于全省建立两湖会馆亦说明其人数众多。

本地商帮也在不断壮大。至清末，随着各地商业市场的勃兴、滇越铁路沿线和腾冲——大理滇缅贸易线等商业网络体系的形成，商人数量激增，云南各府县本地商帮崛起，"至本省商民，则有腾冲帮、鹤庆帮、大理帮经营于缅甸，临安帮经营于香港，其它各县城镇以其地之广狭、人口之多寡、交通之便利与否各为等差"[②]。

其中，著名者如弥勒虹溪王炽，创建"天顺祥""同庆丰"两个商号，从事货物贩运、委托承办汇兑等，被评为"富埒王侯"，"同庆丰富过半个云南"，是云南近代史上最早出现的近代民间金融机构。在长江沿岸成都、汉口、九江、南京、上海发立分号，继而又在贵阳、广州、常德、北京等城增设分号，还在云南省内州县较大的商品集散地设号，鼎盛时香港和越南海防亦设办事机构。鹤庆人蒋宗汉因战功累迁至腾越镇总兵，驻腾越时，即开展滇缅贸易，由缅甸大量运回

① 闵杰：《20 世纪 80 年代以来的中国近代社会史研究》，《近代史研究》，2004 年第 2 期，第 213 页。

② 周钟岳等：《新纂云南通志》卷 143《商业考一》，昆明：云南人民出版社，2007 年，第 91 页。

云南所需之棉花棉纱（云南一向不产棉花），由滇西大量运出粉丝、乳扇、弓鱼、核桃、火腿等为缅甸人所好之土特产品。后又于清光绪二年（1876 年）与腾越商人明树功及董益三合组"福春恒"商号，大量经营土特产及花纱布匹，并兼营玉石等。还在保山、下关等地设有分店及堆栈（仓储）。至宣统、民初，已将生意扩展至缅甸和国内四川等地，成为滇西首富。喜洲商人严子珍 1903 年与江西商人合组"永昌祥"，1906 年资本为银 10 728 两，红利竟达 9304 两，利润率达 86.7%，至 1912 年，资本已达 31 492 两、红利 11 528 两[①]，七年间资本增长约 2 倍，发展甚为迅速。此时期崛起的商人阶层，与传统封建商人已有很大不同：一方面，他们积极与官府合作，通过"赐封""捐职衔"等途径获得政治身份（官衔），如王炽因功被慈禧太后诰封"三代一品封典""四品道员"，其子王鸿图捐有"二品道员四品京堂"，在社会身份上官商合体，故称"绅商"；另一方面，受西方资本主义企业影响，其商业组织由封建性的行会发展成为资本主义性质的股份商号或公司，如昆明的同庆丰、喜州的永昌祥、腾越的福春恒、蒙自的顺成号等，就是以一个或几个大商人的资金为主，吸收一批中小商人的资金，组成一个大商号或公司，实行集股投资、按章管理、利润按股分成，初步实现了股份制运作体制。在这一过程中，商人阶层的性质转变为资产阶级。在这一基础上，商业资本进入工业，开办近代工业企业，逐渐形成了民族资产阶级。

近代工业的兴起使得云南的工人阶级开始形成。随着矿冶业的大发展和滇越铁路开通，就业者数量日益增多，工人阶级开始形成。1909 年云南矿工有 3 万多人，1912 年增加到 10 万多人[②]。1918 年前后，个旧锡矿约有矿工 15 万人[③]。五四运动前，昆明的工厂工人、铁路员工、商行职员等也达到万人以上。

铁路的开通所引发的商机和创造的新的就业岗位吸引了一些农民离开土地和庄稼来到车站、码头、口岸寻找新的谋生之路。20 世纪 30 年代，滇越铁路"全路共有三千六百职员和工人；工人有三千多人"[④]。

三、生活方式与社会观念的变化

云南处于中国传统文化的边缘区，加之少数民族的广泛存在，传统文化的影响远不如中原地区那样根深蒂固，文化薄弱的特性使其更易于受到外来文化的

---

① 杨克成：《永昌祥简史》。中国人民政治协商会议云南省委员会，文史资料委员会：《云南文史资料选辑》第 9 辑，1983 年，第 63 ～ 64 页。

② 张肖梅：《云南经济》，民国三十一年版，第 E36 页。

③ 《个旧县志》卷 6《实业部一》，云南省图书馆藏民国十年铅印本。

④ 郭恒：《云南省经济问题》，正中书局．中华民国二十九年八月初版，第 250 页。转引自车辙：《民国时期滇越铁路沿线城市劳动力转移分析》，《阿坝师范高等专科学校学报》，2011 年第 4 期，第 66 ～ 77 页。

影响。而从 19 世纪 80 年代开始，随着英法帝国主义的侵入，云南由被动到主动地对外开放，改变了云南在全国的地位，云南从中国西南边疆的一个封闭、落后的区域变为能够直接接触英法为代表的西方文明的前沿。尤其是随着滇越铁路的开通，不仅物资流随着滇越铁路大量充斥市场，信息流也涌入云南。西方的技术与管理、企业的组织与运作、价值观念与生活方式等纷至沓来，极大地冲击了云南人民的精神世界。而自然经济的解体，商业、对外贸易和城市的发展，产业结构的调整也迫使云南人改变原有的观念和生活方式。

文化的历史基础与被动开放的现实条件交叉影响，不仅为地处僻壤的云南打开了一道放眼看世界的大门，更使云南人的思想观念和生活方式发生了巨大的变化，乃至一跃而领风尚之先。近代云南的社会观念和生活方式都发生了静悄悄的革命。

在滇越铁路、洋行带来的变化及移居云南的法国、英国人的示范效应下，云南人的生活方式开始向西式的现代生活转变，在整个西南地区、甚至在全国都属于领风气之先。

在市政公用设施、电信业方面，云南早在 1884 年即有了电报局，开通了有线电报线路。全国三大电报干线——津京线、长江线（镇江—南京—汉口）和广龙线（广州—龙州）的开通也在 1884 年，云南电报业和全国首批电报业同步产生，比四川早了 12 年。1906 年昆明城内出现了有线市内电话，1910 年即开始安装商用电话，而成都至 1925 年由市政公所接办陆军电话局后，始有商用电话。重庆更迟至 1933 年才开通市内电话。邮政业如前所述，早在 1910 年已覆盖云南 2/3 的地区。

1915 年，王鸿图、华封祝、黄毓成、罗佩金等倡议在昆明兴办自来水厂，1918 年开始送水。1920 年，云南自来水股份有限公司正式成立。

在建筑方面，西式风格的建筑很早就出现在蒙自、开远、昆明等铁路沿线城市（如哥胪士洋行、法国领事馆）。在昆明长约里许的巡津街、金马碧鸡坊等处，多西人所建西式住宅。受其影响，云南也开始修建西式或中西合璧的建筑。1912 年 6 月 4 日《滇南公报》评论道："自西式修筑法传播至滇，公署学校竟仿。最新之式，房多而不觉其窄，住者莫不称便。近新修铺房亦略师其意。"[①]滇越铁路昆明火车站的主楼则为中西合璧建筑，而其后东陆大学的"办公室、浴堂、厕所皆新建而西式……讲堂周悬黑板多块，仿美国式而已"[①]。

在文化、体育方面，1904 年，开照相馆的蒋植（字范卿）于上海购入电影放映器材，最初为自己欣赏，1906 年开始在翠湖水月轩收费放映电影，是云南

---

① 转引自车辚：《滇越铁路与民国昆明城市形态的变迁》，《广西师范学院学报（哲学社会科学版）》，2013 年第 3 期，第 139～145 页。

最早的商业电影院。（有人认为水月轩也是国内第一个电影院，比上海的虹口大剧院早一年。实际如何，尚待考证。）

1912 年，云华茶园老板从上海请来京剧女角演出，售票经营，男女宾座席分开，观众前来观戏者盛况空前。此为云南最早出现的商业戏院。

宣统二年（1910 年），钱用中等创办《云南日报》，云南开始有了本土报纸，开启了云南的媒体时代。进入民国后，至 1920 年，先后有《华南新报》《天南日报》《云南教育会周刊》《滇声报》《实业杂志》《国是日报》《小学生周刊》《云南小学教育旬报》等 48 种报刊问世。①

1905 年，昆明被辟为商埠后，西方近代体育开始传入昆明。1906 年昆明设立了新体操学堂，教授体操，是传入云南最早的西式运动项目和体育教育。1910年昆明就成立了由外国人和少数中国高级职员组成的"万国网球会"，1913 年在承华圃运动场举办了纪念云南光复运动会，1918 年昆明举办了第一次排球比赛。②

生活方式的改变还体现在商业营业时间乃至作息时间的改变。在滇越铁路通车以前，昆明城内商店每天营业时间还保持农业社会"日中而市"的习惯，大约为上午 10 点或 11 点开门，下午 4 点就关门，营业时间不过 5～6 个小时。铁路通车以后，商人们逐渐改变了以往的经营习惯，城内商店 8 点或 9 点就开门营业。火车站附近的商店更早至头班火车开车时间 7 点时就开始营业，同时，随着电灯的使用，商店的夜间营业也逐渐兴起。③

人们的服饰、餐饮等也渐趋西化。仅汉族，少数民族的服饰也受到西方影响："芒市的摆夷（今傣族），较富裕的，或是去过夷方或外乡的，或是比较年轻的，常爱着西式服装，大多是缅甸的出品……这些摆夷多着皮鞋及洋袜。"④ 1915年，钱文选记载，当时昆明人宴请"款客时必用洋酒，非此不恭，故一席达数十元，视为恒事"⑤。

西风日渐，改变了云南人的生活方式和思想观念，如时人所言："我滇为边远省区，人民风气，素称敦厚简朴。惟近年以来，以交通频繁，流入不少外面都市华侈之习，加以海外书报、书刊及电影等项印刷品之刺激炫惑，于是我省市居民为好奇与虚荣心所使，渐趋靡丽，崇尚摩登。"⑥

经济和社会的巨变必然引发观念的变革。主要体现在以下几方面。

---

① 云南通志馆撰，云南省志编纂委员会办公室整理：《续云南通志长编》卷 67《社会二》，内部印刷，1986 年，第 160 页。

② 谢本书：《近代昆明城市史》，昆明：云南大学出版社，1997 年，第 180～181 页。

③ 昆明市志编纂委员会：《昆明市志长编》卷 7，内部资料，1984 年，第 73 页。

④ 赵晚屏：《芒市摆夷的汉化程度》，昆明西南边疆月刊社：《西南边疆》，1939 年第 6 期。

⑤ 钱文选：《游滇记事》，民国五年刊刻本，第 37 页。

⑥ 婉如：《集团结婚之利益》，《云南日报》，1935 年 11 月 4 日。

资产阶级民族民主革命思想得到广泛的传播和认同。"戊戌变法"的失败，宣告了资产阶级改良派方案的失败，通过革命推翻清王朝，逐渐成为革命党人的共识。在此背景下，晚清云南留日学生又进一步推波助澜，向云南人民宣传民主革命思想，取得了较大成效。以李根源、杨振鸿、吕志伊为代表的云南留日学生大批加入同盟会，他们以《云南》杂志为阵地，在日本、我国云南做了大量的民主革命思想的宣传工作，揭露清朝封建统治的本质、英法帝国主义侵略云南的罪行、传播民主革命思想、鼓动掀起民主革命高潮。吕志伊在《国会问题的真相》一文中就尖锐地指出：晚清封建政治"中央则君主暨贵族专制之政治也，地方则官吏与劣绅土豪之政治也"，所谓"立宪"，不过是一场骗局，"今日之提倡立宪，要求国会者，皆欲利用国民者也，非代表国民者也"[1]；鼓动人民"以流无量血、抛无数头颅""涤尽数千年之弊政"[2]。由此，民主共和的观念逐渐深入人心，成为"河口起义""重九起义""临安起义"等革命运动和护国首义的思想基础。云南能成为首倡护国、"再造共和"的策源地，反过来又证明了民主共和等资产阶级的革命思想在云南具有强大的生命力。

"拿来主义"的文化选择观使人们易于接受西方文明及新事物。大到护国首义、建立中国第一座水电站、在西南地区率先开通电报、电话及使用电灯，小到仿造西式建筑、穿西装、喝洋酒，云南人在 20 世纪早期能够领风尚之先，反映了这一时期在开放的背景下云南人文化选择观念的变化：易于和乐于接受西方文明和新事物，确有"敢为天下先"的胸怀和魄力。

实利主义思想盛行，重商的价值观蔓延、扩张并冲击着崇儒重礼的传统价值观。

针对帝国主义的经济侵略，19 世纪 70 ～ 90 年代初的早期资产阶级改良派，如容闳、冯桂芬、郑观应等陆续提出要发展资本主义商品经济，设工厂、开矿藏等，由"兵战"转向"商战"，逐渐形成了实业救国的热潮。主张实业救国、发展商业、讲究功利的实利主义思潮兴起。在全国思想界的影响下，发展工商业、争取利权的实利主义思想也在对英法帝国主义的经济侵略更有痛切感受的云南各界盛行一时。

同时，随着资本主义生产方式的兴起、商业的繁荣及社会经济结构的变化，以及中外商人发家致富的示范效应，云南在农业社会所形成的传统价值观开始向工商业社会的价值观转变，经济实力与商业成就开始代替功名成为衡量个人价值和社会地位的标尺。如滇西一带，自南诏、大理国时代，统治者就坚持"以儒治国，以佛治心"的政策，"尚儒"、博取功名是一般人的基本价值取向。而到清末

---

① 少侠：《国会问题之真相》，《云南》第 16 号（刊面误印第 17 号），1908 年，第 38 页。

② 剑虹：《论国民之责任》，《云南》第 7 号，1907 年，第 18 页。

民初，这种价值观基本被颠覆，民间崇拜的英雄不再是金榜题名的知识精英，而是富贾巨商。如喜洲永昌祥创始人严子珍的个人经商经历竟然被编成白族绕三灵"路过喜洲街"时的唱词，作为勤劳致富的榜样而加以广泛传唱，而"大多数的孩子上学的目的便是学习、读书、写字，以便他们将来更好地经商"①。

甚至各级政府官员也秉持"近来身列仕途者，不可不兼明经商之道也"的理念，直接将通过各种方式获取的资金投入商业经营，创办或合办商号，追逐商业利润。如提督杨玉科将其在镇压回民暴动过程中抢夺的财物拍卖后所获银三百七十余万两投资开设"长盛号"和"云泰丰号"，经营乔后盐井和喇鸡盐井，办理赵州（今凤仪）石磺（雌黄）局②。前述合伙开设福春恒的腾越总兵蒋宗汉亦是如此。

此外，消费观、妇女观等社会观念也随着时代的变化而改变。如传教士格里在滇东北地区传教时曾组建"天足会"，提倡革除妇女裹足之俗。他认为女性也应该有受教育的权利，于是创办"女子识字班夜校"，后增扩为"女子学校"，鼓励女子入校读书③。接受教育、走向社会、保护妇女等涉及女性权利、地位的观念也逐渐被社会接受，女子学校纷纷产生。

四、社会变迁对云南高等教育发端所产生的影响

在云南近代化的过程中，近代工商业的兴起成为经济发展和社会变革的牵引力，不但使社会财富迅速增加，促进了资本的积累，改变了社会结构，也为云南近代高等教育的产生提供了经济基础，从而形成了对专门人才的强烈需求；对外开放与国际贸易的兴盛，带来了新的信息流，丰富了云南人对世界的认识，为大学的产生提供了思想的驱动力；城市发展及其所产生的聚集效应则奠定了近代云南高等教育发端的社会基础。

云南近代化的进程并非内生性而是外发型，本身缺乏近代化生长的基础。不但缺乏市场、资本和技术，而且严重缺乏人才。云南近代工业化的进程引发了对高级专门人才的强烈需求，而现实状况却是专门人才的短缺日益突出。虽然云南近代工业的规模和层次都不高，但毕竟引进了西方先进的工业设备，进入了大机器时代的生产。矿冶、铁路交通、机械制造、电力、电报、电话等行业的发展，经济结构调整后工商业的迅速发展，都增强了对高级专门人才的需求。

---

① 周智生：《近代滇西北少数民族地区经商习尚的演变》，《学术探索》，2003年第4期，第66～68页。

② 罗群：《近代云南商人资本的历史构成及经营》，《中国经济史研究》，2010年第1期，第105～112页。

③ 韩达：《中国少数民族教育史·彝族教育史》，昆明：云南教育出版社；桂林：广西教育出版社；广州：广东教育出版社，1998年，第571页。

为了发展近代工业，云南企业不得不在引进设备的同时招聘外国技术人才，但一段时间后却形成了对工程师等外国技术人才的依赖。如耀龙公司，其水电站技术人才全为招聘的外籍人士，这些人不仅把持技术，而且决定着采购、人事等公司重要事项[①]。不仅如此，引进技术人才的优劣甚至决定着企业的成败。光绪九年（1883年）成立的云南矿务招商局虽然购进了先进设备，但由于所聘请的日本技师技术水平有限，不能解决新法采冶的技术问题，加上经营管理的腐败落后，2年间，耗资10余万才生产出铜20万斤，新法生产归于失败。

这些惨痛的教训使培养云南需要的工业化专门人才的需求日渐迫切。陈荣昌于1905年赴日实地考察后就认识到："吾滇矿山徒有，而矿学不兴，即使集股开采而毫无把握……欲兴矿业，仍望学生中有实力讲求矿学者，回国之后，尽其所长以兴矿业，庶有济乎……凡制器工场，则不可无工学，不可无工业经济学，不可无工业管理学。"[②]唐继尧1923年在东陆大学奠基及开学典礼上也曾经指出："废督后实行民本政治，如实业、教育、交通及一切庶政，皆在需要专门人材，方克有济。此项专门人才，更非由大学以造成不可。"[③]

对外开放使云南人看到了一个崭新的世界，认识到要改变云南落后的现状必须提高教育水平，掌握现代科学技术知识。云南留日学生在《云南》杂志发表的文章就认为：滇省风气不如沿江各省，听任英法之开矿筑路，使云南变成"第二缅甸，第二安南"而"耳无闻，目不见"，是由于"社会愚民偏多""不知权利为何物"，因而呼吁在未设学堂之府州县亦办学堂普及教育，只有"人人开通以挽全滇及全国危局"[④]。提高云南的教育水平成为云南精英的共识。但是，云南偏僻的地理位置、"出门皆山"的地貌特征限制了云南人出省、出国接受高等教育，因而建设云南自己的高等教育体系有了强烈的内驱力。陈荣昌在《会泽唐公创办东陆大学记》也重申："滇处边陬，开化较晚，外则强邻逼处，内则地利未辟，加以交通梗阻，学子艰于升学。识者咸以筹建大学为治滇要图。"[⑤]

从中世纪大学产生开始，大学就与城市紧密联系在一起。城市的兴起和发展是中世纪大学产生和具有决定性影响的外部条件。城市经济的发展与市民在实际生活中对各种知识的需求刺激了大学的生长，市民社会争取城市自治权的斗争及自治权的获得保证了大学的自治权与学术自由，行会组织成为中世纪大学的组

---

① 李珏：《从商办云南耀龙电灯公司的历史看旧中国民族资本的软弱》，《云南社会科学》，1982年第1期，第110～116页。

② 陈荣昌：《乙巳东游日记·序文》，昆明：云南美术出版社，2007年，第84页。

③ 张建新，董云川：《云大文化史料选编》，昆明：云南人民出版社，2006年，第39页。

④ 崇实：《云南积弱之源》，《云南》第5号，第57页。

⑤ 张建新，董云川：《云大文化史料选编》，昆明：云南人民出版社，2006年，第72页。

织形式。工业革命后，城市化和工业化作为双重驱动力进一步推动了高等教育的发展，以英国新大学运动为代表，一大批以培养实用人才为目的、注重与城市产业相匹配、突出科学与技术教育的新型大学在工业城市迅速发展，如英国的欧文斯学院、约克郡学院（利兹大学的前身）、约西亚·梅森学院（伯明翰大学的前身）、费思学院（谢菲尔德大学的前身）等。

所以说，城市的产生和发展是高等教育产生的外部必要条件。城市人口的聚集与经济的发展为高等教育的产生和发展提供了外部支持。城市产业内涵的丰富与技术进步会产生对高等教育的强烈需求，产业结构影响着高等教育的学科设立与布局，城市文化与大学文化交相影响，相互融合。

云南近代高等教育的产生也是以昆明为中心的城市发展的产物。如前所述，以昆明为中心的近代云南城市的发展，主要特点一是城市的经济功能得到强化，经济聚集作用增强；二是人口迅速聚集，人口构成中工商业人口所占比例逐渐增长。经济功能的强化，为高等教育的产生发展提供了经济支持（如东陆大学开办时，开办经费共计 100 万，其中由政府拨付东川矿业官股 10 万、富滇银行及各商号捐款 15 万，占经费的 1/4），经济聚集作用为高等教育的产生带来了新的技术、信息、观念和对专业人才的需求。人口聚集和人口结构的改变，为整个教育体系包括高等教育提供了教育人口的来源。对外开放、具有西式文化元素的近代城市文化的发展及近代观念的变革既为云南高等教育的产生扫清了思想障碍，提供了新式教育的范本，又为大学文化的形成建构了骨架。

第三节　"癸卯学制"实施后云南新型 教育体系的建立

中国教育向近代教育的实质性转型，起于洋务运动时期各类新式学堂的兴办。鸦片战争以后，西方列强对华侵略和殖民化的加剧及太平天国运动等国内反清运动都不断动摇着清王朝的统治基础，最终迫使其进行维新变法。而西学东渐又使中国传统文化及传统教育受到日益强劲的冲击。以官学教育为代表的传统教育因其以科举为目的、内容不切实用和科举考试弊病丛生而走入困境，不断遭到质疑和批判；教会学校的兴办带来了西方近代的教学理念、教学模式和教学内容，为中国传统教育向近代转型提供了样本——这一切为中国教育的近代转型提供了基础。19世纪60年代开始，洋务运动及其后的维新派继承了林则徐、魏源"师夷之长技以制夷"的思想，开始了较为系统的向西方的学习。洋务派的首领恭亲王奕䜣的认识可以代表其时有识之士的主流看法："夫中国之宜谋自强，至今日而已亟矣。识时务者，莫不以采西学，制洋器为自强之道。"① 在这一思想指导下，洋务派本着"中学为体，西学为用"的原则，纷纷建立新式学堂，开始了对新式教育的探索，拉开了中国教育近代化的序幕。洋务派19世纪60～80年代，在北京、上海、天津、广州、武汉、福州、南京等地先后建立了30多所洋务学堂。学科门类包括外语、军事、电报、铁路、矿务、西医等。远至新疆、黑龙江也出现了新式学堂。

而云南在中国教育近代化的进程中却发展滞后，直至20世纪初叶才出现新式学堂，比北京、上海、广州等晚了近半个世纪。"百日维新"及清末新政后，在政府强力推进下，云南才迈出了教育近代化的步伐。

"百日维新"的教育政策以普遍设立新式学堂、设立京师大学堂和废除八股考试为主要内容，清末新政则以学制改革为核心，在全国推行新式教育。光绪二十九年（1903年）癸卯学制颁行后，全国逐步建立起一套新的教育体系。这一体系从纵向上分三段七级，贯穿初等、中等和高等教育，横向拓展至师范教育和实业教育。

在中央政府统一制度的安排和推进下，云南自1902年开始渐次建立新式的教育体系。虽然起步晚，但发展速度却较快，十余年间教育局面陡然一变，新式教育的规模、体制、设施、设备各方面都获得了长足发展。一方面，建立起了较为完备的近代教育体系，即初等、中等和高等教育俱全的纵向体系和普通教育、师范教育、职业教育并存的横向体系；另一方面，初等教育规模迅速扩大，留学教育成效显著，形成特点。这不仅是国内办学热潮影响的结果，更是滇省各界感愤帝国主义侵略（云南五口开埠、滇越铁路、七府矿产诸案相继发生），疾志于以教育开民智的结果。

建立省级教育管理机构。光绪二十八年（1902年），云南开始筹建新学；次年（1903年），将五华书院改设为高等学堂，为全省最高学府，同时兼管全省学务。光绪三十二年（1906年），设立省学务处，为独立的省级教育行政管理机构。陈灿任总理，陈荣昌任总参议。下设专门教育处、普通教育处、实业教育处、审定处、文案处、会计处。学务处的设立，使云南有了独立的省级教育管理的专门机构。光绪三十三年（1907年），云南根据学部命令设立提学使司统辖全省学政，

---

① 《筹办夷务始末》同治朝卷46，第44页。转引自朱有瓛：《中国近代学制史料》第一辑上册，上海：华东师范大学出版社，1993年，第14页。

以提学使为长官，原学务处裁撤改设学务公所，隶属提学使司。提学使司有督饬地方官员办理学务及奖惩之特权，职权远大于学务处。同年，根据学部颁行的《劝学所章程》，省内各厅州县设置劝学所。至宣统二年（1910 年），全省各属劝学所全部成立，各地各级专门的教育管理机构基本齐备。

建立各类新式学校。云南近代最早的新式学校是由英法殖民者所开设。1897 年，云南电报局在昆明办起一所英语学校，云南电报局总办、外国人赞城兼任教师；1899 年，法国人吉里默来滇勘查滇越铁路，其随行翻译钱某在昆明办一法文学堂，天主教神甫布笼歹任教；1901 年，法国人在昆明开办中法学校，该校由法国驻滇领事馆直接领导和监督，经费来自法国驻安南总督府，任务是培养法国在滇机构的中国职员，其中以到滇越铁路工作的最多。"中法学校：系法国人创办，直隶法国领事府，成立已二十余年……（1922 年时）校长葛雨田，法国人，有教员六，越南人四，华人二，现有学生五班共二百五十名，每名年收学费九元，毕业后即送入中国邮务局、铁道公司及各洋行服务，或升入东京中学、上海徐家汇大学。"[①] 1903 年，昆明法国医院开办一所附属医学校，由法国人院长任教，招收了一班五年制学生，其毕业者成为滇省第一批西医师。1906 年，法国驻蒙自领事馆和蒙自地方政府联合创办中法学堂，由法国人得第会同地方官开办，学成可用者在滇越铁路办事。学生免费入学，设国语、法文、算术、历史、地理等课程. 重点是法文。目的是为勘测、修筑和管理铁路培养翻译人员和一般职员，毕业生分配在滇越铁路沿线工作。这些学校可以说是云南省的第一批新式学堂，是云南近代教育的开端。

清末新政后，在云南地方政府推动下云南小学教育得到较大发展，成绩斐然。光绪二十九年(1903 年)，云南省始创新式小学。省会昆明设立小学堂 11 所，每所招 3 班，一班为一馆，共 33 馆。光绪三十一年（1905 年），根据《奏定学堂章程》，云南的小学分设初等、高等小学堂两等[②]。光绪三十三年（1907 年），小学教育发展为高等小学堂 79 所，学生 3387 人；两等小学堂 39 所，学生 3068 人；初等小学堂 816 所，学生 26 279 人；半日学堂等 7 所，学生 211 人[③]。到 1912 年，全省小学校达 3675 所（初小占 3477 所），在校生达 15 万多人，教员 4800 多人。省藩库还曾拨专款二万两，于永昌、顺宁、普洱三府暨镇边直隶厅设立"土民简易识字学塾"128 所，发展边地初等民族教育。这一时期小学教育的蓬勃发展为辛亥之后云南教育的发展打下了良好的基础。

---

①　张维翰、童振藻：《昆明市志》，云南省图书馆藏民国十三年铅印本。

②　云南省教育志编纂委员会：《云南省志·教育志》，昆明：云南人民出版社，1995 年，第 193 页。

③　学部总务司沈云龙：《第一次教育统计图表》（第三册），光绪三十三年铅印本，第 809～815 页。

中学的发展却颇多周折。光绪二十八年（1902年），普洱府中学堂创立，为云南第一所中学。五年后，普洱中学堂改为师范。光绪二十九年（1903年），云南总督通饬各府厅州"一律筹设中学堂"。光绪三十一年（1905年），昆明设立省会中学堂，各府、州均设立中学堂1所。然由于"经费不敷、教员难聘"及学生人数较少等原因，时仅一年，除省会中学堂外，其他各府州中学堂又全部改为师范传习所。至1910年，全省只有6所中学：模范第一中学（昆明）、模范第二中学（大理）、模范第三中学（蒙自）、两级师范学堂附属中学、方言学堂改办之高等学堂附属实科中学和普洱师范附中（表2-3）。

基础教育的发展带动了民族教育的发展。民族教育在这一时期在空间上也得到较大拓展。宣统元年（1909年）思茅关记载："是年秋后，从省垣到思茅，一委员乃秉承护督宪已经奏准之一切筹划，开办沿边土民各学堂，延订中文教习，为沿边各土民宏教育而绥边陲，化庸愚而进文明，其课程以国文为主，订有习礼、谈话、算术、体操、唱歌、农业及牧养等科。"宣统二年（1910年）腾越关记载："腾越新开学堂不少，觇其形式，颇类欧西，罔不灿然，男学女学随在皆有，大半以寺庙改作学塾，教授翻新课程，按序所习者，有历史、地理、国文、算术，习用西国数目字样，并兼画学、体操各门。惟惜师范欠精，教法徒有外观，难以骤增美备耳。"[①]

表2-3 清末新政云南所建各级各类学校统计表 （单位：所）

教育	一级分类	二级分类	数量	合计
基础教育 （1902～1903年）	小学	—	11	11
	中学	—	1	1
基础教育（1910年）	小学	高等小学堂	79	875
		两等小学堂	47	
		初等小学堂	749	
	中学	—	6	6
职业教育（1910年）	农业学堂	中等	1	6
		初等	5	
	工业学堂	初等	6	6
	师范学堂	优级师范	1	10
		初级师范	6	
		简易师范	3	
高等教育 （1899～1909年）	武备学堂（1899年）	—	1	4
	高等学堂（1903年）	—	1	
	法政学堂（1906年）	—	1	
	方言学堂（1909年）	—	1	

资料来源：据《新纂云南通志》、学部总务司沈云龙《第一次教育统计图表》（第三册）数据整理后统计。

---

① 杨梅：《近代云南海关年度贸易报告述要》，《云南档案》，2012年第8期，第34～37页。

各类新型实业学堂建立。新政实施后，云南也根据《奏定学堂章程》及云南经济发展的需要建立了初等、中等实业学堂。

光绪三十一年（1905 年），云南先后在澄江、丽江等府建立蚕桑学堂，此后发展至 20 余所；在此基础上，光绪三十三年（1907 年）又以蚕桑学堂为主干建立初等农业学堂，分设蚕桑、农、林和兽医四科；同年，又将省会蚕桑学堂与拟办的森林学堂、已裁撤之体操专修科合并，成立省会中等农业学堂，设农、林、蚕三科。该校还附设农业教员讲习所。在此期间，云南还建立初等工业学堂、初级师范学堂、简易师范和半日制的艺徒学堂、女子职业学堂等。至光绪三十三年（1907 年），云南实业学堂学生统计如表 2-4 所示。

表 2-4　清末云南实业学堂学生统计表（1907 年）

第一季度 区域 / 学堂学生	农业				初等工业		小计	
	中等		初等					
	学堂（个）	学生（人）	学堂（个）	学生（人）	学堂（个）	学生（人）	学堂（个）	学生（人）
中等农业学堂	1	299			1	74	2	373
澄江府河阳县					1	12	1	12
昭通府镇雄州			1	9			1	9
丽江府公共学堂			1	36			1	36
楚雄府姚州			1	20			1	20
南安州			1	12			1	12
顺宁府缅宁厅			1	22			1	22
广南府公共学堂					1	56	1	56
合计	1	299	5	99	3	142	9	540

资料来源：据学部总务司沈云龙《第一次教育统计图表》（第三册）统计。

新式基础教育及实业教育的发展，为高等教育的形成与发展奠定了教育基础。

第四节　云南近代高等教育的发端

光绪二十八年（1902 年）、光绪二十九年（1903 年），清政府先后颁布《钦定学堂章程》《奏定学堂章程》，构建了中国近代教育的体系和体制，也由此开启了全国建立新式学校的序幕。《奏定学堂章程》规定，"京外各学堂俱照新章，以归画一"，中国近代大学也随章程的颁行而产生。云南地方政府及时响应，于

1903年2月将五华书院改建为云南高等学堂，是为云南近代高等教育产生的标志。

在此之前云南虽也创办了几所培养专门人才的学校，如云南武备学堂（1899年）、英语学堂、法语学堂等，但这些都不是完整意义上的新式高等教育。云南所需要的新学高级人才主要送往中国的最高学府——京师大学堂去培养。云南高等学堂创办后，云南才开始有了以培养专门人才为目的的近代高等教育。截至1911年，云南先后创办的具有新式高等教育性质的学堂主要有以下几所：高等学堂、法政专门学堂、方言学堂、云南陆军讲武堂及高等工矿学堂。

然而，发端时期的云南高等教育十足是行政指令的产物，并非教育和社会发展自然孕育的结果，因而极其脆弱。几乎是在没有多少基础和准备的情况下所产生的云南近代高等教育，既没有合格而充足的师资、合格的教材和教学设备，也没有合格的学生，类似早产的婴儿，不仅体弱多病，而且容易夭折。高等学堂开办四年后即改为两级师范学堂；方言学堂、高等工矿学堂都在辛亥革命后停办或改为中等职业学校，存活时间不过四五年，甚至仅一二年。唯有法政学堂和云南陆军讲武堂维持较长，尤其是建校稍晚于上述学校的云南陆军讲武堂，不仅办学活动一直延续了四分之一个世纪，以其卓越的军事教育为云南和中国培养了大批中高级军事人才，影响了整个中国近代军事教育而闻名遐迩，而且深刻地影响了云南高等教育的形成和发展，成为云南近代高等教育发端时期的标杆。

（一）高等学堂

1903年，云南按清王朝规定将五华书院改为云南高等学堂。学务处总理陈灿曾奏云："奏事窃查云南之书院为学堂，于光绪二十八年经营创始，于二十九年开学，其时高等学堂设总理一员、副办一员、监督一员、总教习一员、分教习六员、收支一员。"[①]高等学堂初设有理财、兵学、交涉三科，以造就专门人才为目的。但因举办仓促，"一在开办学堂，未先从师范入手，故不但一切办法诸多未备，教法亦劳而少功"，师资、生源均极为短缺，"其时各府、厅、州、县中、小学堂尚未一律开办，高等学堂学生非由中学堂升进，仅就通省举贡生童中择其文理清通、年富力强者，或由省城考取，或由各地方官申送者入之"[②]。即便如此，其生源依旧不足，共招生180名。教师则均为科举中人，其经史稍有根底及能略读西书者，即被称为"中西兼通不可多得之人物"。至1906年始聘得江部、

---

① 陈灿：《历陈云南学务及高等学堂情形文》。云南省图书馆藏《教育行政杂志》，云南官书局，光绪三十二年（1906年）十二月十五日初版。

② 周钟岳等编纂：《新纂云南通志》卷137《学制考七》，昆明：云南人民出版社，2007年，第605页。

池田、河合三名日本教员，担任数理化、博物和文科课程教学。及至云南送至日本留学、至北京大学肄习师范者相继归来任教，高等学堂的师资队伍才基本齐备。同年，学部电令"方今振兴教育，以小学堂为基础，而教员亟须养成，故师范尤要。应请迅将省城师范名额尽力推广"①，加之高等学堂因生源问题和学生程度不齐，改分为普通部和优级师范部。普通部依原有学生及预科生成绩优秀者组成，培养目标为"入高等专门之地"，合并编为三馆（班），成为高等学校的预科教育；师范部则以"预备中学及初级师范教员之选"为目的，设优级师范三堂，从全省各府州厅县选拔 180 人，经考核后入读。①

高等学堂开办之初，课程设置较为简单，"其课程，中学（即国学）之外仅有英、法、日文、算学、体操等项，余皆阙如"②。1907 年，高等学堂分为普通部和优级师范部后，课程也随之调整：文理科共同学习的课程为人伦道德、经学大义、中国文学、兵学、体操，是为通习课；其次，英文、德（法）文、历史、地理为文科主课，算学、物理、化学则为理科课程。

光绪三十三年（1907 年），高等学堂改称"两级师范学堂"，其中优级师范选科属高等师范教育。优级师范选科在原有学生及东文学堂学生中经考试选取 250 名入读，"以养成中小学教员为主旨"，学制三年。另外设置一年及二年毕业之初级简易科和五年毕业之初级完全科，两类各招四个班。优级师范内分设四类学科培养教师：历史地理、理化、博物、文学教育类。理化设双班，招收 100 名学生，其余三科各招 50 名；第二年改为历史地理、理化、博物、数学、英文五类。至民国元年，云南省的中学教员"多取材于此两届之毕业生"①。可以说 1906 年后的云南高等学堂成为云南高等师范教育的开山之祖。

云南高等学堂虽然开启了云南近代高等教育之门，也举办了高等预科教育，但是，根据《奏定高等学堂章程》，高等学堂"以教大学预备科"为宗旨。该学堂初设时，其性质即定为"预备科"，而且"是时尚无特设之学务机关，即以高等学堂兼办全省学务事宜"③，后于 1907 年即改为"两级师范学堂"，1912 年又改为省会师范学校，停办优级选科，只办初级师范，最后校名还改为省立第一师范学校。尚谈不上为云南第一所"新式大学"④。称新式学校没错，称新式大学则与事实有所不符。

---

① 周钟岳等：《新纂云南通志》卷 137《学制考七》，昆明：云南人民出版社，2007 年，第 607 页。

② 周钟岳等：《新纂云南通志》卷 137《学制考七》，昆明：云南人民出版社，2007 年，第 605 页。

③ 陈灿：《历陈云南学务及高等学堂情形文》。云南省图书馆藏《教育行政杂志》，云南官书局，光绪三十二年（1906 年）十二月十五日初版。

④ 蔡寿福：《云南教育史》，昆明：云南教育出版社，2001 年，第 322 页。

（二）云南法政学堂

为解决新政时期"中国政治之不修，实缘官吏之不学"，出身于科举的各级官吏"于国家政令与夫当世之务皆素所未谙"[①]的问题，清廷于光绪三十一年（1905 年）即筹议在各省课吏馆基础上设立法政学堂事宜。同年，颁布《修律大臣订定法律学堂章程》，规定法律学堂"以造已仕人员，研精中外法律、各具政治知识、足资应用为宗旨，并养成裁判人才，期收速效"[②]。云南于光绪三十二年（1906 年）在原"课吏馆"基础上改办为法政学堂。初设速成科，分为"员""绅"两部，员部招收候补官，绅部招收举贡生员，授以浅近之法政知识。1907 年，新设一年半毕业的讲习科、三年毕业的别科及五年毕业的正科。此时的法政学堂因其招收的学生主要为"已仕人员"，属培训性质，尚不具备普通高等学校的属性。法政学堂学制袭自日本，教材编自日本法科图书，教员中也聘取了两名日本教员。该堂苦于无合格学生（在校生多为举贡生徒、刑名师爷、候补官吏），辛亥之前一直未能办起正科，只办起三年制的别科及速成科、讲习科。讲习科仍为"员"和"绅"两部，之后增设"刑幕"[③]一部，调"刑幕"人员入堂讲习。

（三）云南高等工矿学堂

工矿学堂于宣统二年（1910 年）开办，设高等生 1 班，中等生 4 班。高等生从云南、贵州优级师范选科理化、博物两科优等毕业生中招收。辛亥革命后该校停办，改为省会工业学校成为中专；后又改称省立甲种工业学校。

（四）云南高等方言学堂

其为云南最早的外语学校。光绪二十五年（1899 年）奏设云南武备学堂，于其内附设方言学堂教授外语，以备出国留学生学习外语之用。后来武备学堂改为陆军小学堂，方言学堂遂独立成校，分设日、英、法三科，性质为高等预科教育，修业年限定为三年。光绪三十年（1904 年）在昆明三迤会馆另设东文学堂，

① 欧阳弁元：《酌拟课吏馆改设法政学堂章程禀（并批）》。潘懋元，刘海峰：《中国近代教育史资料汇编·高等教育》，上海：上海教育出版社，2007 年，第 131 页。

② 潘懋元，刘海峰：《中国近代教育史资料汇编·高等教育》，上海：上海教育出版社，2007 年，第 133 页。

③ "刑幕"即"刑名幕友"，有清一代以私人身份从事司法公务的特殊群体。其私人身份在于其由地方主官私自招募，以地方官幕僚的身份出现；而其从事的工作却是法律专职人员从事的公务，负责盗案、命案、奸情、逃人、斗殴、受赃、诈伪等 80 余种案件的处理，其职权范围包括了当时几乎所有刑事案件及部分民事案件，还涉及一定的治安、教化等方面事务。刑名幕友全程参与这些司法审判，从拟批呈词、勘验详案，到定拟招解、审转复核，都是其份内之事，往往实际主导着案件的审理。

其程度相当于普通中学，从上海聘请日本毕业学生 2 人为教师，学生两班共 60 名，不久该校即并入方言学堂。宣统元年（1909 年），方言学堂改为高等学堂。辛亥革命时方言学堂停办，原有学生部分被挑选进入改办的日、英、法文专修科，其余并入第二届优级师范选科英文专修科，一年毕业后送日本、欧美留学，成为云南最早的留学生生源。

第五节　云南近代高等教育的标杆
——云南陆军讲武堂

甲午战争的失败充分暴露了清军的腐败无能。改革军队体制，按照军队近代化的要求编练新军，成为清末统治阶级应对民族危机、挽救自身统治的不二选择。1907 年，清政府计划在全国编练新军三十六镇。云南原计划编练两镇，但困于人、财两缺，先编练成一镇，即暂编陆军第十九镇。虽名为"新军"，但军官数量较少、素质偏低的问题却十分突出。云贵总督李经曦曾云，"滇军成镇过速，现任军佐新旧掺杂……将领多不得人，中下级军官学庸品卑"，"滇军次级军官其由学堂出身者实居少数"，防营官长"类皆目不识丁之武人"。[1] 培养适应近代军队需要的新式军官成为当务之急。云南遂于 1899 年成立了云南武备学堂，1901 年设新操学堂，1906 年建立陆军小学堂。但是，"这些军事学校是训练下级军官的，既不正规，设备也很差"[2]。

1907 年，云南按照清政府"各省应于省垣设立讲武堂一处，为现带兵者研究武学之所"的统一规定，开办云南讲武堂，由时任陆军小学堂总办的胡景伊兼任总办，因师资条件差等原因，仅七个月即停办。1908 年（光绪三十四年），云贵总督锡良拟重办讲武堂，并报陆军部审批。适逢他调，又由护理云贵总督兼云南藩台沈秉堃经向清廷奏准，重办云南陆军讲武堂。校址设在昆明承华圃（今昆明翠湖西路），占地七万余平方米。宣统元年八月十五（1909 年 9 月 28 日），云南陆军讲武堂正式开学[3]，高尔登为首任总办（校长），李根源为监督，罗佩金、李烈钧、唐继尧、刘存厚、顾品珍、方声涛等任教官。

---

[1]　中国第一历史档案馆：《陆军部档》15-2，第 912、1342 页。

[2]　中国科学院历史研究所第三所：《云南、贵州辛亥革命资料》，北京：科学出版社，1959 年，第 15 页。

[3]　多有论者将云南讲武堂开学日期记为 1909 年 8 月 15 日，然云南讲武堂开学之日实为农历八月十五，非公历。此处从吴宝璋说。见田云翔：《百年军校 将帅摇篮》，昆明：云南人民出版社，2010 年，第 19 页。

根据 1903 年颁布的《练兵处新定陆军学堂办法二十条》，讲武堂本为在役军官培训学校，主要开展对军官的轮训、培训及补习教育。然云南陆军讲武堂从开创之日起就完全跳出了樊笼，既开展军官培训又向社会开放招考，招收中学生进行学历教育，成为中国近代创办较早、影响较大的高等军事学校，与创办于 1902 年的保定陆军军官学校和创办于 1908 年的东北讲武堂（奉天）并称三大讲武堂。从 1909 年创办到 1928 年，其为中国培养了 4000 余名优秀的军队将领和中下级军官，与此同时还成为资产阶级革命的策源地之一。

一、云南陆军讲武堂的管理

讲武堂开办之初，即制定了较为完备的管理制度，其指导思想及教育内容、训练方法多仿照日本陆军士官学校而成，先后制定了《云南陆军讲武堂试办章程》和《改订云南陆军讲武堂章程》。《改订云南陆军讲武堂章程》共八章，分别对学制、编制、岗位职责、办事条例、课程与考试及官佐薪金等做出明确规定。此后还相继出台了寝室规则、讲堂规则、饭堂规则、卫生规则和外出规则。[①] 根据《云南陆军讲武堂试办章程》，云南陆军讲武堂管理机构设总办（校长）一人，监督（教务长）一人，下设监督、提调、编修、财务、军医五处。其中以监督处为最大，主要负责教学管理，相当于教务处。提调处主要负责学校人事、行政；编修处负责秘书、档案工作，军医处负责卫生、医疗和防疫。《改订云南陆军讲武堂章程》规定，监督主要负责实施教育训练，制定和实施教育计划，审定教学进程，提供教学材料、设备、管理学生成绩，对教官进行监督。监督处下设步兵、马科（骑兵）、炮科（炮兵）、工科（工兵）和辎重（后勤）五科。每科设科长 1 人，下设队长 1 人，直接管理学生。

讲武堂的管理管理方法是"层层节制，绝对服从"。由于组织机构和管理制度健全，云南讲武堂的管理有条不紊，以稳定的教学秩序保证了教学的质量。

二、师资与学生

1907 年云南陆军讲武堂开办时，教师多为原陆军小学堂教员，尚不具备从事高等军事教育的能力，致使学生仅学习一个学期就流失了一半，讲武堂不得不关门。1909 年讲武堂重办，适逢被派往日本留学的日本陆军士官学校第六期学生回国，深得沈秉堃青睐（从李根源回滇第二天就受到沈氏接见并被委任为讲武堂监督可见一斑），多被延聘为教官。讲武堂开办初期有教官（含管理者）40 名，

---

① 马继孔等：《云南陆军讲武堂史》，昆明：云南民族出版社，1993 年，第 39 页。

其中留日各学堂者 29 人[①]（毕业于日本陆军士官学校者 24 人、日本陆军测绘学校 3 人、日本政法大学 1 人，1 人毕业学校不明），京师大学堂 4 人，越南巴维学校（法国人所办）2 人。在毕业于日本陆军士官学校的教官中，李根源、唐继尧、张开儒、李伯庚、方声涛、罗佩金、庾恩旸、顾品珍、刘组武等 19 人均为第六期学员。所以，云南陆军讲武堂从一开始就有日本陆军士官学校的深刻印记。以留日学生为主体的教师队伍中，绝大多数受过正规军事教育与训练，掌握近代军事理论知识，他们的加入使讲武堂师资阵容较为强大，不仅保证了教学质量，且因其多属同盟会会员或受同盟会宣传影响者而使讲武堂成为云南资产阶级革命的策源地。

开办之初，讲武堂生源仅为十九镇中下级军官，"由总督札调各军官入堂肄习，共分甲乙两班，遵章教授"[②]。甲班系调选云南陆军十九镇的管带（营长）、督队官（副营长）、队官（连长）、排长 120 人；乙班由巡防营管带、帮带、哨官（连长）、哨长（排长）100 人组成。李根源任总办后，为提高军官素质，开放办学，面向社会招考贡生、廪生及中学堂学生。凡年龄在 16～22 岁，身体健康、具有中学堂以上学历的青年，学科考试（国文、历史、地理、代数、三角、几何、物理、化学）及格并体检合格者择优录取。这条改革措施吸引了大批优秀人才报考，极大地改善了生源结构，对讲武堂日后的发展产生了深远影响，如朱德、唐淮源等都是因此而进入讲武堂。当时所招考者 200 名编为丙班，后又从丙班挑选出 100 名"其年龄稍长、学识较优者"编为特别班，以期速成（即缩短学制培养）；1910 年初，又将随营学堂学生 200 人并入丙班，招考云南两级师范学堂学生 30 名编为附班。讲武堂开办初期计有学生 650 名，为云南当时规模最大的高等学堂。此后，讲武堂还另招了一批外国学生、南洋华侨学生等。

三、课程与教学

讲武堂开办之初，分步、骑、炮、工四个兵科，后又增加辎重一科（1915年停招）。课程仿照日本士官学校加以调整而成。

1909 年云南陆军讲武堂重新开办后，其教学就体现出自己的办学特点：要求严格、注重实用；文化教育与军事教育相结合、军事理论学习与军事技能掌握相结合；重视实践教学突出技能训练，以及分段教学。

讲武堂的学制较其他讲武堂长。根据《陆军学堂办法》，讲武堂的学习年限

①　据吴达德《论云南陆军讲武堂》所列《云南陆军讲武堂教职员表》统计，载《四川理工学院（社会科学版）》，2004 年第 1 期，第 8～9 页。

②　周钟岳等：《新纂云南通志》卷 130《军制考四》，昆明：云南人民出版社，2007 年，第 460 页。

一般为四个月。而云南陆军讲武堂甲、乙班学制为一年，特别班为两年半，丙班则为三年。这种学制使学员学习系统、规范，彻底突破了讲武堂仅为军官轮训、培训学校的性质，成为真正意义上的高等军事院校。

讲武堂的教学进程分为两个阶段，其课程设置也与教学进程相配合：第一阶段为基础阶段，教学内容为普通文化课程加军事学基础课程；第二阶段为专业深化阶段，分科学习军事专业理论与技能。在丙班和特别班，这种分段教学的特点尤为突出：丙班生完成普通学业，调第十九镇各营受入伍教育三个月后，仍回堂继续接受军官教育。[①]

云南陆军讲武堂所设课程如表2-5和表2-6所示。

表2-5　云南陆军讲武堂基础阶段课程设置

科类	专业基础课	公共课
基础军士科	战术学、军制学、兵器学、地形学、野战及要塞筑城学、交通学、陆军卫生学、马学、步兵操典、射击教范	国文、伦理、算术、几何、地理、历史、器械画、日文、英文、法文
应用军士科	图上战术、测板测图、快速测图、筑城实施、兵棋对策	

表2-6　云南陆军讲武堂专业深化阶段课程设置

科类	学科（专业理论课）	术科（专业技能课）	
		专业分科技能课	专业共同技能课
步兵科	步兵操法、体操教范、步兵射击教范、枪剑术教范、野外筑城教范、野外勤务	体操、战斗射击、枪剑术、工作实施	制式教练、射击教练、野外演习、马术
骑兵科	骑兵操法、体操教范、马术教范、剑术教范、骑兵射击教范、骑兵野外作业教范、爆破教范、野外勤务	战术教练、体操、马术、军刀术、拳枪射击法、野外作业、马匹刷洗喂养法、游泳术	
炮兵科	炮兵操法、马术教范、炮兵射击教范、工作教范、野外教范	驭法教练、战斗射击、大工术、军刀术、拳枪射击法	
工兵科	工兵操法、体操教范、筑城教范、坑道教范、架桥教范、交通教范、爆破教范、捆包积载教范、枪剑术教范、步兵射击教范摘要、野外勤务	体操、筑城术、对壕术、架桥术、军路术、捆包积载法、枪剑术、战斗射击、游泳漕艇术	
辎重科	辎重兵操法、体操教范、捆包积载教范、驮马调教教范、马术教范、马学、剑术教范、步兵射击教范摘要、野外勤务	体操、捆包积载术、马匹洗涮喂养术、军刀术	

资料来源：本表根据云南陆军讲武堂历史博物馆公开资料、《云南陆军讲武堂改订章程》（云南省图书馆藏）、马继孔等《云南陆军讲武堂史》整理而成。

注：英文、法文为后期开设。

《云南陆军讲武学校章程》第四章第二十九条规定学生所学的课程为：①战术，②筑城，③兵器，④地形，⑤交通，⑥操典，⑦野外勤务，⑧射击教范，

---

① 《滇军志》编辑室：《云南陆军讲武堂简介》，《云南文史丛刊》，1985年第3期，第2页。

⑨工作教范，⑩军制，⑪ 经理，⑫ 卫生，⑬ 马学，⑭ 战时国际公法。实际开设的专业基础课程与该章程要求的基本一致。

据此可以看出，讲武堂的教育以军事学科为主，普通文化课次之。文化、军事学课程设置完备。军事课程的设置体现出较强的系统性、专业性、先进性和实用性。

四、教学与管理的特点

突出实用性、注重技能训练是云南陆军讲武堂教学的一大特点。《云南陆军讲武堂试办章程》明确规定，"讲武堂课程分为学科、术科两项，均以实事实地研究合于实用为主"[①]，体现了其以实用为主的教育思想。在课程结构方面，专事军事技能训练的术科课程数是专业理论课的1.5倍（步兵）、1.25倍（骑兵）和2.2倍（炮兵）。技能课占比最低的辎重科，专业理论与技能课之比也达到了1∶1。

除课堂教学外，云南讲武堂充分体现了军校的特点，特别注重体能训练和军事技能训练，实践教学占较大比重。学员每天早上须跑步、做体操，每周下午四时至五时半有三次操练，每一个课目有技术教官到场，做出示范动作，讲授操作要领。《云南陆军步兵教育计划案》中更明确提出："步兵唯一能力在以步枪刺刀及其他之火器歼灭敌人，故对于各种射击及武技教育务按各期所定之程度确实施行以完成最要之技能为主旨。"[①]

重视精神培育是其第二大特点。《云南陆军讲武学校暂行内务细则》第一章"学员生应服膺之心得"明确提出，培养学员"应以精神为主，精神之消长即关于全军之强弱，以全军之精神振作军队、巩固国家，应以武勇信义礼仪军纪为主，至于服从上官、遵守命令、保持名誉尤为军人精神之基本，故本校锐意涵养学生之精神，戒柔懦慎学术以为他日完全之军官；凡学生之荣誉即关于全校之荣誉……学生自行砥砺、互相戒饬以维持荣誉"[②]。在教育过程中云南陆军讲武堂特别注重培养学员"坚忍刻苦"、勤劳诚恳、忠勇爱国的精神。校训"坚忍刻苦"蕴含了对学生具备忍受各种艰难困苦、坚忍不拔、百折不挠的精神品质的要求和期望。直至云南陆军讲武堂韶关分校开办之际李根源在开学讲话时仍坚持，"当知今日之军人，尤不可不日黾焉从事于学。为学之要，固非一端，而今日之所以为诸员生告者，不在多言，惟坚忍刻苦四字而已"[③]。正是讲武堂将这种坚忍刻

---

① 陆军教练处：《云南陆军讲武堂试办章程》，陆军教练处铅印所，清宣统元年(1909年)，云南省图书馆藏。

② 《云南陆军讲武学校暂行内务细则》，云南省图书馆藏油印本。

③ 李根源：《韶州讲武堂第一期学生入学训词》，《新编曲石文录》，昆明：云南人民出版社，1988年，第138～139页。

苦、忠勇爱国、不怕牺牲的精神灌注于学生的心灵，才能培养出在辛亥革命、护国运动及抗日战争中浴血奋战的中流砥柱。

开放性是其第三大特点。这主要体现在招生范围的开放性、教学内容的开放性和教师的开放性。从招生范围看，一方面如上所述，云南陆军讲武堂突破了清廷关于讲武堂"为现带兵者研究武学所"的规定，不仅招收在役军官进行培训，而且招录社会青年开展军事学历教育；另一方面还表现在招收省外、国外学生。自 1909 年丙班招录朱德起，实际已突破了讲武堂不招外省籍学生的规定。经笔者查阅李根源《云南承华圃陆军讲武堂同人录》，发现《丙班学生名籍》所录 339 人中，标明籍贯为四川的有 24 人，贵州的 8 人（含附班 1 人），湖南 5 人，浙江、江苏、广西、江西的各 1 人，冒籍云南经查明实则为四川的 2 人（朱德、敬镕）。外省籍学生占丙班学生总数的 12.68%。自 1916 年起，唐继尧接受孙中山先生的建议，前往马来西亚、泰国等国招募华侨学员，同时招收越南、朝鲜学员。第十二期学员叶剑英、李范奭（韩国开国总理、国防部长）即为这两类学生的代表，前者从马来西亚考入，后者通过孙中山先生介绍也从朝鲜负笈入滇求学。第十七、十八期则招录越南留学生。然讲武堂究竟招收了多少外籍和华侨学生尚无定论。一说从第十一期至第十七期，朝鲜、越南来留学的青年即达 200 余名，一说华侨学生有 500 余人，越南学生 30 名，朝鲜学生 50 多名。据徐承谦《云南陆军讲武堂外籍学生初考》，韩国（朝鲜）籍学员有 31 名。[①]

由于讲武堂开办时，中国军事学刚刚处于起步阶段，所设军事学课程几乎照搬日本士官学校，加之没有现成的教材，所以讲武堂所用军事教材也几乎全为日本士官学校的教材，或是其翻版。

在正常教学之外，讲武堂还经常请社会贤达到校开展讲座。如 1914 年，唐继尧举办将校讲习会时，就聘请由云龙、周钟岳、秦光玉和王灿四位名家为中高级军官讲授《道德要旨》、《法制大意》和《名将事略》[②]，拓展学员视野，提高道德修养，完善人格，丰富知识构建。

此外，讲武堂还聘用了一批日本教官。叶剑英就读期间曾经与日本教官比拼刀术可证。

严格管理、严格要求是云南陆军讲武堂的第四大特点。基于对校训"坚忍刻苦"的认识，讲武堂对学生要求极为严格。朱德元帅回忆道："学校的制度和作风，是模仿日本士官学校，纪律非常严格。"[③]在学籍管理上，《云南陆军讲武

---

① 田云翔：《百年军校 将帅摇篮》，昆明：云南人民出版社，2010 年，第 396 页。

② 张一鸣：《唐继尧在讲武堂兴办将校讲学会》。田云翔：《百年军校 将帅摇篮》，昆明：云南人民出版社，2010 年，第 396 页。

③ 朱德：《辛亥回忆》，《解放日报》，1942 年 10 月 10 日。

堂试办章程》载明："学员及学生不得自请退学,非有大故亦不准请假……在堂如有惰学犯规等事,则分别停升或降革及记过罚薪。"《改订云南陆军讲武堂章程》也明文规定："学生以修业为重,不得请假旷课……如紊乱军纪,品行不正,屡悖堂规者即由堂开革。"丙班就曾因此开除了 19 名学生。讲武堂在操作训练时教学要求十分严格,"操作时,要求姿势端正,动作敏捷,每个动作必须做到纯熟而后已。否则反复的学所有的动作,与书本上要一致"[①]。在考试方面,也有严格要求,《考试规则》明确规定："试验时除临时命令应带之物件外,不得另带其他之物件,又各学生依制定之座次,不得自相更换及有夹带、枪替、窃视、耳语等弊。如有以上弊端,按照情节轻重核议惩罚。"[②]《云南讲武学校暂行内务细则》第二十二章对考试及考试不及格学生处置也有明确规定："十一、学科、术科、躬行其评定点数每科目均由 0 至 20 点,以 8 点以上为及格;十二、学术科三门以上不及格者降班,总平均点及躬行点不及格者斥退。"其教学之严格,由此可见一斑。

注重以学校章程为核心的制度建设。在创建之初,讲武堂即制定《云南陆军讲武堂试办章程》《改订云南陆军讲武堂章程》及五大规则(寝室规则、讲堂规则、饭堂规则、卫生规则和外出规则),对学校办学宗旨、核心价值观、师生行为规范和教学管理等做出明确规定。从顶层设计上保证了学校从起步就走上正轨。

五、云南陆军讲武堂的成就

(一)为云南和中国培养了大批优秀的中高级军事将领

作为全国著名的高等军事院校,云南陆军讲武堂的主要成就直接体现在人才培养方面。讲武堂在办学的 20 多年里,为我国培养了大批优秀军事人才,取得了卓越的成就。

1909～1935 年,云南陆军讲武堂("重九起义"后,改称"云南陆军讲武学校")共开办 22 期,培养、培训学员 8313 人。据有的学者统计,在这些毕业生中,民国各时期授衔为将军的就有 241 人,新中国成立后授衔为元帅的 2 人、中将 1 人。[③]朱德、叶剑英、崔庸健(朝鲜)、李范奭(韩国)和武海秋(越南)成为四个国家的领导人;8 人担任过省长(胡若愚、金汉鼎、胡瑛、龙云、卢汉都曾担任云南都督、省长、主席,卢焘曾任贵州省省长,朱培德曾任江西省主

---

① 周开勋：《云南讲武堂的回忆》中国人民政治协商会议云南省委员会,文史资料委员会：《云南文史资料选辑》第 58 辑,昆明：云南人民出版社,2001 年,第 157 页。

② 《改订云南陆军讲武堂章程》第七章,《考试规则》,云南省图书馆藏石印本。

③ 卜宝怡：《清代云南陆军讲武堂学院将帅概况》,所计人数不含教官中将军 61 人和韶关分校学院将领 25 人,外籍将领 2 人。见田云翔：《百年军校 将帅摇篮》,昆明：云南人民出版社,2010 年,第 296 页。

席，孙渡担任过热河省主席）；1 人担任过国民政府陆军参谋总长（杨杰），分别曾任北伐军第三军、第九军和第十六军军长朱培德、金汉鼎和范石生成为北伐名将。尤堪称道的是，讲武堂不仅为昆明重九起义、护国首义培养了大批骨干，成为中坚力量，而且为抗战培养了一批堪称国家栋梁的铁血将军。讲武堂第十七期学生周保中早在 1932 年即受中共中央派遣远赴东北组织抗日武装，成为东北抗联的主要领导之一；全面抗战爆发后，云南出滇抗战的三个军的军长均为讲武堂毕业生：第三军军长曾万钟、唐淮源；六十军军长卢汉；五十八军军长孙渡、鲁道源。这三个军的师、旅、团长也多为讲武堂毕业生或教官，如高槐荫、寸性奇、安恩溥、张冲、郭建臣、余建勋、杨炳麟、万保邦、陈钟书、钟毅等。此外，七十九军军长王甲本亦为云南讲武堂毕业生。他们在中条山会战、徐州会战（台儿庄战役）、武汉会战、长沙会战中均发挥了重要作用，屡建功勋。上将唐淮源、王甲本，中将寸性奇、钟毅等血洒沙场，为国捐躯，成为名垂青史的抗日英雄。这一结果充分显示了云南讲武堂在培养近代高级军事人才方面取得的卓越成就，由此奠定了其在中国近现代军事教育史的至高地位。

（二）推进了中国资产阶级民主革命，捍卫了民主共和

李根源说："云南以贫瘠阻绝之地，尝先天下以卫共和，当时同堂之人，莫不擐甲以赴难。"[①] 这是对讲武堂捍卫共和的最好评价。云南讲武堂从成立之时即成为中国资产阶级传播民主思想的阵地。据统计，讲武堂开办时的 41 名教官中，29 人是留日归国学生，17 人是同盟会员，支持和倾向资产阶级革命的 15 人，占教官总数的 78%。[②] 他们在传授军事知识和技能的同时，也在不断传播民主革命思想。李根源、杨振鸿、罗佩金、吕志伊、赵伸等教官还创办《云南》杂志，进一步鼓吹革命、号召救亡。受其影响，讲武堂许多学生形成了民主革命的思想和强烈的爱国主义情感。他们在云南辛亥革命中发挥了骨干作用，在反对袁世凯帝制复辟的护国战争中更成为重要的领导和指挥力量。

（三）推动了中国近代军事教育的发展

作为开办时间较早、办学成就显著的云南讲武堂，对此后中国的近代军事教育产生了较大影响。比如，对后于其 15 年开办的黄埔军校就产生了较大影响。黄埔军校在筹建及开办初期，七位筹备委员会委员中就有云南讲武堂炮兵科科长

---

① 李根源：《云南承华圃陆军讲武堂同人录》。《新编曲石文录》，昆明：云南人民出版社，1988 年，第 144 页。

② 云南省历史学会，云南省中国近代史研究会：《云南辛亥革命史》，昆明：云南大学出版社，1991 年，第 73 页。

王伯龄、骑兵科科长林振雄二位作为委员参与筹建，并分任黄埔军校教授部主任、管理部主任。教官何应钦任黄埔军校军事总教官，十二期炮兵科学员叶剑英任教授部副主任。还有工兵科科长帅崇兴和学员徐成章、严凤仪、金勋、崔庸健、曹万春（石泉）、陈奇涵等也到黄埔军校任教官、学生队队长。此外，由蔡锷编著、云南讲武堂作为辅导教材使用的《曾胡治兵语录》，经蒋介石增写改编后，成为黄埔军校"人各一编"（人手一册）的基本军事教材。可见云南讲武堂对黄埔军校的影响之大。

（四）作为先行者，为云南近现代高等教育的举办和发展起到了示范作用

对于云南陆军讲武堂的成就，研究者多聚焦于为中国培养了大批中高级军事人才、成为资产阶级革命运动中云南"重九起义"和"护国运动"的中坚。近年亦有学者强调云南陆军讲武堂对黄埔军校的影响，然从高等教育发展史的角度看，还应看到云南讲武堂的成就还在于为云南高等教育树立了一个成功的标杆，对云南近现代高等教育的发展产生了深远影响。

作为在云南近代高等教育发端时期唯一形成全国性影响的高等学校，云南陆军讲武堂以其先进的办学理念和先进的课程、二十余年的成功办学实践对云南高等教育的形成和发展产生了深远的影响。其所提出的以培养实用人才为教育目标、学（理论）术（技能）并重、开放办学、严格要求、以最先进前沿的理论知识进行教学的办学理念和注重制度建设、以留学生为教师主体、突出实践教学的办学模式深刻地影响到此后的云南高等教育。如其所主张的"合于实用"的办学思想和培养目标对东陆大学的办学目标就形成了深刻影响。作为讲武堂首批教官、后任讲武学校校长的唐继尧，在筹办东陆大学时就力主以培养办实业、实务的专门人才为培养目标，董泽一再强调："至于本校教育宗旨，以实用为依归，故所授课程务从实际，不尚玄谈。"① 所以，东陆大学从办学伊始就坚持了以实用为主的办学思想。再如，坚持以留学生为教师队伍主体，以使学生获得先进的思想和知识，保证教学质量的办学经验也为东陆大学所继承。东陆大学在首批聘用的 24 名职教员中，留学归国的为 14 名，占总数的 58.3%②。

---

① 《云南大学志》编审委员会：《云南大学志第二卷大事记（1915 年～1993 年）》，昆明：云南大学出版社，1993 年，第 23 页。

② 《云南大学志》编审委员会：《云南大学志第二卷大事记（1915 年～1993 年）》，昆明：云南大学出版社，1993 年，第 12 页。

第三章

民国初年至抗日战争前云南高等教育的艰难发展

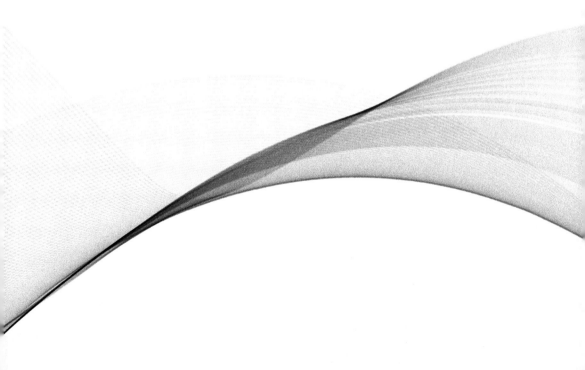

从 1911 年中华民国建立至 1949 年，云南高等教育在这一时期的发展可以分为三个阶段：①从中华民国建立到全面抗战爆发前（1911～1936 年）；②全面抗战时期（1937～1945 年）；③抗日战争结束到云南解放（1945～1949 年）。在第一阶段，云南高等教育的发展主要呈现为"艰苦创业、艰难起步"的特征。

东陆大学的创立与发展无疑是这一时期高等教育最主要的事件。但东陆大学并非一枝独秀。由"法政学堂"发展而来的"公立法政专门学校"是在东陆大学诞生前云南唯一的普通高等学校，独立支撑云南高等教育的局面，对于云南法学人才的培养、高等法学学科的建立及云南高等教育的艰难发展具有筚路蓝缕以启山林之功。

第一节　民初云南高等教育发展的经济、社会条件

一、云南经济发展增强了对高等教育的需求及支撑能力

如前所述，云南近代经济的发展变化主要表现为经济结构的调整、国际贸易的异军突起、城市经济功能的强化和人口结构的改变。产业结构的调整使工商业占据云南经济的重要一席，所有制结构的调整使民营经济迅速壮大，交换结构的改变使国际贸易占据了重要的位置。

云南近代经济的发展，为高等教育的产生与发展提供了经济支持，为创建大学奠定了物质基础。如东陆大学开办时，共计 100 万元的开办经费中，富滇银行及各商号捐款 15 万元、由政府拨付东川矿业官股 10 万元，工商界捐赠及投入

的款项占经费的 1/4。云南工商界开明人士如"同庆丰"之王鸿图、"福春恒"之蒋宗汉、"永昌祥"之严子珍、"恒兴利"之李恒升等均慷慨捐助。

经济结构的调整和经济的聚集作用为高等教育的产生带来了新的技术、信息、观念和对专业人才的需求。周钟岳曾感叹:"现在的时代,有许多事,非专门人才不能办理,我们缺乏此项人才,所以规模稍大的事都不能举办,即或勉强办理,也容易失败,如锡务公司、东川铜矿公司、个碧铁路公司、电灯公司等,无一样不吃亏。"① 唐继尧也曾经指出:"废督后实行民本政治,如实业、教育、交通及一切庶政,在需要专门人材,方克有济。此项专门人才,更非由大学以造成不可。"② 董泽则在《东陆大学进行计划概略》开篇即言:"中国频年多难,学务废弛。大学教育不发达遂致人才缺乏,文化未兴。感此痛苦,西南各省为甚,而滇省为尤甚。"③

近代以来人口结构的改变和人口向城市的聚集,为整个教育体系包括高等教育提供了教育人口来源。对外开放和近代城市文化的发展及基础教育的发展进一步增强了云南举办高等教育的社会需求。

二、基础教育的发展使人们接受高等教育的需求进一步增强

经过 20 余年的努力,云南的中等教育有了较大发展。据 1910 年统计,云南省有省级中学 6 所。而到 1914 年,云南省令各府、厅、州将以前筹解的款项用来筹办联合中学,于是,昆明、蒙自、姚安、丽江、文山、腾冲开办了联合中学(几个县合办一所),保山、蒙化、顺宁设立县中。中学设置已从空间上到达滇西、滇西北、滇南、滇东南沿边地区。而省府昆明就有中等学校十多所,学生三千多人。其间虽因护国、护法战争军饷紧缺而一度减少教育经费,乃至停办学校,但中等教育至 20 世纪 20 年代又有所发展。到 1922 年,云南已有省立中学4 所,联合中学 8 所,保山、顺宁、蒙化、建水、阿迷、镇雄、宁洱等县立中学十余所。④

1927 年龙云等发动"二六"兵变,至 1929 年龙云取代唐继尧成为新的"云南王",建立了相对稳定的统治。此后,云南的经济、文化、教育得到了发展。

---

① 《云南大学志》编审委员会:《云南大学志·总述(1922 年~1976 年 7 月)》,昆明:云南大学出版社,1993 年,第 3 页。

② 张建新,董云川:《云大文化史料选编》,昆明:云南大学出版社,2006 年,第 39 页。

③ 《云南大学志》编审委员会:《云南大学志·大事记》,昆明:云南大学出版社,1993 年,第 4 页。

④ 云南省通志馆撰,云南省志编纂委员会办公室整理:《续云南通志长编》(中册),内部印刷,1986 年,第 843 页。

尤其是 1928 年实行教育经费独立（单独划拨、独立编制预算），以卷烟特捐，教育公产租金（原由各学校及教育机关所有收益的房屋田地，概行集中管理，将其收益，列入正项开支）[①]为云南省教育经费的主要来源后，云南教育得到了较快的发展。到 1928 年，云南已有省立中学 5 所，县立中学 30 所，私立求实、明德及东陆大学附中 3 所私立中学。

中学教育的发展使要求升入大学以求深造者日益增多。而云南交通偏僻，出省升学艰难。如唐继尧所言："本省无相当之学校以升学，如中学毕业后，多数辍学。欲向省外国外谋升学又苦于交通经济之种种障碍。"[②]《会泽唐公创办东陆大学记》（陈荣昌）载："滇处边陬，开化较晚，外则强邻逼处，内则地利未辟，加以交通梗阻，学子艰于升学。识者咸以筹建大学为治滇要图。"[③]

因此，创建云南自己的大学成为云南人民的迫切需求和共识。1919 年，"各界人士或请愿议会，或建议政府亦纷纷以为言"[③]，要求创建大学。昆明尚志学社龚自知向省议会递交请愿书，要求在本省筹办大学，经省议员张怀仁交大会审议通过，"转咨政府核议执行"。

创办本省大学成为当时云南人的共同需求。

三、反抗外来文化侵略成为创办云南高等学校的政治需求

云南省各界感愤帝国主义对云南的经济侵略（云南五口开埠、滇越铁路、七府矿产诸案相继发生）和文化侵略，疾志于以教育开民智成为社会各界创办云南高等学校的政治需求。

基督教在云南开办的教育机构可分为普通学校和经院学校，根据《中华归主》1920 年的统计，当时云南全省有基督教开办的普通小学 67 所，普通中学 1 所。这些学校多建在穷乡僻壤、云南地方当局办学所暂时达不到的地方。《教育厅长龚自知上教育部请补助经费实施边教文》指出："云南之西南两方绵延 3500 余里之边地，及汉人足迹罕到之山间，遂为外国教士文化侵略之对象。土人之受其麻醉者，率多信奉基督教，受教会之顺民教育。"[④]

当时的云南省政府认为"外国教士，则认（苗、彝等少数民族）为文化侵

---

① 云南省通志馆撰，云南省志编纂委员会办公室整理：《续云南通志长编》（中册），内部印刷，1986 年，第 795 页。

② 张建新，董云川：《云大文化史料选编》，昆明：云南人民出版社，2006 年，第 39 页。

③ 张建新，董云川：《云大文化史料选编》，昆明：云南人民出版社，2006 年，第 72 页。

④ 云南省教育委员会教育志办公室：《云南民族教育发展概况》，昆明：云南大学出版社，1992 年，第 270 页。

略宗教麻醉之绝好对象，传教设学，无孔不入，致边地国际间及民族间之纠纷，不时发生"，如果任其"榛榛狉狉，视同化外，不加管教，任人任意勾煽，生心害政，则边地之岁无宁日，犹其余事，而失土丧权"，"故同化此类民族，以固边围，而安地方"，"而同化之道，端在教育，以故推行边地教育"。①

云南籍留日学生也忧心于听任英法之开矿筑路，使云南变成"第二缅甸，第二安南"而"耳无闻，目不见"，因而主张以教育唤醒民众，"非全国国民协同，同一致热心筹办"②。

四、以滇籍留学生为主体的大学教师队伍初步形成

自 1902 年起，云南赴日本、欧洲留学及国内其他地区赴外留学生数百人陆续回国。1920 年夏，云南第一批留美学生董泽、杨克嵘、赵家通、陶鸿涛、卢锡荣、缪嘉铭、段伟、肖扬勋、何瑶、周恕、华秀升等人学成归省。他们在国外就积极主张云南创立自己的大学，归来后更真切地感受到云南社会各界对于兴办大学的迫切愿望。他们自然成为创办大学的积极促进者，同时又是具体筹办的骨干和主要师资力量。据《云南大学志·大事记》统计，在首批聘用的 24 名职教员中，留学归国的为 13 名（留美 6 名，留日 2 名，先留日后留美 2 名，留法 2 名，比利时 1 名），占总数的 54.17%。

此外旧学中也产生了一批与时俱进的硕儒名士。例如，昆明人陈荣昌，光绪进士，历职贵州学正、武英殿纂修、国史馆协修、昆明经正书院主讲、云南高等学堂总教习等；曾赴日本考察学务，回滇后进行教育改革，先后创办劝学所、高初级师范和政法、外语、工业、农业、森林等专科学校；后任贵州提学使、云南教育总会会长、滇蜀腾越铁路公司总办、云南自治筹备处总办等职；辛亥革命后任云南国学专修馆馆长、《云南丛书》名誉总纂、民国《续修昆明县志》总纂等。石屏人袁嘉谷，清末（1903 年）经济特科第一名，世称"袁状元"，曾赴日本考察学务，兼云南留日学生总监，回国后任学部编译局长、浙江提学兼布政使等，辛亥革命后回滇从事文教，并任参议院议员、清史馆协修、省长公署秘书长、云南图书馆馆长、东陆大学教授等职。著有《滇绎》《石屏县志》《滇南金石萃编》《卧雪堂诗集》《卧雪堂文集》，参编民国《新纂云南通志》，主编《滇诗丛录》等，对保存云南地方文化史料尤多贡献。

这些高层次人才的出现为东陆大学的创办奠定了人才基础。

---

① 云南教育公报编辑委员会：《云南省边地教育概况》，《云南教育公报》，1936 年第 4 卷第 6～7 期，第 37 页。

② 崇实：《论云南之社会知识》，《云南》第七号，明治四十年七月二十日，1907 年。

五、地方统治者对培养本土人才及高等教育重要性的认识到位

1913 年，唐继尧就任云南都督。他执掌滇政后，对云南经济、文化的落后现状有较深的体会，提出了废督裁兵、振兴实业和交流东西文化的治省方针，因而对教育的重要性有了更深的认识。唐继尧历来重视教育，曾提出"教育，强国之基础也，故欲复兴中国，须自教育下手"的主张，"迫民八年，军事收束后，乃觉悟培养人才之不可缓"[①]。在重视教育的基础上，唐继尧充分认识到高等教育的重要性："治天下，以大学为基础；立人格，以英雄为模范。"[①]这在当时的军阀中可谓不可多得。他从政治、经济、文化等方面认识到高等教育在促进社会发展方面的重要性。

在政治上，唐继尧认识到政治好坏与人才质量有直接关系。他在 1923 年 4 月 20 日私立东陆大学开学典礼上说道："国家不幸，战乱迭兴，靖护诸役，数次起兵，以'正义'、'人道'相号召，即欲以纠正人心，治国平乱。不料结果均无甚美满。于是憬然于国家之败坏，由于无多数优秀人才奋斗期间，致正义无伸张，民治无由发展。"[②]

在文化上，他注意到大学在构建新文化中具有不可替代的作用："欧战以还，思潮勃兴，至理名言，阐发无遗。但各处环境不同，主张亦因之有异。适此者，未必尽适于彼。研究所得虽多，但取材能力殊弱，削足适履，致旧文化无由发扬。拟以固有文化精神，吸收新文化，成一折中适于国情者，非谋建设一最高学府以研究之不可。"[②]

在经济上，专门人才的培养也必须由大学进行。"此项专门人材，更非由大学以造成不可"，故他执掌滇政后不久，就考虑云南自办大学的问题。"民国四年（1915 年），政府已计划及之。"[③]

1921 年，顾品珍倒戈反唐，唐继尧被迫流亡香港，大学创办之事因此再次中辍。1922 年，唐继尧回师云南，重掌滇政。对于大学创办更加急切："前游在外，环顾各地情形，知筹办大学更不可缓。"[④] 这次流亡使他认识到创办大学已成当务之急。于是，他将创设大学之事置于重要地位。"（民）十一年（1922 年），公还主滇政，仍践夙议，定校址，措经费，阅六月而斯校立"（6 ～ 12 月）。唐继尧对于高等教育重要性的认识是他积极支持创办云南大学的重要思想因素。他

① 沈云龙：《近代中国史料丛刊第七十八辑·会泽笔记》，台北：文海出版社有限公司，1987 年，第 38 页。
② 张建新，董云川：《云大文化史料选编》，昆明：云南人民出版社，2006 年，第 39 页。
③ 张建新，董云川：《云大文化史料选编》，昆明：云南人民出版社，2006 年，第 72 页。
④ 张建新，董云川：《云大文化史料选编》，昆明：云南人民出版社，2006 年，第 40 页。

不仅在思想认识上积极支持，而且在经济上多方为东陆大学的创建筹款，而且他个人也先后捐助了 51 万元（旧滇币）作筹备费和建校舍之用，并划拨土地、房产、经费，同时动员私人、集体捐资助学，从而奠定了云南大学创立时期经费独立的基础。在东陆大学的创办这一问题上，唐继尧具有不可磨灭的功绩。

第二节 东陆大学的建立

一、民国时期第一所普通高等学校——云南公立法政专门学校

清末创办的云南"法政学堂"于 1912 年改名为"法政学校"。1912 年民国教育部公布《专门学校令》和《法政专门学校规程》后，再更名为"云南公立法政专门学校"。公立法政专门学校一直开办到 1932 年。此时的法政专门学校已开始以学历教育为主、在职人员培训为辅。该校设有法律、政治经济两科，分本科和预科两个层次，另有学制三年的"别科"，专门招收年龄较大、不需通过预科阶段学习的学生。此外，还先后开设了商业本科、银行班、高等预备班、英语专修班、财政讲习特别班、商业讲习特别班和政治讲习特别班等。1921 年，增设"云南全省地方自治研究所"，主要负责对各县选送的在职法政人员培训。1922 年又设立"军官研究法政速成班"。

公立法政专门学校在办学的 20 余年中，虽步履艰难、困难重重，但仍为当时的云南培养了一批政法、经济人才，民国时期云南省内行政、司法骨干多为该校毕业生，"综本校成立凡二十余年，毕业学生约及四十班，一千八百余人。本省行政、司法干部，多为本校毕业生，且有特出之士，为桑梓建树者"[1]。公立法政专门学校毕业学生 40 班，1800 余人，其中，法律本科毕业七个班，210 人，商业本科两班，55 人，政治经济本科班两班。[2] 其毕业生规模与东陆大学相埒。1919 年春，法政学堂预科开招女生一班，开云南女子高等教育之先河。

毕业生中，以张维翰（1886～1979 年）、罗养儒（1879～1967 年）、陆亚夫

---

① 云南省通志馆撰，云南省志编纂委员会办公室整理：《续云南通志长编》卷 49，内部印刷，1986 年，第 818 页。

② 云南省通志馆撰，云南省志编纂委员会办公室整理：《续云南通志长编》卷 49，内部印刷，1986 年，第 817 页。

（1889～1949 年）、姚贞白（1912～1979 年）、张仁怀（1893～1970 年）为杰出代表。张维翰曾参加辛亥革命，后官至民国云南省政府民政厅厅长、国民政府内政部政务次长、台湾当局"监察院""副院长""代院长"。罗养儒著作丰富，著有《纪我所知集》《永昌汉回相残记》《咸同滇乱记》《滇事萃言》《昆明礼俗通考》《滇戏琐谈》《五胡十六国年史纪要》《唐宋律髓辑评》《瘦香馆诗录》《红学》《燕山外史》《医学漫谈》《风寒透解》《问庐随笔》《南窗笔记》等著作，以《纪我所知集》最为著名。陆亚夫 20 世纪 40 年代曾任中华民国总统府咨议官、广东高等审判厅刑庭庭长、昆明市长。姚贞白为云南著名中医。张仁怀曾任宜良、永善县县长，云南第二、第四届省议会议员，1947 年，当选"国民大会代表"。对云南教育做出卓越贡献的龚自知（1896～1967 年）也曾于 1913 年考入就读，后改读北京大学预科。此外尚有曾任国会众议院议员，靖国联军第十军司令部秘书长，元谋县县长的俞明池，曾任盐兴、晋宁、牟定、安宁、澄江等县县长的陈鹤峰等。

从民国初年至东陆大学成立前二十余年间，公立法政专门学校作为云南当时唯一的一所普通高等学校（云南讲武堂为军事院校，非普通高等学校），可确定为民国时期云南的第一所普通高等学校。其理由在于：第一，属于民国初年教育法规确定的高等教育体系范围，具备高等教育办学资格。民国教育部 1912 年颁布的《专门学校令》规定，"专门学校以教授高等学术，养成专门人才为宗旨"，并规定"专门学校之种类为法政专门学校、医学专门学校……"，"公立、私立专门学校之设立、变更、废止，均须呈报教育总长，得其认可"①。云南法政专门学校系 1913 年 8 月"奉（教育）部令改称法政学校为公立法政专门学校，期与各省一致"②。据此，云南法政专门学校属于民初高等教育的体系，从规格和培养层次上已属于民国政府教育部认可的高等学校。第二，其学生修业年限完全符合相关法规对高等学校的规定。1912 年颁布的《大学令》规定，"大学各科修业年限三年或四年"③。同年颁布的《法政专门学校规程》规定，"法政专门学校之修业年限，本科三年，预科一年"④。云南法政专门学校是严格按法规执行的。如其法律本科第一班于 1914 年 4 月入学，1917 年 9 月毕业，修业三年另五个月。商业本科第一班同年入学，1917 年 1 月毕业，几达四年。⑤ 第三，其学生入学资格达

　　① 潘懋元，刘海峰：《中国近代教育史资料汇编·高等教育》，上海：上海教育出版社，2007 年，第 471 页。

　　② 云南省通志馆撰，云南省志编纂委员会办公室整理：《续云南通志长编》卷 49，内部印刷，1986 年，第 816 页。

　　③ 潘懋元，刘海峰：《中国近代教育史资料汇编·高等教育》，上海：上海教育出版社，第 375 页。

　　④ 潘懋元，刘海峰：《中国近代教育史资料汇编·高等教育》，上海：上海教育出版社，第 483 页。

　　⑤ 云南省通志馆，云南省志编纂委员会办公室整理《续云南通志长编》卷 49，内部印刷，1986 年，第 817 页。

到相关法规对于高校学生入学资格的要求。《大学令》第五条规定："大学各科学生入学资格，须在预科毕业或经试验有同等学力者"，《专门学校令》第七条规定："专门学校学生入学之资格，须在中学校毕业或经试验有同等学力者。"该校学生即来源于该校预科毕业生和社会招考，其学生入学资格已超过《专门学校令》对学生入学资格的要求，而达到了《大学令》对大学的要求。如其1914年所办法律本科第一班、商业本科第一班的学生来源有二：一是当年该校毕业的106名预科生（其中92名入法律本科第一班，14名入商业本科）；一是对社会招考。因此改制后的法政专门学校所从事的是中学后的高等教育。第四，从办学性质看，该校为多科性普通高等学校。法政专门学校设有法律、政治经济科，学科涵盖有法律、政治、商业、财政等。在办学类型上，除全日制教育外，还办有多种类、多层次的非学历培训班，集培养、培训为一体，是一所多科性普通高等学校。

所以，可以确定云南公立法政专门学校是民国时期云南第一所普通高等学校。有人将云南法政专门学校称为"云南第一所新式大学"[1]，如从广义的"大学"概念讲，亦无不可。但是，如果从狭义的"大学"概念讲，则尚不准确。1912年颁布的《大学令》第三条即规定："大学以文理二科为主，须合于下列各款之一，方得名为大学：一、文、理二科并设者；二、文科兼法、商二科者；三、理科兼医、农、工三科或二科一科者。"[2]云南法政专门学校显然还未达到称名"大学"的程度。只有其后成立的东陆大学方才达到这一条件，可以称为新式大学。

二、东陆大学的艰难创立

东陆大学的创立前后历经8年方告成立。可以说是经历了一个曲折而艰难的过程。

1915年2月，全国教育行政会议召开，云南督军公署派出代表，携带拟就的滇省自办大学计划赴会。会议同意云南筹办大学。不久，袁世凯复辟帝制，12月唐继尧等首举武装讨袁大旗，领导了"护国首义"，创办大学一事因此搁置。

1919年9月，在回复省议会提交的龚自知创办本省大学的议案时，唐继尧以云南省督军公署和省长公署的名义明确表示："对本案（创立大学）亦屡经筹议，卒以库款支绌，未能为具体之规划。现本督军兼省长力图整理内政，对于教育全部，均积极进行。大学校之设，必期于成。已在酌定一切办法，俟稍就绪，

---

① 温梁华：《民国时期的云南高等教育》，《玉溪师专学报（社会科学版）》，1988年第5期，第46页。
② 潘懋元，刘海峰：《中国近代教育史资料汇编·高等教育》，上海：上海教育出版社，2007年，第375页。

再行饬财政厅筹发经费。"[①]

1920 年，唐继尧即令设筹备处开始筹建云南大学。1921 年，顾品珍倒戈反唐，唐继尧被迫流亡香港。大学筹建工作被迫停止。1922 年，唐继尧回师昆明，打败顾品珍。云南大学的筹建工作随即得到恢复。筹建工作开展过程也颇为曲折，仅筹备处办公地点即三迁而始定：原计划设于翠湖水月轩，因有军队驻扎而不得不放弃，由东陆大学筹建负责人王九龄商定暂借省图书馆空房，后又驻双塔寺旁的省工业学校内，一月半后再迁入教育司署办公。正如筹备员陶鸿焘所说："回忆筹备之初，东奔西窜，欲求一席之地做筹备处，几不可得。"[②]

1922 年 8 月 13 日，云南省政府决定划拨旧贡院为东陆大学校址。袁嘉谷在《滇绎》中言："东陆大学就省会旧贡院而设。大学之始即贡院之终也。"[③] 此言颇有深意：东陆大学的创立确实是意味着云南封建教育的终结和近代高等教育的开启。

12 月 8 日，私立东陆大学正式成立，是为云南第一所近代大学。根据《东陆大学组织大纲》，为纪念唐继尧倡办盛意，"因节取东大陆主人外号，特定名东陆大学"。董泽被聘为首任校长。

1923 年 4 月 20 日，东陆大学举行了盛大的奠基及开学典礼。东陆大学创建人省长唐继尧、省府各机关领导、各国驻滇领事、各学校和公共团体约数千人参加庆典。云南航空处以飞机飞行并散布祝词为贺，蔚为壮观。

私立东陆大学成立后，一直面临着学校规模过小和经费短缺的问题，办学始终处于艰难困苦的状况。

从学校规模上看，东陆大学根据《大学令》，决定先办理预科，计划招四班共 200 人（每班 50 名）。1923 年 1 月 5 日首次招生，发出第一份招生广告、招生简章。简章规定：招生对象须是中学毕业生；考试科目：历史（本国史、外国史）、地理（中国地理、外国地理）、理化、博物（动植物、矿物）。结果因报考人数不多（300）、考试成绩差，预科生只录取了 28 人，不得不录取预科补习生 80 人以补不足，首次招生共录取 108 人。经过十年的发展，到 1933 年省立东陆大学时期，加上并入的云南省立师范学院的学生，在校生也不过 356 人。

从专业设置看，1925 年，开办本科时设有文、工两科，政治经济、教育、土木工程 3 个系。1933 年省立东陆大学时期，有文理、工学、教育三个学院，5 个系。

①　《云南大学志》编审委员会：《云南大学志·大事记》，昆明：云南大学出版社，1993 年，第 3 页。

②　《云南大学志》编审委员会：《云南大学志·大事记》，昆明：云南大学出版社，1993 年，第 6 页。

③　《云南大学志》编审委员会：《云南大事记第二卷（1915 年～1993 年）》，昆明：云南大学出版社，1993 年，第 7 页。

从经费来源看，东陆大学开办时，计划所需经费为300万银元，而经费的筹措则大费周章：除唐继尧个人捐款50万外（此前尚捐款1万元用于筹备），其他款项则是七拼八凑：唐继尧令拨东川矿业公司股本10万元、军饷委员会拨助24万元，滇蜀铁路公司10万元，富滇银行6万元，殖边银行、个碧铁路公司、个旧锡务公司各2万元，其余为隆兴公司、福春恒、同庆丰、永昌祥、天顺昌等商号和个人捐款2.6万元。合计企事业社会捐款58.6万元。省政府再将第二工业学校开办费9000元划拨东陆大学购置仪器。几项合计共109.5万元，离所预期目标尚差190万。巨大的经费缺口导致学校规模难以扩大，教师工资过低（每月工资总开支仅为7000元，东陆大学首批聘用教师24名，人均291.7元，与内地大学相比有较大差距）。学校成立后，经费主要依靠省公署、个旧锡务公司和个碧铁路公司的定期补助及学费收入。1925年本科开办后，经费即赤字运行。龙云改组东陆大学为省立大学时，理由之一即是"校经费不济"。这一先天不足的状况就是东陆大学由私立改为省立、再改为"国立"的一个最基本的动因。

但是，即使在如此艰难困苦的条件下，东陆大学仍然克服一切困难坚持办学，其艰苦卓绝的精神，令人感佩。

三、东陆大学办学指导思想的形成

东陆大学创建时期的办学宗旨曾经有过从培养"通才"到培养"专才"的变化。1920年10月，唐继尧致函董泽，提到拟筹建大学的办学宗旨为："博采列邦各有之精华，适合中国前途之需要，并不偏重现在一时之思潮，以端正轨而储通才"。1922年再次筹建时，《东陆大学组织大纲》提出："本大学以研究高深学术，造就专门人才，并传播正谊真理为宗旨。"

针对云南的实际需要，大学的举办者更想培养专才。早在1920年10月董泽拟定的《东陆大学进行计划概略》中就提出：学校之目的为养成文学、政治、经济、教育、专门实业等人才。唐继尧在东陆大学的开学典礼进一步指出："废督后实行民本政治，如实业、教育、交通及一切庶政，皆在需要专门人材，方克有济。此项专门人材，更非由大学以造成不可。"[1]这表明了东陆大学以培养办实业、实务的专门人才为培养目标的思想。学校董事之一的省公署枢要处长周钟岳更加明确地指出大学应注重实科教育："现在开办之初，因为设备尚未完全，故不能不先由文科办起。但自己私意，以为将来尤宜注重在实科。一则因为中国实业太不发达，我们云南尤甚。现在日用品差不多仰给于外人。我们不从实业上竭

---

① 张建新，董云川：《云大文化史料选编》，昆明：云南人民出版社，2006年，第39页。

力振兴，自不能禁外货的输入。将来经济能力，全为外国吸收，生计一天比一天难，生活程度一天比一天高，就是从经济一方讲，我们在世界上也不能立足。一则因为我们中国人讲究学问的头脑太偏于空文，而疏于实用。这是大学宜注意实科的又一个理由。"①

最终，自然是举办者的思想成了主导。因此之故，东陆大学的教育宗旨又改为："本大学以发扬东亚文化，研究西欧学术，俾中西真理融会贯通，造就专才为宗旨。"由强调"通才"到重视"专才"的变化，从一个侧面真实地反映了当时处于亟待开发的边地省份渴求专门人才的现实需要。所以，东陆大学从办学伊始就坚持了以实用为主的办学思想。董泽在 1929 年，即他卸任的头一年，再次向龙云等东陆大学的新主人和后继者表明了这一思想："至于本校教育宗旨，以实用为依归，故所授课程务从实际，不尚玄谈。"②

基于这一思想，1925 年东陆大学开始办本科时，就根据云南的实际需要，设置了文、工两科。文科分设政治经济、教育系；工科设土木工程、采矿冶金系。采矿冶金系因设备不足，故先办土木工程系。

可以说，东陆大学从一开始就形成了符合云南实际需要、具有自己鲜明特色的办学指导思想。

除此而外，东陆大学还在大学自治、男女教育平权等问题上通过争论而形成了正确的办学理念。在筹建期间，对于东陆大学的性质定为公立还是私立，是否招收女生等问题，筹备处内部及筹备处与省政府曾产生分歧和争论。两个问题实际仍关涉办学理念。董泽出于"避去各种牵制，巩固大学根基"的考虑，主张东陆大学的性质定为私立，而杨克嵘、肖杨勋、陶鸿焘等从经费容易获得的角度主张公立，多方讨论后经票决，定为私立。大学性质的争论，实质上还是对于大学是否坚持独立自治、保护大学自由等基本办学理念的论争。确定东陆大学为私立性质，实际是坚持大学自治理念的胜利。

对于是否招收女生的问题，董泽主张"必达到男女平等之教育目的"，而省务会议讨论则决定暂缓招收女生。此决定招致省立女子师范学校师生的强烈反对，影响波及社会，迫于压力，省务会议及唐继尧不得不改为同意招收女子"特别生"，风波方告平息。其意义在于肯定了女子同样具有接受高等教育的权利。

以此可见东陆大学在创立之初即保持了办学理念的先进性。

---

① 《云南大学志》编审委员会：《云南大学志第二卷大事记（1915 年～1993 年）》，昆明：云南大学出版社，1993 年，第 14 页。

② 《云南大学志》编审委员会：《云南大学志第二卷大事记（1915 年～1993 年）》，昆明：云南大学出版社，1993 年，第 23 页。

四、破茧化蝶：由私立到省立

东陆大学的发展经历了私立东陆大学、省立大学时期、国立云南大学时期；也可以分为创建时期、初步发展时期和鼎盛时期。改为省立东陆大学，使东陆大学从生存窘迫的境地一跃而进入发展期，在云南大学的发展史上具有重要的地位，其意义大于云南大学改为国立。

私立东陆大学时期为 1922 年 12 月至 1930 年 8 月。[①] 东陆大学 1923 年 3 月开始招收预科生，1925 年春开办本科，1926 年开办附中。1928 年底，第一届本科生共 27 人毕业。1930 年遵照中央政府法令，停办预科。

省立大学时期自 1930 ～ 1938 年。其中，从 1930 年 9 月至 1934 年 8 月，为省立东陆大学时期；1934 年 9 月至 1938 年 6 月，为省立云南大学时期。

1927 年 2 月 6 日，昆明镇守使龙云、蒙自镇守使胡若愚、昭通镇守使张汝骥、大理镇守使李选廷发动兵谏，迫使唐继尧下台，龙云成为新的"云南王"。1930 年，龙云改组东陆大学，将私立东陆大学改为省立，经费由省政府拨给。这一次办学性质的改变，对东陆大学的发展产生了巨大而深刻的影响。

首先，经费困窘的情况得到根本性改变，由此东陆大学从保生存跃进到谋发展的上升状态。在改制为省立东陆大学后，当月即获得省政府所拨付"锡务公司息银二万余元，修理费五万余元"[②] 的大礼包，此后拨款不断增长。

直到 1937 年，省立云南大学所获省政府拨款仍高达新滇币 150 000 元，占当

表 3-1　1928 ～ 1931 年东陆大学所获省政府拨款统计表

年份	月份	每月拨款（元）	年度拨款（元）	年增长率（%）
民国十七年 （1928 年）			1500×2 ＝ 3000 （每学期补助费 1500 元）	
民国十八年 （1929 年）	5 ～ 12 月	3 000	24 000	700
民国十九年 （1930 年）	1 ～ 6 月	3 900	23 400 合 119 100	396
	7 ～ 9 月	6 900	20 700	
	10 ～ 12 月	25 000	75 000	
民国二十年 （1931 年）	1 ～ 8 月	22 500	180 000	51.13

资料来源：云南省通志馆撰，云南省志编纂委员会办公室整理：《续云南通志长编》中册，1986 年，内部印刷，第 597 页。

---

①　1930 年 8 月第 77 次省务会议决定将私立东陆大学改组为省立东陆大学。同年 9 月 20 日，省政府第 185 次会议任命华秀升为省立东陆大学代理校长。

②　刘兴育：云南大学史料丛书《校长信函卷（1922 ～ 1949 年）》，《华秀升致董泽信函》，昆明：云南民族出版社，2009 年，第 35 页。

年全省学校教育费（1 200 008.93 元）的 12.5%，全省教育总经费（3 314 062.72 元）的 4.53%。①除得到省政府的固定拨款外，东陆大学还获得中英庚款董事会补助两笔计 9 万元，以及已关闭的军医学校的所有仪器、标本、图书（医学专修科用）及省立昆华中学全部校址。代校长何瑶谓"此本校近来物质设备充实之较著者也"②。

经费的稳定增长，保障了学校的运行，同时为扩大学校的办学规模、稳定人心、吸引优秀人才起到了支撑作用。

其次，学校规模得到扩大。1932 年，根据省政府《整理云南高等教育案》，将省立师范学院并入东陆大学，设置教育学院，使东陆大学拥有 3 个学院 6 个系。文学院增设理学系，扩充为文理学院，设政治系、经济系、理学系；工学院设采矿冶金、土木工程系；教育学院设教育系（1933 年设）、师范专修科，另设医学专修科。1933 年，文理学院又增设数理系、法律系，医学专修科开始招生。至此，东陆大学达到民国政府《大学组织法》中大学必须具备 3 个以上学院的规定，学科也扩展到理学、工学、经济、法学、教育、医学 6 个学科，基本形成了综合大学的格局。

1936 年 9 月 16 日，云南省立东陆大学更名为省立云南大学。经费仍由省政府拨给，由教育厅管理。云南大学设立文法、理工、医学 3 个学院。文法学院设法律、政治经济、教育 3 个系及师范专修科；理工学院设土木工程、采矿冶金和数理 3 个系；医学院先设医学专修科。

1936 年，云南大学有教职工 78 人，其中教师 49 人。78 人中，留学生为 34人，占教职工总数的 43.59%，占教师总数的 69.38%，国内大学毕业的为 25 人，师范院校毕业 3 人，专科学校毕业 8 人，其他 8 人。学生为 302 人，其中女生53 人。图书 42 052 册，教学仪器设备 7648 件。③

变更为省立后，由于经费的保障，学校规模扩大、办学条件得到改善，师资数量和质量得以提升，学科体系得以发展丰富，8 年间形成了综合大学的格局。在云南大学的发展史上，由私立转为省立是一个重要的转折点。

1937 年 6 月，法国巴黎大学博士、清华大学数理系主任熊庆来受龙云之聘，担任云南大学校长。1938 年 7 月 1 日，云南大学由省立改为国立，云南大学开始进入其鼎盛时期。

---

①　见《续云南通志长编》中册，第 597 页，《地方岁出二·教育费》载该年省政府按 12 500 元 / 月拨款，一年合计 15 万元。云南教育厅编印《云南省教育概览》（贰拾柒年度）《二十六年度云南省教育经费岁出决算统计表》，所列"大学教育费"名目下为 165 359.80 元。

②　张建新，董云川：《云大文化史料选编》，昆明：云南人民出版社，2006 年，第 158 页。

③　《云南大学志》编审委员会：《云南大学志第二卷大事记（1915 年~ 1993 年）》，昆明：云南大学出版社，1993 年，第 40 页。

第四章

高校内迁与云南高等教育的发展
——抗日战争时期的云南高等教育

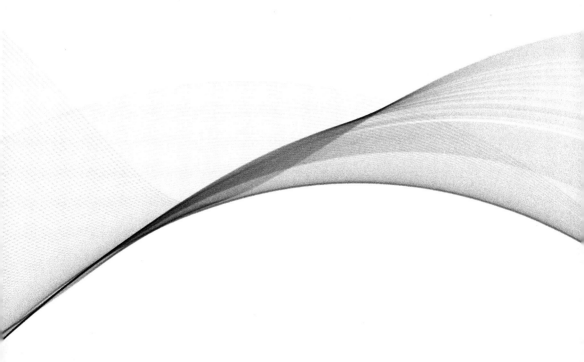

"殷邦多难。" 1937 年 7 月 7 日，日本帝国主义悍然发动了全面的侵华战争。在民族存亡的危机关头，中华民族结成抗日统一战线，开始了轰轰烈烈的全民抗战。为了抗战建国的需要，中国出现了大规模的人口、经济与文化的内迁。由于云南地处边疆、居于高原的特殊地理环境，成为全国抗战的坚实后防，因此而成为内迁的主要目的地之一。人口、企业、学校等资源大规模聚集于云南，为云南提供了一个大的发展机遇。云南的高等教育也由于这次内迁而获得了较大的发展，被称为云南高等教育发展的"黄金时期"。

第一节　高校内迁云南

"七七事变"后，日本帝国主义不仅对我国展开了军事侵略，而且对我国的文化也有计划、有系统地进行摧残。高等院校作为文化的高地首先遭到惨重的打击。当时中国的高校有近一半集中在京、津、沪地区（抗日战争前全国有高校 108 所，三地占 48 所，占全国高校总数的 44.4%），这些高校都遭到了日寇不同程度的摧残。在京，日军进占了北京大学、清华大学，红楼变成了日军的宪兵队队部；在津，南开大学被日军轰炸和纵火夷为平地；在沪，同济大学、光华大学等 5 所高校被炸毁，复旦大学等 3 所大学大部分被炸毁，沪江大学等被日军占领。据民国政府教育部统计，"截至二十七年（1938 年）十二月底止，公私立专科以上学校之校舍、图书及设备，或焚或劫，或遭轰炸，损失大半。战前专科以上学校，全国共一百零八所，十八阅月以来，十四校受极大之破坏，十七校无法续办，七十七校则迁移勉强上课。"[①] 教学设备、图书资料、校舍等财产损失高达6536.7409 万元[②]。

为保留和弘扬中华民族的文化，实施"抗战建国"的政策，国民政府于1937 年 8 月颁布了《战区内学校处置办法》，对战时各省市教育厅应对战局变化确定了基本原则和策略。其中对于学校的迁移，规定了"于战时发生或迫近时，量予迁移。其方式得以各校为单位，或混合各校各年级学生统筹支配暂时归并"[③]的策略。中国高校为了宣示文化抗敌的决心、维系民族文化的血脉、保存建立不到半个世纪的近代高等教育，展开了中国教育史上绝无仅有的大迁徙。抗战时期，中国高校大规模内迁计有三次：从 1937 年 8 月到 1939 年初，70 余所高校迁徙办学，分布在湘、桂、闽、赣、川、黔、滇、陕等 11 个省，其中迁往西南、西北的最多。1941 年底至 1942 年，太平洋战争爆发后，又有 20 余所高校西迁、南迁。1944 年豫湘桂战役溃败后，另有 20 余所高校从桂北、江西、粤北迁往四川等地。在高校内迁过程中，一些高校多次搬迁。迁移次数最多的，如河南大学从首迁豫西至迁入陕西宝鸡，国立同济大学从上海到昆明再到四川，竟至六迁。浙江大学从先迁于浙南建德到最后迁于贵州遵义、湄潭一带，凡四迁。其间艰难困苦，虽江海而难载！

在这次高校西迁的大潮中，由北京大学、清华大学、南开大学组成的国立西南联合大学、国立中山大学、国立同济大学、国立上海医学院、国立中正医学院、私立华中大学、中法大学、国立艺术专科学校、国立国术体育专科学校等先后迁入云南。据当时统计，至 1940 年，迁入昆明的专科以上高校及学术机关有12 所，教职员合计 1900 余人，学生 7300 余人，图书仪器设备约 2000 吨[④]。

但这里所说的 12 所，包含研究所等非高校学术机构，如中央研究院历史语言研究所。抗战期间迁入云南的高校究竟有几所？有不同说法。经我们考证，迁入云南办学的高校共计有 9 所。《续云南通志长编》卷 49 所列《移滇公私立大学及专科学校一览表》共列抗日战争时期迁滇高校 11 所，马曜的《云南简史》沿

---

① 教育部高等教育司：《全国高等教育概况》（1939 年 3 月）。杜元载：《革命文献》第 56 辑，台北："中国国民党党史史料编纂委员会"，1971 年，第 70 页。

② 《教育部编报的抗战以来公私立专科以上学校财产损失统计表》。中国第二历史档案馆编：《中华民国史档案资料汇编》第五辑第二编教育（二），南京：凤凰出版社，1997 年，第 371 页。据韩启桐对当时全国受损 89 所院校的统计，损失为 74 750 000 元。韩启桐《中国对日战事损失之估计（1937～1943）》，北京：中华书局，1946 年，第 55 页。

③ 教育部：《战区内学校处置办法》。中国第二历史档案馆：《中华民国史档案资料汇编》第五辑第二编教育（一），南京：凤凰出版社，1997 年，第 3 页。

④ 高等教育动态：《在昆国立专科以上学校及学术文化机构之迁移》，《高等教育季刊》，1941 年第 1 期，第 297 页。

袭此说①，《云南教育史》谓"有十二三所之多"②，《云南抗日战争史》说"抗战八年间，迁入云南的高等学校有十余所"③。所说均不准确。或张冠李戴，把并未迁滇的高校计入迁滇高校中，或把抗战时期在云南新成立的高校也算成迁滇高校。

在《续云南通志长编》卷 49 中《移滇公私立大学及专科学校一览表》所列迁滇 11 所高校中，有"唐山工学院"，未注明"现住地点"（迁滇后办学地点）。查民国教育部《民国二十七年度全国专科以上学校分布概况表》（该表自注："本材料截至二十八年五月止"），到 1939 年 5 月，迁于云南的高校有："国立：西南联大、同济、中山大学，中正、上海医学院，艺术专科、国术专科""私立：武昌华中大学"。

在表"贵州"一栏中，记有迁移至贵州的 3 所高校："私立：大夏大学、湘雅医学院（又交大唐山工学院）。"④在《全国专科以上学校内迁及其分布统计表》（1941 年）中，"贵州"栏列有："国立：浙江大学、湘雅医学院（二十六年度改为国立）、中正医学院（由云南迁来）、（又国立交通大学唐山工程学院）。"⑤

《移滇公私立大学及专科学校一览表》所列"唐山工学院"当时校名当为"国立交通大学唐山工程学院"，1946 年 8 月，按教育部令，"国立交通大学唐山工程学院"始更名为"国立唐山工学院"。从上引史料中可见，其在 1938 年 5 月前即迁入贵州，未曾迁入云南。迁入过云南的如中正医学院，表中已注明。考之其校史，则唐山工学院在抗战时期先迁于湖南湘潭、湘乡（1938 年），继迁贵州平越古城（今福泉市，1939 年），因日军攻占贵州独山，再迁四川璧山（1944 年），并未迁入云南。⑥

《移滇公私立大学及专科学校一览表》还列有"中央政治学校大理分校"。该校 1938 年由中央政治学校教育系主任汪懋祖申请开办（中央政治学校迁于重庆），并非迁入，况且该校招生对象亦限于简师、初中和职业学校学生，不应视为高校。1940 年国民政府教育部将其改为"国立大理师范学校"，定位实为中专。

故此，确定抗日战争时迁滇高校为 9 所（表 4-1）。

---

①　马曜：《云南简史》（新增订本），昆明：云南人民出版社，2009 年，第 285 页。

②　蔡寿福：《云南教育史》，昆明：云南教育出版社，2001 年，第 561 页。

③　孙代兴，吴宝璋：《云南抗日战争史》，昆明：云南大学出版社，2005 年，第 254 页。

④　中国第二历史档案馆：《中华民国史档案资料汇编》第五辑第二编 教育（一），南京：凤凰出版社，1997 年，第 741～742 页。

⑤　中国第二历史档案馆：《中华民国史档案资料汇编》第五辑第二编 教育（一），南京：凤凰出版社，1997 年，第 745 页。

⑥　西南交通大学：学校概况 / 校史文化，http://www.swjtu.edu.cn/xxgk/xswh.htm。

表 4-1　抗战时期迁滇大学简表

校名	原所在地	迁滇时间	迁滇地点	下设学院	返回（转迁）时间
国立西南联合大学	北平、天津	1938 年	昆明	文、理、工、法商、师范五院	1946 年
私立中法大学	北平	1939 年	昆明	文学、理学	1946 年
华中大学	武汉	1939 年	大理喜洲	文、理、教育三院	1946 年
国立同济大学	上海	1939 年	昆明	医、工、理三院	1940 年转迁四川南溪县李庄
国立中山大学	广州	1939 年	澄江	文、法、理、工、农、医七院	1940 年转迁广州坪石
国立上海医学院	上海	1939 年	昆明	—	1940 年迁重庆
国立中正医学院	南昌	1938 年	昆明	—	1940 年转迁贵州镇宁
国立艺术专科学校[①]	北平、杭州	1938 年	昆明	—	1941 年迁四川璧山
国立国术体育专科学校	南京	1938 年	昆明	—	1940 年迁重庆北碚

　　在迁滇的 9 所高校中，国立西南联合大学（简称"西南联大"）、华中大学和中法大学在云南办学 8 年，其余则为 1～2 年。9 所高校中，7 所为国立大学和专科学校（其时迁入四川的国立高校也仅只 5 所），具有较高办学水平。这些高校的迁入，使云南高等教育无论在数量还是质量上都进入跨越发展的阶段，成就了一段云南高等教育的黄金时期。

　　尽管当时沿海及内地的大批工厂、商户及大中学迁入，云南面临较大的人口、资源和环境的压力，但从云南省政府到普通民众，云南各界对于迁滇的高校都张开了怀抱热诚欢迎，为各高校提供了一个相对安全的学习生活环境和宽松的政治环境。国立长沙临时大学（简称"长沙临大"）到昆明疏通迁滇事宜时，就得到了龙云的首肯和教育厅长龚自知的欢迎。决定迁滇之后，梅贻琦曾致电请求时任云南大学校长的熊庆来："关于暂用房舍，务恳设法多觅、暂借或租均佳。"[②] 得益于云南省政府、云南大学的帮助，西南联大用较短时间租借好昆华农校、迤西会馆等校舍和蒙自的海关、法国银行及哥胪士洋行，使西南联大能够在湘黔滇旅行团抵达昆明仅 5 天后即开始上课。龙云曾在清华大学建校 30 周年纪念会上公开表示"对省外迁来学校，当局必使其明瞭时局实况，而予以充分之协助"[③]。而且他确实也以实际行动关心和帮助了迁滇各高校。长沙临大湘黔滇旅行团甫从长沙出发，龙云在第二天（1938 年 2 月 21 日）便以云南省政府主席名义

　　① 　国立艺术专科学校由北平艺术专科学校和杭州艺术专科学校于 1938 年合并而成。

　　② 　北京大学，清华大学，南开大学，云南师范大学：《国立西南联合大学史料》（六），昆明：云南教育出版社，1998 年，第 193 页。

　　③ 　本报讯：《云南日报》，1941 年 4 月 28 日。

发出训令，指示"沿途经过各该县县长妥为护送"①。西南联大抵昆后，龙云又慷慨地把自己位于威远街中段的公馆东院借给西南联大作为其总办公处。对于各校经济上的困难，他也积极设法帮助克服。1939 年 2 月，龙云即令富滇银行和财政厅各出 5 万新滇币，统交省政府委员缪云台转送西南联大、中法大学等高校，作为救济基金。

云南省政府的欢迎态度，其实也反映了其借用外力大力发展云南高等教育的良苦用心和政策导向。当时的官媒《云南日报》曾对文化机关迁滇后云南借力发展的策略有清晰的表述，（各级教育文化机关）"不要放弃时机，亟应赶紧提高云南文化水准，融合外来文化，加紧战时文化工作，准备战后文化建设基础"②。此处所谓"外来文化"即指云南以外由迁滇机构及外省人士所带来的内地文化。可见当时云南不仅具有借助大量涌入的内地文化发展云南文化的强烈愿望，而且视此为战后云南文化建设的机遇。

迁滇高校无论寄居云南的时间长短，都竭力为云南教育及社会发展做出贡献。他们在滇中的昆明、澄江和滇西的大理，弦歌不辍，作育人材，对云南人民进行政治思想和文化的启蒙。而西南联大、华中大学、中法大学在其中贡献尤多。

（一）西南联合大学

1937 年 7 月 7 日"卢沟桥事变"后，抗日战争全面爆发。同年 8 月，在国民政府"抗战建国"方针指导下，"政府为使抗战期中战区内优良师资不至于无处效力，各校学生不至失学"③，教育部命令已被日军占领或炸毁校园的国立北京大学、国立清华大学和私立南开大学南迁，在湖南长沙组成"国立长沙临时大学"，由三校校长蒋梦麟、梅贻琦和张伯苓任常务委员，组成常委会。长沙临时大学于同年 11 月 1 日开学上课。年底，南京陷落，武汉震动。长沙临时大学面临再次搬迁的问题。经时任长沙临大经济学教授的秦瓒推荐及奔走联络，得到云南经济委员会主任缪云台和教育厅长龚自知的鼎力相助和云南省主席龙云首肯后，联大遂决定西迁云南。1938 年 2 月，西迁师生分三路入滇：一路是教职工和女生及体弱者，乘火车沿粤汉铁路至广州、香港，乘船至越南海防，转滇越铁路到昆明；一路由中将参议黄师岳任团长，以男生 284 人和教师 11 人（黄钰生、闻一多等）组成"湘黔滇旅行团"，徒步横跨湘黔滇三省进入昆明（行程 1600 公里，步行 1300 公里）；另一路由十余名教师沿湘桂公路经桂林、柳州至南宁，再

①　闻黎明：《龙云与西南联大》，近代中国研究，http://jds.cssn.cn/xwkx/zxxx/201605/t20160506_3334642.shtml。

②　《社论：发展云南文化建设》，《云南日报》，1938 年 1 月 18 日。

③　北京大学，清华大学，南开大学，云南师范大学：《国立西南联合大学史料》（总揽卷），《教育部设立临时大学计划纲要草案》，昆明：云南教育出版社，1998 年，第 53～54 页。

经越南转滇越铁路到昆明。同年4月，三路师生先后抵达昆明。整个迁滇前后历时68天、行程近3500里，被誉为"中国教育史上的长征"。

1938年4月2日，经国民政府批准，学校更名为西南联合大学，5月4日正式开课。当时从长沙来到云南的学生和西南联大在昆明接收的少量借读生共计有993人①。到昆明后，理学院租借昆明西郊昆华农校，工学院租借城东拓东路的迤西会馆、江西会馆及全蜀会馆为校舍。文、法商学院则在蒙自借哥胪士洋行上课。学校在昆明城外西北角三分寺附近购买荒地124.45亩，一个学期后新校舍建成，成为校本部所在地，文、理、法商三个学院及一年级新生集中于新校舍上课。新增设的师范学院租借西门外昆华工校和昆华师范学校校舍。从1938年5月开始上课，到1946年5月宣布结束，西南联大在昆明整整8年。

西南联大原设有文学院、理学院、工学院、法商学院。1938年8月，为解决云南师资问题，根据云南省的要求暨教育部命令增设师范学院，云南大学教育系并入，后又设电讯专修科、师范专修科和先修班等。至此，西南联大共有五个学院、二十六个系、两个专修科，是当时国内规模最大的高等学府之一。

北京大学、清华大学已为当时中国高校中的翘楚，南开大学也极有特色。三校联合组建的西南联大，汇集了一大批全国著名专家、学者，人才济济，师资更加充实，成为当时中国实力最强的大学之一。当时西南联大的教授大多兼通中西，如文科的陈寅恪、雷海宗、冯友兰、汤用彤、贺麟、金岳霖、罗常培、罗庸、朱自清、闻一多、陈岱孙、陈达等无不是所在学科的领军人物，理工科的姜立夫、饶毓泰、赵忠尧、吴有训、吴大猷、叶企孙、曾昭抡、黄子卿、李裕桐、张景钺、孙云铸、袁复礼、施嘉炀、李辑祥等均是"中国近代若干基础学科和工程技术学科的开创者"②。一批刚从国外学成归国的青年学者如许宝騄、华罗庚、陈省身、王竹溪等都能站在国际学术前沿，引领学术的发展。

在这批优秀教师的引领下，西南联大在战时状态下取得了杰出的教育成就。这不仅基于他们的才高识远，而且更源于他们面对抗战时期的民族危机所形成的知识分子的使命与责任感。西南联大教师站在知识分子的立场上，着眼于民族的长远利益，把教学、科研等学术活动当作维系民族文化血脉、振奋民族精神的途径，以此为其安身立命之所在，以弘扬民族文化、学术救国为民族复兴的基础。冯友兰引张载的"为天地立心，为生民立命，为往圣继绝学，为万世开太平"为座右铭充分表达了这样一种思想：民族文化是一个民族存在的基础和重要表征，

---

① 国立西南联合大学北京校友会：《国立西南联合大学校史》，北京：北京大学出版社，2006年，第23页。

② 国立西南联合大学北京校友会：《国立西南联合大学校史》，北京：北京大学出版社，2006年，第56页。

只要民族的文化不灭，民族就不会灭亡。从另一面说，就是贺麟所认为的"学术是建国的钢筋水泥"，"一个民族的复兴，即是那一民族学术文化的复兴"[1]。正因为如此，他们对教学科研格外严谨认真，无论战事如何紧张、生活如何困难，均能全力于教学科研。在这个特殊的环境下，教学科研等学术活动已不仅仅是一般的知识传授和知识生产的活动，更具有延续民族文化血脉、推进民族复兴的政治意义。为民族文化的生存和复兴而奋发成为西南联大师生学术活动的内在驱动力。

西南联大在教学上形成了"注重基础、立足前沿、严格要求"的特色，因而能够培养出高水平的人才。西南联大教师大多有国外留学经历，使他们能够站在国际学术前沿的角度来培养学生。例如，1939 年，西南联大有 179 名教授，其中的 156 人有国外留学经历。他们在国外时多从事各门学科的前沿研究，坚持科研与教学相结合，因此教学能直接反映科学发展的新成果，教学内容和教学水平与国际学术前沿接轨。在重基础方面，西南联大设立大学新生指导委员会，由教授指导新生的学业；名教授开设公共基础课和专业基础课（如罗庸、朱自清教《大一国文》，钱穆、雷海宗教《中国通史》，叶公超、陈福田等教《大一英语》，姜立夫、江泽涵、杨武之教《微积分》）；高度重视对学生的通识教育与学科基础能力的培养，注重谨严的科学态度的培养，实行严格的淘汰机制，保证了高水平的教学质量。

西南联大教师在教学上的孜孜以求，不仅培养了以获得诺贝尔奖的杨振宁、李政道为代表的大批杰出科学家，还培养了一批优秀的人文学者。据统计，从 1938～1946 年，先后在西南联大就读的学生约 8000 人，毕业生 3813 人。其中，有 1000 多人先后成为国内外诸多领域具有杰出贡献的院士、教授和研究人员、高级工程师、高级记者、诗人、作家、高级法官和政府高级官员。截至 1996 年，西南联大的毕业生中，有 80 人被评为中国科学院院士和中国工程院院士，占两院院士的 1/7，有 6 人被选为台湾"中央研究院"院士。另外，有 5 名西南联大的毕业生成为美国文理科学院院士和美国工程师学院院士。获得中共中央、国务院、中央军委表彰的 23 名"两弹一星功勋奖章"获得者中有 8 名是西南联大学生，国家科学技术奖有 5 位得主是西南联大学生。

在科研方面，西南联大教师克服了生活拮据、试验设备和资料缺乏、战事动荡等不利因素，积极进行科学研究，取得了一大批高水平的科研成果。如冯友兰的《贞元六书》、陈寅恪的《隋唐制度渊源略论稿》《唐代政治史述论》、汤用彤的《汉魏两晋南北朝佛教史》、钱穆的《国史大纲》、金岳霖的《论道》《知识论》、

---

[1]　贺麟：《文化与人生》，北京：商务印书馆，1988 年，第 22 页。

闻一多的《周易义证类纂》和《楚辞校补》、华罗庚的《堆垒素数论》、赵访熊的《高等微积分》、许宝禄的《数理统计论文》、物理系王竹溪和生物系汤佩松教授合作撰写的《离活体细胞水分关系的热力学论述》、周培源的《激流论》、刘仙洲的《机械原理》等联大标志性的高水平科研成果都是在这一时期完成。1941～1945 年，教育部连续举办了五届学术评奖活动，共有 293 项学术成果获奖。其中，西南联大就有 32 项成果，占获奖成果的 11％。在 32 项成果中，一等奖有 7 项，占一等奖总数的 46％。[1]

（二）华中大学

华中大学是 20 世纪 20 年代由美、英在华教会在武汉联合创办的一所教会大学。1922 年 2 月，美国圣公会、美国复初会、美国雅礼协会、英国伦敦会、英国循道会等差会代表商议，决定在武昌开办一所联合大学，随即开始筹建工作。1924 年在文华大学基础上与汉口博学书院大学部、武昌博文书院大学部合并组建华中大学。1929 年长沙雅礼大学、岳阳湖滨书院大学部并入华中大学，学校办学力量得到增强。华中大学在英国伦敦大学哲学博士韦卓民校长领导下，"以讲究高深学术，培植有为青年，为人群谋福利为国家增元气为职志"，"招生则宁缺而勿滥，教学则重质不重量"[2]，学校规模虽小却能稳步发展。1935 年，华中大学申请得到了四万元由美国返回的庚子赔款，并得到校友捐赠和政府及中国基金会的拨款，办学条件大为改善。此时，华中大学拥有文学、理学和教育三个学院。所聘教师多为外国学者，如教育学院就有美国人基恩（Arthur S. Kean）、哈德佛大学博士薛世和（Paul V. Taylor）教授、英国人丁克生（S.H. Dixon）和安德生（David F. Anderson）等，中国籍教师也多从国外著名大学毕业。如韦卓民就先后就读于美国哈佛大学和英国伦敦大学，是当时知名于英、美的哲学家。教育学院院长黄溥为美国哥伦比亚大学博士，物理系主任卜彭（又名卜彭年）为美国麻省理工学院博士、著名物理学家。即使没有留学经历的，也多为当时的饱学之士，如楚辞专家游国恩、文选学专家包鹭宾。可以说当时华中大学的教师虽然人数不多，却均为一时之选。

"七七事变"后，华中大学于当年 8 月搬迁至广西桂林，9 月下旬开学，其时有学生 130 名。10 月份开始，因武汉失守，桂林频遭敌机轰炸。为战事所迫，

---

① 中华民国史事纪要编辑委员会：《中华民国史事纪要（初稿）》1941～1945 年各分册统计。"中华民国史料研究中心"，1974 年。

② 华中师大宣传部舆情与新媒体中心：《韦卓民老校长 73 年的华大情缘》，华中师范大学官方微博，https://mp.weixin.qq.com/s?__biz=MzA4MjUyMjYxMA==&mid=2649528857&idx=1&sn=df101ca970ec94ff38b8d2109a67a51a#rd[2018-02-15]。

华中大学只有继续西迁。考虑到云南凭借滇越铁路更易与海外取得联系，便于购买教学设备和书籍，华中大学决定迁往云南。韦卓民校长先期到昆明考察，经喜洲富商严子珍推荐，确定搬迁大理喜洲。1939 年 2 月，华中大学师生开始向大理迁徙，先乘汽车至中越边界的镇南关，然后乘火车经河内至昆明，在昆明略事休息后再乘汽车至喜洲。到喜洲后，以大慈寺、玉皇阁、奇观堂和张公祠等寺庙为办学用房，租民房为宿舍。尽管师生们的住宿条件较差，饮食简单，生活条件艰苦，但华中大学还是克服困难于 5 月 7 日在喜洲正式开学。在此开始了长达八年的办学历程。韦卓民校长曾自豪地说：“计阅一年举校播迁者，长征八千里，而总计学生缺课不满六周，占全学年五分之一，员生坚（艰）苦至可钦佩也。”①

华中大学在喜洲仍设立文学、理学和教育学三个学院。文学院设中文系、外文系、历史社会系和经济系；理学院设物理系、化学系、生物系；教育学院设教育系、心理学系及音乐专业。卞彭为物理系主任、理学院院长，黄溥为教育学院院长。

学校初来大理喜洲时，仅有学生 118 名，以后逐年增多。据 1942 年云南省教育厅统计，华中大学有教职工 36 人，学生 235 人。后来，教职工增加为 64 人，其中包括教授 20 人，副教授 7 人。

韦卓民校长恪尽职守，除外出讲学外，始终坚守于喜洲，在条件艰苦，经费困难的情况下一心一意努力办好华中大学。他把历年应邀赴英、美讲学的丰厚报酬，全部捐给学校，设立“韦卓民基金”，以补学校经费之不足，而自己的生活却极其简朴：“一件旧西服，两只手拐破了就补上两块皮子，胸前衣服破了，就请裁缝用布条补缀上‘华大’两字。”②

到喜洲后，华中大学的教师水准不降反升。初迁喜洲时，由于缺乏教学设备和研究条件，加之学生数量较少、与外界严重隔绝，华中大学师资流失比较严重。化学系连一名资深的教师都没有，生物系、物理系和经济系也不同程度地缺乏老师授课。为此，韦卓民等学校负责人多方联系，聘请了一批学有专长的名师任教。除上述卞彭、黄溥、游国恩等外，著名人类学家许烺光夫妇、文选学专家包鹭宾、鲁迅研究奠基人李何林、磁学专家桂质廷、教育学专家胡毅、分析化学家张资珙、有机化学家徐作和等教授均在华大任教。此外，尚有十几位英、美、德、瑞典专家追随华大到喜洲任教。③ 华中大学还聘请了一批有成就、有抱负的

---

①　韦卓民：《华中大学史略》，《私立武昌华中大学二十周年纪念特刊》（装订本），藏《华大档》。转引自马敏：《抗战期间教会大学的西迁——以华中大学和湘雅医学院为例》，《华中师范大学学报（人文社会科学版）》，1996 年第 2 期，第 53 页。

②　晓雪：《喜洲忆旧》，《大理文化》，2015 年第 5 期，第 39 页。

③　范麟章：《抗日战争时期迁滇的武昌华中大学纪事》。政协西南地区文史资料协作会议：《抗战时期内迁西南的高等院校》，贵阳：贵州民族出版社，1988 年，第 105 页。

青年教师如傅懋勣、肖之的、陈国杰、万绳武、许宗岳、阴法鲁、吴醒夫、应崇福、陈美觉、胡立彬等任教，使西迁后的华中大学逐渐形成一个比较强大的师资阵容。此外，华中大学还聘请西南联大罗常培、郑天挺、潘光旦等教授到华中大学短期工作，进行教学和科研，聘请老舍、费正清、熊庆来等讲学。

华中大学虽然规模小，知名度也不高，但在教学上却坚持了从严要求的原则。学生入学后，必须过"三关"：入学之际首先要过英语关，考试英语不过关的，即编入先修班，一年后先修班英语合格方能继续学习大一英语。其次是中期选拔关，即对于二年级学生，必须学完规定学分、平均成绩达 67 分以上者方得参加中期考试，中期考试各科成绩及格且平均分达 67 分以上者，始得升入三年级。成绩不合格者，必须复读二年级 1～2 年，甚至 3 年，必达到要求方可升级。最后是毕业关，学生必须通过毕业考试、完成毕业论文，方可毕业，二者缺一不可。[①]在这种严格要求的环境下，华中大学学生刻苦学习，"论读书的空气，这里并不亚于国内一般有名的大学，图书馆和各系的研究室，从早晨直至晚间都坐满了人。功课的紧张和考验的紧密，往往是新同学认为不是可以轻易应付的。成绩很好的同学固然不感困难，然而稍差一点的同学，偶一不慎，功课即有重读的危险"[②]。

华中大学的教师在喜洲期间坚持科学研究。文科学者开展西南边疆的民族、文化、历史、语言的研究，特别是白族语言、民俗和南诏、大理国历史的研究。华中大学在云南期间以西南边疆（主要是云南）的自然和社会为其研究对象的成果多达数十种。如中国文学系和历史社会学系师生主办的《西南边疆问题研究报告》成为国内边疆文化研究的权威刊物之一。其中有关滇西南诏、白国、佛教、种族和各民族语言研究的文章，深受国内学术界和国外汉学家们的重视。许烺光先生后来引起巨大反响的名著《祖荫下》就是基于这一时期对白族（民家人）的调研而形成的。此外，他还撰写了《中国西南新工业中的劳工与劳工关系》（1943年）。游国恩写出了《火把节》，包鹭宾写出了《白人非白族之后》等民族学文章。理科学者则开展水文、火力水力发电等应用研究。华大物理系部分教授对苍山万花溪、阳溪等水力资源作了勘察，提供了建立水电站的调查报告。在此基础上，以喜洲的商业资本家、商号、五台中学为主要股东，于 1944 年成立喜洲电力股份有限公司，开始筹备建厂购置水力发电机，1945 年建成发电。这是云南省历史上继昆明石龙坝电站之后建成的第二个水电站。生物系的肖之的教授率领生物系师生对苍山、洱海等地的动植物进行了广泛的采集和研究，写出了《洱海生物》

---

① 范麟章：《抗日战争时期迁滇的武昌华中大学纪事》。政协西南地区文史资料协作会议：《抗战时期内迁西南的高等院校》，贵阳：贵州民族出版社，1988 年，第 103～104 页。

② 《迁滇私立武昌华中大学概况》（华中大学编印，民国二十九年五月），藏《华大档》。转引自马敏：《抗战期间教会大学的西迁——以华中大学和湘雅医学院为例》，《华中师范大学学报（人文社会科学版）》，1996 年第 2 期，第 54 页。

《滇西彩云》等研究论文，博得科学界好评，其《大理洱海水底生物研究》一文还获得过国家学术论文甲等奖。华中大学返回武昌后，肖之的教授仍然继续进行滇西时期的研究，先后撰述了《滇西民家肺活量统计调查》《滇西几种少数民族血液型之初步研究》等学术论文。

华中大学学生则在学习之外，积极参加抗日宣传、劳军等抗战工作。华中大学学生与五台中学学生组织"火花社"共演抗日歌曲、话剧，在其所创办的《苍洱半月刊》上积极宣传抗战。喜洲的大街小巷也刷满了他们所写的"驱逐日寇，还我河山""好男才当兵，好铁才打钉""有钱出钱，有力出力"等标语。

华中大学的到来，成为大理及滇西地区近代高等教育的开端。以1941年秋季为例，在华中大学注册的77名新生中，云南籍学生就占32名，占新生总数的41.6%。自此以后，云南籍学生年有增加，到1945年秋季，云南籍学生更高达174名，占整个在校学生注册人数的68%以上[①]。在喜洲的8年中，华中大学培养了300多名云南籍学生，为云南培养了一批高素质人才，改变了喜洲20世纪30年代初只有3个大学生的窘境。同时，华中大学还通过教育学院学生的教育实习、师生在喜洲中小学任职和兼课，提高了喜洲及大理基础教育的水平。

1946年4月，华中大学返回武昌。但华中大学及其后继者华中师范大学始终保持了与大理、喜洲的交流合作，继续扶持和促进大理及喜洲的教育发展，近年来先后与大理共建"国家教师教育创新与服务综合改革实验区""大理研究院"，并拟定合办区域引领型、示范型华中师范大学大理附属中学。

（三）中法大学

被称为国民党"四大元老"之一的李石曾先生热心于开发民智以救中国，积极推进中国学生留法事业。1915年，他在巴黎发起成立"留法勤工俭学会"。在法国热心教育人士班乐卫、穆岱以及中国教育界蔡元培、吴稚晖等人的推动下，轰轰烈烈的留法勤工俭学运动形成了席卷全国的热潮。在此基础上，李石曾先生于1920年在北京西山碧云寺将原有法文预备学校扩充为文、理两科，改称中法大学西山学院，组织创建了中法大学。李石曾先生任该校董事会董事长，聘蔡元培先生为该校校长。

与此同时，李石曾还以"退还庚款"活动为契机，要求在法国建立一所专为中国人服务的大学。1921年，"中法大学协会"正式宣布注册成立里昂中法大学，成为中国在海外建立的第一所大学。

---

① 《1940～1945年学生各类情况统计表》，《华大档》，34/301。转引自马敏：《抗战期间教会大学的西迁——以华中大学和湘雅医学院为例》，《华中师范大学学报（人文社会科学版）》，1996年第2期，第56～57页。

中法大学是一所十分有特色的学校，这主要表现在其有着独特的办学理念和机构组织体系。

中法大学以李石曾先生所提"勤工俭学、理论联系实际、实干苦干力求实效、学校宜设于郊外风景区"为办学原则，以"研究高深学术、养成专门人才、沟通中西文化，并注重实习，致力应用"为办学宗旨①。这表现出在教育观上的独特思考。

在机构组织体系方面，中法大学有着庞大的组织架构。其不仅仿效法国大学区的学制，大、中、小学并立，形成了"大中小学三级教育，互相衔接"的格局，而且多业并举，多元经营。中法大学设有研究部（中法大学与北平研究院合办）、大学部、专修部、中小学部、海外部、特设部六个部。研究部下设镭学研究所、药物研究所；大学部下设文学院、理学院、医学院、孔德哲学院；专修部下设北京药学专科、北京商业专科学校；中小学部共办高级中学、碧云寺小学等10所中小学；海外部设立了法国里昂中法大学、比利时晓露槐工业专修馆和法国巴黎留学事务所等；特设部设立中法大学上海图书学校、测绘所及在北京、上海的3所疗养院、3个试验场和3个附属工厂，1个出版事务所。

至抗日战争前，中法大学经过近二十年的办学实践，已形成了较好的办学条件，具备了较强的办学实力。在师资方面，严济慈、李书华、李麟玉、周发岐、朱广相、钱玄同、刘半农、沈尹默、沈兼士、李宗侗、范文澜、商鸿逵等都在中法大学任过教。中法大学保持了较低的生师比。据葛夫平的研究，中法大学办学30年中教员与学生人数之比"大体保持在1∶1.61～1∶5.4"②，优于当时各国立、私立大学。在设备图书方面，理科设置了较为完备的实验室，如物理系设有普通物理5个实验室，电磁、电工、近世物理、无线电、X光研究室等。所拥有图书154 952册，其中外文图书为96 838册，在当时国内高校中也属于藏书量较高的。除自己培养人才外，中法大学还输送并资助了一批青年学子到法国学习。据统计，1926～1939年，北京中法大学先后资送93名（其中5人因故未出国，实为88人）毕业生赴法留学，其中，文学院44人，理学院32人，医学院12人③。

中法大学建立后，十分注重与法国的学术交流，吸收西方最先进的学术理

① 中法大学：《私立中法大学组织大纲》。转引自葛夫平：《简论北京中法大学》，《国际汉学》，2004年第1期，第168～191页。

② 葛夫平：《简论北京中法大学》。《中国社会科学院近代史研究所青年学术论坛1999年卷》，北京：社会科学文献出版社，2000年，第347页。

③ 葛夫平：《简论北京中法大学》。《中国社会科学院近代史研究所青年学术论坛1999年卷》，北京：社会科学文献出版社，2000年，第362～363页。

论与研究方法。据不完全统计，1926～1937年，中法大学先后邀请了10余名法国学者来校演讲[①]。其中，较为著名的有巴黎大学教授、考古学家富歇所做《印度佛学之传述》，法国电学家白兰用幻灯图片介绍其发明传递图像电报的经过，讲解发信机和收信机的构造和用法，巴黎自然博物院成员、法国鸟类保护会会长德拉鼓演讲《中国和印度支那的哺乳类及鸟类》，法国天体物理学家郎之万作题为《太阳热之起源》的演讲等。中法大学校刊——《中法大学》广泛介绍法国的科学、哲学、文学和艺术，也译载了不少法国学者的论著，对于推进中国的科学普及和学术国际交流具有重要的意义。

里昂中法大学办学也较为成功，短短30年里到里昂中法大学注册的中国学生人数达到473名，所学专业以理工科为主，主要分布在基础科学、工业技术、纺织、商业贸易、市政工程、建筑和航空等学科领域。里昂中法大学为中国培养了一批高级学者和研究人员。他们中大部分学生获得了高等教育文凭，其中131人获得了博士学位，60人获得工程师文凭。他们中多数学成之后回国工作，不少人后来成为我国科学界、教育界和文艺界的中坚力量，如著名科学家汪德耀、范秉哲，著名文学家和诗人罗大刚、戴望舒，著名艺术家常书鸿、王临乙等[①]。

卢沟桥事变爆发后，中法大学坚持了鲜明的爱国立场，不屈从日寇，不接纳"辅导官"、不开日语课、不挂日本国旗。1938年夏，日伪不惜使用武力胁迫，使中法大学既不能招生，也无法开课。6月8日，伪北京特别市公署社会局因北京中法大学附属高级中学及附属西山温泉初级中学拒绝参加庆祝徐州陷落活动，便以"不服从地方主管教育机关命令"为由，"勒令停办"。经校董会研究决定，举校南迁昆明。经中法大学理学院院长的李书华及周发歧、李秉瑶等人进行先期联络和筹备，中法大学于1939年暑期率先将理学院迁入昆明。

1939年11月27日，中法大学理学院在所租北门街南菁中学旧址（今昆明第三十中学）正式开学，当时有一年级学生40余人，为数不多的二三年级学生仍分班开课。中法大学附中也在西山脚下开学。1940年秋，学校在昆明招收学生百余人。1941年8月，文学院迁至昆明。在昆明黄土坡的新校舍也于同年建成。理学院迁入新校区，文学院则留在北门街。学校恢复了文、理两院的完整建制：理学院设置数学、物理、化学和生物四个系，文学院设置文史学系和法国文学系。法国国家物理科学博士、新中国炸药制造工艺奠基人周发歧担任理学院院长并兼任化学系主任，毕业于巴黎大学的吴弼刚任数学系主任，巴黎大学物理学硕士、云南大学教授张其濬任物理系主任，里昂大学动物学硕士夏康农任生物学系主任。文学院院长为巴黎大学毕业的著名古史专家、考古学家徐炳昶，文史系主

---

① 王庆林：《中法大学的前世今生》，《北京青年报》，2014年04月09日，第C04版。

任由西南联大教授、著名语言学家魏建功、曾在法兰西学院师从法国汉学家伯希和的著名蒙古史专家邵循正和罗庸先生先后兼任。法国文学系主任由陈康（陈仓亚）、闻家驷（西南联大教授）担任。其院系两级负责人几乎全为具有留法经历者，既可见其师资力量上乘，也可见其选聘教师以留法经历为重要标准的特色。为保证充裕的师资、保持较低生师比的特色，中法大学在昆明聘请了较多西南联大的教师任教，确保了教学质量。除上述人员外，黄子卿、曾昭抡、闻一多、朱自清、吴达元、吴宓、刘崇鋐、陈嘉、吴晗、张清常、任继愈等都曾到中法大学兼职任教。

中法大学师生在昆期间对于推进民主运动起到了特殊的推进作用。1943年秋，中法大学学生自治会率先倡议成立以在昆四所高校（西南联大、云南大学、中法大学、省立英语专科）为主的昆明学生自治联合会。昆明市学生自治联合会筹委会成立后，中法大学学自联和学生"始终是积极的组织者和参加者"①。在护国纪念大游行、五四纪念会及"一二·一"运动中始终走在最前列。把"爱国、进步、民主、科学"的五四精神和爱国学生运动的优良传统推广至昆明，带动了云南爱国民主运动的发展。

中法大学在昆期间还积极为抗战服务，为云南教育服务。理学院与空军军官学校合作，开办无线电通信人员训练班，培训通信人才4期400人，机务人员4期300人，为空军培养了一批通信人才。化学系与云南制革厂、资源委员会炼铜厂、日月大药房、应用化工厂合作，培训其技术人员，改进生产技术和产品质量。中法大学附中不仅为云南培养了人才，而且在中法大学北返后，又留在云南，改名为昆明中法中学，后被人民政府接管，更名为昆明第五中学。②

中法大学内迁昆明，为云南吸引和培养了一批教科文卫方面的优秀人才，为云南教育、卫生事业的发展做出了杰出贡献。其中吸引入滇的佼佼者，如云南大学医学院首任院长范秉哲、云南大学医院首任院长杜棻、创建大利化工厂的云南大学化学系主任赵雁来、云南大学物理系教授张其濬、中法大学昆明附属中学首任校长李秉瑶以及蓝瑚、王树勋、张若茗、刘崇智、卫念祖、郭佩珊、杨堃等一批知名专家。培养了一批在云南大专院校、科技和工业、党政等部门的人才，如昆明师范高等专科学校（简称"昆明师专"）首任校长段家骥、曾任省文联主席的白族文艺理论家杨明、云南民族大学教授王光闾等。

---

① 段家骥，赵谦等：《中法大学在昆明》。政协西南地区文史资料协作会议《抗战时期内迁西南的高等院校》，贵阳：贵州民族出版社，1988年，第91页。

② 段家骥，赵谦等：《中法大学在昆明》。政协西南地区文史资料协作会议《抗战时期内迁西南的高等院校》，贵阳：贵州民族出版社，1988年，第90、97页。

（四）中山大学

中山大学由孙中山先生创建于 1924 年。当时定名为"国立广东大学"，由"广东高等师范学校""广东公立法科大学""广东公立农业专门学校"三校合并而成。1925 年，"广东公立医科大学""广东公立工业专门学校"并入。为纪念孙中山先生，1926 年 7 月 17 日正式更名为"国立中山大学"。中山大学成立后注重延聘名师，以确保不断提高学校的学术水平。在文科方面，郭沫若曾就任文科学长，鲁迅也曾任教务主任，此外还有傅斯年、顾颉刚、朱谦之、冯友兰、吴康、何思敬、赵元任、商承祚、俞大维、郁达夫、马衡、汪敬熙、刘奇峰等学者任教；在理科方面，植物分类学奠基人陈焕镛，中国实验胚胎学、中国植物生理学的奠基人朱洗、罗宗洛，古植物学家斯行健，著名地质学家乐森㙓，著名数学家何鲁都先后在中山大学任职，可谓人才济济。在学科建设方面，中山大学注重学习先进国家的经验，追踪学术前沿。如医学学科，作为中山大学成立初期锐意经营的学科，按照德国医学教育模式培养人才。中山大学聘请了多名德国教授，采用德国教材，用德文讲授，附属医院用德国设备，用德语查房、写病历、开处方。培养出一批当时中国一流的医学人才，如杨简、王典羲、叶少芙、罗潜、张梦石、曾宪文等。1931 年，中山大学设立文、法、理、农、医学院；1934 年，设立理工学院，后又单独设立工学院。1935 年，国民政府教育部批准中山大学设立研究院，下设文科研究所、教育研究所和农场研究所，开始招收研究生，与北京大学及清华大学一起成为当时教育部批准的全国仅有的三所设有研究院的国立大学之一[①]。抗日战争全面爆发前，中山大学已成为拥有文学、法学、理学、工学、医学、农学和研究院七个学院并具有相当规模和水平的大学。1938 年，中山大学又设立师范学院。此时的中山大学已成为全面抗战前中国高校中少有的学科体系完备、规模大、学术水平较高的综合性大学。

全面抗战爆发后，中山大学仍坚持在广州正常教学。1937 年 8 ～ 10 月和 1938 年 3 ～ 6 月，中山大学校舍被敌机轰炸 10 余次，投弹 50 余枚，部分校舍被炸毁[②]。1938 年 10 月 21 日，广州沦陷。中山大学于 1938 年 10 月 19 日起仓促迁往粤西罗定。因战局进一步恶化，1938 年 11 月，再迁广西龙州。其间，中山大学校长邹鲁在重庆征询住在昆明的原法学院长邓孝慈（云南盐津县人）迁校意见。邓孝慈经与同为中山大学同事的澄江人吴信达商议，建议迁往云南澄江。中山大学遂决定迁入澄江。1939 年 1 ～ 2 月，大部分师生经由镇南关（今友谊

---

① 吴定宇：《中山大学校史（1924 ～ 2004）》，广州：中山大学出版社，2006 年，第 106 页。

② 梁山等：《中山大学校史》，上海：上海教育出版社，1983 年，第 89 页。

关）到越南同登转河内，由河内乘滇越铁路火车至昆明。有部分学生分别经广西柳州、衡阳、百色步行至贵阳再转昆明。

据梁山、李坚、张克谟编著的《中山大学校史》统计，至1939年2月下旬，辗转到达澄江的各院系教职员工共245人（校本部人员未计在内），学生1736人。在迁到澄江的教师中，有音乐家马思聪，经济学家黄元彬，教育家崔载阳，文学家吴康、康白清，西医内科专家叶少芙，图书馆学家杜定友等一批名家。

到达澄江后，各学院分散于县城内外：文学院分散在城内文庙、凤麓小学男子部和女子部、玉光楼及观音阁和城外斗母阁与翠竹庵两处。法学院设在澄江县属第二区和备乐村两处，共用庙宇十间。理学院分散在东浦乡、大仁庄、东山村、东龙潭等九处。工学院在澄江城外金莲乡（今旧城）、梅玉村、中所乡等处。农学院在鲁溪乡（今鲁溪营）玉皇阁、吉里村关圣宫、洋溪营村下寺、关圣宫、上寺、鲁溪营下寺，以及洋溪营风台寺等处。医学院在小西城关圣宫、三教寺、县城南门处火龙庙，县城南门楼，小里村下寺，城内玉光楼、城西土主庙。师范学院在城内玉皇阁、建设局、极乐寺及北门外五灵庙共四处。

虽然院系星落，条件艰苦，中山大学仍克服困难于3月1日正式上课。在澄江时期，中山大学行政机构设两室三处：校长室、会计室、教务处、训导处、总务处。教学机构设文、法、理、工、农、医、师范和研究院共8个学院34个系。文学院：中国文学系、外国语文系英文组、哲学系、社会学系。理学院：数学天文学系、物理学系、化学系、生物学系、地质学系、地理学系。法学院：法律学系、政治学系、经济学系、社会学系。工学院：土木工程学系、化学工程学系、电机工程学系、机械工程学系、建筑工程学系。农学院：农学系、森林学系、农业化学系、蚕桑学系、农业经济学系、畜牧兽医学系。师范学院：教育系、公民训育系、国文系、英语系、史地系、数学系、理化系、博物系。医学院不分系。研究院：文科研究所分设中国语言文学部和历史学部，师范研究所分设教育学部和教育心理学部，农科研究所分设土壤学部和农林植物学部，医科研究所设病理学部。此外，中山大学还开设先修班，招收初中毕业生，抗日战争期间共办了六届，历年结业升入各大学者近千人。

1940年8月，为抵制国民党教育部长陈立夫和次长顾毓秀等要中山大学迁到重庆与中央大学合并，在国民党广东籍军政大员的支持下，中山大学再次搬迁到粤北韶关、梅县和坪石等地办学，结束了其在云南一年半的办学。

（五）同济大学

1907年10月，德国医生埃里希·宝隆在上海创建了上海德文医学堂。翌年，"德文医学堂"中文名改为"同济德文医学堂"。所以，同济大学实际是以医科起家的。1912 年同济德文医学堂增设工科，更名为"同济医工学堂"，设医、工和德文三科。1917 年应社会各界要求，国民政府教育部决定将该学堂改属华人私立学校，由华人董事会办学，直属教育部领导，办学地点借用吴淞中国公学校舍。1925 年 5 月，其被更名为"同济医工大学"。1927 年 8 月，南京国民政府教育部正式接管同济，命名为"国立同济大学"，1937 年前后新设文学院和理学院。

1937 年淞沪会战爆发，8 月末，日本飞机轰炸吴淞地区，将学校的大礼堂、办公室、工学院、理学院、电机馆、解剖馆、生理馆、材料试验室、实习工厂、图书馆及教授与学生宿舍等建筑尽数破坏，经营二十年的校舍被毁。1937 年 9 月起，同济大学不得不开始走上迁移之路。从上海先后迁至浙江金华、江西赣州、广西八步、云南昆明，最终迁至四川南溪县李庄。其间，经过三年流离、六次搬迁。

1939 年 1 月，同济大学师生陆续抵达昆明。在昆明，同济校址分散，分处城西 12 个地点：学校总办公室先在临江里 106 号，后在武成路 468 号。工学院在富春街富春中学内。理学院在青莲街（现翠湖东路翠湖宾馆附近）。医学院前期上课分散在水晶宫、八省会馆、青莲街、富春街、商业学校等处，后期则在福照街（今五一路）商业学校。医学院附属医院在翠湖南路 4 号赵公祠。同济大学附属中学先在青莲街，后迁福照街商业学校，1939 年再迁至宜良狗街西村杨家祠。附属高级工业职业学校先在木行街，后迁双塔寺女子师范学校，再迁至水晶宫、八省会馆，最后迁至西仓坡 1 号。图书馆在富春街太阳巷 1 号，测量馆在富春街富春中学内。实习工厂在龙翔街、拓东路，解剖馆在八省会馆。学生宿舍分散在文庙东巷、庆云街太平巷、水晶宫、八省会馆、富春街等处。[①] 校址分散，在管理、教学和生活上，给广大师生员工增添了不少困难。学校曾有在昆明海口自建校舍的计划，但因经费筹措困难，未能实现。

同济大学自 1939 年 1 月在昆明复课到 1940 年冬迁往李庄，在昆明办学近 2 年。这两年的同济"是内迁以来上课比较正规的时期"[②]。在昆明期间，同济大学设有医学院、工学院、理学院三个学院，此外还有机械工业专修科，并附设高级工业职业学校、高级护士职业学校、新生院（德文补习班）和高级中学。学校仍沿袭既有的模仿德国的学制，医学院为六年制，工学院为五年制，理学院为四年制。工学院在昆明时设有机电、土木、测量 3 个系和造船组，理学院先设生物、化学系，1940 年增设数理系。

①　陈种美，周文达，屠听泉等：《同济大学在云南四川的岁月》。政协西南地区文史资料协作会议：《抗战时期内迁西南的高等院校》，贵阳：贵州民族出版社，1988 年，第 59 页。

②　李法天，李奇谟：《抗战期间同济大学内迁回忆片段》。政协西南地区文史资料协作会议：《抗战时期内迁西南的高等院校》，贵阳：贵州民族出版社，1988 年，第 75 页。

在昆期间，同济大学共有教师 77 名，学生 798 名（医学院 261 名，工学院 478 名，理学院 59 名），毕业 196 名[①]，还招收了两届新生。

虽然德籍教师在赣州时已大多回国，但同济大学在昆期间仍保持和发扬了严谨求实、重视基础、重视实践和动手能力培养的传统。其较长的学制就是为了让学生打牢基础。同济大学以德语为第一外语，要求学生必须达到听、说、读、写四会，才能进行后续的专业学习。没有学习过德语的新生，则必须先修读一年德语，经考试合格后才能升入各专业。工学院一年级学生必须先到工厂实习一年，在导师指导下按工种轮岗，掌握铸、锻、机、钳、木工等工种基本操作技能后，再进入理论学习，其绘制的图纸要到达德国二三级技工水平。医学院对学生的解剖实习和临床实习也有明确的时间和标准的规定。因此，同济大学培养的学生基础扎实，"能文能武"，理论与实践能力都较强。

同济学生在昆期间也能专注于学习，"这期间同学动极思静，埋首课业，重现实干苦干、精确求精的校风。实习医院、实习工厂、电工实验馆、化学实验馆均先后开放，形成迁校以来的小康局面"[②]。

从 1938 年夺取广东以后，日本就把越南视为日军在东南亚猎取的第一个目标，加紧了控制越南的活动。1940 年 6 月 19 日，日本强迫法、越当局停止滇越铁路越南段的运转，以此封锁中国出海的生命线。中国上万吨转运货物滞留海防。至 1940 年 9 月，日本通过自己的盟友德国，要求法国维希傀儡政权将越南地区的管辖权移交给日本。9 月 26 日，日寇公然派兵在海防强行登陆，武力侵占越南。侵占越南后，日寇已扼制滇越铁路。为摧毁云南的另一条运输大动脉——滇缅公路和物资转运中心——昆明，日军以越南为基地加强了对昆明的轰炸。从南开大学哲学教授冯文潜的日记中就可看到，仅 9 月 30 日到 10 月 28 日，日军飞机就有 5 天轰炸昆明，而且每次都有 20 多架飞机参加轰炸。[③] 其轰炸频度、规模都较大。基于日寇占领越南谅山、海防威逼昆明和飞机轰炸加剧的严重事态，教育部急令在昆明各高校筹谋迁往四川。这是当时迁昆明高校再迁四川的主要原因。此外，由于 1940 年昆明的物价飞涨、日本军机的不断轰炸造成了学生伤亡，以及学校校址分散难以管理等，同济大学决定再次搬迁至四川南溪县李庄。

（六）国立上海医学院与国立中正医学院

中国近代高等医学教育源于西方传教士在清末民初所建立的教会学校和教

---

① 陈种美，周文达，屠听泉等：《同济大学在云南四川的岁月》。政协西南地区文史资料协作会议：《抗战时期内迁西南的高等院校》，贵阳：贵州民族出版社，1988 年，第 63 页。

② 李绳武：《亲历抗战迁校》，《世纪》，2007 年第 3 期，第 32～33 页。

③ 昆明政协文史委员会编：《昆明文史资料选辑》第 55 辑，内部出版，2013 年，第 318～319 页。

会医院，如北京的协和医学院、湖南的湘雅医学院、上海的圣约翰大学医学院、山东的齐鲁大学医学院、四川的华西协和大学等著名的医学高等学校。据李楚材统计，辛亥革命前中国主要医学校有 10 所，其中 7 所具有教会性质[①]。在"收回教育权"运动思潮的影响下，北洋政府和南京国民政府均采取了一方面通过"立案"、注册、改组董事会等措施管控教会大学，另一方面则积极建立国立、省立大学，构建和推进中国自己的高等教育体系。在医学高等教育方面，1927 年和 1937 年分别建立的两所国立医学院——第四中山大学医学院（国立上海医学院的前身）和国立中正医学院，正是实施这一思想的标志。

1927 年 6 月，国民政府教育行政委员会将国立东南大学、河海工程大学、江苏法政大学、江苏医科大学、上海商科大学等九所大学合并组建"国立第四中山大学"，其医学院成为中国第一所国立医学院。医学院建于上海吴淞，由著名医学教育家、公共卫生学家颜福庆任院长，为国立上海医学院的前身。1928 年 2 月，学校又更名为"江苏大学"，5 月再更名为"国立中央大学"，医学院也随之成为中央大学医学院。1931 年"一•二八"事变中，中央大学医学院吴淞校区大部分被日军炸毁。1932 年 7 月，国民政府决定将医学院从中央大学划出，独立设置，命名为"国立上海医学院"，颜福庆仍为院长。学校学制由七年改为六年制，不设先修科。前五年为学习期，后一年为实习期，设实习医院一所。吴淞校区转让予国立上海同济大学。

至 1937 年"七七事变"前，经过十年办学，国立上海医学院已具有较高水平和一定的实力：拥有医学、药学两大学科，医学科包含内科、外科、小儿科、妇产科、眼科、耳鼻喉科、牙科、放射学科、公共卫生、护理学，而且建有专门从事肺病研究和治疗的澄衷肺病疗养院；在校学生 154 人，教员 77 人（兼任 9 人），其中教授 14 人，副教授 16 人；有附属中山医院、第一实习医院（中国红十字会第一医院）、澄衷肺病疗养院 3 所医院，实习医院床位 840 张。仅第一实习医院 1935 年的住院病人即达 4900 人，门诊病人 95 545 人。教育部派员视察后给予"你院教授多系专任，且认真教学，热心研究，良用嘉慰"的较高评价。学院各附属医院在淞沪抗日战争期间治疗伤员约 7000 人[②]。

1937 年 11 月，上海沦陷。国立上海医学院的新校舍、新建成的中山医院、澄衷肺病疗养院被日军霸占。1939 年 7 ～ 10 月，根据教育部"一、二年级学生仍应留沪"的指令，国立上海医学院三、四、五、六年级的学生和部分教师近

---

① 李楚材：《帝国主义侵华教育史资料——教会教育》，北京：教育科学出版社，1987 年，第 279 ～ 280 页。

② 上海医科大学校史编辑委员会：《上海医科大学纪事》（1927 ～ 2000），上海：复旦大学出版社，2005 年，第 43、45、51 页。

200 人分三批迁至昆明白龙潭。三、四年级学生在昆明白龙潭校舍与国立中正医学院学生一起开课。五、六年级学生在昆明惠滇医院和市立医院临床实习。是年，上海医学院有职员 34 人，教员 81 人；其中，教授 12 人，副教授 23 人，讲师 19 人，助教 27 人；全校学生 263 人[①]。在昆明的临床医学教师有应元岳、吴绍青、黄子方 3 位教授及副教授、讲师、助教 19 人。

国立上海医学院在昆期间，积极参与推进云南卫生事业的发展。学校在北门街开设联合门诊部，供学生临床教学所用。同时与中央卫生署合作，在曲靖建立公共卫生实验区，又与云南省卫生处合作，代办昆明市北区卫生事务所事务[②]。次年，又与国立中正医学院、中国红十字会昆明办事处合建"中国红十字会昆明郊外医院"，平时供两所医学院教学使用，遇空袭时主要收治伤员。四、五年级学生假期则积极参加卫生防疫工作，开展地方病——甲状腺肿调查和打预防针工作。有的学生还参加了战场救护队的工作。1940 年 11 月，根据教育部安排，国立上海医学院由昆明迁至重庆。其在昆明时间一年余。抗战胜利后，上海医学院迁回上海，于 1952 年更名为"上海第一医学院"，1985 年，更名为"上海医科大学"。

国立中正医学院创建于抗战全面爆发的 1937 年。1936 年 10 月，国民政府教育部开始着手筹建国立中正医学院，聘请林可胜、陈志潜、王子玕、颜福庆、朱章赓、金定善、黄建中等 7 人为国立中正医学院设计委员，林可胜为主任。林可胜为国际著名生理学家、中国生理学奠基人。他针对当时中国高等医学教育主要都掌握在外国人手中的情况，率先倡议用自己国家的力量办一所最好的医学院与之抗衡，同时他还极力倡议"公医制度"，以保障人民的生命安全。国立中正医学院的办学宗旨"以培植公医人才，倡行公医制度，增进民族健康"就集中反映了他的思想。

由于以"中正"冠名，学校的筹办较为顺利，土地划拨、经费筹措、基建等都能较快推进。1937 年 8 月，国立中正医学院在江西南昌招收了第一班学生，开始其办学的历程。当时由于宣扬要办"南方的协和"，推行公医制度，读书吃饭不收费等，学院吸引了较多学生报考。第一班录取正取生 100 名，备取生 30 名，实际报到的有 108 名。国立中正医学院创办后设有 6 个系科：解剖、生理及药理、病理（包括法医）、内科（包括放射学）、外科（包括妇产科）和公共卫生。在南昌市上课三个月，因日本飞机狂轰滥炸，教学无法进行，1938 年初，国立

---

① 上海医科大学校史编辑委员会：《上海医科大学纪事》（1927～2000），上海：复旦大学出版社，2005 年，第 62 页。

② 上海医科大学校史编辑委员会：《上海医科大学纪事》（1927～2000），上海：复旦大学出版社，2005 年，第 58 页。

中正医学院搬迁到江西永新。"不分学年不分寒暑假，连续六个月学完了上述两门主科（解剖学和英语）"[①]的课程。国立中正医学院本身师资力量不足，在永新也无法请到教师，加上战局恶化，不得不再次向昆明搬迁。1938年秋，国立中正医学院从永新经镇南关（今友谊关）到越南河内，再乘火车沿滇越铁路到昆明。

到昆明后，国立中正医学院的学生暂借住昆华师范。因搬迁过程中部分学生离散，学院到昆明后学生合并为一个班上课，借用青年会礼堂为教室。虽然暂时得到了安定，但教师短缺、教学设备匮乏的状况未能得到明显改变，而学校所提供伙食费又太低，学生难以果腹，由此激发了1938年10月停伙、停课的学潮。学生提出"要教授、要实习、要吃饱"的口号[②]。尽管最终因教育部的干预，学校提高学生伙食费而结束学潮，但学校和学生的裂痕却难以弥合，20余名学生离开了学校。1939年春，学校迁入新校址——昆明北郊白龙潭。此后，学校新聘诊断学教授刘南山、微生物学教授汤飞凡、药理学教授刘绍光、病理学教授谷镜研，又与国立上海医学院联合教学，师资方得到改观。

（七）国立艺术专科学校与国立国术体育专科学校

国立艺术专科学校由国立杭州艺术专科学校（简称"杭州艺专"）和国立北平艺术专科学校（简称"北平艺专"）合并而成。国立北平艺术专科学校最初为1918年4月开办的北京美术学校，1925年改为国立艺术专门学校，1928年并入北平大学，为其艺术学院，设中国画，西洋画，实用美术、音乐、戏剧、建筑六个系；1934年又单独设立为国立北平艺术专科学校，设绘画、雕塑、图工三科。国立杭州艺术专科学校源于1928年蔡元培先生在杭州西子湖畔创办的"国立艺术院"；1929年，更名为"国立杭州艺术专科学校"。"七七事变"后，两校分别内迁。1937年底，国民政府教育部决定两校合并。1938年2月，两校在湖南沅陵合并，组建"国立艺术专科学校"（简称"国立艺专"），成为当时中国最高的艺术学府。国立艺专成立之初有教员47人（杭州艺专34人北平艺专13人），学生130余人（杭州艺专100余人，北平艺专30余人）[③]。因日寇逼近长沙，国立艺专再次迁移，1939年春到达昆明，在昆明办学一年半左右，1940年秋迁往四川璧山。

国立艺专到昆明之初，校址及校舍未能确定，先暂住于文林街昆华中学，

---

① 杨锡寿：《抗日战争时期的国立中正医学院》。政协西南地区文史资料协作会议《抗战时期内迁西南的高等院校》，贵阳：贵州民族出版社，1988年，第190页。

② 杨锡寿：《抗日战争时期的国立中正医学院》。政协西南地区文史资料协作会议《抗战时期内迁西南的高等院校》，贵阳：贵州民族出版社，1988年，第192页。

③ 中国美术学院：《中国美术学院七十年华》，杭州：中国美术学院出版社，1998年，第36页。

后又租借兴隆街昆华小学办学。1939 年底，其迁入滇池东岸的呈贡县安江村[①]，借用村内玉皇阁、地藏寺、关圣宫、龙王寺和五谷寺五座庙宇办学。在昆明办学期间，国立艺专在校长腾固领导下，开展了教育改革，一是开办五年制，停办原附属高级艺术职业学校，招收初中毕业生，学制五年。五年制学生至三年级始定专业。一是在抗战时期强化民族文化的思潮推动下，将原已合并为一体的中西画系拆分，使中国画独立设专业。"1939 年春，腾固十分重视民族艺术，呈教育部批准中西画仍分两科设置，成立西画组和国画组。国画组主任为潘天寿。"[②]

国立艺专在昆明期间，利用自身在绘画、音乐和戏剧方面的特长，积极开展抗日救亡的宣传工作；组建"国防剧社""艺术剧院"，表演吴祖光创作的大型话剧《凤凰城》《有力出力》等抗日题材的作品。

抗日战争胜利后，国立艺专由教育部指定迁往浙江杭州，后发展成为今天的中国美术学院。

国立国术体育专科学校由西北军高级将领张之江 1933 年创建于南京。1928 年，国民政府批准张之江在他此前创立的国术研究所基础上成立中央国术馆，开展武术教育，取得较好成绩。在此基础上，张之江又于 1933 年创建"中央国术馆体育专科学校"，有 3 年制专科和师范各 1 个班。国术体专不仅开设武术类课程，而且学习和研究西洋体育，开设球类、赛跑、游泳、拳击等课程，并将拳击列为主课之一。"七七事变"后，其迁往长沙，改名"国立国术体育专科学校"，又先后迁至桂林、龙州，1938 年假道越南河内，乘滇越铁路火车抵达昆明。国立国术体育专科学校租借南菁小学校址办学，于 1938 年暑假招收一个班，47 名学生；1940 年迁往重庆北碚；1945 年抗日战争胜利后，迁至天津；1949 年与河北省立女子师范体育系合并。

第二节　抗日战争时期云南高等教育的发展

一、高等教育规模显著扩大

抗日战争前，云南仅有云南大学一所大学，而且由于云南基础教育水平较低，云南的高等教育规模较小。1936 年云南大学的在校生规模只有 302 人。

---

① 安江村现属晋宁县新街乡。

② 中国美术学院：《中国美术学院七十年华》，杭州：中国美术学院出版社，1998 年，第 38 页。

1911～1938 年 28 年间，云南接受过高等教育的人数仅为 2575 人（不包括军事方面），其中，在本省省立大学就读 255 人，省立专门学校就读 1639 人，即本省公立学校培养的本专科生计 1894 人。[①] 其余为到国外留学的 238 人，到省外公立高校就读的有 346 人（国立大学 236 人，国立专门学校 110 人，），私立学校就读的 97 人（私立大学 67 人，私立专门学校 30 名）。可见抗战前云南高等教育的总体规模和本省的教育规模均较小，尤其本科教育规模更是极小。

随着全面抗战时期省外高校的迁滇，云南高等教育的规模迅速扩大。这表现在：

1. 学校数增加

全面抗战时期云南本省高校，计有云南大学、1940 年成立的省立英语专科学校和 1944 年由昆华体育师范学校改建的省立体育专科学校。1940 年秋季前省外高校有 9 所迁滇，则其时驻滇高校共有 11 所。此后同济大学、上海医学院、国立中正医学院、国立艺专和国立国术体专 6 所高校迁入四川，国立中山大学迁广东。云南尚有西南联大、云南大学、中法大学、华中大学、省立英语专科学校及教育部于 1942 年 8 月在呈贡设立东方语文专科学校（开设印度、缅甸、泰国、越南等语文科）[②] 6 所高校。到 1946 年，经教育部同意，西南联大师范学院在昆独立设置，校名为"国立昆明师范学院"。至此，云南本省高等学校计有：云南大学、昆明师范学院、省立英语专科学校、省立体育专科学校 4 所。1939 年，云南高校数比抗日战争前增加了 9 倍，1940～1945 年云南高校数也是抗日战争前的 6 倍，即使到抗日战争结束，云南本省高校数也比抗日战争前增加了 3 倍。

2. 各高校院系增加，学科内涵丰富

西南联大在长沙临时大学时期，有文、理、工、法商 4 个学院、17 个系，迁滇以后设有 5 个学院 26 个系、2 个专修科和 1 个先修班。学系数是长沙临大时期的 1.5 倍。云南大学战前有文法、理工、医学三个学院 7 个系，一个专修科。至 1946 年，云南大学设置了文法、理学、工学、医学、农学五个学院、18 个系（文史、法律、政治、经济、社会学、外语、算学、物理、化学、生物、土木工程、矿冶工程、航空工程、机械工程、铁道管理、医疗、农艺、森林）。[③] 学系数比抗日战争前增加了 1.57 倍。中山大学在澄江设有文学院、法学院、医学院、

---

① 云南省通志馆，云南省志编纂委员会办公室：《续云南通志长编》卷 49，内部印刷，1986 年，第 839 页。

② 昆明市教育局：《昆明教育大事记》，昆明：云南民族出版社，1990 年，第 131 页。1945 年抗战胜利后，东方语文专科学校改为"中国国立东方语文专科学校"，建在南京。后并入北京大学东语系。

③ 据《云南大学志·大事记》统计。

农学院、工学院、理学院、师范学院、研究院共八个学院，33 个系，还有电讯和桑蚕 2 个专修科。同济大学在昆期间，设有医学院、理学院、工学院 3 个学院，7 个系，1940 年增设数理系，计有三院 8 系[①]。中法大学到昆后，3 个学院（文、理、医）也恢复了数、理、化、生物、文史、法国文学 6 个系。华中大学战前有文学、理学两个学院和一个图书馆学专修科，文学院设有中文、历史社会系、哲学宗教组；1939 年迁入大理喜洲时，新设了教育学院。文学院设中文、外文、历史社会、经济 4 个系，理学院设物理、化学、生物 3 个系，教育学院设教育、心理系及音乐专业，共增加了 1 个学院 3 个系。云南高等教育拥有了文、法、理、工、农、医、师范 7 个学科门类，形成了内涵丰富的学科体系。

3. 教师和学生数增加

西南联大在长沙时，有教师 148 人，学生 1452 人（包括借读生 218 人、招收新生 114 人）。到昆明后，教师增加到 350 人，学生每年都在 2600 ～ 3000 人。云南大学的教师则从抗日战争前的 51 人，发展到 1946 年的 237 人，为 1937 年的 4.6 倍[②]。教授从抗日战争前的专兼任教授 39 人（专任 11，兼任 28 人）发展到教授 102 人，为 1937 年的 2.6 倍；学生数则从抗日战争前的 302 名发展到 1945 年的 977 人（其中本科生 872 人），是抗日战争前的 3.2 倍。[③] 至 1946 年，云南大学和昆明师范学院两校共有教职员 949 人，学生 4465 人，省立英语和专科学校体育专科学校共有教职员 36 人，学生 284 人[④]。

高等教育规模的扩大，有利于扩大人民接受高等教育的机会，提高人口素质，促进经济发展，推进教育民主化进程。

二、滇人高等教育入学机会倍增、人才辈出

全面抗战前，云南学生高等教育入学机会较少。一方面是由于云南中学教育较为薄弱，高等教育规模太小；另一方面则是因为求学路途遥远，出行不易。抗日战争时期随着中等教育水平提升，尤其是高校迁滇，为云南学子增加高等教育入学机会提供了条件。

1936 年，云南大学在校生仅 302 人，在省外各公私立专科以上学校就读的

---

① 陈种美，周文达，屠听泉等：《同济大学在云南四川的岁月》。政协西南地区文史资料协作会议编：《抗战时期内迁西南的高等院校》，贵阳：贵州民族出版社，1988 年，第 63 页。

② 孙代兴，吴宝璋：《云南抗日战争史》（增订本），昆明：云南大学出版社，2005 年，第 281 页。

③ 云南省通志馆，云南省志编纂委员会办公室：《续云南通志长编》卷 49，内部印刷，1986 年，第 821 页。

④ 昆明市教育局：《昆明教育大事记》，昆明：云南民族出版社，1990 年，第 152 页。

云南籍学生 125 人[①]，合计 427 人。

全面抗战时期云南高等教育规模的扩大，特别是省外大学的迁入，为云南学子提供了绝好的接受高等教育的机会。在此期间，云南籍大学生人数大大增加。单就西南联大来看，1938 年西南联大有在读学生 1950 人，其中云南籍学生有 97人，比例为 4.97%，低于江苏、广东、湖南、上海籍学生，与四川、福建籍学生数相同，并列第七。而至 1942 年，西南联大共有学生 2760 人，其中云南籍学生达 287 人，比例为 10.4%，五年间比例提高了 5.42 个百分点，仅次于江苏籍、广东籍学生，居第三位[②]。其师范学院初级部（专修科）更主要招收云南籍学生（表 4-2）。

从面上看，仅 1942 年一个年度，就有滇籍在校大学生 1112 人。其中，云南大学 281 人、西南联大 287 人、中法大学 171 人、华中大学 75 人、省立英语专科学校 79 人、东方语言专科学校 21 人、在省外大学 198 人。[③]华中大学的云南籍学生最多占到全校在校学生总数的 65%，已见上述。云南大学的云南籍学生增长得更快：1945 年录取新生 230 名，云南籍学生有 140 名，比例为 60.87%，1946 年录取新生 180 名，云南籍学生为 139 名，比例为 77.22%。[④]

较之全面抗战前，云南学生接受高等教育的机会大幅增加。除了数量的增长，7 所国立高校的进入，也为云南学生提供了更多接受高水平教育的机会，改变了此前云南学生为接受高水平高等教育必须绕道越南，远赴国外或京沪，一路颠沛流离的艰难状况。学科体系完整、内涵丰富，像西南联大、华中大学、中山

表 4-2　西南联大师范学院初级部云南籍学生占比表

年份	初级部一年级学生总数（人）	云南籍学生数（人）	比例（%）
1942	44	34	77.3
1943	46	34	76.5
1944	84	69	83.0
1945	33	18	54.5

资料来源：据《西南联合大学史料（五）学生卷》之相关年度《学生名录》统计。

---

① 根据《续云南通志长编》卷 49，《教育二》之《云南省国内留学生一览表》民国二十二至二十五年（1933～1936）学生名录统计。

② 据《西南联合大学史料（五）学生卷》之《廿七年度学生人数分类统计·学生籍贯统计表》及《国立西南联合大学卅一年度第一学期学生籍贯人数统计表》计算所得。

③ 林毓杉：《西南联大对云南教育事业的贡献》。中国人民政治协商会议云南省委员会，云南文史资料委员会：《云南文史资料选辑》第 34 辑，昆明：云南人民出版社，1988 年，第 95 页。

④ 据《云南大学志》编审委员会：《云南大学志·总述（1922 年～1976 年 7 月）》，昆明：云南大学出版社，1993 年，第 91 页数据计算。

大学为云南提供了完整、高水平的师范教育体系，同济大学、上海医学院提供了高水平的医学教育，西南联大、中山大学、同济大学提供了高水平的工程教育，国立艺专提供了高水平的艺术教育。同时，还为云南学子提供了更多专业选择的机会。机会的增加，使云南学子接受高等教育的阶层面和总量得以扩大。

除云南学子外，因地利之便，还有大批外省籍的高校毕业生留在云南工作，为云南的发展做出了贡献。

抗日战争时期驻滇高校不仅为全国抗战培养了大批人才，也为云南培养了大批教育、科学、文化、医疗、工程等方面的高素质人才。

据统计，中华人民共和国成立后，西南联大留滇校友"在教育战线工作的有278人。其中，在22所高等院校工作的有125人，担任院校领导工作的有15人，担任正、副教授的有65人，担任讲师、教师及管理人员的有45人；在56所普通中学工作的有112人；在22所中等专业学校及党校工作的由28人；在3所小学工作的有4人；在教育领导机关工作的有9人"[1]。其中有许多杰出人才，如植物学家、国家最高科技奖获得者吴征镒院士，历史学家李埏、方龄贵、潘镛，教育家、心理学家卢濬，数学教育家朱德祥，经济学家朱应庚，云南省外语学会首任会长郭旭，昆明师专教授张世富夫妇，保山政协副主席、保山师专副校长卢子元，云南首个中学物理特级教师朱秋卿，昆明第八中学首任校长朱春和，汽车工程专家刘伟等。

华中大学的毕业生也有许多在云南大学、云南师大、西南林学院、云南民族大学、昆明理工大学、省中医学院工作，还有一大批"任教于昆明市和专州县的中学、中专及大专院校"[2]。中法大学"在昆明毕业的同学，大部分都在云南省各大专院校、中等学校和工业、科技部门，党政部门"[3]。昆明师专的首任校长段家骧就是其中一员。

三、借力发展，快速提升云南大学的办学水平

1946年，《不列颠百科全书》将云南大学列为中国15所最具世界影响的大学之一。从一所名不见经传、挣扎于存亡边缘的边疆大学发展为具有世界影响的大学，其快速发展的根本原因在于熊庆来先生掌校之后借助抗日战争时期迁滇高

---

① 杨履然，朱春和，黄朝铣：《西南联大与云南教育》。云南西南联大校会：《西南联大精神永垂云南：国立西南联合大学昆明建校65周年纪念文集》，昆明：云南教育出版社，2003年，第64页。

② 范麟章：《抗日战争时期迁滇的武昌华中大学纪事》。政协西南地区文史资料协作会议：《抗战时期内迁西南的高等院校》，贵阳：贵州民族出版社，1988年，第107页。

③ 段家骧，赵谦等：《中法大学在昆明》。政协西南地区文史资料协作会议：《抗战时期内迁西南的高等院校》，贵阳：贵州民族出版社，1988年，第98页。

校及文化机构对云南大学给予较大的外部支撑之力，通过聘请高水平师资对云南大学学术水平不遗余力的提升。

在熊庆来制定的"慎选师资"等五条原则指导下，云南大学把提高师资水平作为改进学校的首要条件，利用抗日战争时期高校云集云南的契机，通过选调、借聘等方式，大量聘请教师以充实师资力量，提高云南大学的学术水平，使该校的实力迅速提升，很快跻身于国内知名的大学行列。首先，熊庆来为云南大学选定了学科带头人和领军人才。他用争取来的中英庚款五席讲座费聘请到了数理专家赵忠尧、采矿专家张正平、冶金专家蒋导江、经济学家肖蘧、土木专家顾宜孙等教授，作为云南大学的学科带头人，整体带动和提高了云南大学的学术水准。为聘请清华经济学教授萧蘧来云南大学，熊庆来多次请求梅贻琦施以援手[①]，终使萧蘧担任了云南大学的经济学教授。其次，依托西南联大等迁滇高校，借聘高水平教师。通过借聘的方式，云南大学从西南联大聘请了数学家姜亮夫、陈省身、华罗庚，哲学家贺麟，古典文学大家罗庸，生物学家陈桢，社会学家李树青等。据不完全统计，"从西南联大聘请到云大任教的知名学者，约在50人以上"[②]。从华中大学挖走了游国恩、许烺光、傅懋绩等。最后，基于战时的特殊环境，云南大学聘请了一批当时还在积累和上升阶段的青年学者，如当时30岁上下已经小有名气、后来享誉海内外的吴晗、施蛰存、费孝通、李长之、彭桓武、吴征镒等。云南大学因此而一时人才济济，其学术水平和教学质量得到迅速提高。抗日战争胜利后，云南大学又聘请了一批西南联大留昆教师和其他学校不愿北返的教师，夯实了师资的根基。

四、积极探索建构高等教育中国模式

熊庆来在1937年9月16日开学典礼上的讲话中曾指出："中国大学近年已渐渐走上轨道。就学校制度说，近数年已由若干试验中，形成比较独立而和于国情的制度。"[③]无独有偶，半个世纪后研究中国高等教育的加拿大学者许美德（Ruth Hayhoe）也认为，"从很多方面来说，在整个国民党统治时期，中国大学已经走过了对外来文化的适应和吸收阶段……此时期中国现代大学在其发展过程中，在吸收欧美大学思想的基础上，结合中国的传统和实际情况，最终形成了自

---

　　① 刘兴育：《云南大学史料丛书·校长信函卷》，昆明：云南民族出版社，2009年，第128页。

　　② 《云南大学志》编审委员会：《云南大学志·总述（1922年～1976年7月）》，昆明：云南大学出版社，1993年，第81页。

　　③ 张建新，董云川：《云大文化史料选编》，昆明：云南大学出版社，2006年，第152页。

己独特的知识自由和社会责任的大学办学思想"①。自20世纪30年代开始，特别是在全面抗战时期，整个中国高等教育逐渐走出了简单模仿日、美高等教育的窠臼，开始探索建构基于中国文化、满足中国社会需要的高等教育体制和人才培养模式，走出了一条中国高等教育独立的发展道路。这个过程，以争取教育独立为起点，以抗日战争前后探索建构中国高等教育模式为高潮，以吸收中国文化传统优秀教育资源构建教育理论和人才培养模式、建立符合国情的高等教育制度为特点。而西南联大和云南大学作为全国性大学和地方性大学（改"国立"后，云南大学的功能和格局仍是以服务云南为主），正好是建构中国高等年教育模式中两种类型的代表。他们在探索建构中国高等教育模式过程所取得的成就，是云南高等教育，更是中国高等教育史中值得大书特书的光辉篇章。

（一）西南联大：确立中国文化主体地位 构建中西会通的文化模式、人才培养模式和管理模式②

西南联大在继承清华大学、北京大学和南开大学传统的基础上，通过一系列的文化选择和探索，形成了有别于这三所学校独特的教育范式，即在确立中国文化主体地位基础上实施中西文化会通的文化模式；以通才教育为核心、服务社会为目的、"中西会通、古今融合、文理渗透"为特色的人才培养模式和以教授治校、民主自由为核心的管理模式。这一模式在继承民族文化与吸收西方先进思想上各有侧重、适应社会需要与坚持大学独立无所偏废。具体表现为：第一，在文化会通观指导之下，以维系和弘扬民族文化、拯救和复兴民族为使命，继承中国传统的社会本位教育价值观和培育完善人格的教育目的论，以课程为维系民族文化血脉的主要途径，在教育过程和教育内容中体现民族文化的主体性地位。第二，形成会通中西、融合古今、文理渗透的通才教育模式和中国文化与西洋文化、人文与科学教育相统一的通才教育思想；在课程设置上形成了以共同必修课为主干、大量辅修课为辅翼、注重课程的基础性与文理渗透的广博性相结合的通才教育内容及课程目标；在教学要求上强调把握前沿、注重基础、严格要求。第三，积极吸收西方先进的教育管理思想和管理制度，把学术自由作为基本的价值观，鼓励和培养学生的自治能力，形成学术自由、教授治校、学生自治的教育管理模式。第四，既主动适应抗日战争需要，又坚持教育的独立性和大学的自主

---

① ［加］许美德：《中国大学1895～1995：一个文化冲突的世纪》，许洁英主译，北京：教育科学出版社，1999年，第85～86页。

② 关于西南联大确立中国文化主体地位的论述详见本书著者封海清的《西南联大的文化选择与文化精神》，昆明：云南人民出版社，2006年。

性，着眼于民族的长远利益、尊重教育自身的规律，正确处理好现实与长远、抗战与教育、社会需要与大学学术发展及人才培养规律的关系。

1. 在学校价值观构建和人才培养过程中突出中国文化的主体地位

这主要表现在人格培养的社会本位价值观的实现及以课程为维系民族文化血脉的主要途径。

中国传统的价值观是以社会为本位的价值观。所谓"修齐治平""内圣外王"的终极目标都是以实现社会目标为个人价值的实现方式。西南联大继承了中国传统的社会本位价值观，并根据时代需要挖掘其时代价值，将之转化为学校的核心价值观，即在肯定个人价值与尊严的前提下，强调社群的存在价值高于个人的存在价值，社会的整体利益高于个人利益，强调教育的主要价值在于满足社会的需要与推动社会的进步。

梅贻琦在《大学一解》中借用《大学》提出的"大学之道，在明明德，在新民，在止于至善"的观念，把大学培养人的活动构建在传统的"明明德"的人格培养基础之上。他认为："明明德或修己工夫中之所谓明德，所谓己，所指乃一人整个之人格，而不是人格之片段。所谓整个之人格，即就比较旧派之心理学者之见解，至少应有知、情、志三个方面，而此三方面皆有修明之必要。"[①] 但人格的完善并非止于个体的完善和发展。梅贻琦认为西方的知识目的论在于"一己之修明"，而儒家主张"修己以安人"，则"修己"不是目的，"其归宿，其最大之效用，为众人与社会之福利，此则较之希腊之人生哲学，又若更进一步，不仅以一己之修明为己足也"。[②] 这就充分肯定了社会本位的教育价值观。个人修养的根本目的在为社会服务，"修己以安人""修己以安百姓"。

在《大学一解》中，梅贻琦还通过对大学的"新民"之效的解说，进一步阐明了大学的社会责任："一为大学生新民工作之准备；二为大学校对社会秩序与民族文化所能建树之风气。"[③] 而实现这一责任的途径一为社会之倡导与表率，二为创造新文化。梅贻琦从大学"新民"的功能肯定了大学的社会责任，进而从知识目的论和大学的社会责任两个方面进一步阐明了大学的社会本位教育价值观的合理性及实现途径。

这种社会本位的价值观可以说在联大已形成共识，而非梅贻琦的个人见解。冯友兰在 1942 年出版的《新原人》[②]中将人的道德境界分为四种境界："顺习"的自然境界、"为利"的功利境界、"求社会的利底行为"的"行义"的道德境界

---

① 刘述礼，黄延复：《梅贻琦教育论著选》，北京：人民教育出版社，1993 年，第 99～109 页。

② 冯友兰：《新原人》．《贞元六书》下册，北京：中华书局，2004 年，第 601～604 页。

③ 许渊冲：《似水年华》，北京：生活·读书·新知三联出版社，2008 年，第 107～110 页。

和"事天"的天地境界。从社会与人的关系剖析了利己利他、为己为人的区别，论证了人从以"占有"为目的的功利境界向以"贡献"为目的的道德境界的升华之必然，仍是主张将人的道德水平由社会本位而提升至社会本位。其说一出，"在联大同学中广为传诵，影响不小"以致影响到像许渊冲之类学生是否选择从军的人生道路[①]。可见，社会本位价值观在西南联大的影响力。

社会本位的价值观通过课程教育、师生相处的"从游"[②]模式、校园文化的熏陶而得以实现。无论西南联大学生的三次"从军热"、还是掀起"讨孔运动""一二·一运动"都是这种教育的直接结果。

西南联大的课程设置则充分体现了突出中国文化的特质和强化民族意识的意图。课程中加大中国文化的比重，以较大的覆盖面和交叉性把我们民族"共同的知识""共同的价值"传播给学生，使其民族意识得到强化，更易于认同我们的民族文化，更易于接受民族文化的价值体系，并外化为其行为规范。中国文化的主体性通过课程而在下一代人中得以延续。

这一点在人文社会科学中表现尤为明显，如中国文学系不断增加中国语言与文学的课程，加大中国古典文学课程的比例。在1938～1939年度开设了汉字形体变迁史、古音研究、诗经、楚辞、杜诗、先秦文、文选、庄子、尔雅、左传、卜辞研究、铜器铭文研究等课程，1940年又增加了中国文学专书选读（共选读古代文学典籍25种）、中国语言文字学专书选读（选读4种）、中国语言文字学专题研究、古文字学研究等课程。该系文学组三、四年级专业必修课共计4门课程、30学分（其中历代文选、历代诗选、中国文学专书选读3门为一学年课程，占28学分）。历代文选教学内容自先秦文至近代文，历代诗选自汉魏六朝诗至近代诗，中国文学专书选读共讲授25种古典文学名著：《诗经》《尚书》《周易》《左传》《国语》《战国策》《论语》《孟子》《庄子》《楚辞》《史记》《汉书》《后汉书》《三国志》《吕氏春秋》《文选》《史通》《水经注》，以及乐府诗、杜诗、陶谢诗、温李诗、黄山谷诗、韩愈文。学生需选读4～6种，共12学分。所选读著作涵盖了中国古典文化名著的主要部分。选修课计8组，文学史组6门课，中国文学史专题、分期研究等4门为中国古典文学方面的课；作家研究计4门课：白居易、陶渊明、元遗山、吴梅村研究；文学作品选读7门课，6门课为古典文学作品选读。历史系6组选修课中，史籍名著选读10门课中8门为中国史籍名著，断代史组16门课中9门属中国古代史范畴，且规定必选中国史2门、西洋史1～2门；专门史组有8门中国史课程。哲学心理学系在中国哲学史外还开出了中国先哲修

---

①　许渊冲：《似水年华》，北京：生活·读书·新知三联书店，2008年，第107～110页。

②　从游而学始于春秋后期私家讲学活动。梅贻琦在《大学一解》推崇师生的"从游"关系，"大鱼前导，小鱼尾随，是从游也。从游既久，其濡染观摩之效，不求而至，不为而成"，强调教师对学生的身教和濡化。

养方法、周易哲学、先秦法家、儒家哲学、朱子哲学、王阳明哲学、老庄哲学、汉晋自然主义、魏晋玄学、汉唐佛学概论、隋唐佛教等课程。地质地理气象系地理组也开设了中国边疆区域地理、西南边疆研究、中国地理区域研究、中国经济地理等课程。

在教学过程中，不仅文科的教师注重弘扬民族文化，理工科的教师也十分注意结合教学内容有机地进行民族文化的价值教育。如机械系刘仙洲教授，对于中国机械工业的历史很有研究，在讲授《机械原理》时，"他经常向我们介绍中国古代机器、机械的成就，表扬我们祖先的聪明才智，发扬了爱国主义的精神"[1]。西南联大教师不仅在课堂教学中弘扬中国文化，而且在学生社团邀请他们所做的各种演讲中也极力普及中国的文化，如"老庄哲学之探讨""魏晋玄学及其清谈之风""陶渊明的时代背景及其诗的内涵与艺术"等。据西南联大学生张源潜日记的记录，仅1942年下半年，就有文学院的教授杨振声讲"书画同源考"、罗常培讲"语言与文化"、唐兰讲"甲骨文"、游国恩讲"楚辞中的女性"、吴晗讲"唐宋时代的战争"、浦江清讲"中国小说之演变"[2]。西南联大教师不遗余力地普及中国文化于此可见一斑。

2. 通才教育的人才培养模式

在教育目标的确定上，西南联大继承中国教育传统中以培养"君子"人格为主要教育目的的思想资源，以人格的培养和完善为教育的主要目的。"教育只有一个目的，就是每一个人的人格的培养"[3]。

而实现人格培养目的的主要途径就是实行"通才教育"。梅贻琦明确提出："窃以为大学期内，通专虽应兼顾，而重心所寄，应在通而不在专，换言之，即须一反目前重视专科之倾向，方足以语新民之效。"因为"通识，一般生活之准备也，专识，特种事业之准备也。通识之用，不只润身而已，亦所以自通于人。信如此论，则通识为本，而专识为末，社会所需要者，通才为大，而专家次之。以无通才为基础之专家临民，其结果不为新民，而为扰民"，所以他认为："大学教育毕竟与其他程度的学校教育不同，它的最大目的原在培植通才；文、理、法、工、农等等学院所要培植的是这几个方面的通才，甚至于两个方面以上的综合的通才。它的最大效用，确乎是不在养成一批一批限于一种专门学术的专家

---

①　中国人民政治协商会议云南省委员会，云南文史资料研究委员会：《云南文史资料选辑》第34辑，昆明：云南人民出版社，1988年，第511页。

②　中国人民政治协商会议云南省委员会，云南文史资料研究委员会：《云南文史资料选辑》第34辑，昆明：云南人民出版社，1988年，第156～158页。

③　潘乃穆，张海焘：《寻求中国人位育之道——潘光旦文选》，北京：国际文化出版公司，1997年，第641页。

或高等匠人。"[1]是否实行通才教育在联大内部有过较长时间的争论。据冯友兰回忆，这一问题成了当时教授经常讨论而始终没有完全解决的问题。后来折中为大学一、二年级以通才为主，三、四年级以专业为主。但总体来看，西南联大还是实行了通才教育。这是因为，通才教育首先是北京大学和清华大学的一个传统。这个传统不可能在短时间内因为三校合组西南联大而夭折。在西南联大的课程方案中可以清楚地看到清华大学在大学一、二年级通过共同必修课来实施通识教育的模式已被西南联大所全盘继承。

西南联大的通才教育模式首先表现在宽口径的课程设置上。最典型的反映在西南联大共同必修课的设置上比较注意课程的基础性与文理渗透的广博性。西南联大的共同必修课分为校、院两级。西南联大一、二年级的课程以全校"共同必修课"为主，包含语言、历史、哲学、社会科学和自然科学几大类，共计36～38学分。二年级除继续开设学校共同必修课外，还开设学院共同必修课。三、四年级才以专业课为主。大一国文、大一英文、伦理学（1942年始设）、中国通史为全校共同必修课。此外，文学院、法商学院、师范学院的学生需选修西洋通史等2门人文、社会科学基础课，1门自然科学课程（如科学概论、普通生物学、物理学、化学等）；理学院学生需选1门社会科学课（可任选社会学概论、民法概要、政治学、经济学概论）、2门本专业以外的自然科学课程（可任选：普通生物学、普通物理学、普通化学及地学概论、普通心理学、普通地质学等）。在此基础上设置学院共同必修课，如工学院就设置了微积分、微分方程、普通物理、普通化学、经济学简要、工程画、画法几何（投影几何）、制模实习、锻铸实习、静动力学、材料力学、机件学（机械原理、机动学）、机动计划、机械工程画14门学院共同必修课。根据《国立西南联合大学本科教务通则》第三十条的规定，"学生在修业期间，须修满一百三十二学分"。若各院共同必修课以54学分计，则共同必修课学分占总学分的40.9%，比例较大。从课程门类看，文学院、法商学院共同必修课程包括了中外语言、中西历史与哲学、法律伦理、政治经济和自然科学等五类；理学院课程涉及中外语言、中国历史与经济政治等人文与社会科学，自然科学方面则涵盖了数学、物理、化学、生物学等自然科学的主要门类；工学院学生除学习工科共同课程外，还要学习中外语言、经济学等课程。此外，西南联大还配合学分制的严格规定开设了大量的选修课，8年内所开设的1600多门课中有大量的选修课。外文系在文学院中必修课所占比例最大，达120学分。即使这样，外文系仍先后开出过涉及欧美国别文学史、断代文学史、类型文学史、作家作品选读、文学理论、语言共5大类50门选修。历史

---

① 刘述礼，黄延复：《梅贻琦教育论著选》，北京：人民教育出版社，1993年，第105～106页。

系和中文系分别开出64门和45门选修课；工学院课程为西南联大各学院中最多，而机械工程系仍先后开出25门选修课；法商学院中仅经济系即开出选修课41门。而且西南联大允许学生跨系、跨学院选修课程。这就为学生提供了广阔的选择空间，有助于拓宽学生的知识范围和学术视野，以及专业后续发展，真正体现了通才教育的特点。从其课程设置及所占学分比例看，国文、英文并重，中外历史同习，人文自然共融，总体上体现了中西会通、文理会通的特点。

其次，表现在注重人文与科学教育的统一。在人文与科学教育的关系上，西南联大通过突出人文教育，达到人文与科学教育的统一。张伯苓在抗日战争中对人文与科学教育的关系曾有过很好的表述。他指出："科学为现代知识之基础，人文为一切学问之归宿，学术之昌明，文化之进展，舍此莫由。"[1]梅贻琦也十分重视对学生的人文教育，他认为："一种目的在养成组织人才的工业教育，于工学本身与工学所需要的自然科学而外，应该旁及一大部分的人文科学与社会科学，旁及的愈多，使受教育的人愈博洽，则前途他在物力与人力的组织上，所遭遇的困难愈少。"[2]作为优生学家和时任西南联大教务长的潘光旦则从反思"科学主义"的角度出发，认为：五四以降，科学被偶像化，近世科学的发展更暴露出"忽略了人，尤其是忽略了整个的人"，而人文学科能够解除科学弊于分而不知合、弊于知与用而不知其更高价值、弊于一尊而不知生活之多元、弊于物而不知人的弊病。因此他主张重视人文学科，"高中与大学的前二年，应尽量充实人文学科的学程。文法院系固应如此，理工院系……尤属必要"。[3]基于这样的认识，西南联大能够较好地把握人文教育与科学教育的关系。为了避免人文学科被弱化，西南联大在实行通才教育中比较重视人文教育。在西南联大各院系共同必修课中，人文和社会科学的课程占了相当大的比例：全校共同必修课中除科学概论外，大一国文、中国通史、西洋通史、伦理学、哲学概论、社会学概论均属人文或社会学科。西南联大还规定理工各科学生必须选修2门人文学科或社会科学的课程。理工科的教师也十分重视其学生的人文教育。如时任理学院院长吴有训先生对不选人文学科课程的学生往往不在其选课单上签字认可。数学系杨武之教授不仅教杨振宁背唐诗，而且在杨振宁初二时就专门请西南联大历史系的高才生丁则良教其读《孟子》，也可见当时理工科教授对人文教育和传统文化教育的重视。

————————————

① 张伯苓：《南开大学复兴筹备会议记录》。梁吉生《允公允能 日新月异》，济南：山东教育出版社，2003年，第102页。

② 刘述礼，黄延复：《梅贻琦教育论著选》，北京：人民教育出版社，1993年，第185页。

③ 潘乃穆，张海焘：《寻求中国人位育之道·潘光旦文选》，北京：国际文化出版公司，1997年，第570，576页。

再次，表现在对文科的重视。国民政府教育部自 1932 年提出《改革教育方案》后，即采取措施大力发展实科。甚至提出停办大学文科 10 年。此举遭到大学的强烈反对。后国民党又将此措施改为限制文科发展。此后，全国大学实科得到较大发展，加上社会对实科人才的较大需求，使学生人数急剧增加。西南联大也出现了学生热衷于报考实科的情况。1942 年，西南联大共有在校生 2760 人，其中仅工学院的学生即达 756 人，经济系一系学生就为 545 人[①]。工学院和经济系的学生为 1301 人，占全校学生数的 47.1%。为了坚持通才教育、反对只重实科不重文科，西南联大和教育部有过争论，还曾上书蒋介石、陈立夫提出异议。针对政府和学生均偏重于工科和经济学科的现象，朱自清即予以反对。他说："大学应该顾到百年大计，不应该为一时偏倚的需要而变质。近年来因为种种原因，大学生只拥挤在工学院和经济系里，这是目光短浅，只看在一时应用上。这是大学教育不健全的现象。"[②]基于这样的认识，西南联大注意了对文科专业的保护和发展。

最后，对学生严格要求，建立淘汰机制。西南联大在学业上对学生要求极为严格，通过建立淘汰机制保证了通才教育的质量。在西南联大研究中，大多数论者都只注意到联大培养了一批各学科的杰出人才，而忽视了这样一个问题，即西南联大人才培养的高质量这一结果是以严格要求下的高淘汰率为基础的。据《国立西南联合大学校史》所附《本科毕业生统计表》统计，自 1937～1945 年，八年中西南联大在校生达 8000 人（不含研究生）。减掉全面抗战期间西南联大有登记的从军学生 834 人、西南联大结束时肄业并志愿选择三校继续上学的学生 1641 人，则应毕业学生为 5525 名，而实际毕业学生只有 3813 人（本科生 3732 人、专修科 81 人），其毕业率只有 69%。据此可以看出，即使除去因生活、学习困难中途辍学或因避祸而弃学的学生没有统计在册，西南联大的淘汰率也是十分高的。据西南联大学生回忆，西南联大的淘汰率多在 1/3 以上，有的系甚至达到 3/4。如化学系，一学年下来，至少有 1/3 的学生被淘汰，电机系 1941 年一年级有学生七八十人，到毕业时电讯组只剩 6 人，电力组只有 11 人。这样高的淘汰率是因为西南联大教师对学生学业上的要求非常严格。西南联大工学院"教授授课对学生要求严格，某些基础课不及格的学生有时达 1/3"，一年级学生学习微积分和普通物理"任何一门不及格或是成绩欠佳者，到二年级就有被拒诸院外的危险"；机械系要求用计算尺计算的数值的有效数字是三位，若最后一位错了，这道题就要扣分，若使小数点定位错了要被当成典型当众挨剋。化学系的有

---

① 北京大学，清华大学，南开大学，云南师范大学：《国立西南联合大学史料》（五），昆明：云南教育出版社，1998 年，第 15～16 页。

② 朱自清：《论大学共同必修科目》，《高等教育季刊》，1941 年第 3 期，第 10～12 页。

机化学"几乎每周都有测验，而且事先不通知"①。不仅理工科要求严格，文科也是如此。如吴宓教授在外语系"严格要求人名、地名、书名和历史年代的准确，决不允许马马虎虎的作风"，教授法文的吴达元教授对学生的严格要求也是十分出名的。学校对学生学业的管理也十分严格。据西南联大常委会 104 次会议记录（1939 年 3 月 14 日）：因有 2 名学生"请人代考"、1 名在籍学生和 1 名借读生代人考试，且此借读生"考试时夹带有据"，经常委会讨论，将 3 名在籍学生开除，停止借读生借读并函达原校查照。通过对学生严格要求，西南联大不仅促进了学生勤奋学习，而且培育了学生严谨治学的态度和学术操守。这也是西南联大能够培育出高质量人才的重要因素。

3. 教授治校、民主自由的管理制度

西南联大的教育管理制度及其中所体现的管理思想首先是教授治校。教授治校的实质在于教授参与并掌握学校的决策与治理。在西南联大，教授治校具体体现为联大教授们掌握着学校的各级管理部门的权力并通过"常委会""校务委员会""教授会"形成常委主持的校内三级决策体制和校、院、系三级管理体制。根据《国立西南联合大学校务会议组织大纲》《西南联合大学教授会组织大纲》，校务委员会由常委委员、教务长、总务长、五院院长和全校教授推选的 11 位代表共同组成。而教授代表还须每年轮选一次，每学院至少要有教授代表一人。校务委员会是学校的实权机构，决定学校的大政方针。它审议学校的预算决策，院系的设立与废止，学校各种规程的审定，建筑和重要设备的立项、采购，校务改进事项的建议等。教授会由学校全体教授、副教授组成，教授会的职能主要是审议教学与研究的改进方案、学生的导育问题、学生的毕业成绩审查和学位的授予，对常委会和校务会提出建议，审议常委会或校务会交议的事项。教授会虽属咨询性质的机构，但它对于学校的行政管理、教学实施、学生学习，都具有相当的影响和作用。

除此而外，西南联大还通过建立由教授、副教授担纲的各种专门委员会处理校内的事务，如校舍委员会、校歌校训制作委员会、图书设计委员会、理工设备设计委员会、学生入学资格审查委员会、一年级学生课业指导委员会、大一国文委员会、毕业生成绩审查委员会和贷金管理委员会、职称评审委员会、环境卫生委员会、校志编辑委员会……

教授治校通过机构设置和赋予教授参与管理的各种机构以多种权限而得到实现。学校对教师的重视使其力量得到充分发挥，所以教授们也才会像朱自清那

---

① 西南联大校友会：《笳吹弦诵情弥切》，北京：中国文史出版社，1988 年，第 251、273、287、297 页。

样，感到"学校是我们大家的，谁都有一份儿"①。可以说，西南联大之所以能够取得辉煌的成就是学校发扬民主、群策群力的结果，其关键在于为教授治校提供了体制上的保证。

在西南联大，学术自由不仅是大学师生个人的权利，而且是西南联大的一种制度，贯穿于整个学校的学术生活之中，如西南联大学生所说："在联大里，自由研究、自由讨论是教育的主要方法，尊重个性、尊重人格是教育的主要目标。在联大里，没有强迫，只有诱导，没有盲从，只有信仰。"②至1945年，梅贻琦仍明确坚持"对于校局，则以为应追随蔡子民先生兼容并包之态度，以克尽学术自由之使命。昔日之所谓新旧，今之所谓左右，其在学校应均予以自由探讨之机会，情况正同。此昔日北大之所以为北大，而将来清华之为清华，正应于此注意"③。学术自由能够成为一种制度，主要基于西南联大人对学术自由本质的作用的认识。贺麟曾专门论述过学术自由的至上性，"学术在本质上必然是独立自由的，不能独立自由的学术根本上不能算是学术。她有她的大经大法，她有她神圣的使命，她有她特殊的广大的范围和领域，别人不能侵犯"，为了保持学术的独立自由和尊严，"在必要时，牺牲性命亦在所不惜"④。

在学生日常管理上，西南联大实行的是学生自主管理的模式，充分发挥学生的自主性、创造性，充分尊重学生的主体地位。在不违反校规及法律的前提下，西南联大的学生管理主要是通过学生自治会、学生社团和学生自主活动来进行的。训导处的工作大纲规定："本校训导方法，注重积极的引导，行动的实践。对于学生之训练与管理，注重自治的启发，与同情的处置。"

（二）以专才培养、服务云南为主旨的云南大学

回顾云南大学办学思想形成与发展的历程，可以看出云南大学在服务方向上更加突出地域性，在培养目标上更加强调实用型专门人才的培养。董泽在1920年10月22日拟就的《东陆大学进行计划概略》中就明确提出，"学校之目的为养成文学、政治、经济、教育、专门实业等人才"。到1922年8月，经唐继尧核准的《东陆大学组织大纲》提出，"本大学以发扬东亚文化，研究西欧学术，俾中西真理融会贯通，造就专才为宗旨"。此后，以培养专才为教育目的的思想在云南大学就基本定型。东陆大学以"发扬东亚文化，研究西欧学术，造就专

① 朱自清：《清华的民主制度》，《清华校友通讯》，1940年9月，6卷9期。

② 北京大学，清华大学，南开大学，云南师范大学编：《国立西南联合大学史料》（一），昆明：云南教育出版社，1998年，第248页。

③ 刘述礼，黄延复：《梅贻琦教育论著选》，北京：人民教育出版社，1993年，第132页。

④ 贺麟：《文化与人生》，北京：商务印书馆，1988年，第247页。

才"①为宗旨。紫瑜在《东陆大学开学之乐观》中也对云南大学建言："希望以社会需要之实科为主。我国历来教育上之缺点，即在空谈学理，且空谈迂远而不切实用之学理，实为进化上一大障碍。观东陆大学之宗旨，在表扬东亚文化，研究西欧学术，精神文明与物质文明并重，固深得大学之旨趣矣。然愚以为在中国今日之社会，权时救急，物质似较精神为要，故宜以实科为主予以充分之试验与实习，俾养成实用人才，以增进物质文明，而补社会偏弊。"②此言实际代表了当时云南社会的意愿，对云南大学办学宗旨的形成有重大影响。到 1929 年改为省立大学前夕，董泽在给龙云的报告中仍坚称："至于本校教育宗旨，以实用为依归，故所受课程务从实际，不尚玄谈。"③

在省立云南大学和国立云南大学时期，云南大学为云南经济与社会发展服务、培养专才的思想进一步明晰和得到发扬。何瑶在 1937 年《云南大学特刊发刊词》中概括了云南大学的办学思想："一、本注重实用科学之原则，因应云南之环境与需要，继续推广理工各学系并扩充其设备，以确树工业建设之根基。二、本体用兼顾之原则，倡导分科研究并注重技术训练，以培植各项专业之实际人才。此即本校今后努力之方针也。"④

在人才培养目标上，云南大学始终坚持了专才的培养。《省立云南大学组织大纲》及以后的《国立云南大学组织大纲》均以"研究高深学术，造就专门人才为宗旨"。

熊庆来执掌云南大学后，仍坚持了这一宗旨。在刚刚任职之际，熊庆来阐述其办学思想时说："云南省大所担负的使命，应该是推进学术研究，造就实际建设人才。本省天然条件优越，如采矿冶金、动植物等，应有专家研究，省大应该培养开发资源的实干人才。"⑤他依然肯定专才的培养，强调云南大学培育"实际建设人才""实干人才"的使命。此后，他又提到，"凡将来改造社会开发资源、便利交通，振兴农工商业等莫不有赖专才"⑥。

这一思想在云南大学可以说是一以贯之的。1939 年 2 月，到云南大学工作近半年的著名社会学家吴文藻在《云南日报》发表《云南大学与地方需要》一文，再次强调了云南大学应以为云南建设服务的思想。他指出：带地方性的国立大学与全国性的国立大学的任务是不同的，全国性的国立大学以探求真理、增进知

---

① 董泽：《东陆大学创办历史》。张建新，董云川：《云大文化史料选编》，昆明：云南大学出版社，2006 年，第 121 页。

② 张建新，董云川：《云大文化史料选编》，昆明：云南大学出版社，2006 年，第 58 页。

③ 《云南大学志》编审委员会：《云南大学志·大事记》，昆明：云南大学出版社，1993 年，第 23 页。

④ 《云南大学志》编审委员会：《云南大学志·大事记》，昆明：云南大学出版社，1993 年，第 42 页。

⑤ 《熊庆来与记者谈话》，《云南日报》，1937 年 7 月 16 日。

⑥ 张建新，董云川：《云大文化史料选编》，昆明：云南大学出版社，2006 年，第 155 页。

识、发扬民族精神、开创国家文化为其天职。而地方性的国立大学，树立纯粹学术基础，提高地方文化水准，固为其应有的使命；训练实际人才适应地方建设，尤为当前的急务。云南大学新近绥由省立改为国立，而其办学方针，仍应密切配合地方环境。地方需要的重心在哪里，大学设施的重心即寄托在哪里。①

基于这一思想，云南大学从建校之初在专业建设上就十分注重为云南经济与社会服务。建校时就设立了当时云南的支柱产业——矿业所急需的专才培养机构：采矿冶金系，1931 年开始招生。1933 年设立医学专修科及 1934 年设置医学院，1937 年，又设置植物系，1939 年设置农艺、森林系。这些专业与学系的设立，无不围绕云南经济与社会发展的需要。在抗日战争期间，各系也积极为抗日战争工业直接服务。例如，矿冶系为避空袭，迁至广通，与滇西企业局合作，指导一平浪盐、煤矿之开采，后又在会泽与滇北矿务局合作，颇有贡献。农学院则与云南建设厅合作。

值得注意的是，熊庆来与他的前任不同，他更加重视大学的根本——发展学术。在 1938 年 11 月 24 日国立云南大学开学典礼上，熊庆来又明确提出："窃以为大学除培养有用人才外，于学术本身不得不有所致力。"②在《本校之学术生命与精神》中，熊庆来更明确指出："夫大学之重要，不在其存在，而在其学术之生命与精神。"③据此可以看出，熊庆来并不以满足社会需要为大学的根本，更不以牺牲大学发展学术的基本使命来满足社会的现实需求。在他的心目中，发展学术，是大学的终极使命，远远高于适应社会需要的目标。这正是云南大学能够在他掌校时期发展到黄金时期的内在原因。

在学校内部管理体制上，云南大学有异于西南联大。东陆大学初建时，实行的是校董会负责制，校长由校董会聘任，"执行校董会一切议决事项"。省立大学时期，校长总揽大权。熊庆来掌校后，云南大学虽然也设立校务会、教务会和教授会三会，实施三会、三处（教务、训导、总务）、五院的管理架构，但权力仍主要集中于校长一人之手，学校不设副校长，三会中校务会议是最高权力机构，而"校务会议的主席是校长，校务会议的职权是审议学校中有关人事、财务经费、建筑等重大事项。下设各种常设委员会……对各常设委员会的委员，主席有任免权，对常设委员会的立法有审议、决议权。审议若发生争议时，校长有最

① 《云南大学志》编审委员会：《云南大学志第二卷大事记（1915 年～1993 年）》，昆明：云南大学出版社，1993 年，第 78 页。

② 《云南大学志》编审委员会：《云南大学志第二卷大事记（1915 年～1993 年）》，昆明：云南大学出版社，1993 年，第 75 页。

③ 张建新，董云川：《云大文化史料选编》，昆明：云南大学出版社，2006 年，第 217 页。

后决定权"①。决定权始终集于校长。治理结构相同，并不一定产生一致的治理模式和效果。

第三节　抗日战争期间高等教育对云南社会与经济发展的促进

高等教育通过人才培养、科学研究和文化传播而形成对社会的多重影响与促进：在文化传承、发展创造和知识生产的过程中，在文化聚集与文化碰撞的过程中，不断提出新的理论、新的思想，进而引导社会思想的发展；以培养社会经济发展所需要的各类高级专门人才而实现对劳动力再生产，提高劳动者素质，从而促进生产力的发展；在科学研究过程中以知识生产、技术创新等推进科技进步。

抗日战争时期的高等教育在推进社会经济发展方面也起到了同样乃至更大的作用。通过内迁，云南出现了空前绝后的高校大规模聚集现象。众多"国"字号的高水平高校云集云南，开展人才培养、科学研究和社会服务，有力地促进了云南经济与社会的发展。可以说，抗日战争时期既是云南高等教育大发展的黄金时期，也是云南经济与社会实现近代化的关键时期。云南高等教育的大发展，不仅带动了云南教育的整体发展，而且在改变云南的政治面貌、文化风习、促进文化现代化、推进产业结构调整、促进经济发展等方面都发挥了重要作用。

一、以抗战救亡宣传推进国民精神动员，强化云南人民的国家意识

民国时期，边疆民众的国家意识淡薄，"一般人，只知有个人家族宗族，而于国族，则淡焉漠焉，若无所事事者然，而边疆各民族，因教育程度低落之关系，其国家观念之浅，民族意识之薄，较内地尤有过之，因此外人利用此种缺点，实行其分化政策"②，如王明基在《昭通教会史》中就曾描述到滇东北地区，少数民族"处于尚未开化的蒙昧自然状态，不知有县政府，更不知有国家和中华

---

① 《云南大学志》编审委员会：《云南大学志·总述》，昆明：云南大学出版社，1993 年，第 54～55 页。
② 怀瑾：《实现国族主义应从边疆教育下手》，《边事研究》，1936 年第 3 期，第 2 页。

民族"①。当时有识之士就认为"造成民族向外之心理，吾人则认为皆缘教育效力未普及边疆之所致"②。

因此，教育是强化民众国家意识和国家认同的主要渠道，在抗战时期也是进行抗战国民精神动员的主要渠道之一。驻滇各高校师生在抗战时期积极开展抗战宣传，以爱国主义为核心塑造国民的抗战精神，在较好地发挥了对云南各族人民思想动员作用的同时，强化了国家意识和国家认同。

首先，教师群体通过报刊杂志等传媒撰文立说，积极宣传抗战必胜的信念。抗战必胜信念的确立，主要凭借国共统一战线坚强有力的政策和军事上的胜利，但思想上能够深刻认识抗战必胜的原因，准确把握战局大势和国际形势，形成抗战必胜的理性认识，方能保证信念的持久性和稳定性，不会因一时一地的挫折而动摇。对于抗日战争为什么必然会取得胜利这一问题，大学教师从各自的学科入手，向公众进行了学理上的分析和论证。通过对抗战必胜进行学理证明，以此坚定国民抗战必胜的信念。《今日评论》的发起人、西南联大钱端升教授在1939年3～6月的《今日评论》上连续发表《抗战致胜的途径》、《抗战致胜的政治》和《抗战的目的》等文，潘光旦发表《抗战与选择》，宣传抗战必胜的思想。"战国策派"的雷海宗、陈铨、林同济等也都撰文宣扬抗战必胜的思想。如雷海宗在1938年发表的《建国——在望的第三周文化》一文中指出："抗战到今日，著者不只有成功的希望，并且有必成的自信。以一年半以来的战局而论，中华民族的潜力实在惊人，最后决战的胜利确有很大把握。"

1938年5月，西南联大哲学教授贺麟于《云南日报》发表《抗战建国与学术建国》一文。他认为，以"军备薄弱的中国"之所以能够战胜"军力雄厚、世界第一等强国日本"，"那必因除以军事的抗战，经济的抗战，有以制胜外，又能于精神的抗战，道德的抗战，文化学术的抗战各方面，我们都有以胜过日本的地方"。就道德抗战而言，日本已成为正义人道的公敌，国际公法的罪犯；就精神抗战言，日本的军心、士气、民意均不振奋；以文化学术衡量，日本属于第三等国。"以文化学术在世界上列于第三等国的日本，政治军事一跃而居一等强国之列，这种先天不足，本末倒置，实为日本的根本危机。"历史上文化一流的民族终将复兴，成为一流强国，而以武力横行，学术文化缺乏根基的民族终至一蹶不振的例证甚多。中华民族有数千年的文化根基，与外来文化接触，反可引起新生机，逐渐繁荣。所以，"我们现在的抗战建国运动，是有深厚的精神背景和普遍学术文化基础的抗战建国运动，不是义和团式不学无术的抗战，不是袁世凯式的不学无术的建国"。"抗战的真正最后胜利，必是文化学术的胜利。"②

---

① 王明基：《昭通教会史》（未刊本），石门坎教会推广委办。

② 贺麟：《文化与人生》，北京：商务印书馆，1988年，第19～20页。

此文发表后，影响很大。兼任中央政治学校教务长的西南联大教授周炳琳几次邀请贺麟到中央政校讲学，贺麟并因此演讲而多次受到蒋介石接见。可以由此推想这篇文章对当时各界人士的影响力。

云南大学文法学院院长林同济、教务长何鲁也于 1937 年 11 月分别在《云南日报》撰文《抗战成绩的一个估量》《中华民族不亡的铁论及将来国际形势的推测》，宣传"我们唯一的任务，唯一的国策是战！战！战！"，阐述中华民族能够延绵的伟大力量在于有适应环境的能力和同化力[①]。

其次，通过广播宣传抗战。西南联大、云南大学等校师生积极参加当时昆明刚刚兴起的广播事业，通过电台宣传抗战。仅西南联大师生就有 133 人参与了昆明电台的抗战宣传工作。蒋梦麟、梅贻琦、冯友兰、查良钊、曾昭抡、黄钰生、邵循正、王赣愚、陈省身等均在昆明电台的《名人演讲》《学术讲座》《时事论述》等节目，从不同角度解释抗战必胜的理由。如曾昭抡于 1940 年 8 月曾在昆明电台讲演《抗战以来中国工业的进展》，为听众分析抗战时期中国工业发展的格局变化，"可是敌人祇能毁灭我们的物质，不能破坏我们的精神，沿海各处的工业完结了，大后方的工业却又已经树立起来，这一点也很可以表示我们中华民族伟大的国民魂"，宣传"这次战争的性质，必将演成长期抗战"，"在对于抗战前途抱乐观态度的因素当中，三年来后方工业的进展，是一种很重要的因素"。有理有据，特别能安定和振奋人心。云南大学熊庆来、何鲁、林同济等也参与了该类节目的讲演。

此外，驻昆高校还积极与昆明广播电台合作，在电台演唱抗战歌曲、话剧等，由昆明电台播出。西南联大的若干学生社团（如西南联大歌咏团、西南联大工学院蓝鹰歌咏队、西南联大师范学院回声歌咏队、西南联大师范学院附属学校歌咏队）、中法大学的"中法合唱团"等都参与其间。1940 年 8 月 31 日，西南联大歌咏团为给抗日将士募集寒衣而应邀在昆明广播电台举办广播音乐会，演唱抗日战争歌曲《黄河大合唱》《游击队歌》《抗敌歌》《旗正飘飘》《太行山上》等，其中，《黄河大合唱》是首次在云南演出。西南联大话剧团从 1940 年 10 月至 1942 年 1 月，在昆明电台先后演播了抗日战争话剧《祖国》《雾重庆》《锁着的箱子》《怒海余生》《人约黄昏》《未婚夫妻》等，使西南联大文艺抗战的声名远播海内外[②]。

再次，通过演讲活动宣传抗战。1938 年 4 月 23 日，云南大学与国民党云南

---

① 《云南大学志》编审委员会：《云南大学志第二卷大事记（1915 年～1993 年）》，昆明：云南大学出版社，1993 年，第 79 页。

② 戴美政：《抗战救亡的时代强音——昆明电台与西南联大对抗战广播的重大贡献》，《中国广播》，2015 年第 12 期，第 86 页。

省党部、抗敌后援会发起组织云南省各界反侵略宣传大会，云南大学校长熊庆来、教授何德鹤、林同济在大会演讲，宣传国际反侵略大会等正义力量对中国抗战的声援，坚定民众抗战的决心。5月，林同济、何鲁、肖蘧等又应省主席龙云之约，对云南省各部队军官分期演讲。西南联大的教授们也多次对民众进行以抗战为主题的演讲。西南联大文学院甫到蒙自，就于1938年5月4日、7月7日分别组织纪念"五四"和抗战纪念会，多位教授讲演。据宗璞《梦回蒙自》记载：1938年7月7日，文学院师生和当地民众在旧海关旷地举行抗战纪念集会。冯友兰发表演讲，强调一年来抗战成绩令人满意，中国坚持持久战是有希望的，一城一地之失，不可悲观，中国必将取得最后胜利。又言战争固能破坏，同时也将取得文明之进步，并鼓励学术界提高效率。整个抗日战争期间，西南联大教师们还有许多面对民众的抗日演讲。

最后，学生组织和社团也较为普遍地开展了丰富多彩的对民众的抗日宣传教育活动。由中共云南临工委领导、昆明全市22所大中学校参与成立的"云南省学生抗敌后援会"（简称"学抗会"，其干事长陈德培、总务部长伍兴仁均为云南大学学生）于1937年9月18日发起，在昆明光华体育场举行"九一八"六周年纪念大会。云南各界抗敌后援会等共3万多人参加了大会。学抗会组织了以中小学生为主的万人大合唱，会后举行示威游行。当晚，学生演出话剧《死亡线上》《无名小卒》等。次日，学抗会所属各学校又组织歌咏、话剧到城郊乡村进行宣传。此后，学抗会及所属各学校分会、外县区的分会都纷纷组织起来，走出校园，走向社会，用讲时事、演唱救亡歌曲、演街头剧、活报剧、公演话剧等形式，深入工农兵学群众中进行宣传，推动了全省各地救亡运动的发展。西南联大"群社"成立不久，就先后于1939年、1940年两次组织成员到昆明大板桥、龙潭街对民众进行抗日战争宣传。西南联大歌咏团组织的两次大的演唱活动均是演唱抗战歌曲《黄河大合唱》《游击队之歌》《太行山上》《中国不会亡》等。1938年底，云南大学学生为激发人民抗敌情绪、强化民族意识，组建70余人的抗战歌咏团，并于1939年4月3日与云南大学时事研究会、救亡话剧队联合在会泽院举行抗战演出，社会各界人士踊跃参加。同济战时，服务团到昆明街头张贴宣传抗战的壁报，在国民党省党部礼堂、云瑞中学礼堂和文庙剧场开展抗日话剧募捐义演，并在1939年"一·二八"纪念日发起组织在昆大、中学学生抗日示威募捐游行。沿途散发抗战宣传材料，激发了群众的热情，纷纷捐款，援助抗战。"这一次大游行，对昆明社会影响极大，为昆明人民所乐道，历久难忘。"[①] 中山

---

① 韩忠山：《同济大学内迁期间开展抗日救亡活动的回忆片断》。政协西南地区文史资料协作会议：《抗战时期内迁西南的高等院校》，贵阳：贵州民族出版社，1988年，第89～90页。

大学的学生也建立了"青年生活社""民风剧团""粤声音乐社"等社团，在澄江积极开展抗战救亡宣传。这些社团组织了歌咏、戏剧活动，邀请著名音乐家马思聪、郑振声教授为指导，教唱抗战歌曲和演出抗战话剧。每有演出，"观看的师生及当地群众都达数千人之多"，在较为闭塞的澄江，发挥了很好的鼓动、宣传作用。

无论是著书立说还是文艺表演，在抗战救亡的宣传过程中，强化民众的民族意识和国家意识始终是其主题。

民族意识和国家认同感的增强，一方面缘于日本侵华战争所带来的空前深重的民族危机的刺激，一方面也得力于对民族意识和国家意识的宣传教育。民族危机所形成的中华民族的共同命运加强了民族共同体的联系，而宣传教育则强化了民族意识。

钱穆的《国史大纲》便集中体现了塑造民族意识和国家认同的使命感，在当时引起较大反响。钱穆撰写《国史大纲》的目的，就是要使国民通过阅读其书而形成民族意识与国家认同。在《国史大纲》的《引论》中，突出了"凡其所爱，必其所知"，"欲其国民对国家有深厚之爱情，必先使其国民对国家以往历史有深厚之认识"的理念，整部《国史大纲》的主旨就是围绕中华民族的独特精神，论证其存在的合理性。其对中国民族得以自立的文化生命和历史精神的钟爱之情跃于纸上，形成强烈的感染力。文中数次提到"国民"这一概念及何为"合格国民"，也表明了钱穆着力灌输国家认同感的良苦用心。

主张"民族至上"的陈铨，更力主通过"民族文学运动"建立"民族意识"。陈铨认为："民族文学运动应当培养民族意识，民族意识是民族文学的根基，民族文学又可以帮助加强民族意识，两者互相为用，缺一不可。所以民族文学运动，最大的使命就是要使中国四万万五千万人，感觉他们是一个特殊的政治集团。"[1] 他在西南联大期间改编了外国剧本《祖国》，创作了《黄鹤楼》《野玫瑰》《蓝蝴蝶》《金指环》等剧，将其"民族至上，国家至上"的理念贯穿于其作品之中，极力宣扬"民族意识"。其所塑造的人物都体现了"要为祖国生，要为祖国死"、为抗日战争万死不辞的英雄气概。如《祖国》讲述了在日寇占领的某城市，一位大学教授不顾个人安危、不计个人恩怨，与其学生及工人们一起向日寇汉奸顽强斗争直至英勇牺牲的故事。西南联大话剧团 1939 年在昆明公演了由陈铨编剧、孙毓棠执排、闻一多舞美设计的话剧《祖国》，该剧连演 8 天，引起很大轰动，"观众反应非常强烈……当剧中人物英勇就义高呼'打到日本帝国主义！'、'中华民族万岁！'时，观众随着高呼口号，台上台下喊成一片，洋溢着高涨的爱国

---

[1]　陈铨：《民族文学运动》。温儒敏，丁晓萍：《时代之波——战国策派文化论著辑要》，北京：中国广播电视出版社，1995 年，第 378 页。

热情……演出场场满座，报纸也连续发表消息和评论……《祖国》轰动了昆明，一时成为人们谈话的中心议题"[①]。此外西南联大话剧团、西南联大剧社等还独立或合作演出了《黑字二十八》《野玫瑰》《夜未央》《金指环》等以抗日救国、构建民众民族意识与国家意识为主题的话剧。罗庸教授在紧张的教学科研之余，还应老舍之约，以评书、快书、太平歌词等形式编写了许多通俗的抗战文艺作品，如《汉奸自叹》《老妈辞话》《一门全节》等，都广为流传[②]。

同济大学学生通过办读书会、壁报、民众夜校等形式宣传抗战必胜、揭露日寇的侵略罪行。1939 年 8 月，由同济大学学生董林肯、徐守廉、竺伯康等发起组织的"儿童剧团"在近日楼演唱抗日歌曲、演出街头剧《难童》，此后又在昆明戏剧节期间演出话剧《小间谍》，连演五天，场场爆满，轰动昆明。

通过各种宣传和文艺演出活动，在云南的各高校以民众喜闻乐见的形式把"中华民族""祖国""国民责任"等概念植入云南边疆各民族、各阶层民众的内心，使其中华民族大家庭的民族意识和国家意识的得到空前的增强。

二、高等学校的民主运动实现了对云南人民民主政治思想的启蒙

知识分子被称为"社会的良心"，是因为知识分子不仅仅是专业人士，而且更是一个代表公众利益的群体。如萨义德所定义的："知识分子是社会中具有特定公共角色的个人，不能只化约为面孔模糊的专业人士，只从事她 / 他那一行的能干成员。我认为，对我来说主要的事实是，知识分子是具有能力'向'（to）公众以及'为'（for）公众来代表、具现、表明讯息、观点、态度、哲学或意见的个人。"[③] 因而他们往往是人类基本价值的维护者（正义、公正、民主、自由、平等、理性等）。他们一方面向公众宣传这些价值观念并根据这些基本价值批判社会上一切有违这些基本价值的不合理现象，另一方面又努力推动这些价值的实现。在中国，传统中作为社会精英的"士"，与西方"知识分子"的基本精神有"契合之处"。自孔子定"士志于道"，"士"便成为基本价值的维护者。所谓"士不可以不弘毅，任重而道远"。汉末党人领袖李膺"欲以天下风教是非为己任"，北宋范仲淹"先天下之忧而忧，后天下之乐而乐"，晚明东林党人"事事关心"，顾炎武"天下兴亡匹夫有责"的呐喊，成为中国知识分子的理想和豪情。这种"以

---

① 张定华：《回忆联大剧团》。西南联合大学校友会：《笳吹弦诵在春城》，云南人民出版社，北京大学出版社，1986 年，第 344 页。

② 刘又辛：《治学纪事》，成都：巴蜀书社，2002 年，第 70 页。

③ [美] 萨义德：《知识分子论》，单德兴译，北京：生活·读书·新知三联书店，2002 年，第 16 页。

天下为己任”的传统，“自始便在中国史上发挥着‘知识分子’的功用”。[①]

这种精神在抗日战争时期更得到了高校知识分子的继承和发扬。冯友兰在《国立西南联合大学纪念碑碑文》中所说“联合大学以其兼容并包之精神，转移社会一时之风气，内树学术自由之规模，外来民主堡垒之称号”，可以说是对联大等在滇高校以维护社会正义等基本价值观为己任的最集中概括。广大师生能够舍生忘死地开展民主运动，其内在驱动力正是这种以维护社会正义为己任的价值取向。而也正因为有这样的价值观，西南联大等高校才能成为当时的“民主堡垒”。

面对抗战后期国民党政府加强独裁专制、贪污腐败、经济上物价暴涨、民不聊生、军事上节节败退的局面，西南联大、云南大学、中法大学、省立英专的师生，挺身而出，展开了轰轰烈烈的爱国民主运动，成为全国的“民主堡垒”，改变了云南历来为全国政治边缘的面貌，大大提高了云南民众的政治热情与民主意识、提高了云南的政治地位。

1942 年 1 月的“倒孔运动”可以说是由驻滇高校发起的第一次大规模民主运动。1941 年底，“太平洋战争”爆发，香港沦陷于日寇。国民政府派往香港接应滞留在港的政府要员和文化名人的最后一架飞机，竟被孔祥熙之女“孔二小姐”霸占，甚至同机运回洋狗、马桶等，致使陈济棠等要员及国学大师陈寅恪、作家茅盾等人因此而被迫滞留香港。此事经报刊披露，国人莫不愤慨。1942 年 1 月 6 日，西南联大学生（包括大批加入三青团的在校学生）与云南大学、中法大学、英语专科学校、同济大学、昆华中学的学生组成了一支 3000 余人的游行队伍上街游行抗议，声讨孔祥熙。“倒孔运动”，震动全国，打破了“皖南事变”以来在白色恐怖之下全国政治消沉寂寥、万马齐暗的局面，为此后民主运动的高涨奠定了良好的基础。在这次运动中发表的《讨孔宣言》指出，“国家之败，多由官邪。当前我国贪污之风，有增无已，奸吏之恶，日益加剧。值兹抗战方殷，建国伊始之际，内政不修，无以御侮；贪污不除，何以儆奸”，“国势危急，奚容缄默”，“剪彼凶顽，以为国本。是为国民之天职，尤为我辈之责”，明确提出了国民，尤其是大学生对于维护社会正义、推进国家民主政治的责任。这是第一次对云南民众的政治启蒙。

此后，以西南联大为主，云南高校在 1944 年、1945 年连续两年以纪念“五四运动”为契机，开展了轰轰烈烈的爱国民主运动，并最终爆发了反内战、争民主的“一二·一”运动。

“一二·一”运动持续时间之长、波及范围之广、对民众心灵触及之深，对外影响之大，在云南现代政治史上都是前所未有的。学生的罢课运动，从 11 月

---

① 余英时：《论士衡史》，上海：上海文艺出版社，1997 年，第 2 页。

26 日西南联大学生通过罢课决议、发表罢课宣言，宣布罢课，云南大学、中法大学、昆华工校等 18 所大中学参与罢课，发展为 28 日 31 所昆明大中学校的罢课，再到"一二·一"运动后 44 所大中学校全部罢课。罢课开始后，各校学生组织宣传队上街向市民宣讲"11·25"晚会真相，宣传反对内战的意义和制止内战的方法，宣传民主与自由，无疑是对云南民众的一次民主政治意识的启蒙教育。西南联大全体教授在《国立西南联合大学全体教授为十一月二十五日地方行政当局侵害集会自由事件抗议书》中所宣传的"近代民主国家，无不以人民之自由为重……此固社会进步之常理，经世建国之要道，而为政府与人民共晓者"的思想，就是对云南民众所进行的人民自由权利不容侵犯的深刻教育和启蒙。由于这种教育，云南民众以从未有过的政治热情投入对爱国民主运动的支持之中：在 12 月 4 日起公祭"一二·一"死难四烈士的活动中，一个半月内竟有省参议会、省佛教会、基督教青年会等近 700 个单位和 15 万人次参加（当时昆明市人口约 30 万）；云南数十个县的师生，通过集会、募捐、派代表吊唁、写信等方式，支援昆明学生运动；昆明市市民中，公共汽车售票员协助散发传单，医务人员捐献药品，商人捐献纸张。学生运动成了激发云南民众政治热情和爱国热情、增强民主与自由及正义的现代政治意识启蒙运动。

三、高等教育的发展带动了云南基础教育的大发展

1. 为云南基础教育培养了一批优秀师资，改进和提高了在职教师的素质

1938 年，西南联大奉教育部命令，设置师范学院。师范学院下设七个系：国文学系、英语学系、史地系、数学系、理化系、教育学系和公民教育学系。教育学系以原西南联大哲学心理学系教育组为基础，并入云南大学教育学系组成。师范学院成立后，为云南基础教育培养和培训了大批师资。具体为：在 1938 年举办本科师范教育后，1938～1946 年，西南联大师范学院共计毕业本科生 180 人[①]。为解决云南中学师资短缺的问题，西南联大自 1939 年开始，与云南省教育厅合办云南省中等学校教员晋修班两届(1939 年、1944 年) 计 117 人，1942～1945 年的四届师范专修科 392 人[②]，本科、专科和进修三类学生相加共计 689 人[③]。其中"滇籍学生 272 人"，而且"除昆明市以外，已来自 63 个县和设治局，

---

① 据《国立西南联合大学历年本科毕业生人数统计表》统计。张思敬，孙敦恒等：《国立西南联合大学史料（三）教学、科研卷》，昆明：云南教育出版社，1998 年，第 100 页。

② 见《国立西南联合大学历年在校学生人数统计表》。张思敬，孙敦恒等：《国立西南联合大学史料（三）教学、科研卷》，昆明：云南教育出版社，1998 年，第 97 页。

③ 《云南师大校史稿》谓"师范学院的毕业生为 415 人"，滇籍学生"两届进修班为 153 人"（第 110 页），已高于晋修班在校生数，统计恐有误。

遍及云南三迤，连云南最偏僻的镇越、澜沧、维西、马关、缅宁、永善、盐津等县局，都有学生入师范学院"[1]。

这些学生毕业后多数在云南中小学校长期任教，成为云南基础教育的骨干。此外，西南联大其他学系的毕业生和在校师生也多有在云南中小学任教和兼课的，尤其是在昆明的中学任教和兼课的最多。"据不完全统计，在云南解放前后西南联大师院的毕业学生，在云南教育界任职的就不少，在省教育厅先后任科长的有 5 人，任市县教育局长的有 12 人，任省立中学及师范学校校长的 23 人，任省立中学及师范教务、训育主任的 14 人，任县立中学校长的 16 人，县中教务主任的有 8 人，任私立中学校长及教务主任的 17 人。西南联大其他院系学生在云南公私立中学任校长、主任的 22 人。"[2]西南联大校友张起均回忆："（民国）二十七年暑假，联大的毕业生，除了自有高就者外，教育厅全部聘用，派到全省各地的高中当教员。"[3]在昆明以外，磨黑中学集中了一批西南联大学生中的中共地下党员、进步学生；滇西省立大理中学、邓川中学、剑川中学、保山中学、洱源中学、滇东南的广南中学、临安中学和滇中的易门县中等学校都有西南联大学生任教。他们使云南中等教育师资力量得到增强，水平得到提高。据上述杨履然等人的统计，新中国成立后，西南联大留滇校友在普通中小学和中等专业学校的 144 人，占留滇校友总数的 50.35%。在高校工作的也有一批是在"文化大革命"结束后，从中学调入大学的。

除西南联大外，在迁入云南的高校中，中山大学设有师范学院和教育研究所。华中大学迁到喜洲后，设置了教育学院，下设教育系、心理系及音乐系[4]，也有一大批毕业生任教于昆明市和专州县的中等学校及高校。

在在职教师培训方面，应云南教育厅的要求，以西南联大师范学院为主体，对云南在职中小学教师开展了培训。培训方式主要有：

进修班。举办了两期一年制中学教师晋修班，一期中学理化教师实验讲习班。1939 年 7 月，教育厅与西南联大共同拟定了《云南省中等学校在职教员进修班办法》，并联合组成晋修班委员会，由教育厅长龚自知主任委员，蒋梦麟、黄钰生、查良钊、杨石先为西南联大方面委员，调集中等学校在职二年以上之专任教员及在职三年以上之代用教员，予以一年之训练。西南联大分国文、史地、

---

①　云南师范大学校史编写组：《云南师范大学校史稿》，《云南师范大学学报（哲学社会科学版）一九八八年校庆增刊》，1988 年，第 110 页。

②　云南师范大学校史编写组：《云南师范大学校史稿》，《云南师范大学学报（哲学社会科学版）一九八八年校庆增刊》，1988 年，第 111 页。

③　陈明章：《学府纪闻·国立西南联合大学》，南京：南京出版社，1981 年，第 4 页。

④　中国人民政治协商会议西南地区文史资料协作会议：《抗战时期内迁西南的高等院校》，贵州民族出版社，1988 年，第 84，103 页。

理化、算学四科，每科除设六七门必修课外，还设有选修课，共计 36～42 学分。授课教师多为西南联大名教授，如罗常培、罗庸、唐兰、沈从文、杨武之、华罗庚、杨石先等。该晋修班于 1940 年 7 月结束。1943 年 8 月，又办了第二期进修班，分文史、数理化两组。1944 年 6 月结束。受训学员此后都成为中等学校的骨干教师和行政领导[①]。

短期培训班。共举办两期面对中小学教师的暑期讲习会和其他讲习会。暑期讲习会以 1938 年、1942 年两次的规模较大。1938 年参加培训的中等学校教员共有 62 校 155 人。根据《民国二十七年暑期云南省中等学校各科教员讲习讨论会办法》，讲习讨论问题共分为精神讲话、学术演讲（专题报告）、教育问题和各科教材教法四类[②]。1943 年 8 月在路南圭山与云南省教育厅合办的"路南圭山实验区国民师资星期讲习会"规模较大，共有路南、宜良、弥勒、陆良、泸西等县的国民小学教师 200 余人参加讲习会受训[③]。

2. 创建学校，扩大云南基础教育的规模

1937 年，云南省计有中学 75 所，其中省立中学 22 所（高级中学和初级中学各 11 所，市、县立中学 45 所，私立中学仅有 3 所（昆明求实中学、南菁中学、江川铸民中学）。省立昆华农业职业学校、昆华女子师范学校、蒙自工业职业学校、保山师范学校、大理女子师范学校各办附附中学 1 所。到 1945 年，全省中学发展到 163 所，其中，国立中学 2 所，省立中学 21 所，市县立中学 107 所，私立中学 33 所[④]。全省中学学校数较 1937 年增长了 1.17 倍，市县立中学增长了 1.38 倍，私立中学则增长了 10 倍，增长最为显著。

云南省会昆明各类中学的发展无论在规模和类型方面都独占鳌头。1937 年昆明共有中学 11 所。其中，省立中学 7 所（昆华中学、昆华女子中学、富春初中、云瑞中学、双塔中学、云南大学附属中学），市立中学 2 所（市中、市女子中学），私立中学 3 所：求实、明德和南菁中学。求实中学原为 1919 年由云南省教育界前辈、著名爱国民主人士苏鸿纲先生所创建的私立求实小学，1930 年改为私立求实中学。明德中学为 1929 年由中国回教俱进会滇支部创建的私立明德学校（分小学、中学部）。南菁中学系由 1931 年龙云创建的私立南菁小学发展而来，1933

---

① 中国人民政治协商会议云南省委员会，文史资料研究委员会：《云南文史资料选辑》第 34 辑，昆明：云南人民出版社，1988 年，第 89～90 页。

② 中国人民政治协商会议云南省委员会，文史资料研究委员会：《云南文史资料选辑第三十四辑》，云南人民出版社，1988 年，第 91 页。

③ 昆明市教育局：《昆明教育大事记》，昆明：云南民族出版社，1990 年，第 133 页。

④ 据蔡福寿：《云南教育史》，昆明：云南人民出版社，2001 年，第 460～463 页整理。

年添办初中，改称南箐学校①。1945 年昆明市中学增加到 25 所：国立中学 2 所
（西南联大附属中学、云南大学附属中学）；省立中学 5 所（昆华中学、昆华女子
中学、富春初中、云瑞中学、龙渊中学），市立中学 2 所（市中、市女子中学），
昆明市的私立中学发展到 15 所（求实、南箐、明德、护国、南英、粤秀、五华、
天南、峨岷、天祥、建国、建设、培文、大同、黔灵）②，另有中法大学附中（中
法中学）。

　　从图 4-1、表 4-3 的数据可知，增长幅度较大的是市县立中学和私立中学。
市县立中学、私立中学在整个中学学校数中共计增加了 92 所，而省立中学反而
减少了 1 所。市县立中学和私立中学在在校学生数中的占比从 1937 年的 48.8%
增加到 1945 年的 73.2%，说明抗日战争时期云南中等教育的发展随规模的扩大
而重心下移，由省立中学为主向市县立中学为主、私立中学为辅转移。而其重心
得以转移的必要条件在于经费、师资和生源。其中，师资则主要依靠当时驻滇各
高校的教师及为云南中等教育所培养和储备的较为充裕的候选教师人才资源。

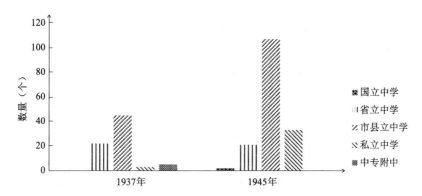

图 4-1　抗日战争时期云南省中学增长情况

表 4-3　抗日战争时期云南省中学学生数增长情况③

学校类型	1937 年（人）	1945 年（人）	增长百分比（%）
省立中学	6 846	9 828	43.56
市县立中学	5 922	21 043	255.34
私立中学	598	5 815	872.41
合　计	13 366	36 686	174.47

①　昆明市教育局：《昆明教育大事记》，昆明：云南民族出版社，1990 年，第 73、86 页。

②　昆明市教育局：《昆明教育大事记》，昆明：云南民族出版社，1990 年，第 146 页。

③　据蔡福寿：《云南教育史》，昆明：云南人民出版社，2001 年，第 460～463 页整理。

迁滇高校对于县立中学的发展和教学水平的提高做出了较大贡献。

除省立大理中学外，滇西的邓川中学、剑川中学、洱源中学、保山中学、滇东南的广南中学、滇南的临安中学和滇中的易门县中等县立中学都有西南联大学生任教[1]。呈贡县中，原无高中，仅有初中和简易师范学校，清华大学国情普查研究所设工作站于呈贡后，陈达等鼎力支持呈贡县中申办高中。该校高中于 1941 年获批开办。当年高中班教师大部分由西南联大、中法大学、同济大学、云南大学教师和学生担任。如语文课由中法大学孙福熙教授、杨荫浏担任，冰心先生每周上一节《文章作法》，西南联大教授陈达、戴世光、云南大学教授许烺光上英语课，同济大学工学院院长叶雪安上物理课，西南联大毕业生黄永泰、钮经义、唐敖庆担任化学课教学，甚至公民课也由西南联大教授燕树堂、赵凤喈担任，可谓豪华整容。因而其教学质量得以保证。第一届学生毕业时，15 名学生参加高考，10 人被西南联大、云南大学录取，升学率达 66%，成绩骄人[2]。

私立中学的发展更与迁滇高校有直接关系：

至 1945 年，昆明所建立的 15 所私立中学中除求实、明德、南菁中学外，均系抗日战争时期由省外迁昆人士所办。1938 年由外省籍人士所办中学计有天南中学（基督教会所办）、南英中学、护国中学、育侨中学和宜良南薰中学。此后所增设私立中学多为迁滇高校师生所办。西南联大师生或创办或任教的私立中学尤多，对昆明私立中学的创办和发展做出了很大贡献。

由西南联大学生创办的私立中学有 7 所。

天祥中学。天祥中学为西南联大教育系毕业研究生邓衍林和历史系毕业生熊德基及赵嘉真、张特之、聂扬建等受江西旅滇同乡会委托，于 1941 年创办，开办有初、高中。其教师绝大多数来自西南联大。其中大部分为江西籍西南联大学生，少部分为毕业于天津或重庆南开中学的西南联大校友。教师中有 6 位为西南联大研究生：邓衍林、章煜然、许渊冲、冯契、张世富、马忠；还有后来成为中科院院士的朱光亚、朱亚杰、申泮文、严志达、池际尚 5 位和后来成为美国科学院院士的王浩。由于师资阵容强大，其教学质量自然就好。连国民党的高级将领和特务头子都把他们的子女送到天祥中学读书，尽管他们对天祥中学积极参与民主运动经常打压。该校在新中国成立后改为公办，为昆明第十一中学。

五华中学。1942 年，西南联大历史系毕业生、李根源先生之子李希泌发起创立。李根源为该校董事长。到 1946 年有高初中学生 400 人，规模较大。许多

---

① 云南西南联大校友会：《西南联大精神永垂云南——国立西南联合大学昆明建校 65 周年纪念文集》，昆明：云南教育出版社，2003 年，60～63 页。

② 陆为平：《抗战期间文化南迁对呈贡教育的影响》。云南社科院历史所等：《全民抗战的胜利——云南省纪念抗日战争胜利 50 周年理论研讨会论文选编》，昆明：云南教育出版社，1996 年，第 406～408 页。

联大教师到校兼课,如朱自清、潘光旦、马约翰(中国近代体育创始人之一)、钱穆、姜亮夫、王瑶、季镇淮、朱德熙、孙本旺、王佐良、马启伟(中国近代体育的创始人之一)、林聆(画家,任学校美术老师)、汪籛(历史老师,后任北京大学历史系教授,隋唐史专家)、毕列爵(教生物,后来成为湖北大学生物系教授)、高鼎三(后来成为著名半导体物理与器件学家、中国半导体创始人,任吉林大学教授、中国工程院院士)、李赋宁(教英语,后来成为著名英语教育家,任北京大学外语系教授)、张澜庆(教地理,后来成为著名地质学家,清华大学教授)等[①]。20世纪50年代初与蛾岷中学合并,改为公办,称昆明第十二中学。

长城中学。1944年由原清华大学校长、西南联大常委梅贻琦和西南联大教授潘光旦、闻一多、吴晗、费孝通等发起,西南联大东北籍校友创办。

建设中学。由西南联大校友周大奎等创办。周大奎为校长,屈玉林为教务主任。教师也基本是西南联大学生。

大同中学。由西南联大贵州籍校友创建,校长为陈业德。

金江中学。由西南联大校友创办,张怀德为校长,傅玉声为教导主任,王庄为总务主任。

远征中学。由西南联大校友孟循在保山创建。

以西南联大学生为教师主体的学校有求实中学、天南中学、磨黑中学。求实中学请吴晗教授及西南联大学生任教(后改为昆明十中)。天南中学为教会学校,教师均由西南联大和云南大学学生兼任,梅贻琦先生的公子梅祖彦、马约翰的女儿都曾在该校读书。粤秀中学(原为两广旅滇同乡会创建的私立粤秀小学,1937年扩建初中部,1944年增建高中)曾聘请著名语言学家王力任校长,其任职期间教师多为西南联大师生。磨黑中学自1941起,由当地实力派人物张孟希聘请西南联大学生、中国共产党地下党员吴显钺任校长,董易(大晟)等任教员。1941~1948年,先后有22名西南联大党员学生到此任教。

西南联大学生任教的学校还有明德中学、南英中学、南箐中学、护国中学、育侨中学、蛾岷中学、云秀中学、培文中学、黔灵中学、建民中学(1946年由建水迁入)和中法中学等12所昆明私立中学。它们对云南基础教育的发展,尤其是对昆明私立学校和地州、县级中学的发展和提高都产生了重要的影响。

华中大学在大理喜洲也积极支持和帮助当地发展基础教育,依托其教育学院的资源优势,在师资方面给予创建不久的私立五台中学有力的支撑。派教育系吴再兴老师到五台中学担任教导主任,安排外籍教师安德森等带领教育学院三四年级学生到五台中学直接用英语进行教学实习,华中大学的教师也有到五台中

---

① 段之栋:《名师聚集的昆明私立五华中学》,《云南日报》,2017年9月6日,第11版。

学兼课的，华中大学师生担任了五台中学半数以上的课程①。由于当时工作难找，有些华中大学毕业生也到喜洲中小学任教。著名诗人晓雪在小学五、六年级时的班主任和语文算术老师许清波、陈月英夫妇就是华中大学中文系的毕业生②。离开喜洲时，华中大学把一批实验仪器、设备、药品、图书留给了五台中学。华中大学师生为喜洲基础教育的发展奠定了坚实的基础。据不完全统计，现仅是喜洲籍在外获正高职称的专业技术人员就有 400 多人，喜洲被誉为"四百教授一故乡"①，这与华中大学在抗战时期奠定的基础是分不开的。

四、促进了云南本土文化向现代化的变迁

抗日战争期间高等院校的迁滇，不仅使云南的教育得到了快速发展，而且在促进云南文化的现代化进程、缩小云南与沿海大中城市及东部发达地区文明程度的差距等方面均发挥了积极的作用，具有深刻的历史影响。

"五四运动"期间，以反帝反封建、传播西方民主科学思想为内核的新文化思潮开始进入云南。以云南留日学生、中学生为主体，通过创办《救国月刊》、《滇潮》、《尚志》、《女声》和《民觉日报》等，宣传进化论、马克思主义和文学革命的思想，在云南展开了宣传民主与科学、提倡新文化和白话文，反对封建主义和帝国主义的新文化推进运动。20 世纪 20 ～ 30 年代，社会主义思想和中国共产党的理论在云南得到传播。省立一中学生杨蓝春（青田）、柯维翰（仲平）等组织了"大同社"研究社会主义思想。王德三等以《铁花》杂志为阵地宣传马克思主义和中国共产党的主张。李生萱（艾思奇）组织"新哲学研究会"，秘密出版油印刊物《南园》，宣传马克思主义哲学。在其带动下，新文化之风在三迤大地吹动。《翠湖之友》、《未央》、《孤星》、《云波》（20 年代）及《南声》、《昆潮》（30 年代）等一批文学期刊和文学社团纷纷出世，留日学生杨振鸿编写的《苦越南传》成为云南第一部"文明戏"剧本，揭开了云南话剧事业的序幕。此后，聂守信（聂耳）、李生萱、张天虚、吴澄等积极参加新剧演出。1923 年，云南省立美术专科学校成立，云南新剧得到发展。1936 年云南艺术师范学校成立，设立戏剧电影科，开始培养云南现代戏剧、电影人才。在此基础上，昆华群艺馆成立"金马剧社"，云南话剧演艺业得以开创。京剧、滇剧等也均有所发展。电影也从无到有发展起来。至抗日战争前，昆明有戏园、电影院各 2 所。在学术研究方面，以赵藩主持辑刻的《云南丛书》为起点，至 20 世纪 30 年代先后由袁嘉谷、秦光玉编

---

① 何红康：《抗日烽火中弦歌不辍 苍山五台下情谊犹存——纪念华中大学西迁喜洲办学暨五台中学建校 70 年》，《大理文化》，2009 年第 6 期，第 31 页。

② 晓雪：《喜洲忆旧》，《大理文化》，2015 年第 5 期，第 39 页。

纂出版了《诗文丛录》、周钟岳主持编纂了《新纂云南通志》、夏光南出版了《元代云南史地丛考》等一批云南历史文献及史志。云南的现代文化过程虽步履蹒跚，但毕竟开始了化蛹成蝶的转变。

"七七事变"后，以迁滇高校为主体的大批文化教育和艺术机构纷纷迁入云南，大批文化名人荟萃昆明。在其参与、推动下，云南文化活动空前繁荣，昆明与重庆、桂林成为抗战时期三大文化中心。

其间，驻滇高校对推进云南文化的现代化发挥了重要作用。

1. 推动了云南文艺的大发展

抗日战争时期，云南以抗战为主题的话剧、活报剧、小品、独幕剧、多幕剧等多种形式的戏剧空前繁荣，京剧、评剧、滇剧、云南花灯剧等各种戏剧流派异彩纷呈。昆明先后成立了 10 家报馆，编辑出版了 10 多种报纸，政论、文艺等刊物如雨后春笋，诗歌、话剧、歌咏创作演出活动形成高潮。

1938 年秋，"中华全国文艺界抗敌协会昆明分会"（简称"文协会"）成立，其宗旨是团结云南广大文化工作者，开展各种救亡宣传活动，为抗日战争服务。文协会选举冯素陶、朱自清、杨振声、高寒（楚图南）、徐嘉瑞、穆木天、杨东明等 20 余人为理事，冯素陶为主席，1944 年又增补闻一多、李何林、张光年、李广田、赵沨、凌鹤、吴晗为理事。其中，朱自清、杨振声、闻一多、李广田为西南联大教授，楚图南、徐嘉瑞为云南大学教授，吴晗为西南联大、云南大学双聘教师，穆木天为同济大学教授，李何林为华中大学教授。在文协会的领导和会员的推动下，云南抗战文学期刊不断涌现，《南方》《前哨》《战时知识》《民众歌咏》《云南学生》《战歌》等几十种刊物对唤起民众救亡意识，鼓舞云南各族人民的抗日斗志起到了重要作用。1938 年 3 月，"中华戏剧界抗敌后援会云南分会"在昆明成立，数十个剧社、剧团在昆明诞生，话剧、活报剧、小品、独幕剧、多幕剧等戏剧形式异彩缤纷，京剧、评剧、云南花灯等各种剧种欣欣向荣。这主要表现在带动了云南文艺界戏剧、诗歌、小说、散文的创作和话剧、歌咏等演艺活动的繁荣。

驻滇高校师生们借助《云南日报》副刊《南风》、《民国日报》副刊《驼铃》、《扫荡报》的《平明》和《扫荡副刊》、《正义报》的《大千》等和师生自办刊物如《文聚》等平台，创作和发表了大量文艺作品，为这一时期云南文艺涂上了斑斓的色彩，极大地丰富了云南文艺的内容。其文学创作活动本身就是抗日战争时期云南文学艺术的重要组成部分，同时影响了云南本土文学创作主体的成长和创作风格的形成。

20 世纪 30 年代末至 40 年代初在西南联大活跃着一个"西南联大诗人群"。

他们不仅对中国现代诗歌的发展做出了重要贡献，对于云南诗歌的创作也产生较大影响。在诗届早负盛名的冯至、卞之琳、闻一多等教师，通过课程讲授，如闻一多的《诗经》《唐诗》《舞与诗》、冯至讲授的《德国文学》和《德国抒情诗》、燕卜逊讲授的《当代英诗》等课程和译介西方诗人作品，以及指导文艺社团活动，造就了一批充满青春活力的青年诗人，如穆旦、郑敏、杜运燮、王佐良、陈时、罗寄一、杨周翰、俞铭传等，形成了以学生为主体的西南联大诗人群体。他们以南湖诗社、高原文艺社、新诗社、冬青社、文聚社、南荒文艺社等文艺社团为基地，以 R.M. 里尔克、T.S. 艾略特、W.H. 奥登等为代表的西方现代主义诗学为参照，展开新诗创作活动，产生了以冯至的《十四行六首》、穆旦的《赞美》、《诗》（八首）、《诗三章》，以及杜运燮的《滇缅公路》为代表的中国现代派诗歌的扛鼎之作。这一群体形成了在内容上超越自我、超越战争，更具知性思辨的对人性本质的回归；在理论上形成了对诗歌语言和形式进行探索的"知性化""意象化""戏剧化"的新的诗学理论，在中国新诗发展史上具有独特的地位，成为中国现代主义诗歌发展进程中不可或缺的重要一环。如张同道所言"在由象征主义到后期象征主义的诗型转换与美学特征的嬗变过程中，来自校园的诗人——西南联大诗人群起着决定性作用"[①]，就当时而言，则直接构成了云南文学的重要组成部分。

除诗歌而外，驻滇高校的师生还创作发表了一批小说、散文、剧本。其中，具有代表性的如沈从文的《长河》和《王嫂》、陈铨的长篇小说《狂飙》、李广田的《雾城》和《青城枝叶》、汪曾祺的《复仇》和《待车》、陈铨的剧本《野玫瑰》等。其中汪曾祺的小说尝试用意识流手法以及将诗、散文融入小说的写法，创造了明显带有个人标志的文体——诗化小说，成为 20 世纪 40 年代成熟的现代主义色彩的作品。这批文艺作品以浓厚人文情怀为底色，从战争对人性毁灭的角度来表达对战争深入的反省以及对在战争与苦难中坚韧抗争的个体生命的讴歌，具有超越时代的意义，彰显了云南 20 世纪 40 年代文学独特的特性与品格。

"七七事变"前，云南人在戏剧方面主要偏好滇戏。金马剧社成立后，虽然开创了云南的话剧演艺业，但影响尚微。"七七事变"后，"云南学生抗敌后援会"及时组织演出了《放下你的鞭子》《难民曲》《当兵去》《省下一粒子弹》等街头剧和《无名小卒》《死亡线上》《春风秋雨》等舞台剧。西南联大、国立艺专的入滇，更是借用话剧这种新艺术形式宣传抗日救亡，进而把话剧普及到昆明，并使看话剧成为当时昆明市民的时尚，由此促进了云南戏剧事业的发展。当时西南联大有剧团、青年剧社、戏剧研究社、国民剧社等，国立艺专也有艺专剧团。这些剧社经常利用业余时间排演话剧。1938 年 11 月，西南联大剧团演出了外文

---

① 张同道：《中国现代诗与西南联大诗人群》，《中国社会科学》，1994 年第 6 期，第 156～166 页。

系教授陈铨改编的话剧《祖国》，连续演出 8 天，掀起了话剧演出的小高潮。其影响波及沪、渝，沪、渝等地报刊均登载了《祖国》演出的消息和剧照。1939年暑期，由闻一多、风子和孙毓棠倡议，滇黔绥靖公署承办，国防剧社联合西南联大剧团、艺专剧团、金马剧团、省剧教队共同排演了《原野》，由曹禺亲自执导，著名演员风子主演，闻一多任舞美设计，著名导演孙毓棠任舞台监督。公演引起巨大轰动，连演九天，仍天天满座，接着演了五天《黑字二十八》，再演《原野》五天。此次演出从 8 月 16 日到 9 月 17 日，持续了一个月。当时"看这两个戏，差不多成了昆明社会的时尚"[①]。置身其中的张定华回忆道："演出盛况空前。昆明戏剧界的大联合把云南抗日救亡的进步戏剧运动推向高潮，产生了巨大影响。"[②]西南联大戏剧研究社排演的由田汉改变的《阿 Q 正传》在省党部礼堂也连演 15 场，场场满座。西南联大对社会演出的话剧一直持续到"一二·一"运动时演出的《潘琰传》。在其影响下，昆明先后成立了国防剧社、儿童剧团、益志剧团、华山剧社、西南剧团、叙昆剧团、抗敌剧团、远征剧团等戏剧组织。其中，儿童剧团也是由同济大学学生于同尘、董林肯、竺伯康等人所建。抗日战争期间，昆明先后演出的话剧有《祖国》《原野》《雷雨》《野玫瑰》《黑字二十八》《夜未央》《金指环》《清宫外史》《孔雀胆》《棠棣之花》《林冲夜奔》《国家之上》《天国春秋》《桃花扇》《陈圆圆》《张自忠》《自卫队》《胜利进行曲》《离离草》《凤凰城》等几十部。

　　云南现代群众性歌咏运动的发展与抗战救亡的时代主体息息相关。1937 年8 月 4 日，在中国共产党云南党组织领导下，昆明成立了"民众歌咏团"。参加歌咏团的有大中学校学生、教师、工人、市民等 500 余人。随后，民众歌咏团在工厂、学校发展了歌咏队，先后出版了《民众呼声》活页歌选 3 集，《歌咏岗位》3 期，刊登介绍进步歌曲和理论指导文章，向全省发行。同时开办歌咏训练班，培训了一批开展革命歌咏活动的骨干，把抗日救亡歌咏活动由昆明推向了全省各地，形成了全省演唱救亡歌曲的高潮。1938 年 6 月，中国共产党云南省特委成立后，将云南青年抗日先锋队和西南联大内的中华民族解放先锋队合并，成立"中华民族解放先锋队云南地方队部"（简称"民先"），统一组织领导云南青年的抗日救亡活动。民先成立后，即在文庙组织开展歌咏活动。西南联大学生不久又成立了社团群社，群社中的群声歌咏队及后来演变成的西南联大歌咏团积极演唱抗战歌曲，不仅在昆明电台的广播中演唱，而且深入昆明郊县演唱和教唱抗日战争歌曲，推动了群众性歌咏活动的开展。

---

①　朱自清：《〈原野〉与〈黑字二十八〉的演出》，《今日评论》，1939 年 9 月 10 日，第 2 卷 12 期。

②　张定华：《昆明的联大剧团》。中国人民政治协商会议西南地区文史资料协作会议：《大西南的抗日救亡运动》，重庆：重庆文史书店，1987 年，第 298 页。

西南联大的文学教师还通过讲座、书信、沙龙等形式对当时云南的文学青年予以指导、推介，促进了云南文学青年的成长。

1939 年 7 月 25 日至 8 月，中华全国文艺界抗敌协会昆明分会举办暑期文艺讲习班，西南联大的朱自清、闻一多、顾颉刚和云南大学的施蛰存、楚图南、徐嘉瑞、同济大学的穆木天、中法大学的徐炳昶及曹禺、冯素陶、张天虚、杨东明等担任主讲教师[①]，为云南培养了一批文艺骨干。同年 1 月，云南大学文史学研究会也请茅盾演讲《抗战文艺的创作与现实》。1943 年 11 月，中法大学组织闻一多、冯至、吴达元等开讲专题"诗的九讲"。1944 年 5 月 8 日，在西南联大国文学会组织的纪念"五四"晚会，有三千多人参加，除西南联大学生外，还有云南大学、中法大学和一些中学的学生。这次会议可以说是对"五四"以来新文学的总体回顾和评价。罗常培讲"五四前后文体的辩争"，冯至讲"新文艺中诗歌的收获"，朱自清讲"新文艺中散文的收获"，孙毓棠讲"谈现代中国戏剧"，沈从文讲"五四以来小说的发展及其与社会的关系"，卞之琳讲"新文艺与西洋文学的关系"，闻家驷讲"中国之新诗与法国文学"，李广田讲"新文艺中杂文的收获"，闻一多讲"新文艺与文学遗产"，杨振声讲"新文艺的前途"。这次会议对于云南的文艺青年来说可以说是一次关于新文艺的豪华大餐[②]。1944 年 12 月 9 日，闻一多、李何林、李广田、尚钺、章泯等又开设文艺讲座。1945 年 3 月 31 日，文协分会等再次主办文艺讲座。

沈从文很重视对文学青年的培养，通过书信、面谈和文学评论等形式不辞辛劳地辅导云南文学青年，帮助他们在文学之路上成长。如他通过书信，对抗日战争时期云南文坛比较活跃的青年作者、艺术师范学校学生周辂、云南青年作家李寒谷（丽江人）、彭桂萼（临沧人）等畅谈了对于写作及如何写好作品的切身体验与根本认识，对其形成深远的影响。对腾冲籍的回族文学青年白平阶更是不遗余力予以辅导和帮助。将白平阶引入此时避居昆明的"外来"文学精英圈子，并向巴金、英国记者马尔推介其文学作品。促使白平阶小说集《驿运》被列入巴金主编的文学丛刊系列出版。《驿运》的出版不仅扩大了白平阶在国内文坛的影响，也使国内文学界反过来关注以《驿运》为代表的、具有现代性特征的"新云南"文学创作[③]。此外，虞籍、马瑞麟等青年作家也深受他的影响。

闻一多也热心帮助云南文学青年的成长。据云南著名作家、诗人、陆游研究专家欧小牧先生回忆，闻一多先生曾指导他研究陆游的路径，并由此而发展出

---

① 闻黎明，候菊坤：《闻一多年谱长编》，武汉：湖北人民出版社，1994 年，第 578 页。

② 闻黎明，候菊坤：《闻一多年谱长编》，武汉：湖北人民出版社，1994 年，第 709 页。

③ 王佳：《论抗战时期沈从文对云南文坛的贡献——以"私交"为核心》，《昭通学院学报》，2016 年第 4 期，第 47～49 页。

两人的友谊①。欧小牧也由此走上研究陆游的学术道路，先后出版《爱国诗人陆游》《陆游年谱》《陆游集》等著作。闻一多还介绍临沧文学青年彭桂蕊（即彭桂萼）、昆华中学王明、张家兴、董康参加西南联大新诗社的活动②。

为电影在云南的发展推波助澜。西南联大刚到昆明时，昆明尚无标准影院，只有男女分坐的小影院两家。外省籍大学生已将看电影作为课余生活的主要内容，刺激了现代标准电影院的建立。南屏电影院、新滇大戏院等纷纷开业。除大学生外，普通市民看电影的也越来越多。当时《昆明日报》、《中央日报》（昆明版）头版头条的娱乐广告中电影广告占了一半以上。

以迁滇高校为主的内迁文化人群体，对云南抗战时期的文艺繁荣起到了决定性作用。随着抗战胜利，迁滇高校北返，云南的文艺渐趋萧条。马子华曾深有感触地说："回顾当年让一些外来人扶植起来的文艺风气，而今衰败不堪……"③

2. 开启了云南本土文化研究之先河

云南地处边疆，民族众多，中原文化与少数民族文化交集，本土文化与东南亚文化相互影响，地域文化呈现出多样性的特点。但在抗日战争以前，云南人对于本土文化的研究基本上尚处于资料文献整理的起步阶段。随着高校内迁，各学科的学者云集昆明，开启了云南本土文化研究之先河。

奠定民族研究的基础。最为出色的，是西南联大中文系主任罗常培。他在云南期间，先后对云南方言、少数民族语言进行了较为系统的研究，可以说，对于云南民族语言的研究具有筚路蓝缕之功。据罗常培先生在《语言学在云南》④一文中的总结，由他及北京大学文科研究所师生和中央研究院历史语言研究所的研究人员研究了以下问题：

1）汉语研究。研究了《昆明话和国语的异同》（罗常培，1938 年）、《保山话记音》（董同龢，1938）、《洱海沿岸四县方言调查》（陈士林，1939）、《蒙自同音字汇》（詹鍈，1939）、《云南全省方言调查》（丁声树、董同龢、杨时逢，1940）。其中《云南全省方言调查》是历史语言研究所在抗战期间第一次大规模的方言调查。一共调查了 98 个县，123 个单位，既有城区，也有乡村。其成果后经杨时逢整理，于 1969 年以《云南全省方言调查报告（汉语部分）》之名在台北出版。

2）台语（傣语）研究。对云南壮语、傣族语进行了研究。抗战期间计有《剥

① 欧小牧：《欧小牧文集》（第一卷），天津：百花文艺出版社，1993 年，第 439 页。

② 闻黎明，候菊坤：《闻一多年谱长编》，武汉：湖北人民出版社，1994 年，第 764 页。

③ 转引自蒙树宏：《云南抗战文学园圃漫步散记》。李建平，张中良：《抗战文化研究》第一辑，桂林：广西师范大学出版社，2007 年，第 245 页。

④ 罗常培：《语言与文化》，北京：北京出版社，2004 年，第 200～220 页。

隘（今博爱）土语调查》（李方桂，1940）、《盈江摆夷语词汇》（张琨，1939）、《莲山摆夷语文初探》（罗常培，1942）、《罗平县境内台语》（邢庆兰，1942）、《漠沙土语调查》（邢庆兰，1943，受南开大学边疆人文研究室委托）、《元江水摆夷语调查》（邢庆兰，1943）。

3）藏缅语研究。调查和研究了蒙自彝族、昆明撒尼、黑夷、窝尼的彝语，及傈僳语、纳西语、景颇语、独龙语。

4）民家话（今称白语）研究。罗常培1942年对大理、宾川、邓川、洱源、鹤庆、剑川、云龙、泸水的白族语言进行了调查研究。

5）苗语研究。对峨山青苗语进行了调查。

通过研究，对云南主要少数民族语言的属性和特点有了基本的把握和定性。为后来云南少数民族语言研究奠定了坚实的基础。

在此基础上，罗常培先生又深入研究了藏缅族父子连名的问题，写成了三论《藏缅族的父子连名制》的论文，确立了云南"南诏"族属是藏缅族的"民家"（白族）而不是侗台族的摆夷（傣族）的定论。

除罗常培外，西南联大外语系的袁家骅教授也致力于西南少数民族语言的调查和汉语方言的研究。社会学系的吴泽霖教授也通过民族调查，对苗族、布依族、水族、侗族等少数民族的历史、分布、社会、文化、习俗、婚姻、语言等各方面进行了实地调查，积累了丰富的文物资料。

除了民族研究之外，联大的学者对云南还进行了多学科的研究。1942～1943年，受政府的委托，南开大学"边疆人文研究室"对政府欲修建以衔接滇越的石佛铁路沿线的社会经济状况进行调查，并展开了涉及人类学、社会学、历史学、语言学与经济地理学等多学科的研究。其调查研究范围涉及元江、思茅、澜沧等10多个县的自然环境，土地、水利和矿产资源的利用情况，街子的形态、分布及其经济活动，摆夷社会组织及其语言、文字和宗教艺术等，少数民族的社会经济、民风民俗等情况，绘制了少数民族语言分布图表，起草了铁路员工手册，还出版了专门刊物。这次调查活动为当时修建铁路和建国以后研究边疆历史、民族文化和社会经济问题提供了宝贵的资料。其研究室主任陶云逵自1933年留德归国后在中研院即开始深入云南农村，调查少数民族社会生活状况，成为研究西南边疆社会的先行者。

此外，罗庸先生研究滇中文化艺术，发掘了不少抗清志士的诗文。地质地理气象学系教授张印堂，作为中国经济地理学的奠基人，抗日战争时期多次深入滇西调查地理状况，写成《云南边疆种族地理》《云南经济地理》《滇缅铁路沿线经济地理》等论文。《滇缅铁路沿线经济地理》获教育部民国三十一年度社会科学类学术成果三等奖。社会学系陈达教授领导清华国情普查研究所对呈贡县进行了人口普查和农业普查。罗常培、郑天挺、张印堂、潘光旦等教授还应邀参加了大理县志的修纂工作。

除西南联大外，迁滇各高校的文科教师大多从事涉及云南民族文化、历史、语言的研究。华中大学游国恩在大理3年，根据当地的历史、地理和风俗民情，以研究西南文献为主，撰写了包括《火把节考》《说洱海》《从文献上所见到的西南夷语》等10余篇这方面的研究论文。著名人类学家许烺光和他的妻子维拉，在华中大学任教期间，潜心致力于喜洲社会的调查研究，并在喜洲完成了他的成名作《在祖先的庇荫下》。这部著作1948年、1971年在美国用英文一版再版，引起国际学术界高度重视，认为它"对中国传统文化中基本的社会体制作了非常有价值的分析"，"对于人们更深地了解中国的家庭生活做出了新的重大贡献"[①]。

3. 改变了云南的学风

"七七事变"后，民族危机空前严重。每一个中国人在民族存亡的关键时刻都必须面对如何拯救国家与民族的问题。当时的知识分子从两个层面自觉地尽着救国的责任：一是从国民的角度共赴国难，尽着一般国民救国的责任；二是在知识分子的立场上着眼于民族的长远利益，维系民族文化的血脉、维护民族大义与社会的正义。抗日战争激发了他们为民族文化的生存和复兴而奋发研究的内在驱动力量。冯友兰所援用的"为天地立心，为生民立命，为往圣继绝学，为万世开太平"的话语，正是表达了要为民族文化的赓续不灭而竭尽全力的决心。反过来，如贺麟所说，一个没有学术文化根底的民族，即使能靠武力横行一时，终至一蹶不振。因此，学术活动已不仅仅停留在追求真理的意义上，更重要的意义在于文化的创造活动是延续民族的生存和奠定民族复兴的文化基础。正是这样的认识成为他们克服一切困难和重重障碍，坚持不懈地进行科研的永不衰竭的力量源泉。正因为基于这样的认识，所以闻一多在蒙自足不出户，专心研究，得"何妨一下楼主人"的雅号；陈寅恪即使无钱医治眼疾也坚持写出了《隋唐制度渊源略论稿》，华罗庚在因家中无钱而给孩子取名"华光"（钱花光的谐音）的艰难时期，仍写出了《堆垒素数论》。

这种精神感染了云南本土的知识分子，在仿效西南联大人艰苦卓绝、孜孜以求的过程中，云南的学风得以改进。

1946年，云南商会为欢送西南联大北归，请云南大学教授白之瀚作《公送国立西南联合大学北归复校序》，认为西南联大对云南最大的影响在于"学界风气之转移也""自联合大学南来，亲见其蒙艰难，贞契而弗舍，举亨困、夷险、

[①] 段伟菊：《大树底下同乘凉——〈祖荫下〉重访与西镇人族群认同的变迁》，《广西民族学院学报（哲学社会科学版）》，2004年第1期，第39～45页。

祸福，胥不能夺其志。因推阐释其本末一贯之理，知施诸治学，则为一空倚傍，实事求是；见诸行事，则为知耻适义，独立无惧；反之于身，则富贵不淫，贫贱不移，威武不屈；推之于人，则为直道而行，爱之以德。盖析之则为个人之品格，合之则为一校之学风""而滇以亲近沾溉之久，内则横经之士，循涂契旨，以遥接其声光；外则负笈之子，不之他而之三校，以近挹其教泽。则形骸虽阻，而精神之訢（欣）合，将永继于无涯也。"①这段话揭示了西南联大学者献身学术，坚持独立人格的精神品格对云南本土知识分子的深刻影响。

4. 改变了云南的陈旧观念与风习

中山大学在澄江期间，向澄江人民传播和普及现代文明的生活观念，以及现代民主的政治观念：

> 大学给澄江人不少的教益，澄江人一方面学会了早起、卫生、守时、灭蝇、请西医、饮滚水，他方面也学会了用旗袍、高跟、西装、革履、吃大餐、尝美味。更重要的是他们也学会了打倒县长的技术，他们冷眼的观察，已经有了很好的经验。他们由经济到政治，由政治到文化，学会了新智能。澄江人的言，从此张开了。②

中山大学许崇清校长在《告别澄江民众书》中也回顾了澄江人民对中大的支持以及中山大学对澄江的贡献：

> 当地耆绅多方协助，各乡、堡、镇长，及地方民众，亦奔走效劳，恳勤相爱，以故年来，本校员生，得以弦歌不辍，游息有所，皆拜诸君之赐也……回忆年余以前，本校员生，初客他乡，生活习惯，不无互异，幸赖各民众之热诚推爱，庇荫有加，使千里游子，于故乡沦陷之后，仓皇迁徙之秋，不致托足无方，尚能安居研读，幸何为之！
>
> 惟前者曾与省县合筑昆澄公路，以利交通；与县政府合办卫生协进会，以求地方整洁；各学院举办日夜学校，以促进民众教育；协助中小学校，以提高教育水准；开办本校附属医院，以便民众疗治；推行防疫运动，以防流行病之传染；各学会各剧团，举行兵役宣传，表演抗战戏剧。③

---

① 北京大学，清华大学，南开大学，云南师范大学：《国立西南联合大学史料》（一），昆明：云南教育出版社，2008年，第286页。

② 黄仕忠：《老中大的故事》，南京：江苏文艺出版社，1998年，第87页。

③ 许崇清：《告别澄江民众书》。吴定宇：《中华学府随笔走进中大》，成都：四川人民出版社，2000年，第73页。

中山大学在澄江虽仅年余，不仅如其他高校一样，推进了澄江教育发展、开启了民智，而且推广了现代卫生的生活方式，提高了当地的医疗健康水平。

五、促进云南经济的发展

抗日战争时期，为保障经济对战争的支撑作用，各高校均充分发挥知识和智力优势，进行军事设备研发、开发资源、改进工艺、技术创新，以此服务社会。

1. 机械改进

西南联大机械系、电机系、化工系与经济部资源委员会合作进行了水轮机之设计与制造、工具机应用范围之增进、电压稳定法、载波电话系统及制造上各种问题、测验战时国内自制无线电收发机、广播机、显微音器、扬声器、听筒等之特性并研究其改良方法、机械系与云南建设厅合作研究云南的农具改进。

开发水电资源：西南联大土木工程系与资源委员会成立"云南省水力发电勘测队"，工学院院长施嘉炀率队在两年的时间内完成了金沙江、澜沧江、怒江、南盘江、伊洛瓦底江的 26 条支流的勘测任务，以选择 5 万千瓦以下的水力发电站址，并提出了初步的水力资源开发计划。西南联大和华中大学教师还设计和帮助在腾冲叠水河、大理下关、喜洲万花溪建造 3 座小型水电站。

2. 植物及矿物资源开发

西南联大生物系师生组队对西双版纳热带植物群落进行深入考察，完成了《滇南本草》图谱，并由吴征镒、蔡希陶带领一批青年开辟培植了热带植物群，为建国后云南热带植物园及橡胶林建设初步奠定了基础；和云南建设厅等部门合设"滇产木材试验室"，研究了云南多种木材的种类及其机械性能，1944 年提出了《滇缅公路沿线木材之分布及强度》的报告，为当时木材在军事、经济上的用途提供了重要的技术资料；沈同教授以云南盛产的余甘（橄榄）做实验（由于其维生素 C 含量远远超过别的水果），研究维生素 C 与造血机能的关系。地质系教授冯景兰完成了《云南地质矿产》《川、康、滇铜矿纪要》等论著及褐煤之分析及炼焦试验等项目的研究，为云南矿产资源的开发提供了理论支撑（东川铜矿、个旧锡矿经常请他去看矿）。化工系主任苏国桢得到富滇银行投资，创建了恒通酒精厂，一定程度上缓解了当时汽油严重匮乏而产生的燃料问题。

董树屏教授利用实验室有限条件，设计安装了一套日产 800 ～ 1000 磅的制冰设备，这是当时昆明市唯一的一套人造冰生产设备，除充实实验教学外，产品还供医院冷藏等用。

3. 交通研究

西南联大土木系和交通部门合作，调查研究了云南公路的路面改善、代用材料、经济分析等，出版了《公路丛刊》3 种，《公路月刊》两卷 8 期，其中登载了 14 篇实验报告，发表了学术介绍性论文 23 篇，对云南公路的改善和保证中缅、中印公路的畅通以支援抗日战争起到了重要作用。

云南大学社会学系 1939 年在教育部、中国农民银行、美国罗氏基金会的资助下对云南农村经济、乡镇行政及工区、工厂的劳工状况进行调查，后来又争取到省经济委员会资助将调查成果出版刊用。这些调查成果发表出版后受到国际社会的广泛重视。云南大学矿冶系与滇西企业局、滇北矿务局合作，指导一平浪及会泽各矿之开采已见前述。农学院也与云南建设厅合作，开展农业技术研发和推广。

综上所述，抗日战争时期迁滇高校和云南本土高校一起，在思想启蒙、传播现代文明、提高高等教育入学机会、培养专门人才、促进基础教育发展、研究和开发云南自然与人文资源等各方面都对云南做出了较大贡献，可以说是对云南进行了一次文明的洗礼。总结这一历史经验，可以得出这样的认识：在现代社会，高等教育确实是社会发展的轴心，高等教育的发展可以牵动整个社会的发展和进步，而绝不仅止于影响教育。云南张开怀抱拥抱迁滇高校实际是拥抱了自己美好的未来。

第五章

改造的时代——20世纪50年代的云南高等教育

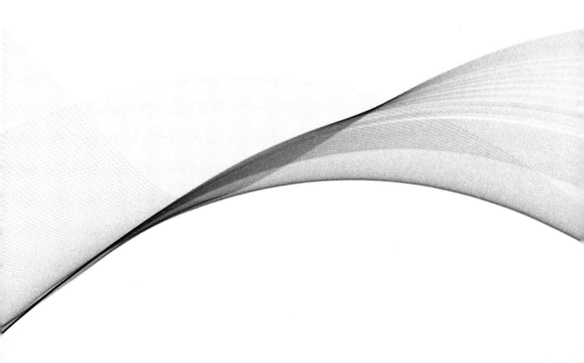

1949 年 4 月，中国人民解放军渡过长江，解放南京。大军南下，势如破竹。10 月占领广州，11 月进军西南，国民党统治的覆灭已成定局。面对这一局势，在中国共产党云南省委强有力的工作下，国民政府云南省主席卢汉于 1949 年 12 月 9 日宣布起义，脱离国民党反动政府。历经昆明保卫战、滇南战役后，1950 年 2 月 20 日，陈赓、宋任穷率领人民解放军第二野战军四兵团进驻昆明。云南全境宣告解放。云南开始迈向社会主义新时代，云南高等教育也进入了新的时期。

新中国成立后，首先在全国范围内进行了社会主义改造运动，历时七年（1950 ～ 1956 年）。高等教育也随着全国对旧教育的改造而进入改造的年代。1949 年 5 月，周恩来总理在北京大学教授联谊会座谈会上指出："新民主主义教育包括了两个方面：一方面是反对旧的，另一方面是发展新的。这就是要反对帝国主义、封建主义和官僚资本主义的文化，发展民族的、科学的、人民大众的文化。"[①]同年 9 月 29 日通过的《中国人民政治协商会议共同纲领》（简称《共同纲领》）在政策上进一步明确规定了"中华人民共和国的文化教育为新民主主义的、民族的、科学的、大众的文化教育。人民政府的文化教育工作，应以提高人民文化水平，培养国家建设人才，肃清封建的、买办的、法西斯主义的思想，发展为人民服务的思想为主要任务。"《共同纲领》确定了新民主主义教育的方针、目标，也为旧教育定了性，即旧教育是封建的、买办的和法西斯主义的。为了实施新民主主义教育，"人民政府应有计划有步骤地改革旧的教育制度、教育内容和教学法"。而改造旧教育的思想前提是要肃清帝国主义、封建主义、官僚资本主义的思想，以为人民服务的思想取而代之。因此，改造旧教育的关键在改造旧知识分子的思想。所以，《共同纲领》明确提出要"给青年知识分子和旧知识分子以革

---

① 中央教育科学研究所：《周恩来教育文选》，北京：教育科学出版社，1984 年，第 2 页。

命的政治教育，以应革命工作和国家建设工作的广泛需要"。《共同纲领》确定了旧教育必须改造的大政方针并勾勒了改造旧教育的基本框架，即改造教育制度、内容和方法，改造旧知识分子的思想。同年 12 月 23 日，新生的人民政府召开了第一次全国教育工作会议。会议对旧教育的改造提出了明确的原则，"我们采取的是坚决改造，逐步实现的方针"，而改造的思路是"以老解放区新教育经验为基础，吸收旧教育有用经验，借助苏联经验，建设新民主主义教育"[①]。1950 年 6 月 6 日，毛泽东主席在党的七届三中全会上所作的《为争取国家财政经济状况的基本好转而斗争》的报告中指出："有步骤地进行旧有学校教育事业和旧有社会文化事业的改革工作，争取一切爱国的知识分子为人民服务。在这个问题上，拖延时间不思改革的思想是不对的，过于性急，企图用粗暴方法进行改革的思想也是不对的。"[②]

在新民主主义教育方针指引下，全国从 1950 年开始以苏联教育模式为参照对旧有高等教育的管理体制、教育结构、教育思想、教育内容、教学方法等方面进行逐步的改造和改革，同时开展了长达数年、涉及 91% 的高校知识分子的思想改造。

教育部长的马叙伦在 1952 年 9 月 24 日的《人民日报》发表《三年来中国人民教育事业的成就》一文，概括了改造旧教育的主要工作：①改革学制；②教育以工农为主体，所有教育向工农劳动人民开放；③教师思想改造；④学校院系调整；⑤提高教师、学生的地位，改善他们的生活状况。再加上全面学习苏联教育模式和教育经验，可以完整概括这一时期"改造"的主要内容。

云南高等教育改造的主要内容也无出其外。

第一节　解放初期对云南各高校的接管

卢汉起义后，云南省临时军政委员会即成立，下设文教处，由李群杰任处长，王樵、徐天祥任副处长，文教处承担了对各类教育和各级学校的维持之责。

1950 年 2 月 20 日，中国人民解放军进驻昆明后，经中国人民解放军西南军区批准，撤销了云南省临时军政委员会，于 3 月 4 日成立了由解放军、起义部队

[①] 中华人民共和国教育部办公厅：《教育文献法令汇编（1949～1952）》，内部资料，第 8 页。
[②] 中共中央文献研究室：《建国以来毛泽东文稿（1949.9～1950.12）》（第一册），北京：中央文献出版社，1987 年，第 394 页。

代表和滇黔桂边区党委代表组成的中国人民解放军西南军区昆明市军事管制委员会。从3月7日起，军管会派出105名军代表、44名助理分赴云南原国民党政府机关、军警单位、企业、财经和文教卫生系统进行军事接管。

　　军管会下设文教接管部专门负责对云南文教系统的接管工作，由袁勃任主任，李群杰任副主任。1950年3月30日，文教接管部宣布，对学校的接管方针是"暂维现状，清点移交"和"有计划有步骤的改革"①。

　　文教接管部接管下来的云南省高校共有三所：国立云南大学、国立昆明师范学院和私立昆明五华书院。三所高校共有在校学生1653人，教师353人。②

　　文教接管部在接管过程中，采取了系列举措加强对高校的整顿改造，尤其加强了对政治课的改造。规定：①精简课程。取消公民、党义、军训等国民党实施"党化教育"的课程。②取消训导制，实行教导合一，建立民主管理制度。③成立校务委员会。④废除不合理的公费制，代之以人民助学金制；⑤合并学校，精简人员。⑥明确各校领导关系。③各等学校维持原有班次，招生、并班、插班、增班等均需文教接管部批准④。

　　5月10日，西南军政委员会文教部《关于大专学校政治课的指示》规定："政治课的主要内容是以学习辩证唯物论与历史唯物论，学习新民主主义及其各种政策来改造旧思想、旧作风，并提高政治认识和政治觉悟，也就是以科学的历史观点，以马克思主义毛泽东思想来肃清封建的、买办的、法西斯主义的思想，发展为人民服务的思想。"③

　　对此，云南各高校积极响应。如，云南大学临时校务执行委员会于1950年4月3日决议，下学年废除"三民主义"、"伦理学"和唯心主义的"哲学概论"等课程，开设新民主主义论（包括论人民民主专政、中国革命和中国共产党）、历史唯物主义（包括社会发展史）为共同必修课，又于4月7日决议取消训导处⑤。1950年11月，云南大学成立政治课教研室，在学生中开设新民主主义概论及历史唯物主义两门课。以后，云南大学又开办马列主义夜校，对教师进行马列主义、毛泽东思想教育。

　　① 云南省教育志编纂委员会：《云南省志·教育志·大事》，昆明：云南人民出版社，1995年，第25～26页。

　　② 云南省教育委员会：《云南教育四十年（1949～1989）》，昆明：云南大学出版社，1990年，第3页。

　　③ 云南师范大学纪事修订出版编委会：《云南师范大学纪事》（1938～1998），昆明：云南人民出版社，2013年，第153页。

　　④ 云南省教育志编纂委员会：《云南省志·教育志·大事》，昆明：云南人民出版社，1995年，第25～26页。

　　⑤ 《云南大学志》编审委员会：《云南大学志·总述（1922年～1976年7月）》，昆明：云南大学出版社，1993年，第165页。

昆明师范学院于 1950 年 10 月成立"政治课教学研究指导组",不仅废除了国民党党义、伦理学和哲学概论,从 1951 年秋季开始开设社会发展史、新民主主义论和政治经济学,而且对专业课做了重大调整:教育系取消了"教育概论",代之以"新民主主义教育概论";博物系精简新遗传学内容,"着重阐明米丘林学说的正确性"。中文和历史专业则消减了古代文史的课程,如中文系取消"先秦专题研究",历史系取消殷周秦汉史、隋唐五代史、宋元明清史和西洋上古史、中古史、近代史,开设马克思列宁主义名著选读、史料选读等课程①。

1950 年 6 月 13 日云南省人民政府发布训令,通知各校更改校名。规定:第一,校名上一律不加"国立、省立、县立字样";第二,各公立中等学校校名,以省名及所在地市县名冠以学校之上,并序列"第一、第二等"。三所高校的校名由国立云南大学、国立昆明师范学院、私立昆明五华书院,分别改为云南大学、昆明师范学院、昆明五华书院②。由此,云南大学、昆明师范学院的性质彻底转变为地方性大学。

1950 年 10 月,昆明五华书院撤销,该校外语系学生转入昆明师范学院学习,其余学生转入云南大学学习。至此,云南高等院校由 3 所变为 2 所,同时也结束了民国以来云南民办高等教育的历史。同月,云南大学还接收了法国教会办的甘美医院,成为一个兼有工、农、林、文、理、医科的大学③。

1950 年 8 月 5 日,中华人民共和国成立后的云南省首次教育工作会议在昆明召开。军管文教部副主任李群杰在会议上作了《关于教育工作方针任务的报告》。会议提出今后的主要工作任务是:恢复和整顿中小学校;加强政治思想学习,提高干部政治水平与业务能力;增加助学金名额,实行生产助学;大力吸收工农及其子弟入学;加强在职教师学习,培养新的师资;对私立学校继续执行"坚决维持、重点扶助与逐步改革的方针",帮助各兄弟民族发展本民族的语言、文字和教育,集中力量办好几所重点学校。④

同年 8 月,根据《政务院关于高校领导关系的决定》所规定的"各大行政区人民政府或军政委员会教育部或文教部均有根据中央统一的方针政策,领导本区高等教育的责任",云南两所高校由西南军政委员会文教部直接管理,昆明市

---

① 云南师范大学纪事修订出版编委会:《云南师范大学纪事》(1938～1998),昆明:云南人民出版社,2013 年,第 155 页。

② 云南省教育志编纂委员会:《云南省志·教育志·大事》,昆明:云南人民出版社,1995 年,第 25～26 页。

③ 《云南大学志》编审委员会:《云南大学志·总述(1922 年～1976 年 7 月)》,昆明:云南大学出版社,1993 年,第 167 页。

④ 云南省教育志编纂委员会:《云南省志·教育志·大事》,昆明:云南人民出版社,1995 年,第 25～26 页。

军管会文教接管部协助管理。

1950 年 11 月，高校接管工作基本完成，昆明市军管会文教接管部被撤销，同时成立云南省文化教育厅，徐嘉瑞任厅长，张子斋、李群杰任副厅长。1952年 12 月 20 日，云南省文化教育厅更名为教育厅，云南高等教育由教育厅管理。

第二节 高等教育管理体制的改造

一、中央统一领导、中央与省两级管理体制的建立

自新中国成立起，我国高等教育的管理体制实行的是中央统一领导、中央和省、直辖市、自治区两级管理的体制。1950 年 6 月 1～7 日，教育部在北京召开了第一次全国高等教育会议。会议讨论了改造旧的高等教育、建设新中国高等教育的基本方向，并出台了《政务院关于高等学校领导关系的决定》《高等学校暂行规程》等一系列政策和行政法规。《政务院关于高等学校领导关系的决定》的核心内容就是对高校领导体制的规定。该决定规定，"全国高等学校以由中央人民政府教育部统一领导为原则……中央人民政府教育部对全国高等学校（军事院校除外）均负有领导的责任……凡中央教育部颁布的关于全国高等教育方针、政策与制度，高等学校法规，关于教育原则方面的指示，以及对于高等学校的设置变更或停办，大学校长、专门学院院长及专科学校校长的任免，教师学生的待遇，经费开支的标准等决定，全国高等学校均应执行……"各大行政区人民政府或军政委员会教育部或文教部均有根据中央统一的方针政策，领导本区高等教育的责任"[①]。这一规定实际上明确了由中央政府统一管理全国高校、大区具体管理高校的两级管理体制。根据中央统一领导的决定，西南军政委员于 1950 年 8 月 29 日通知，云南大学、昆明师范学院由西南军政委员文教部直接管理。

1953 年，中央人民政府政务院又通过了《关于修订高等学校领导关系的规定》，更加细致地规定了高等教育部对高校管理的权力范围。规定凡中央高等教育部颁布的有关全国高等教育建设计划，包括高等学校的设立、停办、院系专业设置、招生任务、基本建设任务、财务计划、财务制度、人事制度、教学计划、教学大纲、生产实习规程，以及其他重要法规、指示或命令，全国高等学校均应

---

① 何东昌：《中华人民共和国重要教育文献（1949～1975）》，海口：海南出版社，1998 年，第 44 页。

执行①。这一规定体现了在高等学校管理体制上的高度统一与中央集中管理的特点。云南大学的管理、教学活动，大到院校的并入（如西昌技艺专科学校园艺科的并入）小到开办干部补习班，均要由西南军政委员会批准②。1953年3月，西南行政委员会撤销文教部，成立高等教育管理局，云南大学与昆明师范学院由该局管理。

1954年，中央撤销大区一级行政机构。10月14日，高等教育部通知，云南大学、昆明工学院由高等教育部直接管理，云南大学医学院的有关业务由中央卫生部领导。昆明师范学院由中央教育部委托云南省人民政府管理③。高等教育的两级管理由中央—大区转变为中央—省两级管理。

二、内部管理体制的改革：从校长负责制到党委领导下的校务委员会负责制

在内部管理体制的建立和完善方面，自新中国成立至今中国高校大体经历了七个阶段。在这一时期，经历了两个阶段。这两个阶段却有着巨大的变化。

1.校长负责制

接管初期，云南大学和昆明师范学院都成立有管委会，进行过渡性的临时管理。根据1950年颁布的《高等学校暂行规程》中"大学及专门学院采取校（院）长负责制"的规定，云南大学实行校院长负责制。为此，政务院于1951年10月5日任命省政府副主席周保中兼任云南大学校长。昆明师范学院在建国初也实行管委会集体管理制度，由著名文史学家徐嘉瑞担任昆明师范学院校管会主任（1950～1952年）。1952年11月，根据西南行政委员会文教部指示，改为院长制，由方章任院长。《高等学校暂行规程》规定的校长职责是：①代表学校；②领导全校（院）一切教学、研究及行政事宜；③领导全校教师、学生、职工、工警的政治学习；④任免教师、职员、工警；⑤校务委员会的决议。④校长负责全盘工作，直接向党和国家负责。党组织在政治上起核心作用，不领导行政工作，主要任务是领导开展政治运动，对群众进行宣传和组织工作，以实施党的方针政策和上级党组织的决议，保证教学任务的完成，同时了解师生员工的情

① 《中国教育年鉴》编辑部：《中国教育年鉴》（1949～1981），北京：中国大百科全书出版社，1984年，第781页。
② 《云南大学志》编审委员会：《云南大学志·大事记》，昆明：云南大学出版社，1993年，第70～171页。
③ 云南省教育志编纂委员会：《云南省志·教育志》，昆明：云南人民出版社，1995年，第539页。
④ 何东昌：《中华人民共和国重要教育文献（1949～1975）》，海口：海南出版社，1998年，第45页。

况和要求，向上级领导和校长反映。此阶段，在云南高校中党的组织只有支部。1954年云南大学和昆明师范学院成立党总支。但党组织与校长之间没有领导与被领导的关系。直至1955年5月，中宣部在《关于学校教育工作座谈会的报告》中仍明确规定："学校中的党组织和学校行政间都没有领导或指导关系，但应互相帮助，密切配合，为搞好教学、办好学校而协同进行工作。"①

2. 党委领导下的校务委员会负责制

1955年8月，在《中共中央批发中央宣传部〈关于学校教育工作座谈会的报告〉给各地党委的指示》中，中央基于"高等学校和中等专业学校是直接为国家培养建设人才的地方，对于国家各项建设事业的关系特别重大"的地位和"资产阶级正在学校中同我们争夺领导权"的评估，明确指出，"要保证做好学校工作，首先必须建立起那里的强有力的党的领导。没有党的组织，没有强有力的党的领导，党委不管学校中党的工作，就等于把学校交给资产阶级去领导，就会犯很大的错误"，各地党委"必须选派得力的干部到这些学校担任领导职务"，"认真地把学校教育工作列入议事日程，定期地在党委会议上讨论学校教育方面的重大问题，在党委书记或党委常委委员的分工上应有人专管学校教育工作，积极建立和健全党委管理学校教育的工作机构，以加强党委对学校教育工作的领导和监督"。② 1956年，中国共产党第八次代表大会以后，《中国共产党章程》规定："在企业、农村、学校和部队中的党的基层组织，应当领导和监督本单位的行政组织和群众组织积极地实现上级党组织和上级国家机关的决议，不断改进本单位的工作。"③《中国共产党章程》明确了基层党组织对本单位起领导作用。

1956年，云南大学、昆明师范学院相继成立党委。云南大学于4月底召开党员大会，选举产生了云南大学第一届委员会。昆明师范学院于1956年5月12～14日召开第一次党员大会，选举出第一届党的委员会。经云南省委8月3日批准，云南大学、昆明师范学院正式成立党委会，李书成任云南大学书记，刘御任昆明师范学院党委书记。④ 1958年9月，中共中央、国务院在《关于教育工作的指示》中明确规定："教育工作必须由党来领导。没有党的领导，社会主义的教育是不能设想的……一切教育行政机关和一切学校，应该受党委的领

---

① 何东昌：《中华人民共和国重要教育文献（1949～1975）》，海口：海南出版社，1998年，第48页。

② 何东昌：《中华人民共和国重要教育文献（1949～1975）》，海口：海南出版社，1998年，第505页。

③ 中共中央文献研究室：《建国以来重要文献选编》（第九册），北京：中央文献出版社，1994年，第337页。

④ 《云南大学志》编审委员会：《云南大学志·大事记》，昆明：云南大学出版社，1993年，第209页；云南师范大学纪事修订出版委员会：《云南师范大学纪事》（1938～1998），昆明：云南人民出版社，2013年，第220页。

导……在一切高等学校中，应当实行学校党委领导下的校务委员会负责制；一长制容易脱离党委领导，所以是不妥当的。"[①]此后，校务委员会以及高校行政机构成为党委领导下的权力执行机构，确立了党在高校的绝对领导权，党委对学校工作的领导体制正式形成。校务委员会由校长、教务、总务长及各部门负责人、教师代表组成，实行集体领导，由校长主持。学校工作中的重大问题由校长提交校务委员会讨论决定，报党委同意后再组织执行。

第三节　院校结构的改造——院系调整

一、云南高校的院系调整及高等教育的新格局

为适应国家大规模经济建设对专门人才的需要，同时作为学习苏联的教育模式的产物，在 20 世纪 50 年代初期，中国进行了大规模的高等学校院系调整。

1950 年 6 月召开的第一次全国高等教育会议指出："高等教育无论在其内容、制度、方法各方面，都必须密切地配合国家的经济、政治、国防和文化的建设，必须很好地适应国家建设的需要，首先适应经济建设的需要。"[②]首次明确了高等教育必须为国家经济建设服务的职责，为建国后高等教育的发展指明了方向，也成为院系调整的基本动因。院系调整从 1949 年北京大学、清华大学、华北大学三校的农学院合并组建北京农业大学开始试点，1951 年在华北、华东启动，1952 年全面推开，一直持续到 1956 年。1950 年 6 月 1 日，教育部部长马叙伦在第一次全国高等教育会议上首次明确提出："我们要在统一的方针下，按照必要和可能，初步调整全国公私立高等学校或其某些院系，以便更好地配合国家建设的需要。"[③]1951 年国家确定了"以培养工业建设干部和师资为重点，发展专门学院和专科学校，整顿和加强综合性大学"的院系调整方针。[④]此后，教育部针对各地、各校有关合并、调整院校的请示报告，逐步提出了一些具体原则。

---

①　何东昌：《中华人民共和国重要教育文献（1949～1975）》，海口：海南出版社，1998 年，第 859 页。

②　中央教育科学研究所：《中华人民共和国教育大事记（1949～1982）》，北京：教育科学出版社，1983 年，第 19 页。

③　毛礼锐，沈灌群：《中国教育通史》（第六卷），济南：山东教育出版社，1989 年，第 73 页。

④　《做好院系调整工作，有效地培养国家建设干部》，载《建国以来重要文献选编》（第 3 册），北京：中央文献出版社，1992 年，第 346 页。

院系调整具体原则为：①基本取消原有系科庞杂的、不能适应培养国家建设干部需要的旧制大学，改造成为培养目标明确的新制大学；②为国家建设所迫切需要的系科专业，予以分别集中或独立建立新的专门学院，使之在师资、设备上更好地发挥潜力，在培养干部的质量上更符合国家建设的需要。

1951年11月，教育部召开了全国工学院院长会议，拟订了全国工学院院系调整方案，由政务院批准。该调整方案以华北、华东、中南地区的工学院为重点。此后，全国范围内的院系调整开始。

1952年教育部发布了《关于全国高等学校1952年的调整设置方案》，仿照苏联高校模式，以华北、华东和东北为重点实施全国高校院系调整。这次调整的特点是：除保留少数文理科综合性大学外，按行业归口建立单科性或多科性专门院校；大力发展独立建制的工科院校、师范院校，为了工科学校的建设和发展，相继新设钢铁、地质、航空、矿业、水利等专门学院和专业。

根据高教部《关于1953年全国高校院系调整的计划》，云南高校的院系调整主要从这一年开始进行，一直持续到1956年。

云南高校的院系调整分为两类：一是在西南乃至全国范围内调整、整合原有院系；二是拆分原有院系组建新大学。

1. 院系整合

云南大学的8个系科被调整到省外，具体情况见表5-1。到1954年，院系调整后云南大学撤销院级机构，设10个系：中文、外语、历史、经济、数学、物理、化学、生物、农学、林学系。其中，外语系、经济系已3年未招生，1955年暑期后停办[①]。

昆明师范学院则主要是部分专业、师生调往西南师范学院，贵阳师范学院部分学生并入昆明师范学院。史地系地理组并入西南师范学院，其二、三年级学生与历史组、理化系物理组二、三年级学生及数学、化学专业二年级学生调入西南师范学院。贵阳师范学院教育系、化学组、中文系三年级学生和史地系一年级学生调入昆明师范学院。昆明师范学院的地理系、教育系撤销。调整后，昆明师范学院由7个系调整为5个系：中国语文、历史、数学、物理、化学，另有中国语文、历史、数学、物理、化学、生物6个专修科。

---

① 《云南大学志》编审委员会：《云南大学志·总述（1922年～1976年7月）》，昆明：云南大学出版社，1993年，第173页。

表 5-1　院系调整时期云南大学划出、并入、停办系科简表

项目	学院、系科	时间	并入学校
划出系科	航空系	1951 年	四川大学
	畜牧兽医系	1953 年	四川大学
	园艺系、蚕桑系	1953 年	西南农学院
	法律系、政治系	1953 年	西南政法学院
	土木工程系	1953 年	四川大学、重庆土木工程建筑学院
	铁道管理工程系	1953 年	管理组并入北京铁道学院 工程组并入中南土木工程建筑学院
划出后独立设置学院	工学院	1954 年	昆明工学院
	医学院	1956 年	昆明医学院
	农学系、林学系	1958 年	昆明农林学院
并入云南大学学校及系科	重庆大学有色金属专修科	1952 年	云南大学
	西康技艺专科学校	1953 年	云南大学
停办系科	云南大学社会系	1954 年	民族组并入历史系 劳动组并入经济系

资料来源：根据《云南大学志·总述（1922 年～1976 年 7 月）》，昆明：云南大学出版社，1993 年，第171 ～ 173 页所述编制。

2. 院系组建

拆分原有院系新建 3 所院校。1954 年 9 月，云南大学工学院被划分出去，与贵州大学工学院矿冶系和机械系、重庆大学冶金系有色金属专修科、西康技艺专科学校合并组建昆明工学院，设采矿、冶金、机械 3 个系。1956 年 9 月，云南大学医学院独立设置为昆明医学院。1958 年 8 月，云南大学农学系、林学系独立成立昆明农林学院（表 5-2），保留了中文、历史、数学、物理、化学、生物 6 个系。昆明师范学院也只保留了中文、历史、数学、物理、化学 5 个系和中国语文、历史、数学、物理、化学、生物 6 个专修科。

1958 年，云南的高校增加为 5 所，即云南大学、昆明师范学院、昆明工学院、昆明医学院和昆明农林学院。

表 5-2　院系调整过程中云南新建学院简表

新建院校名	时间	构成单位
昆明工学院	1954 年 9 月	云南大学工学院、贵州大学工学院矿冶和机械系、重庆大学冶金系有色金属专修科、西康技艺专科学校
昆明医学院	1956 年 9 月	云南大学医学院
昆明农林学院	1958 年 8 月	云南大学农学系、林学系

二、院系调整对云南高等教育的影响

学术界对于 20 世纪 50 年代院系调整的评价主要有两种看法：一种是全面否定，另一种是在基本肯定的基础上指出存在的问题，即两分法评价。前一种意见认为院系调整严重削弱文科和综合性大学，人才培养过于专门狭窄，效益低下，抽空了学校教育的人文内涵，使学校的教化作用不断衰微[1]。这种"骂倒"派的意见占多数。后一种意见认为院系调整"最大成果是建立起一个以苏联模式为蓝本的大学制度。这一制度构成了培养社会主义建设所需专业人才的基础"[2]。通过大量工科、师范类人才的培养，满足了国家建设的需要，但是，也从物理环境上人为割断了许多学科之间的联系，削弱了综合大学的整体学术水平和科研实力，拉大了我国与世界一流大学之间的差距。

从云南省的实际情况看，云南的院系调整具有内生性，院校调整的积极作用远远大于负面影响。这主要表现在下述几个方面：

从历史视野考察，抗日战争时期内迁高校的聚集使昆明一跃而成为与重庆、成都相比肩的西部乃至全国的文化中心之一，内迁高校复员北返后，云南再次由文化高地跌落为文化边缘，经济、文化和社会发展都受到迟滞。这一历史事实证明，没有高等教育的支撑，云南难以摆脱经济落后、文化边缘的状态。大力发展高等教育是云南追赶发展的必然要求。

从现实需要考察，云南在"一五"时期大力恢复和发展经济，从 1953 年起，全省集中力量展开工业建设，按中央要求把有色金属工业作为建设重点，改造和扩建个旧锡业、建设东川铜矿、开办与之配套的火电、水电厂。为此，1950～1953 年，从北京、东北、西南和省内抽调 4000 多名干部到有色金属工业部门工作[3]。由此可见云南当时的工业人才严重短缺。除有色金属工业外，云南还以公路建设为重点大力开展交通建设，也需要大量人才。在农业生产中，除大力发展粮食生产外，还积极发展橡胶、烤烟、棉花、甘蔗、茶叶、金鸡纳等经济作物和林业、畜牧业，也急需大量农业技术人才。而当时云南高等教育远远不能满足经济建设的需要。1949 年 12 月，全国共有高等院校 205 所，在校生 11.7 万人。而云南仅有公、私立大学 3 所（云南大学、昆明师范学院和私立昆明五华学院），在校生 1653 人。1950 年，私立五华学院并入云南大学，全省高校只剩 2

---

①　杨东平：《中国高等教育的苏联模式——关于 1952 年的院系调整》，《东方杂志》，1994 年第 3 期，第 35～100 页。

②　胡建华：《现代中国大学制度的原点：50 年代初期的大学改革》，南京：南京师范大学出版社，2001 年，第 290 页。

③　马曜：《云南简史》（增订本），昆明：云南人民出版社，2005 年，第 311 页。

所，在校生 2481 人。1950～1954 年，云南大学工学院共招生 955 人[1]，年均招生数为 191 人，毕业共 463 人[2]，年均毕业生 92.6 人；1950～1958 年，云南大学农学院共招生 587 人，年均招生 65.2 人，毕业 239 人[3]，年均毕业 26.6 人。云南大学工科、农科的人才培养与经济建设的需要差距较大。此外，云南高等教育不仅规模小，科类结构也不合理。昆明师范学院的学科基本为文理学科，云南大学也以文科、理科见长。不大力发展工科教育，根本无法满足云南建立现代工业体系对高级工业人才的需要；不发展农业教育，也无法适应云南建立现代农业对高级农业人才的需要。在"文教建设必须为经济建设服务"方针指导下，大力发展工科、农业教育是云南经济发展的必然要求。

独立设置工学、医学、农学院校也是学科发展自身张力作用的结果。熊庆来掌校后，致力于云南大学医科的建设，成立医学院，依靠范秉哲，以中法大学校友为中心网罗了 20 余名法国里昂大学、巴黎大学、比利时布鲁塞尔大学、德国柏林大学等名校医学博士为云南大学医学院的教授，使云南大学医科的学术实力、教学水平迅速提高。1940 年，云南大学医学院被教育部定为中国"重要医学院"推荐至欧洲[4]。1941 年 5 月设立的云南大学医学院附属医院，经 1950 年与甘美医院、云瑞分院合并，实力进一步增强。在这一背景下，时为云南大学医学院院长的杜棻提出了医学院独立建院的建议：1950 年 5 月，杜棻连续提交《对于医学院组织及改善教学的意见》《云南大学医学院的组织和改善教学的意见》两文，明确主张医学院独立发展："医学院的组织属于云南大学五院之一，因而经济、房屋、教学、课程，均受到其他各院的牵制，想发展就不可能"，而在"全国解放的鼓励下，感觉医学院的组织有改进的必要"。杜棻进一步阐明："医学是一种专门的科学，也是民众健康的推动机轮，（云南大学医学院）在云南算得上一个医学最高的机构，似有使之独立发展，并能领导全省医疗卫生事业……拟请于接管后使其扩充，独立发展，而起领导作用。"而且，"应将医学院与（附属）医院的关系，再加紧联系，俾能运用自如"。[5]杜棻所说医学院的发展受到各方"牵制"并非空穴来风：仅从发展规模即可窥见一斑：医学院在 1950～1956 年，

---

① 《云南大学志》编审委员会：《云南大学志·教学志》，昆明：云南大学出版社，2006 年，第 235 页。下引农学院数据亦此。

② 谢冰主编，云南教育厅：《云南教育 50 年》，北京：教育科学出版社，2002 年，第 97 页。

③ 谢冰主编，云南教育厅：《云南教育 50 年》，北京：教育科学出版社，2002 年，第 97 页。

④ 昆明医学院校史编审委员会：《昆明医学院校史 1933～1998》，昆明：云南人民出版社，2001 年，第 41 页。

⑤ 昆明医学院校史编审委员会：《昆明医学院校史 1933～1998》，昆明：云南人民出版社，2001 年，第 144～145 页。

仅招生 447 人，年均招生 63.86 人，从 1950～1954 年毕业生仅为 88 人①，年均毕业 17.6 人。其中，本科毕业生尤少：1950～1953 年每年本科毕业生仅 10 余人，1953 年毕业 21 人，1954 年毕业 30 人②。而医学院教师则分别有 75 人（1950 年）和 56 人（1952 年）③。在缺医少药的云南，医学院教师数反而远大于学生数，学院和教师的发展都受到限制。导致云南大学医学院试图独立发展的主因正是摆脱这种制度和学科间的羁绊。

从云南大学医学院争取独立发展的活动可以看到学科发展具有内在张力：经过近二十年的发展，当云南大学医学院在云南医学界已占据领导地位、具有相当实力时，学科自身发展急需摆脱因置身云南大学体系内所受到的各种"牵制"束缚。因而可以说，云南大学医学院独立发展的诉求，具有内在自发性，是一种内生需要。这正反映出学科发展到一定程度后摆脱母体学校束缚的内在张力。

从长远发展的角度看，院系调整对于促进云南高等教育的发展具有较大的推进作用。这主要表现在：

1）促进了云南省高等教育规模和入学机会的扩大，培养了大批工科、医科和农科高层次人才。作为高等教育长期发展滞后的边疆省份，高层次人才的短缺严重制约了云南的发展。而山地阻隔的地理环境，进一步加剧了云南通过外部获得高层次人才的困难，难以支撑云南经济与社会发展的需要。通过院系调整扩张高等教育规模、丰富高等教育内涵，在一定程度上缓解了高层次人才匮乏的状况，对云南高等教育的发展是一个历史性的突破。由此确立了当今云南高等教育的格局，为今天云南高等教育的发展打下了基础。

从表 5-3 可以看出，1950～1953 年，云南高校只有 2 所，在校生规模从 2481 人增长到 3217 人，年均增长率为 9.05%，每万人口中在校生数为 1.9，低于全国平均值 2.2。而自第一次院系调整之后，高等院校增加到 4 所，在校生数从 1954 年的 3803 人增加到 1956 年的 6210 人，年均增长率为 27.79%，每万人口中在校生数为 2.2。云南高等教育的规模增长较为迅速，入学机会显著扩大。这显然与新增设的两所院校有着直接关系。

---

① 《云南大学志》编审委员会：《云南大学志•教学志》，昆明：云南大学出版社，2006 年，第 244 页。

② 昆明医学院校史编审委员会：《昆明医学院校史 1933～1998》，昆明：云南人民出版社，2001 年，第 107 页。

③ 《云南大学志》编审委员会：《云南大学志•教学志》，昆明：云南大学出版社，2006 年，第 221 页。

表 5-3　20 世纪 50 年代云南高等教育规模增长简表

年份	学校数（个）	招生数（人）	毕业生数（人）	在校生数（人）	每万人口中在校生数（人）		教职工人数（人）	
					全国	云南	总数	专任教师数
1949	3			1 653		1	722	353
1950	2	1 236		2 481		1.5	683	334
1951	2	853	223	2 397	2.2	1.4	761	372
1952	2	1 191	307	3 287		1.9	897	436
1953	2	1 040	645	3 217		1.9	1 208	537
1954	3	1 143	566	3 803		2.2	1 348	604
1955	3	1 498	1 081	4 141		2.3	1 355	613
1956	4	3 249	1 070	6 210		3.4	2 045	876
1957	4	1 791	854	6 996	6.8	3.7	2 283	1 162
1958	7	3 366	1 256	8 859		4.6	2 152	1 111
1959	9	4 338	1 256	11 694		6.1	2 433	1 223
1960	18	4 877	2 200	13 983		7.4	3 391	1 659

　　资料来源：本表系根据杨崇龙：《云南教育四十年》，昆明：云南大学出版社，1990 年，第 76 页《云南省普通高等学校发展概况》制作。

　　2）改变了云南高等教育的格局。民国时期中国高等教育始终是"东高西低"的格局，高校主要集中于东部，特别是沿海地区。这种情况在新中国成立初期并未改变：1950 年全国共有高校 227 所，只"华东地区就有高等学校 85 所，占总数的 37.4%。单单上海一地就有 43 所，几占全国高等学校的 1/5"[①]。而云南在五华书院被合并后，只有 2 所高校。不要说和东部比，就是与西部邻省比，也有较大差距。如当时四川有 36 所高校，广西在解放初期也有 5 所高校。云南高校不仅数量少、规模小，而且科类结构不合理，呈现出文、理科强，工、医、农林等学科弱的状况。

　　昆明工学院、昆明医学院、云南农业大学从云南大学分离出来独立建校，为云南高等工学、医学和农学教育的发展提供了较大的空间。云南高校数增加到 5 所，改变了云南高等教育只有 1 所综合大学、1 所师范院校的格局，形成了 1 所综合大学和师范、工科、医科、农林 4 所专门学院齐头并进、共同发展的格局，极大地丰富了云南高等教育的内涵。从学科发展看，正是因为有了这次院系调整，依托昆明工学院、昆明医学院、云南农业大学，云南高等教育中的工科、医科、农科得到较大发展，极大地改变了云南高等教育科类结构不合理的状况，文、理、工、农、医科的发展相对平衡。1954 ~ 1958 年，昆明工学院就发展为

　　① 马叙伦：《马叙伦部长在第一次全国高等教育会议上的开幕词》。何东昌：《中华人民共和国重要教育文献 1949 ~ 1975》，海口：海南出版社，1998 年，第 25 页。

6 个专业：普查及勘探、采矿、选矿、有色冶金、钢铁冶金、机械制造与机床刀具；昆明医学院从 1956 年只有临床医学一个专业发展到 1960 年时拥有临床医学、护理、卫生和放射医学 4 个专业；昆明农林学院也在较短时间就发展成为有农学、林学和采伐陆运机械化 3 个专业的高校。从人员增长看，昆明工学院建院时有教职工 284 人，其中教师 124 人（教授 14 人，副教授 12 人，讲师 43 人）。仅仅经过 5 年的发展，到 1959 年有教职工 695 人，增长了 1.45 倍，专任教师 379 人，增长了 2.1 倍。[①] 昆明医学院 1956 年建院时，学院本部有教职工 287 人，其中专任教师仅 143 人，到 1965 年，全院教职工发展到 1371 人，院本部专任教师 241 人[②]，十年间教职工增长了 3.78 倍，专任教师增长了 0.7 倍。随着专业、师资的增加，三校独立建校后，学生规模也获得迅速扩大，为云南经济建设和社会发展培养了大批人才。昆明医学院到 1965 年在校生达 1615 人，而独立建院时在校生有 679 人，10 年累计毕业学生 2462 人，而独立建院前 19 年累计毕业 640 人。[③]

从当时的历史条件分析，工学、农学、医学的发展规模和发展速度，如果仍维持在云南大学一校之内是根本无法做到的。限于云南大学一校的既有编制、师资、教学场地和教学用房、经费等教学资源的有限性，以及系科间的平衡与制约，根本无力大规模、高速度发展这些学科。以医科为例，昆明医学院独立建院的当年（1956 年），高教部即发文承诺给予基建投资和固定资产设备费共计 157.2 万元（后实际编入预算的基建投资为 126.2351 万元，设备及图书购置费 25.4236 万元）。[④] 不但投资金额大增，而且经费来源渠道也扩大，由中央政府直接拨款。学校校舍建筑总面积也从 1956 年从云南大学接收的 3139 平方米发展到 1961 年的 4.54 万平方米，5 年间增加了 13.5 倍。教学设备总值从 1956 年的 22.08 万元增长到 1966 年的 142.04 万元，增长了 5.43 倍。[⑤] 如果医科还放在云南大学校内发展，既不可能获得如此众多资源，也不会有如此快的发展速度。

从长远发展的效果来看，恰恰是独立建校奠定了昆明工学院、昆明医学院和云南农业大学长足发展的基础。经过半个多世纪的发展，昆明理工大学已发展成为一所以工为主，理工结合，行业特色、区域特色鲜明，经济、管理、哲学、法学、文学、艺术、医学、农学、教育等多学科协调发展的综合性大学，拥有国家

①　蔡乔方等：《昆明工学院简史》，内部印刷，第 136 页。

②　昆明医学院校史编审委员会：《昆明医学院校史 1933～1998》，昆明：云南人民出版社，2001 年，第 179 页。

③　昆明医学院校史编审委员会：《昆明医学院校史 1933～1998》，昆明：云南人民出版社，2001 年，第 203 页。

④　昆明医学院校史编审委员会：《昆明医学院校史 1933～1998》，昆明：云南人民出版社，2001 年，第 153 页。

⑤　昆明医学院校史编审委员会：《昆明医学院校史 1933～1998》，昆明：云南人民出版社，2001 年，第 182 页。

重点学科 1 个、国家重点培育学科 1 个、省级重点学科 23 个、省院省校合作共建重点学科 9 个、博士后流动站 8 个、一级学科博士点 8 个、二级学科博士点 44 个、一级学科硕士点 36 个、二级学科硕士点 174 个、工程硕士授权领域 27 个和工商管理硕士（MBA）、工程管理硕士、建筑学硕士、城市规划硕士、艺术硕士（MFA）、翻译硕士、法律硕士专业学位授权点；有 106 个本科专业、培养了 25 万各类人才，全日制在校本科学生 30 679 人，博士、硕士研究生 10 726 人[①]。

昆明医科大学建立了完整的医学教学体系，学校有学院（部）18 个，本科专业 26 个，4 所直属附属医院，一级学科博士学位授权点 1 个，二级学科博士学位授权点 18 个，一级学科硕士学位授权点 6 个，二级学科硕士学位授权点 48 个，临床医学博士后科研流动站 1 个，临床医学进入全球 ESI 学科排名前 1%，培养了 10 余万名扎根边疆、服务基层的高级医学人才。[②]

昆明农林学院自 1962 年滇南大学、滇西大学并入，1971 年与云南农业劳动大学合并成立云南农业大学后，办学规模不断扩大。目前全日制在校生 22 536 人。办学 70 多年来，为社会培养了 10 余万名具有"科学情操、大地情怀、农民情结"的专业人才。云南省农业高级技术人员 80% 以上、农业技术推广站（所）负责人 80% 以上、县乡主管农业的领导 80% 以上是该校毕业生。[③]

如果没有院系调整后的独立建院，这三所学校仍然作为云南大学的二级学院，仅仅依靠云南大学一校之力是无法发展到今天的规模的。

3）为云南省经济建设与社会发展，尤其是为工业的发展培养了大批人才，奠定了云南经济与社会发展的人才基础。1950～1954 年，云南大学工学院共招生 955 人，医学院从 1950～1956 年共招生 447 人[④]。昆明工学院独立建校当年（1954 年）在校生规模即扩大到 828 人，招生数为 300 人。1958 年招生数即突破千人大关，达到 1136 人；昆明医学院在校生数从 1956 年 679 人增加到 1960 年的 1363 人[⑤]，5 年间在校生增加了 1 倍。这些专业的建设和发展为云南经济建设与社会发展，培养了大批人才。

当然，一些院系调整阻碍了云南大学的发展。最明显的是对云南大学教师队伍的调整。1951～1958 年，云南大学共调出教师 360 人，而调进教师仅为 45 人[⑥]，减少教师净值达 315 人，几乎相当于 1952 年的全校教师总数（1952 年云南大学不含兼职教师的总数为 328 人），不仅数量剧减，而且高级职称教师被调

① 昆明理工大学官网 http://www.ynau.edu.cn/xxgk/xxjj.htm。

② 昆明医科大学官网 http://www.kmmc.cn/pages_1078_25621.aspx。

③ 云南农业大学网站 http://www.ynau.edu.cn/xxgk/xxjj.htm。

④ 《云南大学志》编审委员会：《云南大学志·教学志》，昆明：云南大学出版社，2006 年，第 235 页。

⑤ 昆明医学院校史编审委员会：《昆明医学院校史》，昆明：云南人民出版社，2001 年，第 179 页。

⑥ 《云南大学志》编审委员会：《云南大学志·总述（1922 年～1976 年 7 月）》，昆明：云南大学出版社，1993 年，第 173 页。

出较多，直接影响到教师结构的合理性。从学校性质上看，院系调整使云南大学从具有文、理、工、农、医等学科的综合大学变成了仅有文理学科的综合大学，严重影响了其办学功能和办学水平。从学校架构看，院系调整前云南大学有 5 个学院 20 个系，经过院系调整，取消了院一级机构，学系被调出 8 个，停办了 2 个，只剩下文理科 6 个系，尤其是文科原有 8 个系只剩下 2 个，文科受到极大的削弱，严重削弱了云南大学整体学术水平和科研水平的实力。失去工科、医科、农科，也不利于学科之间的渗透交叉。综合大学是一个地区高等教育发展的龙头和轴心。院系调整对云南大学的损害，深远地影响了云南高水平大学的建设，迟滞了云南大学成为一流大学的步伐。

关于云南高等教育整体的负面影响，主要是一批对云南经济发展具有重要影响的学科专业划到省外，如航空、铁道、土木工程、蚕桑等专业，既影响了云南高等教育学科的发展和高等教育水平的整体提升，又影响到了云南区域经济的发展。

第四节　学习苏联——教育制度与教育模式的改造

第二次世界大战后社会主义与资本主义两大阵营的形成以及帝国主义对我国的封锁，使我们在社会主义建设和发展道路以及在外交政策上形成了"一边倒"的格局，即在社会主义建设和发展模式上全盘向苏联学习，在外交政策上坚定地站在以苏联为首的社会主义阵营一边。政治上的一边倒，也影响和规定着教育的走向。早在 1945 年，毛泽东在《论联合政府》中就说过："苏联所创造的新文化，应当成为我们建设人民文化的范例。"[①] 1949 年 10 月 5 日，刘少奇在中苏友好协会成立大会上也发表讲话指出："我们要建国，同样也必须'以俄为师'，学习苏联人民的建国经验。苏联有许多世界上所没有的完全新的科学知识，我们只有从苏联才能学到这些科学知识。例如经济学、银行学、财政学、商业学、教育学等等。"[②] 在这一政策引导下，高等学校开展了对苏联教育的全面学习的活动。

高等学校学习苏联始于 1950 年的中国人民大学和哈尔滨工业大学，中央将这两所高校作为学习苏联的试点。1953 年，教育部长马叙伦明确表示："学习苏

---

① 毛泽东：《论联合政府》（1945 年 4 月 24 日），《毛泽东选集》第 3 卷，北京：人民出版社，1991 年，第 1031 页。

② 刘少奇：《在中苏友好协会总会成立大会上的报告（一九四九年十月五日）》，中共中央文献研究室，中央档案馆编《建国以来刘少奇文稿》第一册，北京：中央文献出版社，2005 年，第 82 页。

联先进经验，进行教学改革，是中国高等教育的一次革命。"①学习苏联确实是一次涉及高等教育的教育思想、教学内容、教学方法、教学制度及基层教学学术机构建设的深刻而广泛的革命。

在这一政策指导下，从 1952 年秋开始，全国各大学普遍开展了学习苏联经验的教学改革。这个过程一直持续到 1956 年。改革的主要内容就是按照苏联高等教育的模式改造民国时期形成的中国的高等教育。具体地说，就是在宏观上调整院校结构；在教学内容调整方面则以课程改革为核心，采用和移植苏联的教学计划和教学大纲，翻译和大量使用苏联的教科书，学习和运用苏联的教学方法和评价方法；在教学组织制度上按苏联的模式建立教学组织：形成校—系—教研组（室）的教学组织架构。教学制度的根本性改革深刻地影响和改变了中国高校的面貌。云南的高等学校也是如此。

一、学习苏联高等教育的主要方面

云南高校对苏联的学习表现在：在高等教育结构调整方面，以建立单科性专门学院为主大拆大分、大进大出，进行院系调整；学习和模仿苏联高等教育进行教学改革。关于院系调整的情况已在上节论述。关于教学改革主要表现在以下几个方面。

（一）学习苏联的教育思想

1952 年 11 月，教育部转发苏联专家普希金的讲稿《师范大学的任务和教研室的工作》，强调教学工作的纪律性、组织性与计划性，重点阐述了教研室作为大学的基本组织结构在高校中的作用、任务。昆明师范学院在当年 12 月即组织教学人员学习。

1953 年 4 月 18 ～ 23 日，云南省教育厅在昆明第一中学，召集云南大学系主任以上干部、昆明师范学院和昆明师范学校的教职员工、中等学校教职员寒假学习团全体成员、中小学校长、教导主任等 4500 人，收听了苏联教育专家普希金教授的讲学录音。会后，教育厅对此活动作了书面总结报告。报告认为，这次活动有若干收获：在政治思想方面，听讲后对马列主义教育观点和共产主义教育体系有了初步认识，对于教育学上必须学习苏联先进教学经验，以苏联的经验为"蓝本"的思想加强了；在专业思想方面，认识到教师不能只是为教书而教书，

---

① 马叙伦：《高等教育的方针、任务问题》。何东昌：《中华人民共和国重要教育文献 1949 ～ 1997》，海口：海南出版社，1998 年，第 192 页。

教师不仅是一个文教工作者，也是一个政治工作者，要重视思想政治教育。教学方面，对如何使用"直观教学""理论与实际一致"等教学方法，得到了启示。[①]
昆明师范学院停课 5 天，全校师生深入学习普希金的报告。

云南大学在 1953 年提出"教学为学校压倒一切的中心任务，要搞好教学必须坚决学习苏联"的口号。为学习苏联的教育思想，云南大学组织教师学习苏联教育专家普希金和尼基金的讲学录音，举行经验交流会，全面交流学习苏联的经验[②]。1955 年，云南省教育厅又制定了《学习凯洛夫主编的教育学的计划》，提出了学习的目的和要求、内容、时间、方法和组织领导原则。该计划指出：学习凯洛夫主编的《教育学》，是为了系统地认识和掌握教育理论的基本知识，学习苏联的先进经验；结合国家的文教方针、政策，联系工作和思想实际，提高思想和教育理论水平，熟悉业务，改进工作。此后，云南高校广大教职工掀起了学习凯洛夫《教育学》的热潮，几乎人手一册。此次学习对提高认识、改进教学、提高教学质量起了积极作用。[③]

（二）采用和钻研苏联教材进行课程改革

1953 年 1 月 22 日，《人民日报》发表社论《高等学校的教学改革应当稳步前进》指出：以学习苏联先进教学经验为主要内容的教学改革，正在全国各高等学校进行。这种教学改革是完全必要的。我国以经济建设为基础的大规模建设事业，需要有足够数量并完全合乎标准的高级科学技术人才，而高等学校的任务就是培养这种人才。实行新的教学计划，采用苏联教学大纲和教材，乃是高等学校改革的关键。学习苏联教育的核心是课程及教学内容的改革。

在课程改革方面，早在 1950 年昆明师范学院即根据教育部《关于实施高等学校课程改革的决定》，改革课程。博物系"精简新遗传学的内容，着重阐明米丘林学说的正确性"[④]。这可以看作云南学习苏联教育在课程改革方面最早的行动。

从 1953 年开始，云南大学以教研组为单位学习和采用苏联教材、编写以苏联教材为根据的讲义。当年采用苏联教材的课程（包括全部和部分采用）占全校课程的 80%，尤以理工科为最。1953～1955 年，云南大学的 160 门课中有 121

---

① 昆明市教育局：《昆明教育大事记》，昆明：云南民族出版社，1990 年，第 214 页。

② 《云南大学志》编审委员会：《云南大学志第二卷大事记（1915 年～1993 年）》，昆明：云南大学出版社，1993 年，第 180 页。

③ 昆明市教育局：《昆明教育大事记》，昆明：云南民族出版社，1990 年，第 234 页。

④ 云南师范大学纪事修订出版编委会：《云南师范大学纪事》（1938—1998），昆明：云南人民出版社，2013 年，第 155 页。

门采用了苏联的教材或以苏联的教材为编写讲义的主要参考资料[①]。到1953年年底，昆明师范学院使用苏联教材或以苏联的教材为主要内容编写讲义的课程达40门，占全院开设课程的42%。

（三）学习和模仿苏联的教学制度

在学习和模仿苏联的教学制度方面，云南高校主要是模仿苏联以教研组为教学核心组织的做法，建立基层教学学术机构——教研室（教研组）；整理和制订统一的教学计划及教学大纲，开展集体备课。1950年云南大学开始建立教研组，在学习苏联先进经验的过程中，教研组的工作和方法得到进一步明确。云南大学当时有33个教研组和教学小组，到1955年，云南大学已成立了39个教研组，设置160门课程，330名教师都加入教研组[②]。昆明师范学院在1953年即建立了20余个教研组。教研组在共同学习苏联教学经验的基础上主要开展集体教学工作：在个人钻研的基础上，集体备课、互相听课，进行试讲，充分讨论，并在此基础上修订讲稿、提纲。教师团结互助，充分发挥教师集体的力量，取得了较好的效果。为做好教研组工作，云南大学还专门制定了《教研组暂行工作条例》《关于讲课、备课暂行细则》。经过几年发展，教研组这一基层学术组织渐趋成熟。在高等教育部1955年颁布的《高等学校教学研究指导组各级教师职责暂行规定》的基础上，1956年昆明师范学院对于教研组的教学、科研职责明确规定为十项，即讨论审查自编教学大纲、讲义、讲稿；组织观摩教学和检查性听课，评议教学；讨论和研究改进教学方法；研究如何培养学生独立思考能力；制定助教培养计划并督促实施；讨论分配教师教学工作量；总结执行教学大纲和教学方法工作经验；制定科研计划并审查教师年度科研计划；指导学生科研小组和教学实习；讨论面向中学的工作及其他教研组应该在班里进行的工作。[③]

制定严密的教学计划是学习苏联的重要举措。1952年底教育部下达了全国统一的教学计划，并在全国试行。教育部指出："为了配合祖国大规模经济建设与文化建设的到来，有计划地培养各种建设人才，彻底改革旧教育，制定全国高等学校各专业统一的教学计划，就成为高等教育改革的中心环节之一。"教学计划提出了明确的人才培养目标、人才培养规格、各类课程的设置、各个教学环节的时数比重等。云南高等学校也积极执行了教育部的教学计划，提出了"教学计

---

① 《云南大学志》编审委员会：《云南大学志第二卷大事记（1915年～1993年）》，昆明：云南人民出版社，1993年，第182、197页。

② 《云南大学志》编审委员会：《云南大学志第二卷大事记（1915年～1993年）》，昆明：云南人民出版社，1993年，第196页。

③ 云南师范大学纪事修订出版编委会：《云南师范大学纪事》（1938～1998），昆明：云南人民出版社，2013年，第224页。

划就是法律"的口号①。1954年秋季开始，云南大学一年级按照教育部统一的教学计划开课，二年级以上靠拢统一的教学计划，每个教学环节的安排，每门课什么时候开，都有严格的规定。云南大学开始走上了计划教学的道路。1955年2月，云南大学又召开了关于重视各个教学环节的动员会。李广田校长在会上提出了教学计划是教学的根本大法，是全校师生员工行动的共同纲领的思想。希望教师重视教学计划规定的各个教学环节的实施，避免只重视课堂教学，不重视课堂讨论、实验实习、考试等教学环节的弊病②。由此改变了云南大学过去无计划教学的状况。与教学计划相配套，云南大学开始重视教学大纲的制定。1953年，云南大学346门课中，有264门都制定了教学大纲③。

此外，云南大学还全面推行苏联的五级记分制。1953年制订出学习苏联考试制度和五级记分法的工作方案，并在全校大一年级中实行，同年11月召开了全体师生大会，由李广田做关于学习苏联考试制度及五级记分法的动员报告，1954年开始全校统一推行。

（四）重视生产实习等实践教学的开展

重视生产实习是苏联教学中的重要经验，是使学生理论与实践相结合的关键。早在1951年6月25～29日教育部召开的全国高等学校课程改革讨论会上，苏联专家阿尔辛杰夫就指出，苏联的教学计划"将实习作为学习过程的一个重要组成部分"④。在学习苏联经验的过程中，云南大学于1953年组织了专管机构，统一领导全校生产实习。当年暑假中，工学院和农学院所属10个单位的383名学生、33名教师，分赴云锡公司、昆明机床厂、石龙坝发电厂、开远木棉场、昆明大普吉农场做1～2个月的生产实习。到1954年暑假开始大规模的生产实习。全校共有800多学生、75位教师去17个单位参加了实习。

昆明师范学院则日益重视教育实习。1952～1956年，连续组织了5届教育实习。实习时间从4周增加到6周（本科），实习学校也从昆明师范学院附中扩大到昆明第一中学、昆明第一女子中学、昆明第二女子中学、昆明第二中学、昆明第六中学、昆明第十二中学、昆明第十四中学等中学。实习内容也从以课堂讲授为主、试做班主任工作发展到"课堂教授与班主任工作并重"。学校成立专门

---

① 云南省教育志编纂委员会：《云南省志·教育志》，昆明：云南人民出版社，1995年，第570页。

② 《云南大学志》编审委员会：《云南大学志第二卷大事记（1915年～1993年）》，昆明：云南人民出版社，1993年，第195页。

③ 《云南大学志》编审委员会：《云南大学志第二卷大事记（1915年～1993年）》，昆明：云南大学出版社，1993年，第181页。

④ 教育部办公厅：《高等教育文献法令汇编》（1949～1952），内部资料，第65页。

的教育实习指导委员会，每次实习均制定严密的实习计划，对实习目的、要求、步骤、做法都有明确规定，以加强对实习的检查、总结、交流，教育实习成效越来越好。

（五）学习苏联重视科学研究

苏联专家在介绍苏联高等教育的经验时指出，大学教师要提高业务水平，不进行科学研究是不可想象的。1953 年，为全面推进高等学校学习苏联经验而召开的第一次综合大学会议上，明确了综合大学主要是高等教育机构，同时也是研究机构，特别应重视科学研究工作。教学与研究是相互为用、相互提高的[①]。1953 年春季，云南大学号召进行科学研究。1954 年开始有计划、有组织地进行科学研究。到 1955 年，全校几乎每一位教师都制定出了个人的科学研究计划或进修计划，科研项目达 230 个[②]。这些研究很多是与经济建设紧密结合的，如原子核共振现象的研究、云南农业病虫害研究、昆明附近的松杉调查研究等。1956 年云南各高等学校普遍成立了科研管理机构[③]。

二、学习苏联高等教育的成败得失

通过学习苏联，云南高校的教学规范化、系统化建设得以加强，教学质量得以提高。在新中国成立后重建高等教育教学制度的过程中，加强教学的规范化、系统化建设，对于构建新的教学制度、保证和提高教学质量是十分必要的。云南大学教务处在 1953 年 11 月 10 日云南日报刊登了《云南大学学习苏联先进教学经验的初步收获》一文，认为在学习苏联过程中，从"无计划"到"有计划"地教学，这是学习苏联经验对云南大学教学上最全面的一个改进。有了教学大纲，许多系发现有的课程过去漏讲了一些重要内容，从而具体体会到苏联教材组织的严密性，逻辑系统完整，科学理论先进。云南大学自我评价，通过执行教学计划，"教学上培养学生目标不明确、因人开课的混乱现象基本肃清了"，在克服教师教学的随意性上确实取得了成效。大一必修的中国通史，"自有云南大学以来从没有讲'通'过"，有了教学计划后，第一次讲"通"了。[④]

通过教研组的努力，多数课程走上了集体主义教学的道路，一些教研组在团

---

① 余立编：《中国高等教育史》（下册），上海：华东师范大学出版社，1994 年，第 48 页。

② 《云南大学志》编审委员会：《云南大学志第二卷大事记（1915 年～1993 年）》，昆明：云南人民出版社，1993 年，第 196 页。

③ 云南省教育志编纂委员会：《云南省志·教育志》，昆明：云南人民出版社，1995 年，第 637 页。

④ 《云南大学志》编审委员会：《云南大学志第二卷大事记（1915 年～1993 年）》，昆明：云南人民出版社，1993 年，第 181 页。

结互助中，编出了以苏联教材为根据的讲义，大大促进了教学的改革，提高了教学质量④。昆明师范学院通过加强教学计划管理，也使"绝大多数教师注意到把教学计划作为行动纲领，加强教学上的方向性和计划性，多年来自由主义的教学传统，有了一些改变。"①生产实习使参加实习的师生多方面得到了提高，使理论知识与实践紧密结合，提高了学生的实践能力。学习苏联还促进了科研的大幅提升。

昆明师范学院通过学习苏联，也形成了自己的经验。其主要经验是：必须深刻认识各种计划是工作的目标和动力，制定计划必须结合实际解决最迫切的问题；必须以教学为压倒一切的核心，领导亲自动手，党团工会、群众组织密切配合，行政部门也都要为这一中心服务；开展好教研室活动，必须以教师有充分准备为前提，个人对教学目的要求，教学内容及方法，教学对象要有所研究。在此基础上，同组人员一起互相切磋，共同研究，才有针对，不流于形式。②

学习苏联重视实习，不断加强实践教学，有力地促进了学生专业能力的形成和提升，避免了从理论到理论的弊病。

教研组（室）的设立，在全国高校建立了普遍的基层教学学术组织。通过在个人钻研的基础上的充分讨论，集体备课、互相听课，形成了教学能力提升的同伴指导合作模式。这种模式能够通过直接交流、共享集体智慧而吸收优秀的方法，及时发现和改进教学中的不足，有效促进教师的专业发展。当时许多青年教师经过教研组的打磨而使教学能力得到较快提升。

但是，学习苏联的教学模式也带来了严重的问题。

1）集权化。苏联的经验是建立在高度的计划化和中央集权体制上的。学习苏联，也就把这种高度集权化的体制移植到中国高等教育中。统一专业设置、统一课程设置、统一教学计划和教学大纲，其结果是抑制和弱化了高等学校办学的自主性和创造性，各校也就很难结合当地社会经济发展的需要及人才培养的目标和规格来灵活设置课程，导致中国高等学校"千校一面"、缺乏特色。

2）抑制了教师和学生在教学过程中的创造性。到 1954 年全国共制定了 173 个专业的统一教学计划，270 个课程教学大纲。全国统一制定教学计划、教学大纲，不仅使不同大学的相同专业所开设课程门类、课时数一致，甚至使教学内容等方面都高度雷同。由此造成教师在教学中不敢越雷池一步，全部按照一种标准、相同内容教学。教研组的集体备课制更规定了教学方法的一致性。由此抹杀了教师在教学活动中的个体价值、个性色彩和创造性，教师上课照本宣科的情况

---

① 云南师范大学纪事修订出版编委会：《云南师范大学纪事（1938～1998）》，昆明：云南人民出版社，2013 年，第 210 页。

② 云南师范大学纪事修订出版编委会：《云南师范大学纪事（1938～1998）》，昆明：云南人民出版社，2013 年，第 188～189 页。

较多。高度的一致性和机械性也使学生学习缺乏主动性，"造成学生独立思考、独立研究能力差"，以致教育部专门出台《关于执行高等师范学校暂行教学计划的若干临时措施》，研究在全国范围内解决这一日益突出的问题。

3）盲目移植苏联教学计划，照搬苏联教材，课程门类多、分量重、要求过高，造成学生课业负担沉重。在引进苏联教学计划和教材时，忽视了学制的差异，即苏联大学是五年制，而我国的大学是四年制。要在 4 年完成 5 年的教学任务，只有增加课程、增长学时，由此造成学生课业负担过重，理、工、医科的学生学习负担尤其重。云南大学林学系一年级学生平均每周学习 70 小时左右，作业还交不出来。化学系一年级平均学习 60 小时，作业也交不出①。课业负担沉重，严重损害了学生的健康。为减轻学生学习负担，高等教育部提出了"学少一点，学好一点"的口号。云南大学为解决这个问题，于 1955 年规定学生学习时数一般地控制在 54 小时左右，考试科目一律不得超过 4 门，严格划分考试与考查的区别。

第五节　20 世纪 50 年代云南高等教育的发展变化

经过对旧教育的系统改造，加强对高校的领导和改革管理体制、思想改造、院系调整、学习苏联改革课程与教学体系，云南高等教育得以较快发展，同时产生了显著变化。

一、高等教育规模迅速扩大

在接管后，西南军政委员会和云南省花了很大精力致力于高等教育的恢复和发展。通过院系调整后，云南高等教育的规模得以迅速扩大。

据表 5-3 可以看出，20 世纪 50 年代云南高等教育规模迅速扩大，发展较快。1950～1953 年，云南高校只有 2 所，在校生规模从 2481 人增长到 3217 人，年均增长率为 9.05%，每万人口中在校生数为 1.9，低于全国的平均值 2.2。1954年到 1956 年，经过院系调整，高等院校增加到 4 所，在校生数从 1954 年的 3803 人增加到 1956 年的 6210 人，年均增长率为 27.79%，每万人口中在校生数

---

① 《云南大学志》编审委员会：《云南大学志第二卷大事记（1915 年～1993 年）》，昆明：云南大学出版社，1993 年，第 200 页。

为2.2，到达全国平均值。1957～1959年，高校增加到9所，在校生数从6996增加到11 694，年均增长率达29.29%。教职工总数从1949年的722人增加到1959年的2433人，10年增长了2.37倍；专任教师从353人增加到1223人，增长了2.46倍。

二、高等教育结构变化显著

1. 学科结构渐趋合理，国家建设急需学科得到较大发展

学科结构是否合理，不仅在于学科的多寡，主要还在于各学科人才培养对社会发展需要的符合程度及各学科间人才培养的协调性。从表5-4和图5-1可以看到，1949年时，云南高校文科在校生占全部在校生的比例几乎达到30%，而理科在校生比例不到10%，工科生比例为17.12%，农科在校生比例仅为8.23%，文科畸高的结构显然不合理。经过解放初期高等教育的恢复，特别是院系调整后，师范、工科、理科、医科得到较大发展，在校生所占比例持续上升，农林学科相对稳定，文科在校生比例持续降低，学科结构符合国家建设的需要，渐趋合理。以1949年和1958年的数据作比较，工科在校生比例从17.12%增长到33.15%，增长了16.03个百分点；理科在校生比例从9.86%到19.93%，增长了10.07百分点；医科在校生比例则从8.05%增加到11.39%，增长了3.34个百分点。

表5-4 云南高校分科在校生数比例（1949～1959年） （单位：%）

年份	合计	工科	农科	林科	医药	师范	文科	理科	财经	体育	艺术
1949	100	17.12	8.23	—	8.05	27.40	29.34	9.86			
1950	100	22.29	8.47	2.50	11.81	18.98	19.67	5.56	10.72	—	—
1951	100	23.86	7.55	1.71	16.27	17.40	16.98	6.30	9.93	—	—
1952	100	23.12	6.36	2.37	14.18	22.79	14.63	9.25	7.30	—	—
1953	100	18.22	4.63	4.23	16.20	27.91	10.10	14.17	4.54	—	—
1954	100	21.77	4.18	4.76	13.59	27.61	8.44	17.70	1.95	—	—
1955	100	24.44	5.38	4.73	10.12	26.95	8.96	19.42	—		
1956	100	24.75	7.05	3.37	10.93	29.07	6.65	18.18	—		
1957	100	27.27	6.59	2.49	10.58	27.21	6.22	19.64	—		
1958	100	33.15	6.01	2.02	11.39	20.79	6.71	19.93	—		
1959	100	32.53	5.74	2.78	11.43	20.39	6.48	19.57	—	0.71	0.37

资料来源：云南教育厅：《云南教育50年》，北京：教育科学出版社，2002年，第90页。

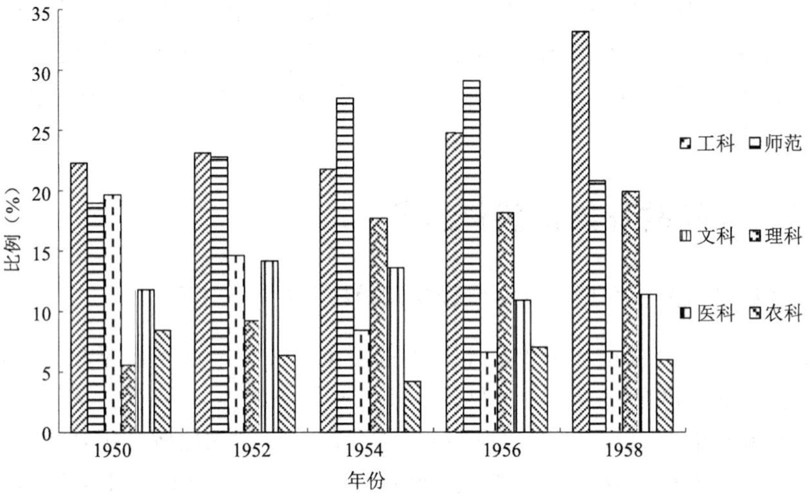

图 5-1　20 世纪 50 年代云南高校分科在校生比例变化

2. 教师队伍结构失调

从表 5-5 可以看到，20 世纪 50 年代云南高校教师结构呈现失调状态，极不合理。在专任教师中，出现了逆向增长的现象：高级职称教师所占专任教师的比重持续并急剧下降，而初级职称教师所占比例却持续增高。正高、副高职称教师占比都呈下降态势：1949 年高级职称教师占比达 49.56%，几乎占据半壁江山，而到 1960 年却仅占 7.42%，下降了 42.14 个百分点。教授占比从 1949 年的 32.84% 跌落到 1960 年的 3.74%，急剧下降了 29.1 个百分点；而助教所占比例则从 29.03% 飙升到 61.96%，上升了 32.93 个百分点，1959 年更高达 70.24%。这两个约 30 个百分点的一上一下，揭示了 20 世纪 50 年代云南高校教师队伍结构的严重失调和劣化。从职称结构看，高、初级职称的逆向增减，反映出具有较高学术造诣、深厚学术积淀的教授锐减，而不得不大量补充缺乏学术根基的助教，甚至补充无职称者。1958 ~ 1960 年，云南高校无职称者增加了 10 倍。云南高校整体学术水平被拉低，教学质量势必下降，科研能力势必弱化。从年龄结构看，助教的大量增加和教授的急剧减少，说明青年人大量进入高校教师队伍，教师队伍的年龄过于年轻化。

表 5-5 云南高校教职工结构变化表（1949～1960 年）

年份	教职工总数（人）	专任教师数		正高级职称		副高级职称		中级职称		初级职称		无职称	
		总数（人）	比例（%）	总数（人）	比例（%）	总数（人）	比例（%）	总数（人）	比例（%）	总数（人）	比例（%）	总数（人）	比例（%）
1949	731	341	46.65	112	32.84	57	16.72	73	21.41	99	29.03	—	—
1950	683	334	48.90	98	29.34	54	16.17	67	20.06	115	34.43	—	—
1951	761	372	48.88	106	28.49	55	14.79	74	19.89	137	36.83	—	—
1952	897	436	48.61	108	24.77	63	14.45	126	28.90	139	31.88	—	—
1953	1208	537	44.45	99	18.44	70	13.03	169	31.47	199	37.06	—	—
1954	1348	604	44.81	88	14.57	67	11.09	181	26.66	288	47.68	—	—
1955	1355	613	45.24	79	12.89	65	10.60	201	32.79	268	43.72	—	—
1956	2045	876	42.84	80	9.13	72	8.22	249	28.43	475	54.22	—	—
1957	2283	1162	50.90	76	6.54	71	6.11	240	20.65	775	66.70	—	—
1958	2152	1111	51.63	64	5.76	63	5.67	220	19.80	752	67.69	12	1.08
1959	2433	1223	50.27	65	5.31	60	4.91	219	17.91	859	70.24	20	1.63
1960	3391	1659	48.92	62	3.74	61	3.68	376	22.66	1028	61.96	132	7.96

资料来源：本表依据《云南教育 50 年》第 105 页《专任教师分职称情况》表制作。1949 年的数据系据《云南大学志·教学志》第 220 页数据（未统计兼职人数）、《云南师范大学纪事》第 142 页数据统计。

院系调整和 20 世纪 50 年代的政治运动是导致教授减少的主要原因。第一，院系调整调出大批教师，其被调出的教师达 360 余人，而调入仅 45 人。以云南大学为例，1952 年时，云南大学有教授 89 人、副教授 44 人，高级称职教师共计 133 人（不含兼职教师），至 1958 年云南的院系调整结束后，云南大学仅有教授 29 人，副教授 25 人，正副教授共计 54 人，比 1952 年减少了 59.4%。[①]

第二，一些教授在政治运动中致死，导致教授人数锐减。云南在 1957 年共划定"右派"分子 12 514 人，其中，文教系统即划定 5000 余"右派"。此外，还内定"中右分子"4445 人。[②]昆明地区 4 所高校中共有 452 人被划为"右派"，其中有教职工 144 人，占全省高校教职工总数的 6.3%，在被划为"右派"的教职工中，有教授 21 人，占教授参加运动人数的 25%。[③]

---

① 《云南大学志》编审委员会：《云南大学志·教学志》，昆明：云南大学出版社，2006 年，第 221～222 页。

② 中共云南省委党史研究室：《云南整风运动和反右派斗争》，昆明：云南大学出版社，2013 年，第 29 页，160 页。

③ 中共云南省委党史研究室：《云南整风运动和反右派斗争》，昆明：云南大学出版社，2013 年，第 29 页。

三、教育教学管理更加规范化

1. 规范学制

1950 年 8 月 14 日，中央教育部公布中央人民政府政务院批准的《高等学校暂行规程》。规程规定：大学及专门学院修业年限，依各系课程的简繁分别规定为 3 ~ 5 年；专科学校修业年限 2 ~ 3 年。1951 年 8 月 10 日，中央人民政府政务院通过《关于改革学制的决定》，该决定规定：大学和专门学院修业年限以 3 ~ 5 年为原则（师范学院修业年限为 4 年），专科学校修业年限为 2 ~ 3 年，各种高等学校附设的专修科，修业年限为 1 年或 2 年。大学和专门学院设研究部，修业年限为 2 年以上[①]，培养高等学校师资和科研人才。

从 1952 年起，云南大学和昆明师范学院的本科修业年限定为 4 年，专修科为 1 ~ 1.5 年。1955 年，全国文化教育工作会议决定，高等教育的方针应以提高和保证质量为重点，逐步改变高等教育的学制，专修科学制延长为 2 ~ 3 年，本科 4 ~ 5 年。云南省确定高等医科 5 年，其余 4 年。这个学制一直实行到 1959 年 5 月 28 日，中共中央批转教育部党组《关于全日制工科高等学校修业年限问题的处理意见》为止。

2. 统一课程

1950 年 7 月，教育部颁发了《关于实施高等学校课程改革的决定》，对于既有课程评价为"相当大的部分还不是新民主主义的"，必须"实行有计划有步骤地改革"。明确规定全国各高等学校课程开设的三个基本原则：①要"废除政治上的反动课程，开设新民主主义的革命的政治课程"；②"各系课程应密切配合国家经济、政治、国防和文化建设当前与长期的需要，在系统的理论知识的基础上，实现适当的专门化"；③加强教学与实际结合。[②] 全国高校即开始根据这一决定改革课程。1952 年 10 月，教育部《关于全国高等学校马克思列宁主义、毛泽东思想课程的指示》进一步明确了综合大学及财经类院校，工、农、医等专门学校及其他专科学校分别开设"新民主主义论""政治经济学""辩证唯物论和历史唯物论"，以及从 1953 年开设"马克思主义基础"[③]。云南大学的新课程体系即按这一标准排定。除公共课按要求开设政治理论课外，各专业也结合专业特点开设了一批政治课，如文史系历史组增设了"共产党宣言""马列主义名著选读"，

---

① 何东昌：《中华人民共和国重要教育文献 1949 ~ 1997》，海口：海南出版社，1998 年，第 106 页。
② 何东昌：《中华人民共和国重要教育文献 1949 ~ 1997》，海口：海南出版社，1998 年，第 48 页。
③ 何东昌：《中华人民共和国重要教育文献 1949 ~ 1997》，海口：海南出版社，1998 年，第 171 页。

法律系开设"马列主义法律理论",同时增加了实习实践类课程①。昆明师范学院也从 1953 年 2 月起,开设"马列主义基础",并根据高等教育部的要求,将"新民主主义论"改为"中国革命史"②。

3.统一制定教学计划和教学大纲

1952 年底,教育部下达了试行全国统一教学计划的通知。开始制定"全国高等学校各专业统一的教学计划"。至 1955 年上半年,教育部共制定和颁布了 193 个统一的高等学校专业教学计划。统一的教学计划使教学有了最基本的依据,明确了培养目标、教学内容、教学重点、教学进度,按计划实施教学,避免了教学的随意性,保证了教学活动的严肃性和规范性。云南大学从 1953 年开始,把教学计划视为"教学的根本大法",组织教师学习部颁教学计划,按照教育部统一教学计划制订本校教学计划。从 1954 年秋季开始,"一年级完全按照统一教学计划开课,二年级以上靠拢统一教学计划,每个教学环节的安排,每门课什么时候开,都有严格规定"③。

1953 年,全国开始实施第一个国民经济建设五年计划,教育为经济建设服务,特别是为国家工业化服务的任务进一步明确。中央确定了教育建设应贯彻"整顿巩固、重点发展、提高质量、稳步前进"的方针,"具体任务应是以加强思想政治教育,采取积极而又妥善的步骤学习苏联先进经验、进行教学改革、提高教学质量为中心环节"④。同年 3 月,《人民教育》发表社论《教学工作是学校压倒一切的中心任务》。教学为中心思想在高等教育学习苏联、教育改革的过程中得到了政策支持。云南高校也贯彻这一思想,使教学为中心的思想得以确立。昆明师院教务处在 1952 年底制定的下学期工作计划中就明确提出"一切工作都应以'搞好教学'这个中心任务为出发点"⑤。云南大学 1953 ~ 1954 年度上学期工作计划要点草案强调"教学工作为全校工作的中心工作,教研组工作是中心工作的中心环节"。11 月 10 日《云南日报》发表的《云南大学学习苏联先进教学经

---

① 《云南大学志》编审委员会:《云南大学志·教学志》,昆明:云南大学出版社,2006 年,第 189 页。

② 云南师范大学纪事修订出版编委会:《云南师范大学纪事》(1938 ~1998),昆明:云南人民出版社,2013 年,第 181 页。

③ 《云南大学志》编审委员会:《云南大学志第二卷大事记(1915 年~1993 年)》,昆明:云南大学出版社,1993 年,第 197 页。

④ 马叙伦:《高等教育的方针政策、任务问题》。何东昌:《中华人民共和国重要教育文献(1949 ~1975)》,海口:海南出版社,1998 年,第 193 页。

⑤ 云南师范大学纪事修订出版编委会:《云南师范大学纪事》(1938 ~1998),昆明:云南人民出版社,2013 年,第 179 页。

验的初步收获》一文再次强调"教学为学校压倒一切的中心任务"①。

四、"大跃进"运动中云南高等教育的急剧扩张

1958 年开始，在全国掀起了以超英赶美为目标，以大炼钢铁为标志，以片面追求工农业生产和建设的高速度、高指标为特征持续三年（1958～1960 年）的"大跃进"运动。

"大跃进"也直接引导着教育，使教育也出现了"大跃进"的局面。9 月 19 日，中共中央、国务院发布《关于教育工作的指示》，提出"以 15 年左右的时间普及高等教育"的目标。

在"15 年普及高等教育"的政策引导下，云南高等教育在高校数、专业、规模等方面急剧扩张。

（一）高校数量在急剧增长中大起大落

1958 年一年中，云南高校数从 4 所猛增到 21 所，增加了 5.25 倍。1959 年经过调整后，新增院校只保留了 4 所本科院校，专科学校全部停办。另新办本科院校 1 所，加上"大跃进"前原有 4 所高校，云南共有高校 9 所。1960 年又新办 9 所本科院校。1958～1960 年，云南高校数达 18 所，净增了 14 所，增加了 350%。后因缺乏支撑条件和政策原因，至 1962 年云南高校数又减为 6 所。5 年内云南高校如若过山车，大起大落。具体情况如下。

1958 年 9 月，云南大学农学院从云南大学分离出来独立建置昆明农林学院。新建滇西工农大学、滇南工农大学（后相继改为滇西大学、滇南大学）、云南体育学院 3 所本科院校，昆明师范专科学校、昆明医学专科学校等 12 所专科学校，使当年云南高等学校数达 21 所，其中，本科院校 9 所，专科学校 12 所②。

1959 年 1 月，中央召开全国教育工作会，提出"调整、巩固、提高、适当发展"的方针；6 月，云南省委决定，1958 年新建的高等学校只保留滇西大学、滇南大学和云南体育学院 3 所，其余停办。③ 根据云南省文化局提出建立"云南文化艺术学院"的意见，省委宣传部提出将昆明师范学院艺术科分出建立云南艺术学院的建议。1959 年 9 月，云南艺术学院正式成立。

1960 年云南的学院又猛增 9 所——云南机械学院、云南煤炭学院、云南中

---

① 《云南大学志》编审委员会：《云南大学志第二卷大事记（1915 年～1993 年）》，昆明：云南大学出版社，1993 年，第 179～180 页。

② 昆明市教育局：《昆明教育大事记》，昆明：云南民族出版社，1990 年，第 292 页。

③ 云南省教育委员会：《云南教育四十年（1949～1989）》，昆明：云南大学出版社，1990 年，第 74 页。

医学院、云南林学院、云南畜牧兽医学院、云南政治学院、昆明铁道学院、红河师范学院、大理师范学院[①]。

1961 年，根据中共中央八届九中全会提出的"调整、巩固、充实、提高"的方针，全国对高等学校进行调整。云南对 1960 年增设的 9 所高校，除保留云南中医学院外，其余 8 所全部合并撤销：云南机械学院、云南煤炭学院、昆明铁道学院并入昆明工学院，云南畜牧兽医学院、云南林学院并入昆明农林学院，云南政治学院并入云南大学，红河师范学院并入滇南大学，大理师范学院并入滇西大学。全省高校调整为 10 所。

1962 年，云南高校继续撤并。滇南大学、滇西大学撤销，其专业按相关性分别并入昆明工学院、云南大学、昆明师范学院、昆明农林学院。云南艺术学院，云南体育学院并入昆明师范学院。

经过 1961～1962 年两年的调整，云南的高等学校只保留了云南大学、昆明师范学院、昆明工学院、昆明医学院、昆明农林学院、云南中医学院 6 所。专科学校停办 6 所，即昆明师范专科学校、昆明医学专科学校、云南医学专科学校、昆明工业专科学校、昆明农业专科学校、昆明体育专科学校。[②]

1965 年 6 月，成立半工半读性质的云南农业劳动大学。至"文化大革命"前，云南共有 7 所大学，51 个专业。

（二）盲目开办专业

据云南省教育厅统计，1958 年上半年，云南 5 所高校（含昆明农林学院）共有专业 28 个（文科 2 个，理科 8 个，师范 8 个，工科 6 个，医科 1 个，农科 3 个），而到 1961 年进行高校和专业调整时，18 所高校有数百个专业，经调整后的专业仍有 88 个之多。[③] 即使按 88 个专业计算，3 年内新增专业数也达到 60 个，增加了 214.3%。

（三）盲目扩大招生规模和在校生规模

"大跃进"期间，云南高校招生数 4 年间从 1791 人增加到 4877 人，增长了 172.33%；在校生数从 6996 人增加到 13 983 人，增长了 99.87%。

---

① 云南省教育志编纂委员会：《云南省志·教育志》，昆明：云南人民出版社，1995 年，第 535～536 页。

② 昆明市教育局：《昆明教育大事记》，昆明：云南民族出版社，1990 年，第 299 页。

③ 云南省教育志编纂委员会：《云南省志·教育志》，昆明：云南人民出版社，1995 年，第 555～556 页。

第六章

改革开放以来的云南高等教育 [*]

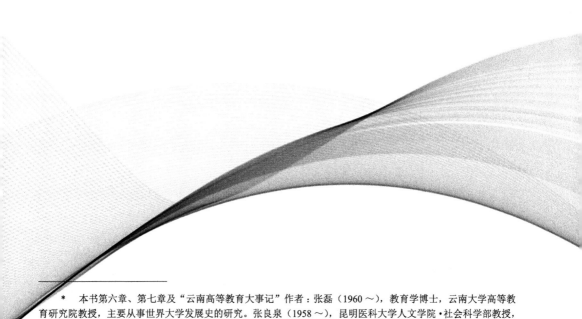

  　＊　本书第六章、第七章及"云南高等教育大事记"作者：张磊（1960～），教育学博士，云南大学高等教育研究院教授，主要从事世界大学发展史的研究。张良泉（1958～），昆明医科大学人文学院•社会科学部教授，主要从事高校思政理论课教学与高等教育研究。

第一节　云南高等教育的拨乱反正

人们通常把 1976 年 10 月"四人帮"的倒台作为从 1966 年 5 月 16 日开始的"文化大革命"结束的标志，但是，准确地说，1977 年 8 月在中国共产党第十一次全国代表大会上，党中央才正式宣布"文化大革命"结束。1978 年 12 月，中共十一届三中全会召开，做出把全党工作重点转移到社会主义现代化建设上来的战略决策，开创了建设有中国特色社会主义的历史新时期。自此，全国高等教育进入了一个"拨乱反正"、调整改革、不断发展的时期。

1977 年，全省高等教育界开始对"文化大革命"中的各种错误做法进行"拨乱反正"，全面地、认真地纠正过去的"左"倾错误。特别是中央针对全国的工作提出了"调整、改革、整顿、提高"的八字方针之后，包括高等教育领域在内，全国各行各业进入了一个"调整、改革、整顿、提高"的时期。

在十年"文化大革命"的严重干扰和破坏下，云南各大专院校处于瘫痪或半瘫痪状态。1976 年 10 月之后，作为在"文化大革命"中受灾最为严重的高等院校开始了艰难而又艰巨的"拨乱反正"。由于受"文化大革命"的严重影响，云南高等教育同时面临思想上的拨乱反正和教学秩序方面的拨乱反正。

在思想方面，1976 年 10 月至 1977 年 6 月，云南各高校的主要工作集中于学习中央的有关文件，深入开展揭发批判"四人帮"的斗争上面。各高校纷纷开展清查（主要清查学校与"四人帮"篡党夺权有牵连的人与事），纠正了"文化大革命"中路线、方针、政策等方面的错误，贯彻落实党的教育方针。

在恢复教学秩序方面，云南各高校在恢复正常的教育教学秩序方面面临着很多困难和问题，主要是校舍严重不足，设备陈旧、落后、残缺不全，办学条件差；师资队伍青黄不接，相当数量的教师不合格，中年骨干教师有相当一部分不稳定等；老教师因多年来的政治运动受到迫害，其积极性的调动急需通过落实政策来实现。

在"拨乱反正"时期，云南高等教育主要围绕把工作重点逐步转移到教学和科研上来，开展了恢复高考、恢复教学秩序、保证教学质量、落实知识分子政策、恢复职称评审、恢复科研等方面的工作。

恢复高考。1977年8月13日至9月25日，教育部根据邓小平关于改革高等学校招生制度的指示精神，在北京召开了"全国高等学校招生工作会议"。会议决定恢复高考，改变"文化大革命"期间的不考试的做法，采取统一考试，择优录取的方法。会议还形成了《关于1977年高等学校招生工作的意见》和《关于高等学校招收研究生的意见》，1977年10月12日，国务院批转了这两个文件。自此，国家开始对高等学校招生制度进行了一场具有历史意义的改革。1977年10月30日至11月11日，中共云南省委召开全省高等学校招生工作会议，贯彻执行国务院批转的教育部的两个文件和全国高等学校招生工作会议精神，决定按新规定举行高等学校招生考试。11月12日，云南省招生委员会公布了《云南省高等学校、中等职业学校招生简章》，明确了招生对象、报名办法、报考条件、考试科目和考试时间，规定了录取办法、招生和开学时间，让"文化大革命"期间升学无门的数十万青年学子看到了希望。12月10～12日，云南省数十万考生参加了"文化大革命"后第一次高考。通过这次高考，全省9所高校共计招生5625人[1]。这是恢复高考之后第一届新生。随着1977年"文化大革命"后的第一次高考以及1978年2月第一届大学生进校，云南省的高等教育进入了一个崭新的时代。

恢复教学秩序，保证教学质量。1978年4月22日至5月16日，全国教育工作会议召开。邓小平同志在会上发表重要讲话，要求提高教育质量，提高科学文化的教学水平，提出教育事业必须和国民经济发展的要求相适应[2]。教育部长刘西尧指出，"当前，中心环节是提高教育质量，要充分发挥高等教育在提高教育质量和培养人才中的重要作用……集中力量办好一批重点学校……努力实现教学手段的现代化[3]。根据会议精神，云南各高校迅速围绕提高教育教学质量行动起来。各高校采取了诸如充实基础部的教学队伍，开办基础课师资班；加强中青

---

[1]　云南省教育志编纂委员会办公室：《云南教育大事记》，昆明：云南大学出版社，1989年，第370～372页。

[2]　邓小平：《在全国教育工作会议上的讲话》（1978年4月22日）。《邓小平文选》第2卷，北京：人民出版社，1994年，第105页。

[3]　刘西尧：《在全国教育工作会议上的报告（摘要）》，《人民日报》，1978年6月12日第2版。

年教师的培训，提升教师队伍的专业素质；建立健全各种规章制度，确保高校各项工作的规范化发展；改善办学条件，制定发展规划，立足长远发展等做法，对于恢复到正常教学状态、确保教学工作的有序开展、保证教育质量卓有成效。

落实知识分子政策。云南各高校改正了一批冤假错案，补发、提高了工资，并根据云南省委解决云南科技、教学人员学非所用的问题对全省教学、科技人员进行普查，对确有真才实学的人才给予适当安排，同时，开展了恢复职称评审工作。

恢复职称评审工作。1978 年 3 月 7 日，国务院批转教育部《关于高等学校恢复和提升教师职务问题的请示报告》。该报告提出，在国务院没有做出新规定之前，仍执行 1960 年国务院颁发的《关于高等学校教师职务名称及其确定与提升办法的暂行规定》。1978 年云南省 9 所大学进行教师职称的恢复和提升工作。恢复教授职称的有 2 人，副教授职称的有 32 人，讲师职称的有 362 人，新提升教授 12 人，副教授 102 人，讲师 723 人[①]。

恢复科研工作。1978 年 3 月，全国科学大会在北京召开。5 月，云南省教育局提出高等学校贯彻、落实全国科学大会精神的一系列意见和要求[②]：①各校要组织师生员工认真学习华国锋、邓小平和方毅在全国科学大会上的重要讲话和报告，重视科学研究，尊重知识分子的劳动。②进一步修订学校科技发展规划，兼顾基础科学和应用科学。综合大学理科要加强基础科学理论的研究，发展边缘学科和新兴学科。工、农、医科大学，要加强技术学科和新兴学科的研究。③建立、健全科技管理机构。④建立学术委员会。开展学术活动，审查科技成果和科技计划，考核教师业务水平、制定、提高教师计划等。⑤积极开展学术活动。是全体师生员工开阔眼界，扩大知识面，树立向科学技术现代化进军的风气。⑥加强实验研究工作和实验室建设。⑦关心群众生活，办好群众福利事业，保证教师集中精力投入教学和科研工作。自此以后，云南各高校建立科研管理机构，开始恢复科学研究工作。

调整机构，加强领导班子建设。1977 年底到 1978 年初，云南省委决定撤出"文化大革命"中向高校派驻的"工宣队""军宣队"，各高校重新由各自革命委员会领导。1978 年 5 月，云南省委又通知不再保留革委会，"云南省教育局革命委员会"改名为"云南省教育局"。各高校也先后撤销了在高校里存在十年的"革命委员会"这一权力机构，恢复了党委和校长、副校长的领导班子建制，同时进行了相应领导班子的改组和调整。这些重大部署，充实并加强了高校领导班子的

---

① 云南省教育志编纂委员会办公室：《云南教育大事记》，昆明：云南大学出版社，1989 年，第 379 页。

② 云南省教育志编纂委员会办公室：《云南教育大事记》，昆明：云南大学出版社，1989 年，第 374 页。

力量，有利于高等教育领域的全面"拨乱反正"，使得高等教育工作逐步走上了正轨。

第二节　云南高等教育在调整改革中发展

1979年4月5日，中共中央召开工作会议。会议针对国民经济比例严重失调的情况，决定从1979年起，用3年时间对国民经济实行"调整、改革、整顿、提高"的方针。根据这一方针，云南高等教育在1983年以前，主要是做好拨乱反正，调整、整顿恢复教学和科研的工作。1983年起，根据国务院《批转教育部、国家计委〈关于加速发展高等教育的报告〉》和1985年《中共中央关于教育体制改革的决定》，云南高等教育在调整中改革，在改革中发展，取得了长足的进步。

1985年12月，云南省召开全省教育工作会议，提出"积极发展，量力而行，因地制宜，讲求实效"发展教育的指导原则。并具体提出了调整教育结构、简政放权改革管理体制、改革大中专学校招生和分配制度、大专院校实行职务聘任制度、改革课程设置和教学内容等五条发展高等教育的措施。云南教育厅和各高校随即围绕这些任务进行了调整改革。

一、调整高等教育结构

1983年4月28日，国务院批转教育部、国家计委《关于加速发展高等教育的报告》。在批示中国务院要求加速发展高等教育，为四化建设培养和输送数量较多、质量较高的各类专门人才。要采取多层次、多种规格和多种形式加快高等教育的发展。要在发展中逐步调整好高等教育内部的比例关系，多办一些专科，注重发展一些为建设所急需的短线专业。在充分挖掘学校潜力的同时，要切实保证办学条件。同时，恢复高考后，青年人在"文化大革命"中被压抑了十年的接受高等教育的强烈愿望井喷式地爆发，人民接受高等教育的强烈愿望与高等教育资源严重不足的矛盾日益突出。

云南省为加快发展高等教育，积极稳妥地调整了高等教育结构。一方面，是在高等教育层次结构上，结合建立完整师范教育体系的目标，积极发展专科层次的师范教育，先后建立了10所师范专科学校，即1977年设立了曲靖、蒙自、下关（后改为大理）、保山4所高等师范专科学校，1978年又增设了昭通、思茅两所师范专科学校，1980年经国务院批准设立昆明师范专科学校（实际该校经昆明市委批准，已于1978年9月开办），1984年增设了楚雄、玉溪、文山师专。为丰富云南高等教育的科类结构，1979年恢复了云南艺术学院，设立大理医学院，1981年成立云南财贸学院，1983年增设云南政法专科学校、云南公安专科学校，新建昆明大学，1985年增建重庆建筑工程学院昆明分院。这次调整极大地丰富了云南专科层次的教育，提升了艺术、医学、财经、政法、工学等高等教育科类结构的内涵，为扩大云南高等教育规模、培养实用人才和增加高等教育入学机会开辟了道路。

1983年1月25日，云南省高等教育自学考试委员会成立，2月下发《云南省高等教育自学考试暂行办法》，对高等教育自学考试的方针、任务、组织、主考学校、报考条件、办法、学历、待遇和经费等做成了明确规定。同年，开考法律、哲学、英语、语文、财经5个专业。至此，云南高等教育形成了全日制普通高等教育、成人高等教育和自学考试三种教学形式结构。

二、管理体制改革

根据《中共中央关于教育体制改革的决定》，自20世纪80年代中期开始，云南省各高校先后开展了领导体制改革和内部管理体制改革。

1. 领导体制改革

（1）政府—高校的领导体制改革

其主要是恢复和完善中央统一领导、分级管理的体制。

1969年10月，中共中央发布《关于高等学校下放问题的指示》，决定将国务院所属高校交由各省、市、自治区革命委员会管理。1979年9月18日，中共中央批转教育部党组《关于建议重新颁发〈关于加强高等学校统一领导、分级管理的决定〉的报告》，恢复和明确了"中央统一领导，中央与省、市、自治区两级管理"的高等教育领导体制。据此，云南调整了对高校的领导体制：列为全国重点大学的云南大学由云南省领导；昆明工学院、西南林学院实行省、部双重领导，以部为主的领导体制，分别由冶金部（后改为中国有色金属工业总公司）、林业总局为主管理。其他云南高校由云南省管理。至1989年，在云南高校的领导体制上形成了三种类型的高校：云南省教育厅主管的云南大学、云南师范大学等8所高校；中央政府职能部门主管的昆明工学院、西南林学院；教育厅和州市政府双重领导且以州市领导为主的10所师范专科院校和昆明大学等7所专科学校。

（2）学校内部领导体制的改革

1978 年，教育部重新修订《高教六十条》，规定"高等学校的领导体制是党委领导下的校长分工负责制"，强调学校党委会要支持以校长为首的全校行政指挥系统行使职权，并督促和检查他们的工作。

1985 年《中共中央关于教育体制改革的决定》提出："学校逐步实行校长负责制。"有条件的学校要设立校长主持的校务委员会作为学校内部事务的审议机构。昆明工学院经中国有色金属工业总公司批准，于当年试行院长负责制。1988 年 9 月 21 日，经云南省委决定，云南大学、云南师范大学、云南财贸学院成为首批实行校长负责制的试点学校。

1989 年，云南省教委发出《关于高校逐步实行校长负责制的实施意见》，制定了实行校长负责制的有关条例和各项规章制度，并规定实行校长负责制的基本条件是：校长和党委书记有职称，学校党政领导班子健全，且对校长负责制认识统一，工作协调。云南省委还决定，在 3 所高校（云南大学、云南师范大学、云南财贸学院）进行改革试点并取得相应的经验后，1989 年还准备扩大试点面，力争 1990 年在全省绝大部分高校实行校长负责制[1]。

实行校长负责制是一项改革力度非常大的举措，是学校内部领导体制的重大转变。校长负责制明确后，具体职能的转变需要一个过程，要统筹考虑，逐步实施，有计划、有步骤地做好转变过程中的思想工作和组织工作。这里以 3 所试点高校之一的云南大学为例，简要介绍此项改革的基本特点。云南大学试行校长负责制后，学校的重大问题由校长做出决策。校长做出决策时要依靠集体智慧，按照一定的决策程序，实行民主决策。按照国家教委有关文件规定，学校已建立校务委员会，作为审议机构，负责审议校长提出的关系学校全局重大决策的议案。云南大学校务委员会由 15 人组成。同时，学校还继续强化咨询机构和教代会的职能，经校党委研究决定，成立云南大学咨询委员会，由 25 名委员组成[2]。

1990 年，根据中央规定，云南省高校实行党委领导下的校长负责制，上述校长负责制试点学校全部恢复党委领导下的校长负责制。

2. 内部管理体制改革

1984 年 9 月，云南省政府批准省教育厅、省劳动人事厅、省财政厅《关于在云南大学、云南师范大学进行高等学校体制改革试点的报告》，同意在云南大学和云南师范大学进行"高等学校教育体制改革试点"，同时批准了《云南大学体制改革的方案》。此项涉及教育体制的改革主要包括：扩大学校办学权；扩大

---

① 云南省教育志编纂委员会办公室：《云南教育大事记》，昆明：云南大学出版社，1989 年，第 505 页。

② 《云南大学志》编审委员会：《云南大学志第二卷大事记（1915 年～1993 年）》，昆明：云南大学出版社，1993 年，第 480 ～481 页。

学校人事权；扩大学校经费使用权；建立岗位责任制，试行浮动岗位津贴，扩大学校毕业生分配权；学校后勤工作逐步实行企业化、半企业化管理等内容[①]。

1985年12月，云南省委省政府召开全省教育工作会议，贯彻《中共中央关于教育体制改革的决定》和全国教育工作会议精神，讨论并部署教育管理体制改革的工作。

1986年1月，云南省六届人大常委会第十九次会议通过了《关于我省教育工作的决议》。该决议要求普通高等学校要通过改革挖掘潜力，增强活力，提高质量，稳步发展。

1988年3月24～29日召开的全省教育工作会议传达了国家教委1988年工作会议和全国高等教育工作会议精神，会议明确教育改革的重点是高等教育和中专教育；把竞争机制引入学校，推行办学承包责任制，试行教育经费和任务包干；转变教育厅职能，提高宏观控制和督学制度[②]。

这次全省教育工作会议结束时，时任副省长陈立英提出了关于加快和深入云南省教育改革的五点意见：①必须坚持把改革放在总揽全局的位置上；②必须明确教育体制改革的根本目的是提高民族素质，多出人才，出好人才，促进社会、生产力的发展；③把学校管理体制改革作为深入教育改革的重点，逐步建立使学校具有主动适应国民经济和社会发展需要的有效机制；④加强和深化教育改革，坚持实践，勇于实践；⑤各级政府、有关部门要进一步下发政策，加强宏观管理，为学校改革创造外部条件[②]。

此后，云南省和全国一样，在实施教育体制改革的过程中启动了高校内部管理体制的改革。其内容主要包括：健全、完善领导体制；劳动人事制度改革；分配制度改革；教学改革；科技改革；后勤改革；住房改革；医疗制度改革；退离休保障制度改革等九个方面。[③]

这里专门介绍云南大学在全省率先试行的两项改革[④]。

一是任务经费包干。1988年9月14日，云南大学与省教育厅签订了为期四年的《任务经费包干议定书》。学校在执行国家法令、方针政策的前提下在国家计划的指导下，享有人事使用、调配权，经费和物资的占有和处置权，教学、科研与社会服务的管理权，开展国内外教育、学术的交流合作权，成为办学实体。

---

①　《云南大学志》编审委员会：《云南大学志第二卷大事记（1915年～1993年）》，昆明：云南大学出版社，1993年，第440～441页。

②　云南省教育志编纂委员会办公室：《云南教育大事记》，昆明：云南大学出版社，1989年，第492页。

③　杨崇龙：《深化高等教育改革的突破口》，《云南高教研究》，1993年1期，第1～2页。

④　《云南大学志》编审委员会：《云南大学志第二卷大事记（1915年～1993年）》，昆明：云南大学出版社，1993年，第480、484页。

具有独立的法人地位。除享有国家和政府给予高校的各种权利外，还有专业设置，主系列副高职和非主系列中职的审定，毕业分配，有偿服务收入的分配，管理、基建投资等方面拥有一定的自主权。随后，云南大学校长与数学系和计算机科学系也签订了"任务经费包干议定书"。

二是学生管理方面的改革——建立了学生议事会。1989年1月，云南大学"学生议事会"成立。它是经学代会选举产生的学生自我管理的监督、咨询机构，在学代会闭会期间代表学代会行使监督权、咨询权。议事会的目的和宗旨是培养学生的民主参与意识，加强学生自我管理和自我教育能力，搞好本校学生的民主管理工作。它将对学生会工作和学生干部进行监督；定期听取学生会工作的情况汇报，并做出评议；及时向学生会反映同学的意见和要求，为学生会工作提供咨询服务；当学生的代言人，维护广大学生的权益。

三、通过加强师资队伍建设来确保高等教育的质量

（一）恢复职称评审工作

根据国务院批转教育部《关于高等学校恢复和提升教师职务问题的请示报告》，云南省9所大学进行教师职称的恢复和提升工作。恢复教授职称的有2人，恢复副教授职称的有32人，恢复讲师职称的有362人，另外，新提升教授12人，新提升副教授102人，新提升讲师723人[1]。

1979年云南省教育局转发了教育部关于实行高等学校实验人员和图书资料情报人员职务名称确定与提升的两个暂行规定，要求各大学与第二批教师职称的确定与提升工作结合起来进行。

1985年，云南省特批了197名教授、副教授。这次特批事出有因[2]。自1978年恢复职称评定工作以来，全省普通高校提升了两批教授和副教授。但由于云南省高级职称评定次数比其他省少一次，加之在评定过程中论资排辈现象严重，结果导致教授、副教授占教师总数的比例偏低，年龄偏高，许多有较高水平的中青年教师未获提升，从而严重影响了高校的教学科研、学术带头人的培养和招收研究生的工作。省教育厅根据有关精神，向省政府写了专题报告，要求在职称评定工作解冻前，在全省本科院校中按教师总数的14%的比例，评定晋升一批教授、副教授，获得批准。

从1985年开始在云南大学、云南师范大学和大理师范专科学校进行高校职

---

① 云南省教育志编纂委员会办公室：《云南教育大事记》，昆明：云南大学出版社，1989年，第379页。
② 云南省教育志编纂委员会办公室：《云南教育大事记》，昆明：云南大学出版社，1989年，第444页。

称改革试点工作。1986 年 2 月，云南省高校教师高级职务任职资格评审委员会评审通过了三所试点学校 244 人具有教授（38 人）、副教授（206 人）的任职资格。至此，这 3 所高校中教授、副教授任职资格的教师年龄和比例都发生了变化。如云南大学由原来教授、副教授占教师总数 11.9% 提高到 28.5%；教授平均年龄由72.5 岁下降到 63.9 岁。副教授由 58.3 岁下降到 54.2 岁。大理师范专科学校原来没有高级职称，评审后高级职称占该校教师总数的 10%，平均年龄为 55.5 岁[1]。

1986 年 9 月后，云南省所有高校按先"主系列"、后"非主系列"的方式全面铺开职称改革试点工作。到 1987 年 9 月，全省高校具有高级职务的人数占教师人数的 23.18%，是 1983 年 6.86% 的 3.38 倍，超过 1983 年北京的 19.4%，天津的 14.55%，上海的 11.88%[2]。

（二）建立健全职称评审组织和制度，搞好专业技术职称改革工作

1980 年 11 月，云南省教授、副教授职称评审委员会成立。评审委员会由19 人组成，郝健任主任，杨桂宫、卢浚任副主任，负责对提升教授、副教授对象的学术水平、教学科研水平和外语水平等方面做出鉴定，并对能否晋升提出建议。

1983 年 6 月，为贯彻执行国务院《关于高等学校教师职务名称及其确定与提升办法的暂行规定》和教育部对此有关的实施意见和通知精神，云南省教育厅下发了《关于我省职工大学评定教师职称工作的几点意见》，对评定职称的范围、考核标准、建立健全评审组织等事项做出了具体规定[3]。

1985 年，云南大学、云南师范大学、大理师范高等专科学校进行高校职称改革试点工作。1986 年 9 月开始，云南省所有高校中按先"主系列"，后"非主系列"全面铺开职称改革试点工作。到 1987 年 9 月，云南省高校教师（含科学技术及实验技术系列）高级职务任职资格的评审共进行了三次，连同特批教授、副教授，共审定具有高级职务任职资格的人员 2558 人。普通高校在职的专任教师 7841 人，其中，教授 257 人，副教授 1561 人，高级职务人数占全省高校教师人数的 23.18%。另外，云南省教育厅还组织了三次财会、两次图书资料、两次卫生、一次工程技术（非实验技术工程类）中级职务的审定及高级职务的评议、

---

① 云南省教育志编纂委员会办公室：《云南教育大事记》，昆明：云南大学出版社，1989 年，第 447 页。

② 云南省教育志编纂委员会办公室：《云南教育大事记》，昆明：云南大学出版社，1989 年，第 478 页。

③ 《云南大学志》编审委员会：《云南大学志第二卷大事记（1915 年～ 1993 年）》，昆明：云南大学出版社，1993 年，第 413 页。

推荐工作。通过评聘结合，具有任职资格的人员均聘任相应职务的工作[①]。

1988 年 6 月，云南省教育系统始于 1985 年的职称改革工作结束。全省高校专任教师（7991 人）中各种职称比例为[②]：教授 230 人（2.9%），副教授 1534 人（19.2%），讲师 2706 人（33.9%），助教 3121 人（39.1%），教员 400 人（5.0%）。此外，成人高校有教授 3 人，副教授 190 人，讲师 395 人，助教 515 人，教员 400 人，占 5%。[③]

（三）重视高校教师的培养

1984 年 10 月，"云南省高校教师培训中心"成立，该中心的成立旨在迅速提高非外语专业中青年教师的外语水平。

如前所述，云南省高等教育发展很快，但云南省高校高级职称比其他省少评一批，加之在评审过程中论资排辈现象严重，导致高职称教师比例偏低，平均年龄偏高，许多有较高水平的中青年教师的职称未获提升，导致副高职称以上教师队伍人数偏少，严重影响了高校的教学科研、学术带头人的培养和招收研究生的工作。

为解决高校教师中职称结构不合理（中高级职称少，助教过多），年龄结构不合理（老化现象严重），学历结构不合理（博士 13 人，其中 10 人为 1949 年以前的博士，3 人为 1949 年以后国外授予的名誉博士；硕士 75 人，25 人为 1949年以前的硕士）等问题，决定举办省办研究生班和助教进修班[④]。得到云南省政府的批复后，云南省教育厅自 1984 年开始，拨出专款委托省外高校培养研究生以补充师资，至 1987 年共委托培养 635 名，其中文科类 96 名，理科类 246 名，工科类 110 名，医科类 86 名，农科类 34 名，外语类 15 名，艺术类 10 名，教育心理及社会管理等专业 38 名[⑤]。同时，云南省教育厅还决定举办研究生班、助教进修班。报经省政府同意后，列入云南省高等教育事业计划。1985 年 3 月，全省高校研究生班招生计划为 130 ～ 145 名（其中，云南师范大学 65 ～ 80 名，昆明医学院 20 名，云南中医学院 15 名，云南工学院 10 名，云南大学 20 名），助教进修班招生计划共 180 名，其中，云南大学 105 名，云南师范大学 75 名[⑥]。

---

① 《云南大学志》编审委员会：《云南大学志第二卷大事记（1915 年 ～ 1993 年）》，昆明：云南大学出版社，1993 年，第 478 ～ 479 页。

② 云南省教育志编纂委员会办公室：《云南教育大事记》，昆明：云南大学出版社，1989 年，第 495 页。

③ 云南省教育志编纂委员会办公室：《云南教育大事记》，昆明：云南大学出版社，1989 年，第 495 页。

④ 云南省教育志编纂委员会办公室：《云南教育大事记》，昆明：云南大学出版社，1989 年，第 428 页。

⑤ 云南省教育志编纂委员会办公室：《云南教育大事记》，昆明：云南大学出版社，1989 年，第 502 页。

⑥ 云南省教育志编纂委员会办公室：《云南教育大事记》，昆明：云南大学出版社，1989 年，第 435 页。

云南省教育厅自 1985 年还在云南大学、昆明工学院开展在职人员以同等学历申请硕士、博士学位试点工作。

1987 年 5 月，按照国家教委的要求，云南省高等师范学校师资培训中心在云南师范大学成立。负责制定云南省高师师资培训规划和年度计划；承担云南省高等师范院校教师培训的大部分任务，组织省内各校之间的相互培训；对云南省高师培训工作做调查研究，总结经验，搞好咨询工作。

1988 年经国务院学位委员会审核批准，云南省在云南大学（中国民族史、基础数学、植物学）和昆明工学院（矿产普查与勘探、采矿工程、选矿工程、有色金属冶金、机械学、环境工程）进行在职人员申请硕士、博士学位试点工作。

1985 年 4 月，各高校总结教学经验，评选出教学工作成绩显著的 148 名优秀教师。云南省教育厅召开了高校教学经验交流、优秀教师表彰大会。

四、加强基础建设，逐步改善办学条件

（一）增加投入、改善条件、加强师资队伍建设

为提高高等教育效益，1980 年，云南省省属高等院校试行"预算包干，结余留用，节约提奖，超支自理"的改革，使得各高校在管理上获得了更多的自主权。

云南省教育厅、财政厅、劳动局联合发出《云南省高等学校基金试行办法》。学校基金的来源主要有生产利润、科研成果收入、教学实验收入、计划外培训收入、服务性收入等。学校基金 50% 主要用于改善教学、科研及生产条件；20% 用于教师和学生员工集体福利；30% 作为教职工个人奖励。学校基金由学校统一调度，由财务部门集中管理，单独核算。

1985 年 2 月 1 日，云南省委、省政府召开全省教育工作会议，决定全省教育事业经费增长比例要高于财政经常性收入增长的 2%，每年的教育事业费都以头年实际支出为基数，按此递增，并按在校学生人数平均的教育费用逐步增长；省地（省政府和地州政府）负责确保两年建成现有师专，省财政每年安排 100 万元作为师资培训补助费；省财政每年拨款 800 万元作为购置高校设备补助款，并核算划拨高校接受国际贷款的配套费；省财政每年拿出 50 万美元作为出国留学和进修人员专款等。这些积极有力的措施帮助高校改善了办学条件，推动了师资队伍建设，提升了高校管理层的积极性和主动性。

（二）推进重点学科建设

20世纪80年代后半期，云南省教委从省财政补助专款中拨出844万元用于充实重点学科建设。其中多数学科将所拨经费的80%以上用于购置设备、教学仪器和图书资料，新建了一批实验室和资料室。如云南师范大学心理学科新建了儿童心理实验室、现代技术教育实验室、计算机实验室；昆明医学院药理学科建立了植物化学实验室；云南大学民族史学科建立了西南民族研究资料中心；云南工学院食品工程学科建立了食品生物化学、食品分析、食品微生物和食品工艺四个实验室等①。

这批重点学科建设经费对教学质量和科研水平的提高、学术梯队的培养、全省经济建设和社会发展发挥了重要的作用。

总的来看，"七五"期间（1986～1990年）云南省建设了15个重点学科，分为以下三类②。

第一类是有较好基础，在国内有一定学术地位，近期有可能进入国内先进行列的中国民族史、经济史、概率论与数理统计（云南大学）、药理学（昆明医学院）、建筑结构与工程抗震（云南工学院）、作物遗传育种（云南农业大学）。

第二类是有一定基础，能体现云南经济、自然优势和特色的学科：植物学（云南大学）、理论计算机、心理学（云南师范大学）、优生学（昆明医学院）、植物病理（云南农业大学）、金属材料（云南工学院）、版画（云南艺术学院）。

第三类是对云南经济有重要意义，目前条件不足，尚需重点扶持的经济作物（云南农业大学）和食品工程（云南工学院）等。

（三）专业设置及调整

1986年7月，云南省教育厅提出高校"七五"期间专业增设的意见：为实现"七五"计划和20世纪末的战略目标，为适应本省经济、社会发展的需要，决定：在已有的130个（114种）本科专业和78个（32种）专科专业基础上，恢复和增设64个专业③。

1988年，云南省教育厅对本、专科专业增设、调整的审批权限做出规定：本科专业目录中注明"试办专业"、"个别学校设置专业"和58个全国统筹布点

---

① 马秀英，叶绿：《省级重点学科建设的探索与实践》，《云南高教研究》，1991年增刊，第4～7页。

② 《云南大学志》编审委员会：《云南大学志第二卷大事记（1915年～1993年）》，昆明：云南大学出版社，1993年，第453页。

③ 《云南大学志》编审委员会：《云南大学志第二卷大事记（1915年～1993年）》，昆明：云南大学出版社，1993年，第452页。

专业须报经国家教委审批；除国家教委审批外的其他本科专业、专科学校专科专业须报省政府审批；而相继专业调整，委托培养专业班，增设专科专业则由高等本科院校自主审定专业。要求各高校控制数量，调整结构，提高质量，在三年内着力于专业的调整、改造或加强办学条件和提高质量。

1988 年，为纠正高校专业设置中名称混乱问题，国家教委修订了本科专业目录，规定了专业的计划数与名称。按照国家教委实施办法的要求，云南省教育厅对除师范院校和民族院校外的普通高校各科类本科专业进行了整理。经过整理的专业有：工科专业 40 个（昆明工学院 19 个，云南工学院 21 个）；农科专业 12 个（云南农业大学）；林科专业 5 个（西南林学院）；医科专业 7 个（昆明医学院 4 个，云南中医学院 2 个，大理医学院 1 个）；理科专业 16 个（云南大学）；社会科学专业 40 个（云南大学 15 个，云南财经学院 10 个，云南艺术学院 15 个）[①]。经过这样大规模的整理，全省各高校的专业设置更为规范了。

1988 年，普通高校本科专业增设申报工作的流程及要求也发生了重大变化，即由过去的国家教委审批改为：区别情况，分别由国家教委、学校主管部门和高等学校分工负责审批和审定。根据这一重大变化，省教育厅对本、专科专业增设、调整的审批权限作出如下规定[①]。

1）国家计委审批专业为两类：①本科专业目录中注明的"试办专业"和"个别学校设置专业"；②全国统筹布点的 58 个专业。

2）省政府审批专业为两类：①本科学校除国家教委审批外的其他本科专业；②专科学校的专科专业。

3）高等本科学校自主审定专业：①相近专业范围调整专业；②全部属于委托培养的专业班；③增设专科专业。

除了上述具体规定外，省教育厅同时还要求各高校按照"控制数量、调整结构、提高质量"的原则，在 3 年内着力于专业的调整、改造或加强办学条件和提高质量，一般不大量增设专业。

（四）实验室工作

1981 年 1 月，根据《全国重点高等学校暂行工作条例》，为切实开展试验中心的工作，尽快承担起学校理科高年级学生、研究生以及全校科研工作的试验任务，以及开展对外服务工作，云南大学正式成立试验中心[②]。

1984 年 6 月，为了进一步搞好高校科学实验研究工作，云南省高等学校实

---

① 云南省教育志编纂委员会办公室：《云南教育大事记》，昆明：云南大学出版社，1989 年，第 506 页。

② 云南省教育志编纂委员会办公室：《云南教育大事记》，昆明：云南大学出版社，1989 年，第 395 页。

验室工作委员会成立，其主要职能是贯彻教育部有关规定，督促检查高校实验室建设，组织协调校际协作，促进实验室队伍的建设[1]。

1986年9月，云南省教育厅召开高校实验室工作委员会会议，总结了两年来的工作，通过了高校实验室工作委员会章程，表彰了14个先进集体和51名先进个人[2]。

1987年10月，云南省高校实验室工作会议召开，提出"抓管理，加强实验教学，提高投资效益"[3]。云南省高校实验室工作稳步发展：举办仪器设备管理培训班，使实验室管理工作科学化；为提高物理实验教学质量，检查学生掌握实验方法和实验技能情况，组织部分高校非物理专业的学生参加物理实验统考；对师专实验室工作进行了检查，加强各师专间的相互交流和学习并拨给师专1250万元的教学仪器设备专项补助费；全省高校共有669个实验室，实验用房89 524平方米，实验开出率87%[4]。

经过各级政府及教育主管部门的大力支持，包括对理工科实验设备和条件较弱的专科学校的专项支持，全省高校的实验室建设取得了显著的成绩。截至1988年底，全省27所高校实验室建设得到进一步加强，共建有实验室754个，实验用房100 351平方米，实验工作人员2198人（其中教师1133人，试验技术人员及辅助人员1065人），试验开出率达86%，2万元以上的教学、科研仪器设备达3727万元[5]。

这一时期出现了一些比较隐形的问题，比如，由于教育规模的扩大，而实验经费和实验指导教师队伍未能同步增加等原因，近几年出现了实验室增加而试验开出率却减少的现象。这无疑会导致教学质量受到很大的挑战，尤其是在培养学生动手能力方面，留下了很大的隐患，致使大学毕业生到了工作岗位就显现出无法迅速适应工作要求等问题。

五、改革招生工作、提高生源素质

（一）招生制度、招生工作改革

1977年8月13日至9月25日，教育部在北京召开全国高等学校招生工作

---

① 云南省教育志编纂委员会办公室：《云南教育大事记》，昆明：云南大学出版社，1989年，第425页。
② 云南省教育志编纂委员会办公室：《云南教育大事记》，昆明：云南大学出版社，1989年，第454页。
③ 云南省教育志编纂委员会办公室：《云南教育大事记》，昆明：云南大学出版社，1989年，第479页。
④ 云南省教育志编纂委员会办公室：《云南教育大事记》，昆明：云南大学出版社，1989年，第486页。
⑤ 云南省教育志编纂委员会办公室：《云南教育大事记》，昆明：云南大学出版社，1989年，第498页。

会议。会议决定改变"文化大革命"期间的不考试做法，采取"统一考试，择优录取"的办法在全国进行统一的高等学校招生考试。会议制定了《关于1977年高等学校招生工作的意见》和《关于高等学校招收研究生的意见》。10月12日国务院批转了这两个文件。10月21日，教育部在北京召开全国高等学校招生工作会议。决定从1977年起，对高等学校招生制度进行改革。新的招生制度实行德智体全面平衡，择优录取的原则，采取自愿报名，统一考试，地方初选，学校录取，省市自治区批准的办法；废除了"文化大革命"期间实行过的"自愿报名，群众推荐，领导批准，学校复审"的招生办法[①]。

1977年10月30日至11月11日，中共云南省委召开全省高等学校招生工作会议，贯彻执行国务院批转的教育部的两个文件和全国高等学校招生工作会议精神，决定按新规定进行高等学校招生考试。1977年12月10～12日，全省数十万考生参加了"文化大革命"后恢复的第一次高考。通过这次高考，全省9所高校共计招生5625人[②]。这是恢复高考之后云南省高等院校招收的第一届新生。

1. 建立健全组织，加强招生领导工作

1983年8月，机构改革后，云南省人民政府调整招生委员会成员。副省长和志强任主任，江泉、唐鸿龄、邹启宇任副主任。各高校成立了专门的招生工作机构。负责人由各校主要领导担任，以确保对招生工作的直接领导。具体的招生工作则由教务处组织落实。

2. 积极改革招生制度及招生工作

1977年5月，云南省教育局拟制《关于1977年普通高等学校招生计划的报告》，决定招生4757人。

1982年云南省仍实行大学、中专分开报名、考试和录取的招生办法。报考高等学校的人数为33 821人，最后录取新生7822人。其中，少数民族新生1299人，是历年来云南省少数民族考生进入本科院校最多的一年[③]。

1983年3月，为贯彻教育部《1983年全日制高等学校招生的规定》精神，召开了全省招生工作会议。会议提出，云南省高校招生工作应该在坚持德智体全面衡量择优录取的原则，紧紧围绕在招得来、分得去、用得上的指导思想的基础上，作进一步改进。需要改进的具体工作包括[④]：①加强人才预测和计划安排工

---

① 《云南大学志》编审委员会：《云南大学志第二卷大事记（1915年～1993年）》，昆明：云南大学出版社，1993年，第385页。

② 云南省教育志编纂委员会办公室：《云南教育大事记》，昆明：云南大学出版社，1989年，第370～372页。

③ 云南省教育志编纂委员会办公室：《云南教育大事记》，昆明：云南大学出版社，1989年，第409页。

④ 云南省教育志编纂委员会办公室：《云南教育大事记》，昆明：云南大学出版社，1989年，第411页。

作；②推行定向招生和委托培养；③将考生填报志愿的工作改在高考之后、通知成绩之前进行；④地区级以上表彰的"三好"学生比例控制在应届高中毕业生总数的 0.3% ～ 0.4%，优秀学生干部的比例控制在 3% ～ 5%；⑤不搞预选，仍实行大专、中专分别报考，分别录取的办法。

（二）招生方面的若干具体改革

1. 招生"一条龙"

1983 年 12 月 26 日，云南省招生委员会、云南省教育厅发布《关于我省高等学校、中等专业学校招生"一条龙"的考试录取办法的通知》，决定从 1984 年起，实行"一条龙"的招生办法，即高校和中专招生均统一报名、统一考试，按本科、专科、中专顺序录取[①]。这一做法有利于中学贯彻德、智、体全面发展的教育方针，提高教育质量，培养合格的高中毕业生，避免一些学校过早地把应届毕业生按报考大学、中专而分班教学，以致发生"偏科""弃科"等不良现象，造成学生知识结构单一、知识面窄的缺陷。这利于高等学校和中等专业学校选拔人才，使一些成绩较好的农村考生不致担心报考高校落选而失去录取中专的机会，也使高等学校录取新生不会产生"漏才"现象，以利于安定团结，减少考生和家长以及整个社会对报考问题的忧虑和意见[②]。

1984 年 3 月，全省招生工作会议提出考试录取办法改革意见[③]：①实行"根据考生志愿，按比例投档"的录取办法；②实行大专、中专"一条龙"的招生办法；③继续实行和完善定向招生办法；④改革职工中专班和干部专修班的招生考试办法，由省命题，集中在省录取；⑤对地区级以上三好学生、优秀学生干部实行更大的鼓励政策。

此外，在以下一些重要的方面也进行了相应的改革。

2. 招收"委托""保送""定向"等学生

（1）高校委托培养学生工作

1984 年 2 月，为严格按照国家的规定办学，维护高等教育的声誉，云南省政府转发了省教育厅制定的《云南省高等院校接受委托培养学生的暂行规定》，要求各校首先完成国家下达的招生任务，才可挖潜力接受委托培养学生。8 月，省教育厅、省纪委、省财政厅转发教育部、国家计委、财政部颁发的《高等学校

---

① 云南省教育志编纂委员会办公室：《云南教育大事记》，昆明：云南大学出版社，1989 年，第 431 页。
② 云南省教育志编纂委员会办公室：《云南教育大事记》，昆明：云南大学出版社，1989 年，第 417 页。
③ 云南省教育志编纂委员会办公室：《云南教育大事记》，昆明：云南大学出版社，1989 年，第 423 页。

委托培养学生的试行办法》，要求各校认真执行[1]。

除了本科阶段招收"委托生"之外，云南省各高校与全国高校一样，还开始委托培养硕士生的工作。1986 年 2 月，省教育厅、省计委、省财政厅联名转发国家教委、国家计委、财政部《关于高等学校招收委托培养硕士生的暂行规定》，要求有关单位在制定委托培养硕士生招生计划，招收委托培养硕士生，签订合同，收、付费用时严格按此规定执行[2]。

（2）民族班招生工作

1984 年 8 月，云南省教育厅将高校举办的民族班列入高校招生计划，学制增加一年，补习文化基础课，民族班学生参加高校招生统一考试，统一录取[3]。

（3）保送生招生工作

1985 年 4 月 15 日，云南省招生委员会决定本省各师范学校保送 77 名优秀应届毕业生升入云南师范大学学习，实行对口招生，定向培养，毕业后回原地区分配到中师或县教师进修学校工作；同时试行"推荐 3% 品学兼优的应届师专毕业生经考试升入云南大学、云南师范大学本科三年级学习"的办法，实际录取了49 名学生[4]。这些学生毕业后由教育厅人事处择优分配回原学校工作。

1986 年 3 月，云南省招生办公室下发了《关于做好普通高校试招中学保送生工作的通知》和《关于推荐师专 1986 届优秀毕业生升入云南大学、云南师范大学三年级学习有关问题的通知》，提出实行保送的学校，保送生的条件，实施办法等事项规定；规定了考试及录取办法，培养经费等问题[5]。

1987 年 7 月，根据国家教委关于普通高校招收保送生的规定，结合云南省具体情况，省招生委员会研究决定从 1987 年起施行普通高校招收保送生，并制定具体办法，以加强重点中学和县一中合格师资、中等专业学校专业课和实习课教师的培养[6]。

（4）定向招生工作

1985 年，云南省招生委员会决定，省属林医师院校指令性计划的 30% 面向全省择优录取，50% 在昆明（不含属县）、东川、个旧、大理、玉溪、曲靖、保山、楚雄、开远等九市以外的地区招生，20% 直接定向分配在边疆及文化基础

---

①　云南省教育志编纂委员会办公室：《云南教育大事记》，昆明：云南大学出版社，1989 年，第 420 页。

②　云南省教育志编纂委员会办公室：《云南教育大事记》，昆明：云南大学出版社，1989 年，第 446 页。

③　云南省教育志编纂委员会办公室：《云南教育大事记》，昆明：云南大学出版社，1989 年，第 427 页。

④　云南省教育志编纂委员会办公室：《云南教育大事记》，昆明：云南大学出版社，1989 年，第 436 页。

⑤　云南省教育志编纂委员会办公室：《云南教育大事记》，昆明：云南大学出版社，1989 年，第 447 页。

⑥　云南省教育志编纂委员会办公室：《云南教育大事记》，昆明：云南大学出版社，1989 年，第 476 页。

比较薄弱的 88 个县招生。为完成好定向招生计划，要求有定向任务的县招生部门和学校积极向考生和家长宣传本地最急需的专业，做好填报定向专业志愿的思想教育工作，号召学生积极填报家乡最急需的专业。各定向的县一中对定向生实行推荐报考，并可照顾 20 分录取①。

1987 年 7 月，为打开人才通向边疆、山区、贫困县的路子，让急需人才的地方学生招得来，分得去，扎得下，加强边疆、山区、贫困县的技术力量，适应经济发展需要，省招生委员会对定向生采取新措施：高等农、林、医、师院校根据地、州、市的人才需求意见和学校的招生计划，进行综合平衡，把定向名额分配给地、州、市。80% 的招生名额按定向分配录取，20% 的名额由全省择优录取②。

3. 招收"预科""自费"等学生

（1）预科招生工作

1985 年 4 月，云南省招生委员会决定，少数民族预科班从各校办班改为集中于云南民族学院、昆明医学院、云南财贸学院办班，学生从高等学校的落选考生中降低 80～100 分由学校择优录取，按文、理科补习一年高中课程，翌年由办班学校按高中毕业生的要求，组织考试，成绩合格者进入高等学校的本科或专科学习；成绩不合格者，集中到云南民族学院继续学习，一年后进行考试，仍未达到升入本科或专科学习条件者，按中师毕业生的身份分配回所在地任小学教师③。

1985 年 5 月，为了了解全省应届高中毕业生复习备考情况，并让应届高中毕业生们取得临场经验，云南省招生委员会举行了一次统一的分文、理科的复习测验（模拟高考）④。

1986 年 4 月，云南省招办下发《关于举办农职业中学应届毕业生升入高等院校预科班的规定》，对推荐条件、推荐办法、享受规定、录取办法作了规定⑤。

（2）自费生招生改革

1987 年，云南省招生委员会决定我省高校招收自费生。全省有 15 所高校招收 411 名自费生。

在进行收费改革的同时，政府通过实施奖学金等方式，积极为学生提供多方面的资助。1983 年 7 月，教育部、财政部下发《关于颁发〈普通高等学校本、专科学生人民助学金暂行办法〉和〈普通高等学校本、专科学生人民奖学金试行

---

① 云南省教育志编纂委员会办公室：《云南教育大事记》，昆明：云南大学出版社，1989 年，第 436 页。
② 云南省教育志编纂委员会办公室：《云南教育大事记》，昆明：云南大学出版社，1989 年，第 476 页。
③ 云南省教育志编纂委员会办公室：《云南教育大事记》，昆明：云南大学出版社，1989 年，第 437 页。
④ 云南省教育志编纂委员会办公室：《云南教育大事记》，昆明：云南大学出版社，1989 年，第 437 页。
⑤ 云南省教育志编纂委员会办公室：《云南教育大事记》，昆明：云南大学出版社，1989 年，第 448 页。

办法〉的通知》后，省财政厅、教育厅结合云南省实际情况，制定并颁发了具体实施细则，从 1983 年 9 月 1 日起，新生一律按此执行[①]。

有的高校还把招生改革与教学和人才培养模式的改革结合起来。比如，1989 年 3 月 21 日，云南大学校务委员会原则通过《云南大学关于进行专业调整改造工作的基本思路》，并决定从 1989 年招收新生开始，在中文、法律、化学、生物等 4 个系进行"按系招生、分头教学、按需分流、指导就业"的改革试点[②]。

（3）招收优秀运动员

1987 年 11 月，云南省招生委员会决定自 1987 年起，从省体委即将退役的运动员和参加普高统考的考生中，录取少量优秀运动员进入高等学校学习，并作出具体的规定：

①招收即将退役的优秀运动员。凡是参加世界运动会获得名次，年龄在 30 岁以下的可免试入学，达到高中毕业水平的先补习，再升入有关专业；不符合免试入学的须参加省统一组织的命题考试，根据文化成绩确定为正式生或试读生，不合格者取消试读资格；入学者必须推荐手续完备，各种证明齐全。

②从普高统考中招收优秀运动员。凡参加普高统考的获得运动健将、一级运动员、二级运动员、体育尖子称号的考生，达到本省录取控制线者按各个层次降分录取规定录入有关专业学习；上述考生降分后达不到录取线的经省招办特批，本科再降 10 分，专科再降 20 分，达到者可录入有关专业；降分后文化成绩达不到录取线者，如少数民族可录入民族预科，其他则录为试读生；上述考生不能按体育专业文化成绩要求"以体育专业名义录取又转入其他专业学习"；云南大学试招高水平运动员，按国家教委有关规定办理。[③]

（4）招生规模控制

鉴于云南省高等院校招生数增长幅度较大，云南省教育厅、省计划委员会发出通知，要求必须严格按计划招生，坚持录取标准，保证新生质量。1985 年 5 月 15 日，云南省教育厅、省计委发出《关于下达 1985 年教育事业调整计划的通

---

①　云南省教育志编纂委员会办公室：《云南教育大事记》，昆明：云南大学出版社，1989 年，第 416 页。

②　《云南大学志》编审委员会：《云南大学志第二卷大事记（1915 年～1993 年）》，昆明：云南大学出版社，1993 年，第 485～486 页。

③　云南省教育志编纂委员会办公室：《云南教育大事记》，昆明：云南大学出版社，1989 年，第 480 页。

知》。该通知规定①：今年各级学校的招生计划，特别是高等院校的招生数，增长幅度大，望各地、各院校妥善安排各项工作。未经批准纳入计划的，不得执行录取学生。高等院校分专业招生计划，一般不再变动。个别专业之间需要调整的，在不变动招生总数的前提下，必须经省招办同意后方可调整。最近教育部批准部分院校增设的新专业，如需当年招生，可在招生总数名额内调整安排，不另增加招生名额。云南工学院、云南农业大学批准筹建的专业当年不招生。

1986年3月29日，云南省教育厅、省计委就招生工作作出指示，强调保持招生计划的严肃性，未经批准不得任意变动；委托培养学生必须从统考学生中录取，不得录取在职人员，委托培养协议必须经学校主管部门批准后才生效；压缩干部专修科；云南省电大招收高中毕业生的专科班，必须由参加统考的学生中按顺序择优录取，实行走读②。

1986年4月20日，云南省招生办公室下发《关于提高师范院校招生质量的通知》采取具体措施提高师范院校的招生质量，具体措施包括③：①从重视应届毕业生中保送2%的优秀生升入西南师范大学、云南师范大学深造；②从省属重点中学保送2%，各县一中保送1%应届高中毕业生，经过考核，择优录取进入云南师范大学；③第一志愿填报师范院校的考生录取后，根据其成绩，分别给予奖学金和赴校路费。

六、稳定教学秩序，提高人才培养质量

（一）加强对学生思想政治教育工作的改革与研究

整个20世纪80年代，各级政府都非常重视大学生的思想政治工作。

1980年3月，云南省教育工作会议专门讨论了高校如何加强学生思想政治工作和教学科研工作④。该会议分析了云南省大学生的思想状况，针对学生中存在的一些思想问题，提出了当前加强学生思想政治工作的几个主要方面：第一，要加强马列主义、毛泽东思想的教育，着重做好坚持四项基本原则的教育。第二，进一步改进和加强政治理论课的教学，政治理论课的成绩作为学生能否升级或毕业的根据之一。第三，加强形势教育，使学生认清国内外形势。第四，继续开展"学雷锋、树新风、创三好"的活动，教育学生进一步处理好红与专的关系，

---

① 云南省教育志编纂委员会办公室：《云南教育大事记》，昆明：云南大学出版社，1989年，第437～438页。
② 云南省教育志编纂委员会办公室：《云南教育大事记》，昆明：云南大学出版社，1989年，第448页。
③ 云南省教育志编纂委员会办公室：《云南教育大事记》，昆明：云南大学出版社，1989年，第448～449页。
④ 云南省教育志编纂委员会办公室：《云南教育大事记》，昆明：云南大学出版社，1989年，第386页。

把学生培养成为又红又专的社会主义事业接班人。

为了表彰德智体等方面表现优秀的学生，在大学生中树立良好的风气，鼓励大学生积极向上，1980 年 7 月 24 日，云南省教育厅、团省委研究制定了《云南省大专院校评选表彰三好学生暂行办法》。该暂行办法针对思想品德好、学习好、身体好三个方面提出了评选表彰优秀学生的具体标准。①

1981 年 1 月 6 日，云南省委宣传部、省委科教部、省教育厅党组针对高等院校的政治理论课教学工作联合提出 4 条意见：①进一步明确马列主义基础课的指导思想；②加强队伍建设；③逐步进行教学改革，改革的主要内容是讲课形式、讲课方法、教学方式等；④加强对马列主义基础课的领导。②

1981 年 3 月，云南省委科教部、省教育厅党组、团省委党组提出加强高等学校思想政治工作的意见：第一，思想政治工作必须从学生的特点和实际出发，正确分析学生的思想情况，有的放矢、讲究实效。对学生思想教育的主要内容是坚持四项基本原则、纪律及法制教育；形势和党的路线、方针、政策的教育；革命理想和人生观的教育；革命传统和共产主义品质的教育。第二，学校思想政治工作要紧紧围绕学生的培养目标去进行。以"三好"为目标，把思想政治工作渗透到教育领域；坚持正面教育、自我教育的原则，采取疏导的方针；把正面教育、表彰先进和坚持原则，开展批评以及必要的纪律处分结合起来；把解决思想认识问题同关心学生生活，解决实际问题结合起来。第三，加强政治工作队伍的建设。第四，党委要加强和改善对学生思想政治工作的领导。③

为了进一步加强对学生思想政治工作的研究，1986 年 7 月，"云南省高校思想政治教育研究会"成立。该研究会以研究和改进马克思主义理论课教学，探索加强高校思想政治工作的新路子、新方法为目的。

1986 年 12 月发生了历时一周的政治风波，云南省委、省人大、省政府、省教育厅领导分别到各高校，就民主、选举等问题直接对话，听取了学生的各种意见，并旗帜鲜明地表示对此次政治风波的不赞成、不支持的态度，及时贯彻中共中央 1 号文件精神，使学校局势日趋稳定④。1987 年 1 月，云南省高校进行坚持四项基本原则、反对资产阶级自由化教育，开展调研工作和专题讲座，深入学生了解思想、回答问题⑤。

思想政治教育课程的教学改革得到稳步推进。1986 年，根据中央 1985 年改

① 云南省教育志编纂委员会办公室：《云南教育大事记》，昆明：云南大学出版社，1989 年，第 389 页。
② 云南省教育志编纂委员会办公室：《云南教育大事记》，昆明：云南大学出版社，1989 年，第 395 页。
③ 云南省教育志编纂委员会办公室：《云南教育大事记》，昆明：云南大学出版社，1989 年，第 397 页。
④ 云南省教育志编纂委员会办公室：《云南教育大事记》，昆明：云南大学出版社，1989 年，第 459 页。
⑤ 云南省教育志编纂委员会办公室：《云南教育大事记》，昆明：云南大学出版社，1989 年，第 467 页。

革高校思想品德和政治理论课程教学的通知精神，云南省教育厅开始对马克思主义原理课进行改革，首先将"中国共产党党史"改为"中国革命史"，并组织有关专家编写教材。1987年6月，云南省教育厅召开"中国革命史"课程教学经验交流会，总结1986年的教学改革经验；组织编写《中国社会主义建设》；同时进行《马克思主义原理》教材的编写工作。1988年6月，云南省教育厅和省司法厅联合召开了全省高校法制教育工作会议，贯彻国家教委和司法部召开的全国高等院校法制教育经验交流会的精神，要求各高校加深对高校开设"法律基础课"必要性的认识，建立思想教育研究室负责此门课程的教学工作；加强该课程教师队伍的建设①。

1987年8月，云南省高校思想政治工作会议召开，在调查研究的基础上就如何加强高校学生思想政治工作教育、加强高校教师教书育人工作、进一步改革高校马克思主义理论课教学、加强高校思想政治工作队伍建设、加强高校领导班子建设五个方面提出了具体意见②。

1989年7月25～31日，云南省委决定，召开全省高校暑假工作会议。会议传达了中央关于当前高校工作的指示。省委书记普朝柱在会上讲话，要求各高校在开学之后，要组织师生认真学习党的十三届四中全会（6月23～24日）精神。学习共分三步：第一步弄清政治风波真相；第二步弄清其产生的主要原因、性质和危害；第三步认真总结经验教训，深化认识。

（二）明确办学思想，加大教学改革力度，提高人才培养质量

云南大学经过一年多的紧张准备工作，于1985年秋季学期开始，率先在云南省各高校中试行学分制③。学分制的实施不仅极大地调动了学生的学习积极性，还对教师队伍的建设提出了新的挑战，并通过不断深化教学改革进一步推动了师资队伍的建设。

1986年初，云南省高校校长、党委书记会议在云南农业大学召开。该会议专门研究讨论了高等学校办学的指导思想问题，包括高校的任务、培养目标、培养规格及专业设置；加强教学、科研的管理，使教学、科研为提高教学质量服务；高校的学风建设等问题。

云南大学在总结84级、85级学生进行学分制试点经验的基础上，继续在

---

① 云南省教育志编纂委员会办公室：《云南教育大事记》，昆明：云南大学出版社，1989年，第495页。
② 云南省教育志编纂委员会办公室：《云南教育大事记》，昆明：云南大学出版社，1989年，第477页。
③ 《云南大学志》编审委员会：《云南大学志第二卷大事记（1915年～1993年）》，昆明：云南大学出版社，1993年，第448页。

86 级学生中进行学分制试点，并在 84 级、85 级学生中实行申请攻读双学位和辅修专业制工作①；云南师范大学在 86 级数学、生物、化学、外语、体育 5 个专业的学生中进行了学分制试点。学分制试点调动了学生的学习积极性，增强了学生的责任感，学生可以跨系选修课程，加强了学科专业之间的横向联系，同时也便于教师把科研与教学结合起来，发挥业务专长，更新教学内容，但还存在一些需要解决的问题：学分的确定、教学计划的修订、教学管理、学籍管理制度等有待完善；由于教学计划统得过死，学生选课范围受到一定限制，每门课程都要考试，学生感到压力较大。

1988 年，为深化和加快云南省高教改革，把竞争机制引入高校，激励学生勤奋学习，从 88 级开始，部分院校的一些专业系科推行"学生中期考核筛选制"试点，即少数优秀专科学生经过考核可以升入本科继续学习，毕业后按本科生对待。少数本科二年级学生、学习困难及无力跟班继续学习者，转入相同或者相近专业的专科系列，毕业后按专科生对待。

这一时期，一些学生不遵守考试纪律的问题出现。对此，云南省教育厅发出《关于加强考试工作，整顿考试纪律的意见》，要求各高校成立考试工作领导小组，由主管教学的院（校）长负责，认真抓好整顿考试纪律的工作。通过这些及时而又强有力的措施，各高校进一步严肃了考试纪律，端正了考试风气，确保了日常教学工作和人才培养工作平稳有序地进行。

在整个 20 世纪 80 年代，云南高等教育领域深化教学改革主要体现在以下一些方面：①加强教师队伍建设、发挥教师在教学中的主导作用。②重视本科教学、充实加强教学第一线。③继续开展计划指导下的学分制试点、充分调动学生的学习积极性（云南大学、昆明工学院、云南师范大学、云南民族学院等学校在部分专业试行学分制）。④重视教学实践环节、注意学生的能力培养。⑤继续进行"二段制"（选拔优秀专科生进入本科学习）试点，选拔优秀合格人才。⑥开始追踪调查、了解社会需求，调整、充实专业的知识结构。②

（三）积极开展文体活动和社会实践活动　提升学生综合素质

为提升大学生的综合素质和实践能力，云南省教育厅和各高校重视文艺、体育、卫生教育，积极开展丰富多彩的文艺、体育活动和社会实践活动。

1979 年 1 月，云南省教育局转发了教育部体育司《要关心大学生的身体健

---

①　云南省教育志编纂委员会办公室：《云南教育大事记》，昆明：云南大学出版社，1989 年，第 463 页。

②　陆炳炎：《转变教育思想是高教决策科学化、民主化的首要条件》，《云南高教研究》，1987 年 3 期，第 12～17 页。

康》，指出，高校学生身体健康有下降的趋势，值得引起注意，大量的事例，详细的数据说明大学生身体素质较差，多发病发病率较高。学生摄取的营养不能满足正常活动最低量的需要。上述问题在云南省各大学中都有不同程度的表现，必须引起重视。要求各高校在检查教学质量的同时，对学生的健康状况进行一次普查，并呈报结果。[1]1983～1986年，由云南省政府领导，省教育厅、省卫生厅、省体委、省民委共同推动，省教育厅刀育才副厅长任组长的"全省学生体质、健康调查"工作，历经3年宣布结束。该调查工作获得了丰硕成果，取得了各项基础数据300多万个，撰写了90多篇论文（约250万字），该调查研究的主要成果《云南省学生体质、健康调查报告》获得1986年省科技进步奖二等奖[2]。在这次调研的基础上，1988年，云南省教育厅汇编出版了《云南省学生体质健康调研数据册》，为改进和提高云南大学生身体素质、科学开展大学体育运动和教学提供了大量一手数据。

1980年4月，为推动大专院校学生业余文艺活动的开展，云南省教育厅、省文化厅、团省委联合举行了昆明地区大专院校学生业余文艺汇演。参加汇演的节目以自己创作为主，评出的38个优秀节目获得奖励。[3]

1988年4月，云南省大学生艺术团成立，进一步推动了各高校大学生艺术活动的开展和水平的提升。5月上旬，云南省教育厅相关部门组织了昆明地区高校优秀节目调演，吸收了演员，选拔了优秀节目。在参加首届民族艺术节的演出活动中，共演出12场，包括云南冶炼厂1场，省话剧院2场，高校6场等，不仅充分展示了云南省高校大学生多才多艺的实力，还扩大了在各行各业的影响。[4]

1980年7月，云南省教育厅、团省委制定了《云南省大专院校评选表彰三好学生暂行办法》。每年有10%思想品德好、学习好身体好的学生受到表彰[5]。

在社会实践方面，由云南省教育厅组织全省大学生实践活动，各高校自发举办各种活动。例如，1987年7～9月，云南省委宣传部、省教育厅和团省委联合组织了由5000名大学生参加的暑假"扶贫兴滇、学习社会"社会实践建设营活动。产生了152项社会实践优秀成果，其中31项成果被编为《成才之路》一书。[6]

1988年，暑期结束后，云南省对各高校上报的188项社会实践优秀成果进

① 云南省教育志编纂委员会办公室：《云南教育大事记》，昆明：云南大学出版社，1989年，第380页。
② 云南省教育志编纂委员会办公室：《云南教育大事记》，昆明：云南大学出版社，1989年，第451页。
③ 云南省教育志编纂委员会办公室：《云南教育大事记》，昆明：云南大学出版社，1989年，第387页。
④ 云南省教育志编纂委员会办公室：《云南教育大事记》，昆明：云南大学出版社，1989年，第493页。
⑤ 云南省教育志编纂委员会办公室：《云南教育大事记》，昆明：云南大学出版社，1989年，第389页。
⑥ 云南省教育志编纂委员会办公室：《云南教育大事记》，昆明：云南大学出版社，1989年，第476页。

行评审，42 项获一等奖，57 项获二等奖，67 项获三等奖，21 名教师和干部受到表彰。另外，在 19 个省（自治区、直辖市）大学社会实践主题活动中，云南省获得第三的好成绩，受到中宣部、国家教委和团中央的表彰[①]。

此外，云南省教育厅还组织了高等学校学生军事训练；每年举行一次大学生优秀论文、作品评奖活动，文科学生学习报告会，"希望杯"大学生辩论邀请赛等活动。

（四）大力发展研究生教育

自 1980 年 2 月《中华人民共和国学位条例》颁布以来，我国学位教育迅速发展。1982 年初，云南大学、云南师范大学、昆明工学院、云南工学院、昆明医学院、云南中医学院、云南农业大学、西南林学院获得学士学位授权点。自 1978 年全国高校恢复招收研究生以来，云南有 4 所高校，即云南大学、云南师范大学、昆明工学院和云南林学院（后改为西南林学院）获准招收硕士研究生，1981 年开始有博士学位授权点。发展到 1989 年，云南省共有 8 所高校的 64 个学科拥有硕士学位授权点。[②]

但是，实事求是地说，云南省研究生教育的发展速度和规模都很不理想，与其他省区相比，落后的局面非常明显。自 1978 年恢复研究生招生制度到 1990 年前后，云南省研究生的招生规模和在学人数以非常缓慢的速度发展。如果考虑到云南省的人口数量、本科院校的规模（院校数、招生数、在校生数）以及云南省社会经济发展的需要，表 6-1 中的这些数字确实太少了，无法满足社会发展的需要。研究生教育的规模和发展速度一直到 20 世纪 90 年代末才取得较大的改观和突破。2000 年，云南省研究生招生第一次突破千人大关，此后，研究生招生规模才开始驶入"快车道"。

云南省研究生教育长期落后的一个重要原因在于学位授权体系建设不完善，学科结构不合理。同时，师资队伍的总体质量也是影响研究生教育发展的一个重要原因。

截至 2000 年，在 12 个学科门类中，云南的博士授权点有：历史学、法学、理学、工学、经济学、管理学、医学；哲学、文学、教育学和农学等重要学科还是空白。在 88 个一级学科中，博士点空白达 59 个，硕士点空白为 29 个。在具有研究生学位授权点的 381 个二级学科中，硕士点空白为 50% 左右，博士点空白为 94%。

---

① 云南省教育志编纂委员会办公室：《云南教育大事记》，昆明：云南大学出版社，1989 年，第 507 页。

② 《云南教育改革志》编纂委员会：《云南教育改革志》，昆明：云南人民出版社，2004 年，第 268 页。

表 6-1　云南省研究生教育的发展情况（1984 ～ 2003 年）　　（单位：人）

年份	研究生招生数	在学硕士生	毕业硕士生	在学博士生	毕业博士生
1984	190	376		1	
1985	448	724	98	5	1
1986	423	1001	136	7	
1987	342	1013	322	13	3
1988	236	927	455	25	3
1989	179	696	420	32	2
1990	151	467	248	24	11
1991	140	481	221	26	8
1992	198	533	148	40	11
1993	274	612	187	42	8
1994	323	792	141	56	11
1995	343	948	183	77	14
1996	414	1030	266	156	18
1997	592	1351	326	202	24
1998	643	1483	373	475	50
1999	822	1830	538	247	74
2000	1231	2376	535	332	46
2001	1777	3428	559	396	77
2002	2302	4799	692	500	93
2003	3307	6793	1052	667	117

资料来源：云南省统计局编各年度《云南统计年鉴》。

七、积极发展科学研究

在 20 世纪 80 ～ 90 年代，云南省高等学校科研工作经历了两个发展阶段：
1978 ～ 1985 年恢复重建；1985 ～ 1990 年大发展。

1. 科研机构

1978 年 7 月 5 日，云南省教育厅向省委上报《关于我省高等学校第一批新
建科研机构的报告》，提出从国家和云南省需要出发，结合学校专业发展方向，
急需新建一批科研机构的初步计划。鉴于云南省经济情况和各校具体条件，第一
批拟同意新建研究室 16 个，基建面积 11 460 平方米，设备投资 55 万元，编制
326 人。第一批研究室于 1980 年前建成。1978 ～ 1985 年，云南省理工科院校共

新建研究所 52 个。1988 年，云南省共建成科研机构 106 个。^①

2. 科研管理

为了推进科研工作，云南省教育主管部门积极制定发展规划，并在科研经费方面也提供了巨大的支持，比如，1978 年 2 月云南省教育局拟制《云南省高等学校科技机构 8 年规划草案》，计划八年投资 3600 万元^②。这笔计划中的经费在当时的历史条件下可以视为一笔"巨款"。

1985 年 3 月 13 日，为加强高等院校师资队伍建设，提高高等学校的教学、科研水平，真正把高等学校办成教学、科研两个中心，改革云南省高等学校科研管理的现行办法，云南省教育厅制定了《云南省教育厅厅管科研项目及科研经费管理的暂行办法》，明确了教育厅管理科研项目的范围、申请、确定、合同的签订、监督检查、经费管理、鉴定、成果转让以及云南省教育厅资助普通高等学校的科研经费的分配使用。^③

1988 年 5 月，云南省教育厅制定了高等学校科研成果评选奖励试行办法。

3. 科研成果

1978 年 4 月 3 日，云南省教育厅向省科学大会筹备领导小组上报《建议省科学大会表扬我省有关高等院校科研项目》。当年，高等院校（医药院校除外）申报的科研成果有 76 项，建议省科学大会予以表扬的科研成果 49 项。^④

这里通过下面 3 个表格，用几组数据来分别呈现 1979 年（表 6-2～表 6-4）、1986 年、1987 年云南各高校取得的比较突出（获奖）的研究成果。

表 6-2　1979 年云南省高等院校科研成果获奖情况　　（单位：项）

高校	省级奖励	部级奖励	国家级奖励
云南大学	36	0	8
昆明工学院	51	6	4
云南林学院	20	0	3
云南农业大学	15	0	2
昆明师范学院	29	0	1
云南工学院	1	0	0
合计	152	6	18

资料来源：云南省教育志编纂委员会办公室：《云南教育大事记》，昆明：云南大学出版社，1989 年，第 381 页。

---

① 《云南教育改革志》编纂委员会：《云南教育改革志》，昆明：云南人民出版社，2004 年，第 329 页。

② 云南省教育志编纂委员会办公室：《云南教育大事记》，昆明：云南大学出版社，1989 年，第 372 页。

③ 云南省教育志编纂委员会办公室：《云南教育大事记》，昆明：云南大学出版社，1989 年，第 435 页。

④ 云南省教育志编纂委员会办公室：《云南教育大事记》，昆明：云南大学出版社，1989 年，第 373 页。

表 6-3　1986 年云南各高校科研成果获奖情况

省级科技进步成果	国务院有关部门科技进步奖成果	登记成果
一等奖 1 项	一等奖 无	国家科委 1 项
二等奖 9 项	二等奖 5 项	国务院有关部委 26 项
三等奖 30 项	三等项 2 项	省科委 50 项
未评等级奖 16 项	四等奖 2 项	获得科技成果专利 7 项
	通过鉴定的科研成果 103 项	出版专著 17 部
		发表论文 736 篇（其中，外国刊物 40 篇、全国性刊物 361 篇、地方性刊物 375 篇）

资料来源：云南省教育志编纂委员会办公室：《云南教育大事记》，昆明：云南大学出版社，1989 年，第 486 页。

表 6-4　1987 年云南各高校科技成果获奖情况

国家科技发明奖	国家有关部门科技进步奖	省科技进步奖 / 发明奖	登记成果
科技发明四等奖 2 项	二等奖 2 项	一等奖 3 项（发明奖）	国家批准专利 11 项
国家科技进步二等奖 1 项	四等奖 5 项	二等奖 1 项	经鉴定成果 81 项
国家科技进步三等奖 1 项		三等奖 24 项	出版科学专著 27 部
国家科技进步四等奖 1 项			发表学术论文 883 篇

资料来源：云南省教育志编纂委员会办公室：《云南教育大事记》，昆明：云南大学出版社，1989 年，第 487 页。

　　1979 年 4 月 10 日，在云南省奖励的重要科技成果中，高等院校获奖 152 项，其中全国科学大会授奖 18 项、冶金部表扬 6 项。

　　在传统的其他种类的省级科研成果评奖之外，云南省教育厅专门出台了高校科研成果评选与奖励措施。1988 年 5 月，云南省教育厅制定高校科研成果评选与奖励试行办法，并进行首次评选。首次评选出 74 项科研成果。其中社会科学成果一等奖 2 项，二等奖 7 项，三等奖 24 项；自然科学成果一等奖 3 项，二等奖 10 项，三等奖 28 项。[①] 应该说，在云南省政府和其他部门的科研成果评奖之外，由高等学校的主管部门省教育厅主持的科研成果评奖，使得高校教师的科研成果有了更多的得到肯定与获得奖励的机会，这无疑会极大地提升广大教师投入科研的热情和积极性，进而有力地推动高校教师的科学研究工作。

　　一直以来，高校通过大量高水平的基础研究，为推进国家的社会主义建设事业发挥了不可替代的作用。

　　这里还要特别说明的是，自 20 世纪 90 年代以来，云南的高等院校在直接推动社会经济发展的领域（如发明专利申请和拥有发明专利等方面）也取得了较大的进步。不过，与其他系统和单位（科研研究和技术开发机构以及企业等单位）

---

① 云南省教育志编纂委员会办公室：《云南教育大事记》，昆明：云南大学出版社，1989 年，第 494 页。

相比较，在发明专利申请件数和拥有发明专利件数方面，还存在较大的差距。这里列举世纪之交（2000 年前后几年）云南省科技成果（主要是论文、著作、专利）的统计数字（表 6-5），总体来看，高校在论文和著作方面所占比例较大（平均为 55% ～ 65%），但是，在专利发明申请数和专利发明件数方面所占比例就小得多了（平均为 35% ～ 45%）。

表 6-5　云南全省科技成果情况（1997 ～ 2008 年）

年度	发表科技论文（篇）		出版科技著作（册）		专利发明申请（件）		拥有发明专利（件）	
	全省总数	高校	全省总数	高校	全省总数	高校	全省总数	高校
1997	6 499	4 699	358	278	35	8	46	4
1999	10 512	6 980	441	348	103	21	82	14
2001	13 566	8 346	462	373	168	27	264	12
2002	351	56	213	37	14 296	9 326	546	467
2003	15 443	10 519	588	499	271	69	335	0
2004	15 987	11 208	637	586	376	72	683	220
2005	14 918	9 987	613	541	429	153	855	341
2006	17 192	11 894	742	645	464	90	1 005	419
2007	18 525	13 137	853	757	639	167	1 227	547
2008	20 944	14 868	862	675	987	474	1 334	412

资料来源：历年《云南统计年鉴》。

注：① 1997 年和 1999 年的《云南统计年鉴》只列出专利申请数和专利拥有数两个数据，此后的又增加了发明专利数。本表将 1999 年后的专利申请数和发明专利申请数合并为"专利发明申请数"；② 2002 年的"发表科技论文篇数"（分别为全省总数 351 篇、普通高校 56 篇）可能有误。

4. 科技开发与改革成效

1984 年 11 月 12 日，云南省教育厅印发了云南省高等学校科学技术开发服务中心《各种业务经费使用办法（试行）》，包括该中心经费的集资和自主，科技类经费管理，定购与经销类经费管理，进修、培训类经费管理，其他服务类，以及分中心单独承接的科研项目[1]。

1985 年 5 月 15 日，为贯彻中央有关指示精神，云南省教育厅发出通知，明确"高等学校科技开发服务中心"主要是开展科技服务，不属于经商、办企业范围，为此，撤销云南省高等学校科技开发服务中心董事会。该中心工作实行经理负责制[2]。

1986 年，云南大学、云南师范大学、云南农业大学、昆明工学院、云南工

---

[1]　云南省教育志编纂委员会办公室：《云南教育大事记》，昆明：云南大学出版社，1989 年，第 429 ～ 430 页。

[2]　云南省教育志编纂委员会办公室：《云南教育大事记》，昆明：云南大学出版社，1989 年，第 438 页。

学院、昆明医学院和西南林学院等 7 所学校同有关生产单位建立了 35 个教学科研生产联合体（共 6 种类型），包括专项技术协作型（14 个）、多元型（4 个）、工程技术承包型（1 个）、资源开发利用型（2 个）、经济技术实体型（12 个）等。这类科研与企业的联合体使学校获得了多方面的效益：为学校获得科研经费开辟了新渠道；研究开发的产品能够迅速转化为生产力；生产单位为学校提供了部分所需的科研经费和实验条件；为学生提供了勤工俭学的场所[①]。

1988 年 9 月，云南省 12 所本科院校参加了首届云南民族艺术节经济技术成就展览会。在参展的近百项科研成果中，共转让 25 项，成交总额达 234 万元。签订合同 6 项，技术转让费 25.14 万元。并进行技术咨询 10 多项，还销售了部分科技成果产品[②]。

八、调整改革的成效

自 20 世纪 80 年代以来，云南省在加深了对改革的意义和省情认识的基础上，能够根据实际情况进行改革，理清改革的思路，在选准突破口上做文章，坚持以"内涵发展"为主，使高校的改革取得了明显进展。

1. 高等教育规模日益扩大

主要表现在高等学校数迅速增加，招生及在校生规模快速扩大。

这一时期高等教育规模的扩张主要是通过增设学校与扩大招生规模来实现的。经过设立 10 所师范专科学校及政法、公安、职业专科学校（昆明大学）和 3 所本科院校，云南的高等学校从 1978 年的 15 所增加到 1990 年的 26 所（专科学校占一半左右）。自 1977 年恢复高考以后，云南省高校招生规模逐年扩大。1978 年招生 7000 余人，1990 年招生人数达到 13 000 余人，差不多增加了 1 倍。在同一时期，高校在校生规模增加了 3 倍。校均规模也有较大提高（从校均 1000 余人增加到 1700 人左右）。高校教师队伍也得到相应的充实。当然，1978～1990 年，招生数、在校生数、教师数等都不是简单的线性增长，还出现了暂时的下降或收缩。云南省高等学校的数量以及格局主要是在 1985 年以前形成的。

就学生数量的变化来看，在校本专科学生规模从 1980 年的 18 136 人快速发展到 1989 年的 45 114 人。研究生规模也由 1978 年的 31 人发展到 1989 年的 1033 人（表 6-6）。[③]

---

① 云南省教育志编纂委员会办公室：《云南教育大事记》，昆明：云南大学出版社，1989 年，第 464 页。
② 云南省教育志编纂委员会办公室：《云南教育大事记》，昆明：云南大学出版社，1989 年，第 497 页。
③ 蔡寿福：《云南教育史》，昆明：云南教育出版社，2001 年，第 831～832 页。

表 6-6　云南高等教育办学规模发展情况（1978～1990 年）

年度	高校数（个）	招生数（人）	在校生数（人）	在校生数/校（人）	教师数（人）	师生比
1978	15	7 100	15 900	1 060	3 743	4.25
1980	18	5 000	18 136	1 006	4 354	4.16
1985	26	12 600	32 300	1 242	6 383	5.06
1988	26	14 500	45 000	1 731	7 991	5.63
1989	26	12 700	45 100	1 735	7 990	5.66
1990	26	13 000	43 500	1 673	7 754	5.61

资料来源：云南省统计局编各年度《云南统计年鉴》。

当然，这一时期云南高等教育规模的扩大，是就纵向比较而言。如与东部地区横向比较，相对于东部和中部地区的高校来说，云南各高等学校的规模还是偏小。到 1990 年，云南省普通高校的生均规模为 1673 人。除几所历史较为悠久的老学校（云南大学、云南师范大学、昆明工学院、云南农业大学等）规模相对大一些外，其他新设高校的规模都非常小。在校生规模超过 2000 人的学校只有 7 所。除昆明、曲靖两所师专外，其余师专的规模都在 500 人以下。

2. 专业设置日趋多样化

自从改革开放以来，云南各高校大力调整专业设置，努力为国家的"四个现代化"建设培养更多的高级专门人才。到 20 世纪 80 年代中期，云南省本科院校在设置专业方面出现了很大变化，专业数迅速增加，专业对经济建设的服务面扩大，增设了一批云南经济建设和社会建设所需要的专业，如：制糖、造纸、建筑学、口腔、卫生、国际贸易、法律、新闻、档案、音乐、美术等，其中政法、财经等专业的设置填补云南省专业的空白。到 1988 年底，云南共有高校 27 所（本科院校 12 所，专科院校 15 所），264 个专业（其中本科专业 141 个）（表 6-7）。

表 6-7　1988 年云南各本科院校专业数　　　　（单位：个）

学校名称	系	专业	学校名称	系	专业
云南大学	13	33（本科 22）	昆明医学院	3	4（本科）
昆明理工大学	12	21（本科 19）	云南中医学院	3	3（本科 2）
云南工业大学	8	21（本科）	云南财贸学院	5	11（本科 10）
云南农业大学	7	12（本科）	云南艺术学院	6	18（本科 17）
云南师范大学	11	15（本科）	云南民族学院	9	14（本科 13）
西南林学院	3	10（本科 5）	大理医学院	2	1（本科）

资料来源：云南教育志编纂委员会.《云南省志·教育志》，昆明：云南人民出版社，1995 年，第 558～559 页。

虽然专业数量增长较快，但是出现专业数量多、专业规模小、经济效益低的问题。1986 年，云南各高校有 213 个专业（缺西南林学院数据），3.8 万余学生，平均每个专业有学生 178 人左右（表 6-8）。到 1990 年，云南省各高校共设有专业 299 个，平均每个专业点有学生 150 人。就专业点招生情况来看，全省各高校招生的专业点有 299 个（专业类 120 个），平均每个专业点的学生人数较少，只有 40 余人[①]。其中，有相当一批专业点学生人数不足 30 人。在这 299 个专业点中，重复设置的专业达到 95 个，主要集中于师范类高校[②]。

表 6-8　云南各主要高校专业设置与学生数情况（1986 年）

高校名称	专业数（个）	学生数（人）	高校名称	专业数（个）	学生数（人）
云南大学	28	5900	昆明师范专科学校	8	1429
昆明工学院	21	4888	曲靖师范专科学校	6	1180
云南工学院	22	3200	保山师范专科学校	6	300
云南农业大学	9	2000	大理师范专科学校	6	396
云南师范大学	14	3792	蒙自师范专科学校	5	
西南林学院	0	0	思茅师范专科学校	4	
昆明医学院	4	2638	昭通师范专科学校	5	
云南中医学院		957	文山师范专科学校	5	245
云南财贸学院	7	1858	楚雄师范专科学校	5	440
云南艺术学院	17	600	玉溪师范专科学校	7	
云南民族学院	17	2329	云南政法专科学校	2	1000
云南教育学院	15	1901	云南公安专科学校	2	1000
大理医学院	2	450	云南矿冶专科学校	11	1200

资料来源：云南省高教学会，云南省教育厅编印：《云南省高等学校介绍》，1986 年。

注：原始资料中缺少几组数据，推测其原因是该资料印刷前相关学校没有及时上报数据。

3. 高校教师队伍数量增长

虽然因为"文化大革命"的严重破坏，各高校的师资队伍遭受到了严重的摧残，损失了很多优秀的教师，尤其是学养深厚的老教师，但是经过一段时间的恢复与发展，各高校教师队伍在数量上有了很大发展，师生比也得到明显改善。但是，质量上的问题则越来越突出（表 6-9）。

[①]　蔡寿福：《云南教育史》，昆明：云南教育出版社，2001 年，第 832 页。

[②]　温良华，仇学琴：《云南高等教育发展得失初探》，《云南高教研究》，1993 年 4 期，第 54 页。

表 6-9 高校教师队伍发展情况（1980～1990 年）

年份	1980	1981	1982	1983	1984	1985	1986	1987	1988	1989	1990
专任教师（人）	4 353	4 471	5 022	5 260	5 633	6 383	7 497	7 841	7 991	7 990	7 754
在校生数（人）	18 136	21 729	19 279	20 856	24 937	32 269	31 678	37 480	44 985	45 114	43 525
师生比	4.17	4.86	3.84	3.97	4.43	5.06	4.23	4.78	5.63	5.65	5.61

资料来源：云南省统计局编各年度《云南统计年鉴》。

在高校教师数量大量增加的过程中，云南省教育厅以及各高校都非常重视青年教师队伍素质的改善。这一方面的工作主要体现在通过开设各种研究生班来提升青年教师学历和专业水平。1984 年 10 月，为了尽快提升高校教师队伍的学历层次，云南省教育厅就云南省高校举办研究生班、助教进修班等事项向省政府报告，决定 1985 年拟办 7 个研究生班，5 个助教进修班，1986 年招 8 个研究生班，7 个助教进修班，每班人数为 15～20 人。12 月，该报告得到云南省政府批准[1]。自此，云南省高校举办研究生班和助教进修班列入云南省高校教育事业计划，并得以实施。

另外，从 1984 年开始，云南省教育厅拨出专款委托省外高校为本省高校培养研究生以补充师资：1984～1987 年，共委托培养 635 名研究生，其中，文科类 96 名，理科类 246 名，工科类 110 名，医科类 86 名，农科类 34 名，外语类 15 名，艺术类 10 名，教育心理及社会管理等专业 35 名[2]。

在高校教师数量增加的同时，经过几年的连续努力（包括职称改革试点工作），云南高校教师的职称结构得到大幅度的改善。1985 年在云南大学、云南师范大学、大理师范专科学校进行了高校职称改革试点工作，1986 年 9 月开始在全省所有高校中按"先主系列、后非主系列"的方式全面铺开。截至 1987 年 9 月，云南全省高校教师高级职务任职资格的评审共进行过 3 次，连同特批教授、副教授，共审定具有高级职务任职资格的人员 2558 人，其中，正高职 378 人（为 1983 年全省高校高职人数的 6 倍）。普通高校专任教师（除去办理了离退休手续的）有 7841 人，其中，教授 257 人，副教授 1561 人，高级职务人数占全省高校教师人数的 23.18%，是 1983 年 6.86% 的 3.38 倍，超过 1983 年北京的 19.4%，天津的 14.55%，上海的 11.88%。如此大的晋升率及晋升量，在云南高校历史上是空前的。[3]

---

[1] 云南省教育志编纂委员会办公室：《云南教育大事记》，昆明：云南大学出版社，1989 年，第 428 页。

[2] 云南省教育志编纂委员会办公室：《云南教育大事记》，昆明：云南大学出版社，1989 年，第 502 页。

[3] 云南省教育志编纂委员会办公室：《云南教育大事记》，昆明：云南大学出版社，1989 年，第 478 页。

第三节　深化改革时期的云南高等教育

云南的高等教育，经过 20 世纪 80 年代的改革获得了较大发展，到 20 世纪 90 年代又进入一个新的发展时期，尤其是 1993 年中共中央、国务院颁布了《中国教育改革和发展纲要》(后面均简称《纲要》)以后，在其精神的指引和鼓舞下，云南省适时作出了"科教兴滇"的战略布署，掀起了一轮又一轮深化高等教育改革的浪潮，使得云南的高等教育迈进了有史以来最快的发展时期。

一、宏观体制改革

从宏观管理体制来看，云南高等教育改革的实质就是调整政府与高校的关系问题，也就是要改变过去包得过多、统得过死的局面。在政府的宏观调控下，给高校以充分的自主权，正如《纲要》所指出的："要按照政事分开的原则，通过立法，明确高等学校的权利和义务，使高等学校真正成为面向社会自主办学的法人实体。要在招生、专业调整、机构设置、干部任免、经费使用、职称评定、工资分配和国际合作交流等方面，分不同情况进一步扩大高等学校办学自主权"。"政府要转变职能，由对学校直接管理转变为运用立法、拨款、规划、信息、服务、政策指导及必要的手段，进行宏观管理"。云南省坚决贯彻中央的精神，迅速对政府和高校之间的关系进行了调整。

(一)对高校体制的管理关系进行了重大改革

根据《纲要》关于"教育体制改革要采取综合配套、分步推进的方针，改革包得过多，统得过死的体制，初步建立起与社会主义市场经济体制、科技体制相适应的教育新体制"以及"进行高校教育体制改革，主要是解决政府与高等学校、中央与地方、国家教委与中央各业务部门之间的关系，逐步建立政府宏观管理、学校面向社会、自主办学的体制"的指示精神，云南高等教育着重通过改革，争取到 2000 年或稍后时间基本形成举办者、管理者和办学者职责分明，以财政拨款为主、多渠道经费投入，中央和省级政府两级管理、分工负责、以省级政府统筹为主、条块有机结合的体制。通过改革，扩大学校面向社会依法办学的权力，逐渐淡化和改革学校单一的地属关系，加强省级政府对本地区所有高校的统筹管理。具体而言，有以下情况：

1) 实行共建等改革措施，逐步将云南省内委、厅(局)所属高校过渡到由省教育行政部门统一管理。

2）地州市为主管理的 16 所普通和成人高校，由省地共建共管、以地为主的管理体制，分别按不同情况，3～5 年逐步过渡到省地共建共管、以省为主的管理体制。在此基础上，统筹规划布局、规模、专业，发展云南省高等职业技术教育，进一步完善高等教育体制。

3）经教育部批准，新组建玉溪师范学院、曲靖师范学院、楚雄师范学院、大理学院 4 所本科院校；还新增 4 所高等职业技术学院（民办学院 1 所）；通过深化内部管理体制改革，广泛吸纳社会资金，最大限度挖掘教学潜力，在 4 所普通高校内试办 6 个国有民办二级学院。

4）1996 年，云南省政府通过与中国有色金属总公司、林业部协议商谈，共建昆明理工大学和西南林学院；此后，两校逐渐由中央部委所属高校转制为省管学校。

（二）对高校的结构规模进行了适当调整

按照"共建、调整、合作、合并"的基本思路和原则，先后对省内高校进行了较大规模的结构调整、合并与合作。

1993 年 2 月，云南省召开的第 57 次常务会议决定，将 3 所成人高校合并为昆明工业联合职工大学。

1994 年，云南工学院、重庆建筑工程学院昆明分院、云南化工专科学校、成都电子科技大学昆明分部四校合并，成立云南工业大学。

1995 年，云南大学和昆明理工大学签定联合办学协议，两校优势互补，走共同发展的道路。

1999 年，四组院校又顺利完成合并，云南师范大学与云南教育学院合并，组建新的云南师范大学；云南政法高等专科学校并入云南大学；云南财贸学院与云南经济管理干部学院合并，组建新的云南财贸学院；昆明理工大学与云南工业大学合并，组建新的昆明理工大学。

通过合并调整，云南省一些高等学校办学规模过小的状况开始改善，一些大学的综合实力增强，办学条件得到改善，办学效益明显提高。这既可以使云南高校从数量上更适应于经济社会发展的要求，重组的结果也可以使高校的资源得到优化，大大提高了高校的生产力。但对高校合并工作也有一些不同的看法。比如，有专家认为云南高校本来就少，面临的主要任务是发展，而不是合并；云南省的高校合并基本上是同类合并，并不能完全提高高校的综合实力，相反，不同类型、不同学科的高校综合实力没有形成。这些观点在一定程度上反映了云南省高校总规模和综合实力还存在很多薄弱环节，需要在今后的工作中进一步加强。

（三）在高校办学主体的形式上，实行了大胆的改革

所谓在办学主体方面的改革，具体而言，就是在 20 世纪 90 年代末期逐步突破了长期以来一直是公办高等教育的发展模式。云南的高等教育尽管一直大力倡导社会支持和参与高等教育，但从 1950 年直至 20 世纪 90 年代，几乎都只有单一的公办形式。直至 2000 年，云南新成立了云南大学滇池学院、云南大学国际文化学院、云南师范大学商学院、云南师范大学世博学院、昆明理工大学剑桥学院及昆明医学院海源学院 6 所国有民办二级学院。至此，云南高等教育才真正实现了办学主体形式逐渐多样化的教育体制。2001 年以后，云南省又先后成立了艺术职业学院、云南科技信息学院等民办高校……① 所有这些宏观管理体制的改革，极大地推动了云南高等教育的发展。

二、内部管理改革

我国高等学校的内部管理体制，经过 20 世纪 80 年代的改革仍远远不能适应高等教育事业的发展要求，在很多方面依然明显地存在着计划经济体制下形成的种种弊端。因此，1993 年中共中央、国务院颁布了《纲要》；1999 年 5 月，根据贯彻落实《中共中央国务院关于深化教育改革，全面推进素质教育的决定》和《面向 21 世纪教育振兴行动计划》的需要，教育部召开了全国高等学校内部管理体制改革座谈会；同年 11 月又发布了《教育部关于当前深化高等学校人事分配制度改革的若干意见》。由此开始了一次以人事分配制度为重点的高等学校内部管理体制改革。这次以人事分配制度为重点的改革力度大，它推动高等学校实现由对教职工的"身份管理"转为"岗位管理"的转化，从而逐步建立起相对稳定的骨干层和出入有序的流动层相结合的教职工资源开发机制。使学校能够依法自主地管理学校内部事务，并承担相应的义务和责任，以便使学校真正成为依法自主办学的法人实体。

自改革开放以来，高等学校内部管理体制改革先后在 1985 年、1993 年和 1999 年形成三次高潮。进入 20 世纪末，云南省第三次新一轮高校内部管理体制改革于 2000 年开始启动，按照先试点、后推广的基本思路，确立了试点院校和

---

① 云南省教育科学研究院：《2002 年云南教育蓝皮书——"九五"云南教育改革发展回眸》，昆明：云南教育出版社，2003 年，第 82 页。

试点方案，计划通过 2 ～ 3 年完成改革目标[①]。在此之前，云南 20 世纪 90 年代高等教育的内部管理改革，着重是依据《纲要》有关指示精神进行的。

（一）主要改变校、院、系之间的关系，把管理的中心放在院系

校领导着重进行宏观调控，其主要任务是掌握政策、组织协调和检查监督，加强决策咨询等。院系主要任务是组织教学、科研等，成为能动的主体。在这方面云南过去的情况是：长期以来，高校的组织机构设置都是按党政机关的模式，造成机构臃肿，效率低下，校部机关"政府化"的倾向严重。因此，云南重新科学地设定高校内部党政管理和编制，明确校部管理机构的职能，精简校部机关，调整和重组教学科研组织，理顺校院、校系关系。

（二）改革人事管理制度，这是学校内部管理制度改革的又一个重要方面

云南和全国一样，原有的人事管理制度，导致平均主义，严重影响了教职工的积极性，这是必须予以改变的。云南高等学校在精简机构的基础上，实行教师和管理人员全员聘任制、后勤服务人员合同制。逐步建立按需设岗、公开招聘、平等竞争、择优聘任、合同管理的用人制度。彻底改变长期以来高校以身份管理为重要特征的专业职务评定制度和干部职务评定终身制，推行以教师聘任制和全员聘用合同制为目标的聘任制。

（三）深化分配制度改革

按照《纲要》"要积极推进以人事制度和分配制度为重点的学校内部管理制度改革"的要求，不少高校开始试行工资总额动态包干、人员经费单列的办法，使教职工的工资收入与岗位职责、工作业绩和贡献直接挂钩，体现按劳分配和优劳优酬，进而建立起能体现高等学校特点的、具有激励功能的工资分配机制。通过改革加大学校内部分配改革的力度，在"效率优先、兼顾公平"的原则下，逐步探索建立"强化岗位、以岗定薪、按劳取酬"的工资分配制度。

云南高等教育 20 世纪 90 年代的内部管理体制改革，特别是 90 年代末的内部管理体制改革的任务和目的是通过引入竞争机制，建立符合高等学校特点的人事分配制度，精简和调整高校内部党政管理机构，改革和调整教学、科研组织方

---

① 云南省教育科学研究院：《2002 年云南教育蓝皮书——"九五"云南教育改革发展回眸》，昆明：云南教育出版社，2003 年，第 77 页。

式，精兵简政，提高效率①。面临计划经济体制向市场经济体制的转变，重要的是人才资源的开发，高等学校在人才资源开发中肩负着重要的责任。经过不断改革，促进教育资源的合理配置和有效利用，强化岗位聘任，打破"铁饭碗"和"大锅饭"，破除职务"终身制"和人才"单位所有制"，形成"能上能下、能进能出、能高能低"的激励竞争机制，努力创造有利于优秀人才尽快成长和发挥才干的制度环境，建设高素质教师队伍和管理队伍，全面提高办学效益和整体水平，以便从容地迎接 21 世纪国际竞争的挑战；在教学改革方面，改革陈旧的教学内容和方法，构建新的教学体系；在管理体制方面，改变高校封闭的办学模式。

三、教学改革

教学是关乎高等教育质量和水平的重要环节，所以教学改革是高校工作的重中之重。过去，高校的教学基本上维系四个中心（教材中心、课堂中心、教师中心、考试中心）的发展模式，这样的教学模式显然是很难培养出高素质的创新型人才来的。因此，必须对教学进行强有力的改革。一般说来，教学改革主要有以下几个方面：一是改革课程设置，建立新的适应经济和社会发展要求的课程体系；二是改革教学内容，增强内容的创新性；三是改革师生关系，变教师中心为以学生为主体，以教师为主导的新型师生关系；四是改革教学方法；五是改革教学评估制度等。而在整个改革过程中，必须贯穿综合意识、创新意识、个性意识、自主学习意识。自20世纪90年代以来，云南省紧紧围绕教学质量这个中心，积极探索，采取了一系列教学改革的措施。

（一）努力改革课程体系和教学内容

根据教育部《高等教育面向 21 世纪课程体系和教学内容改革计划》，云南高等教育采用科研立项的办法推进教学改革。按照教育部 1995 年 221 个立项计划，云南高等教育从 1996 年开始参与了其中的 10 余个项目。1998 年，云南省提出了《云南省高等院校面向 21 世纪课程体系和教学内容改革计划》，共审批立项 39 个，投资 70 余万元。同时，各高校也在校内立项 200 多个。全省约有 3000 人次的教师参与了这项改革计划②。为了使教学内容更加符合社会经济和时代的发展，云南省教育厅还专门组织教师和专家学者对一些教材进行了重新编

---

① 云南省教育科学研究院：《2002 年云南教育蓝皮书——"九五"云南教育改革发展回眸》，昆明：云南教育出版社，2003 年，第 76 页。

② 云南省教育科学研究院：《2002 年云南教育蓝皮书——"九五"云南教育改革发展回眸》，昆明：云南教育出版社，2003 年，第 80 页。

写。同时，加强教学法研究，把传统的单向"注入"式教学向教学相长、双向交流的"启发式""讨论式"教学转变，激发学生的学习积极性和主动性，尽可能丰富教学环节，如尝试"辩论教学""演讲教学""竞赛教学""电化教学"等，并普遍运用多媒体教学软件等现代手段，增加教育的魅力和实效。这些改革极大地推动了教学改革向纵深发展，也培育了一批高质量的教学成果。

（二）积极调整课程结构和人才培养模式

为了使高校培养目标、课程结构、教学内容与云南社会发展的需求相适应，云南省教育厅于1997年10月制定了《高等院校课程结构改革方案》，以改革人才培养模式为核心调整课程结构，压缩课程教学总时数，注重对学生基础理论、专业知识与技能、社会适应能力等方面的培养，构建"宽口径、厚基础、适应能力强"的人才培养基本模式，并保持必修课、增加选修课。为了提高大学生的综合素质，云南省教育厅首先在全省高校加强了公共外语教学，开出了"公共计算机"和"大学语文"等课程。同时，组织专家学者编写"大学生素质教育丛书"。各高校注重人文科学与自然科学交融，加强对学生的社会科学和自然科学方面相关知识的普及教育，积极探索提高大学生综合素质的途径，以便实现"提高大学生的文化品位和格调，提高大学教师的文化素养，提高大学生的文化素质"的目标。

（三）加大学科专业的调整和教学计划的重新修订

根据高校学科专业存在的一些问题，教育部1998年颁布了新的本科专业目录，由原来的504个调整为251个[①]。按照这个新目录，云南省抓住机遇积极调整了学科专业的设置，既删改和淘汰了一些与云南经济社会发展不相适应的学科专业，又增加了一批与云南战略产业关联度大、带动力强的应用学科，还改造了一批有价值的传统学科专业。通过调整，云南省最后确定了296个本科专业点，323个专科专业点，覆盖了11个一级学科门类[①]。结合专业调整，云南省高校本着"打牢基础、加强专业知识和能力的培养、突出素质教育和能力培养"的原则，进行了三轮大规模的教学计划修订工作。大学素质教育是一种教育观念、思想、理念的社会化实践活动，它的实施途径应体现在人文素质与科学知识、科学能力相结合的科学教育。从这个意义上讲，大学素质教育必须为经济、社会发展的目标服务。换言之，社会的经济、社会发展体现了新兴科学的综合化，这也是社会需要对高等教育提出的客观要求，使教学计划更加符合经济建设和社会发

---

① 云南省教育科学研究院：《2002年云南教育蓝皮书——"九五"云南教育改革发展回眸》，昆明：云南教育出版社，2003年，第79页。

的实际，更加体现时代的特征。

（四）加强教学管理体制改革

一是倡导和推行学分制。为了充分调动教师和学生的积极性，云南省教育厅从 1997 年开始实施了学分制改革计划。截至 2018 年底，云南省已有 12 所高校实施了学分制。学分制的实施使教师和学生的积极性得到进一步发挥，使学校资源得到充分利用，促进了学校内部的体制改革。二是积极建构高校内外的教学评估机制。一方面内部加强自评、学生评和专家评；另一方面建立校外评估机制。1998 年，云南省成立了"高等教育评估事务所"，并依托评估事务所和其他研究机构，对高校热门专业、教务管理、高等职业教育办学资质等方面进行了科学的评估①。教育评价机制的建立和评价工作的开展在各高校中产生了强烈的反响，对云南省高校评价体系的建立和教育教学质量的提高起到了重要的作用。

（五）加强师资队伍建设

加强师资队伍建设的主要措施是：一是各高校都加强了中青年骨干教师的培养，积极鼓励支持中青年教师攻读硕士和博士研究生，尽力提高教师的学历层次；二是多渠道、多层次、多规格、多形式地开展教师继续教育；三是建立多种激励机制，努力调动教师的积极性；四是优化教师队伍结构，即师生比明显提高，职称结构高职化显著，年龄结构趋于年轻化。

四、科研改革

高等教育的发展不仅离不开教学，而且离不开科研。教学与科研是高等教育的最基本要素，二者在高等教育的发展中相辅相成，缺一不可。据此，教学要达到改革的目的，就必须对高校的科研工作进行改革。自 20 世纪 90 年代以来，云南高等教育在科研方面着重采取了如下重大改革措施。

（一）努力深化高校科研管理体制改革

自 20 世纪 90 年代以来，国家教育委员会（教育部，自 1998 年 3 月 10 日后）、云南省委省政府先后出台了若干加快科技体制改革的政策和措施，引导高校科研工作面向经济建设主战场，结合经济和社会发展开展科学研究，极大地激发了高

---

① 云南省教育科学研究院：《2002 年云南教育蓝皮书——"九五"云南教育改革发展回眸》，昆明：云南教育出版社，2003 年，第 80 页。

校科技人员从事科学研究、推广技术、开办校办产业的热情。云南省教育委员会根据省委省政府"科教兴滇"的战略要求以及云南省高校的实际情况，下发了《关于加强云南省高等学校科学技术工作的意见》，明确了今后高校科技工作的指导思想、主要任务和具体措施，规范了对高校科技工作的管理，使高校科技工作有章可循。在加大对高校教师科研扶持力度的基础上，下发了《云南省教育委员会科学研究基金项目检查、评估实施办法》，强化科研基金的监管力度，有效地调动了高校科研人员的积极性、创造性和责任感，提高了科学研究基金的使用效率，开创了高校科研工作的新局面。与此相应，各高校都加强了内部科技管理体制的调整与改革。例如，云南大学就对原有 4 个属于不同院、系的科研所实施强强联合，组建了"西南边疆少数民族研究中心"。学校先后投入 113 万元，以保证其科研、开发工作的顺利进行。该中心从西南边疆民族发展的实际出发，提出了三个有特色的研究方向：边疆问题、民族文化、民族经济，并依托科研所已承担的部分省院省校重大人文社会科学研究项目，如"云南历史文化名城保护与开发研究""云南剑川石钟山石窟调查研究与开发""云南少数民族旅游文化资源研究"等，积极申报教育部人文社会科学重点研究基地，并顺利通过教育部组织的专家实地考察评审，正式列为教育部人文社会科学重点研究基地，在高校引起了强烈反响，极大地促进了云南省人文社会科学的建设与发展。

（二）加强学科建设，力促全面发展

根据云南社会经济和时代的发展要求，云南高等教育加大了学科建设力度。在"七五""八五"立项加强重点学科建设的基础上，1996 年"九五"立项建设27 个省级重点建设学科[①]。其后，经过对云南参与西部大开发对高科技的迫切需求以及相应学科发展态势、潜力的充分调研和论证，云南省教育委员会、云南省学位委员会于 1998 年又增补立项 20 个省级重点建设学科，进一步加大了学科建设的扶持力度；同时，组织召开了首届全省重点学科工作会议，统一思想，提高认识，有力推动了重点学科建设工作的顺利进行；在此期间还承办了国务院学位办全国省级地方学位委员会工作座谈会，就学位工作与兄弟省份作了广泛交流；根据国务院学位委员会的有关文件要求，编制了全省学科、学位点的五年建设发展计划及十年规划。

2000 年，云南省学位委员会办公室又组织有关专家对"七五""八五""九五"以来立项的 77 个省级重点建设学科进行了全面检查评估[①]，并从中遴选出 11 个

---

① 云南省教育科学研究院：《2002 年云南教育蓝皮书——"九五"云南教育改革发展回眸》，昆明：云南教育出版社，2003 年，第 86 页。

省级重点学科申报国家级重点学科，经国务院学位办统一组织全国通信评审，有色金属冶金、民族学和生态学 3 个学科进入第二轮专家答辩评审；48 个省级重点建设学科基础好，水平较高，达到预期建设的目标，被批准获得省级重点学科挂牌；其余 24 个学科拟在"十五"期间继续强化建设。

省级重点学科建设以及适时敦促检查，促进了相关学科快速发展和整体水平提升，带动了云南高校教学、科研、人才培养和学术队伍的全面发展，产生了一批标志性成果。有不少学科已建成博士点、硕士点。有的学科，如云南农业大学的"植物病理"，经过"七五""八五"连续十年发展，获得了省级重点实验室和农业部重点实验室挂牌，并被批准为教育部重点开放实验室，学科科研的能力和水平实现了质的飞跃。

为了加强学科的建设力度，云南省积极创造学科发展的必要条件，特地在高校建设了省级重点实验室 7 个、教育部"微生物资源""植物病理"重点开放实验室各 1 个、国家"固体废弃物资源工程技术中心" 1 个、教育部人文社会科学重点研究基地 1 个、省级产学研联合开发中心 5 个、8 个博士后科研流动站和部分企业博士后科研工作站、6 所高校以校园网、局域网等形式进入中国教育科研计算机网络。随着学科建设条件的进一步完善，云南高校科学研究及开发工作得到了快速的发展。

（三）建设云南省国家大学科技园，抓好科技开发，促进成果转化

云南高等教育认真贯彻云南省委、政府《关于加速高新技术产业发展的决定》，拟通过组建大学科技园，整合高科技人才和成果资源，以便充分发挥高校先进生产力创新、开发的基地优势，加速云南省高新技术产业的发展。经过充分的调查研究，云南省教育委员会与昆明高新技术产业开发区共同提出了"创办云南省大学科技园"的可行性研究报告，得到云南省委、省政府的批准，组建了以梁公卿副省长为主任委员的"云南省大学科技园指导委员会"，下设办公室具体实施有关管理工作。经云南省政府批准并报教育部同意，"云南省大学科技园"于 1999 年 7 月 8 日正式挂牌，成为全国首批 15 个批准试点的大学科技园之一，并且创建了"一园多校"的崭新运行模式。各有关高校积极组织科技项目、科技成果入园，建设情况良好，运转正常，得到了教育部韦钰副部长和云南省政府领导的高度评价。2001 年 3 月，云南省人民政府办公厅正式转发了云南省教育厅、云南省科技厅《关于加快云南省大学科技园发展的若干意见》（云政办发〔2001〕52 号），使云南省大学科技园走上了规范、有序的健康发展道路。2001 年 4 月，云南大学科技园顺利通过了国家有关部门的答辩评审和实地考察评估，同年 6 月

被科技部、教育部批准为国家级大学科技园，正式成为国家两部委认定的首批22个国家级大学科技园之一。云南省大学科技园发挥"一园多校"的优势，实行"开放、联合、网络、虚拟"的运行模式，截至2001年底，首批5所高校入园建成5个分部，2002年扩大到10个分部。2001年底，在园区落户的各类企业、中介机构（企业）有60余家，云南省留学人员创业园入园挂牌[①]。此后，首批10所高校已进驻大学科技园开始建设。

与此同时，为促进高校产学研一体化的进一步发展，1998年，云南省教育委员会还组织了高校分管科技、产业的副校长、处长到上海、浙江等沿海高校参观、考察，着重考察高校如何面向和服务经济建设主战场，产、学、研以人事分配制度为重点道路，加快科技成果转化的步伐的有关政策和做法，尤其是资产运作与重组、技术创新机制的建立等方面的经验。参观、考察活动对于更新教育思想、转变科技开发理念，对于云南省大学科技园的创办和规划等起到了很好的作用，推动了高校科技、产业工作的长足发展，促进了科技成果的转化。

（四）调整科研发展思路，积极为科研发展创造发展条件

一是建立云南省高新技术创新人才培养基地，切实加强高层次人才的培养。根据《云南省人民政府办公厅转发省教委等部门关于云南省高新技术人才培养基地建设方案的通知》（云政办发〔1999〕113号）和云南省教育厅《关于申报云南省高新技术创新人才培养基地的通知》（云教发〔1999〕213号）的要求，各高校积极行动起来，并于2001年开始实施[②]。基地的建设极大地提高了人才开发的起点，为云南省高新技术人才创新意识、实践能力和创业精神的培养创造了必要条件，为满足云南省高新技术的发展需要提供了良好的支撑平台。

二是加强对外科技合作与交流。根据教育部的"春晖计划"，组织了"留英学人为云南建设服务团"在滇的考察、洽谈活动[①]。通过考察和洽谈，双方共签订了36份合作意向，涉及生物医药、环境保护、材料信息、计算机技术诸多领域共40多个项目，强化了云南省对外的科技合作与交流，增强了云南省高科技研究与开发的活力。对此，云南省政府领导给予了高度的评价，省长批示：这件事办得好，办得及时，以后应多办一些类似的好事、实事，并注意抓好有关事项的落实。已有部分合作项目取得了实质性进展，并获得了省院省校合作项目经费

① 《云南教育改革志》编纂委员会：《云南教育改革志》，昆明：云南人民出版社，2004年，第342页。

② 云南省教育科学研究院：《2002年云南教育蓝皮书——"九五"云南教育改革发展回眸》，昆明：云南教育出版社，2003年，第88页。

的支持。

三是设立高校出版基金，积极扶持高校教师著述成果的出版。为鼓励教师开展科研，出精品、出好书，使科研成果顺利展示于社会，提高高校科研工作的社会效益和影响力，从 1998 年开始，云南省教育委员会每年从高校科研基金中划拨出 10 万元设立了云南省高校出版基金，至 2001 年已评审资助了近 50 部高校教师著述成果的出版，有效地促进了高校教师潜心钻研著述的积极性。

（五）积极加强科研队伍建设

为了促使高校的科研、教学上台阶，云南省采取了种种改革措施，通过多方面努力，教学、科研人员的学历结构明显改善，整体素质不断提高。目前，云南高校已初步形成了一批学科结构合理，在产学研相结合、高新技术和知识创新方面具有一定优势的科技队伍和学科学术带头人，有 116 名高校教师被评为云南省跨世纪学科学术带头人，占全省的 55.2%；有 12 人被批准为教育部学术骨干；具有研究生学历的教师比例大幅度增长，占专任教师总数的 27%，有的学科教师队伍中的博士学位获得者比例已达到 70% 以上[1]。高层次人才的快速成长和积累极大地增强了云南教学、科技队伍的实力和科研潜力。

与此同时，为了尽快提升校科研队伍的档次水平，在云南省政府及有关部门的大力支持下，云南省教育厅从 1999 年开始酝酿在省内高校实施特聘教授岗位制度，并下发了《关于组织申报设置高等学校特聘教授（研究员）岗位的通知》及《云南省高等学校特聘教授（研究员）岗位制度实施办法》，组织专家组深入有关高校对 21 个申报拟设岗位的点进行了实地审查评估[2]。经云南省高校特聘教授（研究员）工作指导委员会对专家组推荐的拟设岗位进行审定，云南省教育厅党组批准，首批设置特聘教授（研究员）岗位 10 个。云南大学 3 个：理论物理、微生物学、民族学；昆明理工大学 3 个：环境工程、有色金属冶金、矿物加工工程；云南师范大学 1 个：农村生物环境与能源工程；昆明医学院 2 个：肝胆胰外科、药理 / 毒理学；云南农业大学 1 个：植物病理学[3]。

这些岗位的设置反映了云南省高校学科建设特色及高新技术产业、支柱产业发展的需求，期望通过引进和选拔一批具有高学历、高水平，在国内外有较大

---

① 云南省教育科学研究院：《2002 年云南教育蓝皮书——"九五"云南教育改革发展回眸》，昆明：云南教育出版社，2003 年，第 86 页。

② 云南省教育科学研究院：《2002 年云南教育蓝皮书——"九五"云南教育改革发展回眸》，昆明：云南教育出版社，2003 年，第 87 页。

③ 云南省教育科学研究院：《2002 年云南教育蓝皮书——"九五"云南教育改革发展回眸》，昆明：云南教育出版社，2003 年，第 88 页。

影响，学术造诣深的学科学术带头人，引入全新的科研发展观念、思路和方法，促进相关学科及领域的快速发展，由此带动云南高新技术产业、支柱产业整体水平的提升，推动云南经济快速发展和社会进步。

五、其他改革及其进展情况

（一）后勤社会化改革

随着我国高等教育的迅速发展，高等学校后勤工作逐步成为制约高校发展的瓶颈之一，必须改革高校后勤服务工作，实行高校后勤服务社会化。1999 年，《中共中央国务院关于深化教育改革，全面推进素质教育的决定》强调："加大学校后勤改革力度，逐步分离学校后勤系统，推动后勤工作社会化，鼓励社会力量为学校提供后勤服务，发展教育产业。"这是后勤管理社会化的指导原则。云南省在这方面的改革工作，1999 年开始酝酿，2000 年开始启动，按照"政府引导、试点引路、整体推进、分步实施"的思路，高校后勤基本从高校分离出来，通过托管、联办、连锁、合并等方式，逐步向企业化、产业化、集团化方向发展。几年以后，后勤服务与学校彻底脱钩，按市场方式运作，参与激烈的市场竞争。同时，建立适应后勤社会化后学生管理和教育的新体系，强调以人为中心的现代化管理，大力加强软件建设。从可持续发展的角度出发，使后勤的服务与经营适应社会主义市场经济运行规则。现在，云南省所有院校都成立了后勤管理处、后勤管理中心，有 12 所院校的后勤机构已从学校剥离出来，成为独立的后勤服务实体；同时，采取校银（高校与银行）合作、校企合作等方式，大力建设"大学城"和学生公寓；2000 年更是投资 1.3 亿元，建盖学生公寓 223 067 平方米，还拟建213 434 平方米。

云南省高校后勤社会化改革虽然开始启动，但改革发展的速度和力度都还不够，社会化后的学生公寓管理和学生思想教育等方面都存在着需要尽快研究和解决的问题，尤其在建立适应后勤社会化后的学生管理和教育的新体系方面，还有许多问题急需深入探索和解决。

（二）高校招生和就业制度改革

在招生和就业制度方面，长期以来我国主要实行由国家统一招生、统一分配的制度，这与在知识经济背景下所建立的社会主义市场经济体制不相适应。因此，《纲要》指出要"实行国家任务计划和调节计划相结合"的招生体制，在分配上要实行学生自主择业的制度，并要逐步实行交费上学。1994 年，国家教委在 37 所高校开始招生并轨改革试点。所谓并轨，是指以建立科学的收费制度为标志的高校招生和毕业生就业制度。具体地说，在招生方面，将指令性（国家任务）计划和调节性（委培、自费）计划合二为一，实行一个收费标准，一个录取分数线，同一批录取，而不存在指令性与调节性计划之间以往的收费、录取分数线有高低和招生有先后的区分了；在毕业分配方面，基本上取消统包统分，实行自主择业、"双向选择"的就业形式。1997 年，我国普通高校招生全面实行"并轨"，云南省同全国同步，顺利完成招生"并轨"改革，高校成本分担制度逐步形成。2000 年又开始全面实行国家助学贷款制度，基本构建起适应社会主义市场经济体制的招生收费制度。高校毕业生就业机制发生重大变化，不包分配、自主择业、竞争上岗、择优录用的毕业生就业制度改革取得了实质性进展。

几年来，云南省积极、稳步推进大中专毕业生就业制度改革，建立"不包分配，竞争上岗，择优录用"的就业机制。通过公布全省部分行业和单位的需求信息，以及云南生源毕业生的专业、层次、分布情况，加大对毕业生就业市场的服务和指导力度。云南省招生"并轨"改革工作是顺利的，但招生"并轨"后，带来了大面积的贫困生问题，学生助学贷款实施中还有一些问题尚待具体解决和落实。为此，全省 23 所普通高校均已和银行签订了"校银"合作协议，21 所高校顺利开展助学贷款工作，有 1.8 万学生申请贷款，申请金额 9414 万元，签订贷款合同 1888 万元，实际发放贷款 4819 人[①]。同时，进一步完善奖、贷、勤、补、减的助学体系，开设"绿色通道"扶贫助学，全省无一名大学生因贫困而失学。但就业市场还需要进一步健全和完善。

同时，在招生录取方式上也进行了重大改革。改进传统的高等学校招生录取方式，实施计算机网上录取。1994 年，云南省参加了教育部组织的全国 9 个省市进行的网上录取的试点工作。2000 年，云南省网上录取试点工作获得很大成功，实现了预定的目标——"三过半"，即"参加网上远程录取的省市过半，参加网上远程录取的学校过半，通过远程录取的学生数过半"，并实现了进入招生现场录取的学校全部通过计算机局域网录取。网上录取不仅经济快捷，也更加透明和公开。

（三）作为国家战略的"211 工程"建设

云南省教育主管部门和相关高校具有长远眼光，能够抓住机遇实时启动"211 工程"建设。

---

① 云南省教育科学研究院：《2002 云南教育蓝皮书——"九五"云南教育改革发展回眸》，昆明：云南教育出版社，2003 年，第 78 ～ 79 页。

1993 年 2 月 24 ～ 25 日，云南省政府召开第 57 次常务会议，省长和志强在谈今后工作时说，省政府决定，重点支持云南大学列入国家"211 工程"建设，用 5 年左右时间，拨专款 1 亿元，并以自筹、社会集资等形式增加投入，把云南大学建设成为具有世界先进水平的高等院校①。应该说明的是，就云南省而言，重点支持云南大学列入国家"211 工程"建设，不只是云南大学的事情，而是全省的一件大事。因此，我们要从云南高等教育事业的发展这个角度来看待云南大学的"211 工程"建设。

1993 年 5 月 8 日，云南大学召开首批重大科技攻关项目办公会。校长王学仁说，本校已制定实施"211 工程"纲要，提出在教学、科研、师资培训、管理和开发等方面的目标、指标体系和建设项目②。大政方针已定，必须采取坚决措施逐步予以落实，并按照市场经济要求，深化教育改革，强化目标管理，激励竞争机制，突出重点，尽快推出重大科研成果，造就高层次人才。经科研、人事等部门调查研究，在对学科、人员进行排序，对项目进行分层等工作的基础上，按以下三个原则，对学校科研的数百个项目奖项挑选。这三个原则是：①课题目标明确，研究水平高，梯队实力强，近期内有较大突破，可能在国际竞争中找到立足点的基础性研究项目；②课题目标明确，实力较为雄厚，研究成果在国内国外有较大影响，对推动改革和政府决策作出过较大贡献的社会科学、软科学项目；③课题研究、开发成熟度高，能形成产业规模效益，为经济建设作出过较大贡献的高新技术开发和攻关项目。

根据这三个原则，学校首批确定 5 个"重大科技攻关项目"。

1993 年 5 月 20 日，为落实学校实施"211 工程"纲要规定的目标，云南大学决定采取两条措施：提高外语水平，加强师资队伍的梯队建设。这两方面的具体措施如下③。

在"提高外语水平"方面，规定今年高考外语不及格的一律不予录取。在校大学生，外语不及格的，毕业时不发学位证书。当年秋季入学的新生，入学后除上政治、体育课外，集中一段时间，强化外语训练。

在"加强师资队伍建设，使师资队伍形成梯队"方面，经云南省教委批准，云南大学决定在今年高考前，从个旧一中、曲靖一中、楚雄一中、昭通一中、玉

---

① 《云南大学志》编审委员会：《云南大学志第二卷大事记（1915 年～ 1993 年）》，昆明：云南大学出版社，1997 年，第 529 页。

② 《云南大学志》编审委员会：《云南大学志第二卷大事记（1915 年～ 1993 年）》，昆明：云南大学出版社，1997 年，第 534 页。

③ 《云南大学志》编审委员会：《云南大学志第二卷大事记（1915 年～ 1993 年）》，昆明：云南大学出版社，1997 年，第 535 页。

溪一中、建水一中等 6 所省属重点中学挑选 20 名优秀毕业生，免试进入云南大学，由云南大学将他们保送到北京大学、清华大学、复旦大学、南京大学、中国科技大学、上海财经大学等全国知名重点大学深造，视其学习成绩情况挑选优秀者到云南大学任教。

（四）全面实施《大学生体育合格标准》，促进大学生健康成长

1992 年，云南省高校全面推进《大学生体育合格标准》。该标准是教育部根据国务院批准的《学校体育工作条例》而制定的配套文件，旨在促进大学生德、智、体全面发展，鼓励大学生经常锻炼身体，不断增强体质，提高自我保健能力和健康水平，使其成为社会主义现代化建设需要的合格人才而采取的重要措施。该标准自 1992 年在全国高校全面实施，取得了较好的效果。但有的高校在认识和落实该标准的工作中还存在明显的差距，因此，1995 年 2 月，教育部要求各省对高等院校实施该标准的情况进行检查。1995 年 4 月，云南省教育厅对全省高校《大学生体育合格标准》的实施情况进行了一次较大规模的检查，并于当年 9 月公布了检查结果。同时，云南省教委（教育厅）还决定，今后每两年进行一次检查，希望通过常态化的检查来督促和推动各高校认真落实《大学生体育合格标准》。

（五）各高校坚持举办青年教师教学比赛

为了促使云南省高等院校青年教师在深化教学改革、教书育人、提高教学质量等方面健康成长，1993 年，云南省教委在高校青年教师中开展了首届课堂教学比赛活动。该项比赛影响很大，效果很好。各高校积极组织、层层选拔，最终由 32 所高校推荐的 148 名青年教师进行评选，共评出一等奖 21 名，二等奖 40 名，三等奖 79 名，优秀集体组织奖 5 名，云南省教委向获奖教师和单位颁发了证书和奖金。

1995 年，云南省教委又组织了"第二届全省高校青年教师教学比赛"。正是在云南省教委（教育厅）的重视和推动下，各高校切实开展并坚持举办青年教师教学比赛。虽然各高校举行青年教师教学比赛的次数有多有少，但是，省内各高校一直在坚持做这件事。这项工作做得比较好的有云南大学、云南师范大学、云南民族大学等高校。

1. 云南大学

云南大学通过举办教师课堂教学比赛促进教师教学技能提升，截至 2016 年

已经举办十届，在各届比赛中荣获奖项的教师，正在各学科专业教学中发挥着引领示范作用，为提升云南大学的教育教学水平做出了贡献。第 10 届教师教学比赛于 2015 年底启动，在近两个月的时间里，经过学院组织初赛、学院推荐决赛人选、学校集中决赛等三个阶段，在 2016 年 1 月 11 日全部结束。决赛分为文、理工两个小组进行，评审专家来自学校教学指导委员会和往届参赛的一等奖获得者。这里特别要肯定的是，云南大学举行的青年教师教学比赛的决赛强调对参赛教师平时课堂教学表现进行综合评估，在组织实施及其效果等方面颇有创新之处。比如，2011 年 10～12 月云南大学举办的第 8 届青年教师教学比赛，初赛由各学院组织实施，选出 1～4 名优秀教师参加校级决赛。决赛阶段，教务处组织专家到课堂随堂听课，现场打分；所有课程听完后，专家组根据教师课堂教学表现对教师的课堂教学进行评估和分析，按分数高低从 40 名决赛选手中评出 7 名一等奖，14 名二等奖，19 名优秀奖。

2. 云南师范大学

到 2016 年，云南师范大学已经举办了 10 届青年教师教学比赛（2010 年第 7 届，2012 年第 8 届，2014 年第 9 届，2016 年第 10 届）。有的高校内部各学院非常重视青年教师的教学能力的培养与提高，坚持通过院级教学比赛选拔校级比赛的参赛选手。比如，2016 年 6 月，云南师范大学历史与行政学院为了迎接校级教学比赛，举行了第 10 届院级青年教师教学比赛（有 21 名青年教师参赛），比赛经 8 人专家评委会评选出，结果为：一等奖 3 名、二等奖 7 名、三等奖 11 名。

3. 云南民族大学

云南民族大学对青年教师教学比赛的重视程度值得大书特书。首先，云南民族大学青年教师教学比赛的届数比其他大学多，通常情况下是两年一届，有时是一年一届。比如，2007 年第 8 届、2009 年第 9 届、2010 年第 10 届、2013 年第 11 届、2015 年第 12 届。其次，各学院的积极性非常高，院级教学比赛参与人数多，不仅青年教师积极参赛，非青年教师也表现出很高的热情，广大教师的积极参与极大地推动了教师努力钻研和提升教学技能。此外，该大学在组织了 12 届青年教师教学比赛之外，还进行了教师双语教学技能比赛（一共举行三届，即 2010 年、2012 年、2014 年）。

就全国来看，2014 年 3 月 18 日，中国教科文卫体工会全国委员会、教育部办公厅联合发出《关于举办第二届全国高校青年教师教学竞赛的通知》，为进一步提升高校广大青年教师的教学能力和业务水平，中国教科文卫体工会与教育部教师工作司联合举办第二届全国高校青年教师教学竞赛。由此看来，云南省各高校对这项工作抓得相当好，从青年教师教学比赛的次数以及组织实施情况及其效果来看，确实值得充分肯定。

第四节　改革开放以来云南高等教育的发展变化

自从 1977 年 12 月恢复高考之后，云南和全国其他地区一样，高等教育重新步入健康发展的轨道。在这几十年的岁月中，经过了诸多改革，云南高等教育取得巨大的发展的数据可以清楚地看到 1977 ～ 2014 年这 38 年间，云南的高等教育取得的惊人的发展。

从表 6-10 我们可以看到这样几个明显的变化。

一、高等教育规模发生了巨大变化

不论是高校数、招生数、在校生数还是专任教师数，都有较大增长（比如，高校数增加了 5.15 倍，专任教师数增加了 10.83 倍，每年招生数增加了 26.57 倍，在校生数增加了 46.09 倍）。这些变化充分说明了改革开放以来，云南高等教育取得了巨大的发展。其中有几个数据尤其值得关注。

1）高校数增加了 5 倍，专任教师数增加了 10 倍多，招生数增加了 26 倍多，在校生数增加了 46 倍。这些数字显示：高校数量的增加速度远远小于招生数和在校生数的增加。换句话说，高等教育规模的扩大主要得益于每所高校招生规模的扩大。这说明每一所高校招收和培养大学生的能力大大提高了。

2）高校专任教师数的增加速度明显小于招生数和在校生数的增加。显然，从发展速度来看，教师规模跟不上学生规模。这意味着每个学生能够分享到的教师资源量在减少。换个角度来看，教师数每增加一倍就能够支撑高校招生数和在校生数 2.5 倍甚至 4.5 倍的增加。这是否能够说明高校招收和培养学生的能力提高得非常快？这种"培养能力的提高"主要是高校教师"发挥"了越来越大的作用，表现为"培养"或"负担"人才培养工作的能力大大提高了。或许还可以解读为"高校教师的工作量大大增加了"，同时也可以解读为"高校教师的能力和贡献大大提升了"。

3）如果从平均规模来看，情况同样值得关注。比如，校均专任教师数只增加了 2 倍多，校均招生数和校均在校生数分别增加了 5 倍和 9 倍左右。从"追逐成本效益"的角度来看，这或许可以解读为"高校不必聘用更多的教师就能够支撑这么庞大规模的学生规模"。在忧国忧民的学者眼中，这也可以解读为"随着高等教育的发展，大学生能够分享到的教师资源越来越少了"。

表 6-10　云南高等教育的发展变化（1977～2014 年）

年度	高校数（个）	招生数（人）	在校生数（人）	校均在校生数（人）	教师数（人）	校均教师数（人）	师生比	硕士生（人）	博士生（人）
1977	13	6 620	12 518	963	3 270	252	3.83		
1978	15	7 081	15 915	1 061	3 743	250	4.25		
1979	17	4 688	18 602	1 094	4 173	245	4.46	?	
1980	18	5 012	18 136	1 008	4 354	242	4.17	?	
1981	19	5 407	21 729	1 144	4 471	235	4.86	?	1
1982	19	6 306	19 279	1 015	5 022	264	3.84	?	
1983	20	7 163	20 856	1 043	5 260	263	3.97	?	
1984	21	8 901	24 937	1 187	5 633	268	4.43	376	
1985	26	12 585	32 269	1 241	6 383	246	5.06	724	5
1986	26	12 191	37 678	1 449	7 497	288	5.03	1 001	
1987	26	13 245	41 036	1 578	7 841	302	5.23	1 013	13
1988	26	14 500	45 000	1 731	7 991	307	5.63	927	25
1989	26	12 700	45 100	1 735	7 990	307	5.64	696	32
1990	26	13 000	43 500	1 673	7 754	298	5.61	467	24
1991	26	13 400	43 100	1 658	7 628	293	5.65	481	26
1992	26	15 600	45 400	1 746	7 538	290	6.02	533	40
1993	26	16 400	49 600	1 908	7 215	278	6.87	612	42
1994	26	15 800	51 300	1 973	7 296	281	7.03	792	56
1995	26	16 500	51 400	1 977	7 415	285	6.93	948	77
1996	26	17 200	54 000	2 077	7 518	289	7.18	1 030	156
1997	26	18 300	57 400	2 208	7 690	296	7.46	1 351	202
1998	26	20 400	62 400	2 400	8 143	313	7.66	1 483	175
1999	24	27 500	73 900	3 079	8 296	346	8.91	1 830	247
2000	24	32 000	90 400	3 767	9 237	385	9.79	2 376	332
2001	28	42 500	119 000	4 250	10 000	357	11.9	3 428	396
2002	31	50 400	143 400	4 626	11 200	361	12.8	4 799	500
2003	34	62 200	175 300	5 156	12 200	359	14.37	6 739	667
2004	43	66 700	200 600	4 665	15 200	353	13.2	9 254	916
2005	44	74 500	232 100	5 275	16 800	382	13.82	12 223	1 147
2006	50	90 700	268 100	5 362	19 400	388	13.82	14 927	1 319
2007	51	99 200	302 100	5 924	21 200	416	14.25	16 751	1 507

续表

年度	高校数（个）	招生数（人）	在校生数（人）	校均在校生数（人）	教师数（人）	校均教师数（人）	师生比	硕士生（人）	博士生（人）
2008	59	117 100	343 500	5 822	23 300	395	14.74	18 373	1 711
2009	61	132 400	389 500	6 385	24 900	408	15.64	20 300	1 900
2010	61	142 500	436 900	7 162	26 500	434	16.49	23 200	2 100
2011	64	161 300	487 600	7 619	29 500	461	16.53	25 800	2 300
2012	66	146 300	512 200	7 761	31 300	474	16.36	26 800	2 400
2013	67	168 300	548 600	8 188	34 400	513	15.95	28 000	2 600
2014	67	175 900	577 000	8 612	35 400	528	16.3	28 800	2 200

资料来源：根据历年《云南统计年鉴》统计。

二、不同指标增长程度之间的差距也说明高等教育存在某些问题

正如上文所说，在一些学者眼中，各种数据（指标）增长幅度之间存在的巨大差距可能会令人产生某种担忧。因为这些差距的存在从某种角度也可以说明在这30多年的发展过程中云南高等教育存在的各种问题。

（一）师生比的变化引发人们对教育教学质量的担忧

规模的持续扩张以及师生比的变化让人们日益担忧高校教育教学活动及其质量。

20世纪七八十年代，云南高校的师生比处于1∶4水平上下，即一名教师指导4名大学生。到90年代初，师生比达到1∶6。到20世纪末全国高校开始大规模扩招时，云南高校的师生比几乎变为1∶8～1∶9，即一名教师要指导8～9名大学生。到了2014年，这个师生比进一步演变为1∶16.3。显然，师生比的变化在很大程度上"稀释"了每个大学生所能分享到的教师资源，同时还会带来其他一些问题（如，教育者、管理者甚至大学生对于教育教学观念及其行为的变化等）。

（二）数万人规模的高校给教学及管理带来诸多困难与挑战

自1977年以来，云南各高校学生数的平均规模一直在增加，而且速度越来越快。

在整个20世纪80年代，高校学生规模在增加，但增加的速度并不快。如

表 6-10 所示，一直到 20 世纪 90 年代中期，云南高校的平均规模仍然不到 2000 人。但是，从 20 世纪末开始，高校校均规模增加的速度越来越快，不到四年就突破了 3000 人，仅仅两年就突破了 4000 人，到了 2014 年，达到 8600 人[①]。从全国的情况来看，这个平均数似乎并不高，但是，越来越多的高校在学生规模超过 1 万人、2 万人，甚至接近 3 万人[②]。如果加上研究生，有的高校在校生规模已经超过 3 万～ 4 万人。高校规模的急剧扩大无疑会大大增加教学管理、学生管理等方面的难度，也给高校的管理带来诸多挑战。

（三）研究生教育的变化值得关注

云南高等教育层次的变化令人印象深刻，研究生教育虽然起步比较晚，尤其是作为最高层次的博士生的培养，从 1981 年开始招生，而且最初只招收了一名博士生，但是却展现出"后来居上"的特点，尤其是研究生教育规模的发展令人叹为观止。不过，从 1978 年以来云南各高校研究生教育的发展存在着一些问题，比如，20 世纪 90 年代中期之前学位点的数量一直偏少；学位点的学科结构不尽合理；研究生教育的规模增长与云南省社会发展不相适应；研究生教育资源相对贫弱，优质资源（尤其是导师资源）相对稀缺；研究生培养模式相对陈旧，缺少变革和创新；博士学位授权点的建设和发展亟待加强。

进入 21 世纪后，研究生教育在短期内急剧扩张，值得关注。不论是硕士生还是博士生，一直到 20 世纪 90 年代，其规模都很小。到 20 世纪 90 年代中期（1995 年），云南省在读硕士生人数不到 1000 人，在读博士生人数不到 100 人。进入 21 世纪之后，研究生教育的规模迅速扩大。到 2014 年，硕士生人数比 2000 年增加了 12 倍，博士生人数增加了 7 倍。如果与 1996 年的规模相比，在不到 20 年的时间里，分别增加了 28 倍和 14 倍[③]。

---

① 参见表 6-10 "1977 ～ 2014 年云南高等教育的发展变化"。

② 根据各校官网发布的信息，昆明理工大学有全日制本科生 29 000 余人，云南师范大学有全日制本科生 26 000 余人。

③ 云南省教育厅：《云南教育 50 年》，北京：教育科学出版社，2002 年，67 ～ 68 页；云南省统计局各年度《云南统计年鉴》，也可参考表 6-1 "云南省研究生教育的发展情况（1984 ～ 2003 年）"。

第七章

云南省高等院校研究生教育的发展

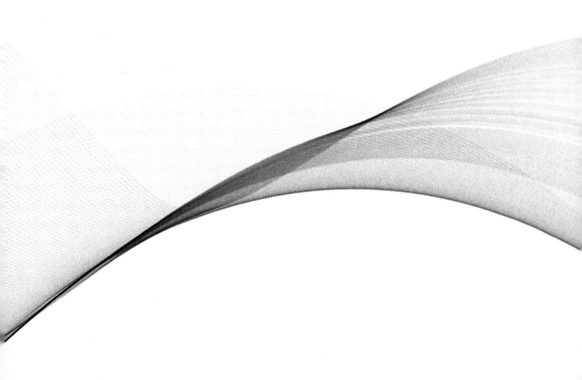

第一节 云南研究生教育的起步（1950～1966年）

所谓"研究生教育"（graduate education），是学生本科毕业之后继续学习和深造的一种教育形式，又可分为硕士研究生教育和博士研究生教育。它是本科阶段之上一个更高的培养高级专门人才的教育层次。1950～1966年，云南省的高等院校曾经有过规模很小的研究生教育。[①]从研究生教育规模、培养过程、课程体系、质量管理与考核、学位制度等方面来看，"文化大革命"前云南省只有云南大学和昆明工学院曾经有过研究生教育，而且只能算是处于"准备起步"的阶段，属于一种尝试和探索。在建立起系统而规范的管理制度并形成一定规模之前，因为"文化大革命"爆发，高校一切工作顿时全部停止，建设与发展更是无从谈起。

根据政务院1951年《关于改革学制的决定》和中央高等教育部1953年《高等学校培养研究生暂行办法（草案）》规定，1956年云南大学开始招收研究生[②]。这是云南省教育史上最早的研究生教育。

1963年1月，教育部召开研究生工作会议，讨论通过《高等学校培养研究生暂行条例（草案）》《关于高等学校制定理工农医各专业研究生培养方案的几项原则规定（草案）》《关于高等学校研究生马列主义理论课的规定（草案）》《高等学校研究生外国语学习和考试的暂行规定（草案）》《关于高等学校培养研究生的

---

① "文化大革命"前云南大学招收过33名研究生。从1978年起开始恢复招收研究生。1978年招收了"文化大革命"后第一批25名研究生。昆明工学院在1965年也招收过一届研究生，自1978年起开始招收研究生。参见：《云南大学志》编委会：《云南大学志第二卷大事记（1915年～1993年）》，昆明：云南大学出版社，1993年，第425页；云南省高教学会、云南省教育厅：《云南省高等学校介绍》（内部资料），1986年，第15页；昆明工学院校史编委会：《昆明工学院简史》（1954～1994），第124页。

② 《云南教育改革志》编纂委员会：《云南教育改革志》，昆明：云南人民出版社，2004年，第288页。

经费、人员编制和研究生的助学金及其他生活待遇问题的几点规定》《关于高等学校研究生学籍处理问题的几项暂行规定》等五个文件。这些文件的出台标志着国家管理层希望通过建立健全的规章制度来逐步完善我国研究生制度的意图[1]。不过，考虑到"文化大革命"前意识形态和政治运动的实际情况，这些规定对于当时的研究生教育实际上发挥了多大作用，确实很难评价。

这一阶段，云南省只有云南大学和昆明工学院招收过研究生。1956～1966年云南大学招收过民族史、古代文学、植物生态、遗传、细胞、偏微分方程、光学、理论物理、无线电、金属物理等学科研究生33名。1965年昆明工学院招收过机械振动、破碎工程、有色金属研究生3名[2]。

1976年10月，"文化大革命"结束，国家开始恢复正常的运转。随着1977年恢复高考和1978年恢复研究生教育制度，全国的高等学校快速走上拨乱反正的轨道，研究生教育也开始进入正常状态。尤其是1980年2月《中华人民共和国学位条例》颁布，1981年实行学位制度，从此，我国的研究生教育迎来了一个迅速发展的阶段。云南省的研究生教育也开始迈出了重要的一步，并逐渐走上了系统化、规范化的发展轨道。自1978年恢复研究生招生制度之后，我省研究生招生规模逐渐扩大，研究生教育的培养也由硕士研究生层次发展为硕士与博士研究生两个层次。到2000年10月，全省研究生招生规模发展到1231人，在读硕士研究生2708人[3]，博士生332人。有资料显示，自1978年恢复研究生招生之后到2000年10月，全省共招收研究生6267人，其中研究生班1776人，硕士生4224人，博士生267人。其间，共授予博士学位99人，硕士学位2737人（其中同等学力授予硕士学位237人）[4]。可见，云南省研究生教育的规模有较大发展。

第二节　改革开放以来云南研究生教育的发展
（1978～2000年）

1977年10月，国务院批转教育部《关于1977年高等学校招生工作的意见》，

① 《云南教育改革志》编纂委员会：《云南教育改革志》，昆明：云南人民出版社，2004年，第288页。
② 《云南教育改革志》（昆明：云南人民出版社，2004年，第289页）记载昆明工学院1965年招收了3名研究生，而《昆明工学院简史》第124页则说该校1965年招收过一届研究生（4名）。数据的不一致有待进一步核实查证。
③ 谢泳：《云南教育50年》，北京：教育科学出版社，2002年，第67页。
④ 邹平，古明清：《云南研究生教育研究与展望》，昆明：云南大学出版社，2001年，第14～15页。

要求有条件的普通高等学校要积极招收研究生。其附件《关于高等学校招收研究生的意见》对研究生的培养目标、专业、条件、来源和招生办法、学制和培养方法、待遇、分配等作了原则规定。1978 年 1 月 10 日，教育部发出《关于高等学校 1978 年研究生招生工作安排意见》，决定将 1977 年、1978 年两年招收研究生的工作合并进行，中断了 12 年（1966 ～ 1977 年）的研究生教育得到恢复[①]。

1980 年 2 月，我国颁布了《中华人民共和国学位条例》，从 1981 年起实行学位制。国务院规定，经批准的博士、硕士学位授予单位及其学科、专业才能招收研究生。招生单位根据国家建设需要，综合考虑培训研究生的指导力量、科研基础、实验设备和图书资料等条件，制订招生计划，经教育部批准后，面向全国招生。报考研究生的条件包括政治表现、专业水平、年龄、身体等多个方面。对于报考硕士和博士研究生的条件分别做出了相应的规定[②]：

1）报考硕士生必须是大学本科毕业或具有同等学力，年龄不超过 35 周岁；应届本科毕业生也可报考。

2）报考博士生必须是获硕士学位的研究生，或具有同等学力，年龄不超过 40 周岁，还必须有两名与本门学科有关的副教授以上专家推荐。

3）考试科目：硕士生应考政治理论、外国语、基础课、专业基础课、专业课 5 ～ 6 门。其中，政治理论和外国语由国家统一命题，其余课程由招生单位自行命题。博士生考试科目除政治课理论和外国语外，业务课的考试门数由招生单位确定。

4）硕士生考试时间由国家统一安排在寒假期间，博士生考试时间由招生单位自行安排。

以上规定除了在某些具体的细节（考生年龄、考试时间与考试科目）方面发生了一些变化之外，一直到今天并没有根本上的变化。

一、研究生教育的总体发展

自 1978 年全国恢复研究生教育制度，开始招收研究生以来，云南省高等院校的研究生教育经历了一个规模由小到大、基础由弱到强的发展过程。这个发展过程具有这样几个特征。

（一）研究生教育与全国同步

正如本章第一节曾经述及，除了云南大学、昆明工学院两所高校招收过数

---

① 《云南教育改革志》编纂委员会：《云南教育改革志》，昆明：云南人民出版社，2004 年，第 289 页。
② 《云南教育改革志》编纂委员会：《云南教育改革志》，昆明：云南人民出版社，2004 年，第 289 页。

量不多的研究生之外，"文化大革命"之前谈不上系统的研究生教育。1978年，云南和全国一道恢复研究生教育（77级与78级是合在一起参加招生考试的）。1978年，云南省高校中只有云南大学、昆明师范学院、昆明工学院、云南林学院四所高校招收研究生（当年全省共招收31名硕士研究生）①。自从1980年《中华人民共和国学位条例》颁布之后，各高校的研究生教育开始逐步发展成为规范的"学位与研究生教育"。

（二）规模比较小、承担研究生教育的高校比较少

1978年刚恢复研究生教育制度时，云南全省只有云南大学、昆明工学院等少数大学招收研究生，而且规模都非常小。即使到了1984年，全省每年招收研究生的数量也不超过200人。如果把云南省与全国的情况作一个对比，情况就会更为明显。

比如，截至1998年，我国已有博士点1827个，硕士点8575个，在校研究生20万人左右。然而，云南仅有博士点12个，硕士点151个，在校研究生1644人。显然，云南省内高等院校的研究生教育远低于全国平均水平，也大大落后于毗邻的四川省（1997年，四川有博士点120个，硕士点441个，在校硕士研究生5371人，在校博士研究生1557人）②。这种落后状况，通过表7-1中的几组数据可以清楚地显示出来。

表7-1　云南省高校研究生教育（学位点）发展情况

地区	人口数（万人）	博士点（个）	博士点数（每万人口）	硕士点（个）	硕士点数（每万人口）	在校研究生（人）	在校研究生数（每万人口）
全国	124 810	1 827	0.014 64	8 575	0.068 70	200 000	1.602 44
四川省	8 493	120	0.014 13	441	0.051 93	6 928	0.815 73
云南省	4 144	12	0.002 90	151	0.036 44	1 644	0.396 72

资料来源：相应年度国家与地方统计公报，其他数据来源于《云南教育改革志》编纂委员会：《云南教育改革志》，昆明：云南人民出版社，2004年，第291页。

注：表中数据截至1998年。

（三）研究生教育尤其是博士研究生教育发展速度缓慢

云南省博士研究生教育起步晚，规模发展比较慢。第一个博士学位授权点是在1981年10月国务院所批准的"第一批拥有博士硕士学位授予权的学科、专业点"名单中的"云南大学的中国民族史"（博士生指导教师：方国瑜教授）。云

---

① 《云南教育改革志》编纂委员会：《云南教育改革志》，昆明：云南人民出版社，2004年，第290页。

② 《云南教育改革志》编纂委员会：《云南教育改革志》，昆明：云南人民出版社，2004年，第291页。

南省历史上培养的第一位博士是 1982 年入学、1985 年通过答辩并获得博士学位的林超民。这是云南省高等教育史上颁发的第一个博士学位[①]。到 1999 年，经过十八年的发展，云南省内的高校也只有两个一级学科博士点，发展确实比较缓慢，说明云南高校的整体学术实力较弱。

从学科布点情况来看，云南省高校在博士生教育这个层次一直处于弱小状态。从 1981 年到 2000 年，经过近 20 年的发展，在全国可授予博士学位的 12 个学科门类中，云南仅有史学、法学、理学、工学、经济学、管理学和医学有博士学位授权点，而哲学、文学、教育学和农学等重要学科门类的博士生教育还是空白。在全国 88 个一级学科中，云南省的博士点空白 78 个，硕士点空白 29 个，在研究生学位授权点的 381 个二级学科中，硕士点空白占 70% 左右，博士点空白高达 96% 左右[②]。这种情况一直持续到 2000 年（表 7-2）。

表 7-2　云南省高校研究生教育发展情况（1978～2000 年）　（单位：人）

年份	研究生招生数	在读研究生人数		毕业研究生人数	
		在读硕士生	在读博士生	毕业硕士生	毕业博士生
1978	31	31	0	0	0
1979	51	77	0	0	0
1980	10	87	0	0	0
1981	47	90	0	42	0
1982	65	114	1	42	0
1983	98	203	1	5	0
1984	199	402	1	（无数据）	0
1985	458	740	5	102	1
1986	429	1023	7	136	0
1987	346	1033	13	327	0
1988	236	951	25	455	6
1989	179	696	32	420	2
1990	178	569	24	299	11
1991	140	481	26	221	8
1992	198	532	40	148	11
1993	275	612	42	187	8
1994	323	792	56	141	11
1995	343	948	77	183	14
1996	414	1090	156	272	18
1997	592	1351	202	326	24

---

①　《云南大学志》编审委员会：《云南大学志第二卷大事记（1915 年～1993 年）》，昆明：云南大学出版社，1993 年，第 419、448 页。

②　《云南教育改革志》编纂委员会：《云南教育改革志》，昆明：云南人民出版社，2004 年，第 292 页。

年份	研究生招生数	在读研究生人数		毕业研究生人数	
		在读硕士生	在读博士生	毕业硕士生	毕业博士生
1998	643	1658	175	330	31
1999	822	2077	247	387	22
2000	1231	2708	332	581	46

资料来源：云南省教育厅编：《云南教育 50 年》，北京：教育科学出版社，2002 年，第 67～68 页；云南省统计局各年度《云南统计年鉴》。来自这两方面的数据不一致时，本文以《云南教育 50 年》的数据为准

云南省各高校博士生教育的发展步履缓慢，一方面体现为授权单位（即培养博士研究生的院校）的增加比较缓慢；另一方面体现为全省授权点（学位点）数量的增加比较缓慢；此外，还体现为各校授权点增加比较缓慢。综合实力为全省最强的云南大学，到 2006 年已有 41 个博士点。但是，这么多的博士点绝大部分是进入 21 世纪之后的第八批（9 个）、第九批（20 个）、第十批（9 个）获得的。

（四）高层次研究生教育偏向于某些传统学科

就研究生教育的内涵而言，1978～2000 年，硕士研究生教育一直是云南省各高校研究生教育的主体部分，相比之下，博士研究生教育只是"点缀"和"陪衬"。博士研究生教育不仅比重小，规模小，而且学科专业点的布局范围也比较狭窄。

在 2000 年之前，云南省只有少数几所高校具有博士学位授权点。到了 2003 年和 2005 年，云南农业大学和云南师范大学才成为博士研究生培养院校。以下是云南各高校首次获得博士学位授权的时间与专业名称。

云南大学于第一批（1981 年）获得博士学位授权（专业：民族史）；

昆明理工大学于第二批（1983 年）获得博士学位授权（专业：矿产普查与勘探）；

昆明医学院于第七批（1998 年）获得博士学位授权（专业：外科学）；

云南农业大学于第九批（2003 年）获得博士学位授权（专业：农作物遗传育种、植物病理学）；

云南师范大学于第十批（2005 年）获得博士学位授权（专业：农业生物环境与能源工程）。

就云南全省范围来看，在博士生教育规模和影响都比较大的云南大学，其博士学位授权点的范围一直都主要"偏重"于历史学、民族学、生态学等少数学

科。这种"偏重于少数学科"的状态尤其表现为招生人数、导师人数、授予博士学位人数等方面。当然，换个角度也可以把这类现象解释为：云南大学这类学科（历史学、民族学）在全省乃至全国高校及学术界具有某种程度的"传统"优势。

（五）研究生教育经历了一些起伏

研究生教育发展曾经出现过较大波动。从表 7-2 还可以看出，云南省研究生教育规模的扩大呈现出明显的波动，尤其是研究生招生数（1986 ～ 1996 年）以及在校硕士生数（1988 ～ 1995 年）都呈现一个明显下降的趋势，1996 年以后则出现整体上升的趋势。

二、研究生教育的变化

（一）学位授权点缓慢增长

自 1981 年国家首次公布高校研究生培养硕士、博士学位授权点名单到 1998 年，全国一共进行过七次学位授权点的申报和评审工作。云南省各高等院校在这七次学位授权点的申报和评审中获得批准的情况既有可喜之处，也有值得反思的地方。一方面可以看到云南省研究生教育事业在不断向前发展；另一方面也应该看到，发展的情况并不是特别理想。这可以从表 7-3 所列出的数字中真切地感觉到。通常，在增加了学位授权点之后，招生数都会出现明显的增加，但是，在 1985 年和 1990 年学位授权点增加之后，招生数反而出现了下降。

表 7-3　云南省高等院校硕士点增加后招生人数的变化（1981 ～ 2000 年）

上报时间	批准学位授权点数（个）	获得授权点前后招生数对比							
		新增学位点前		新增学位点后					
		年份	招生数（人）	年份	招生数（人）	年份	招生数（人）	年份	招生数（人）
第一次申报（1981 年）	23	1980	10	1981	47	1982	65	1983	98
第二次申报（1983 年）	8	1982	65	1983	98	1984	199	1985	458
第三次申报（1985 年）	33	1984	199	1985	458	1986	429	1987	346
第四次申报（1990 年）	11	1989	179	1990	178	1991	140	1992	198
第五次申报（1993 年）	22	1992	198	1993	275	1994	323	1995	343
第六次申报（1996 年）	22	1995	343	1996	414	1997	592	1998	643
第七次申报（1998 年）	22	1997	343	1998	643	1999	822	2000	1231

资料来源：①邹平，古明清：《云南研究生教育研究与展望》，昆明：云南大学出版社，2001 年，第 165 页；云南教育厅：《云南教育 50 年》，北京：教育科学出版社，2002 年，第 68 页。

全省各高校获得批准的学位授权点数最多为第三次（32 个学科点），最少为第二次（7 个学科点），通常的情况是每次被批准的大约在 20 个学科点左右。这对于一个拥有四千多万人口的大省而言[①]，对于云南省社会经济发展的要求而言，确实很不相称。

自 1981 年以来，随着云南省各高校研究生教育的发展，云南省各高校硕士学位授权点也在不断增加（表 7-4）。

表 7-4　云南省高等院校历次批准的硕士学位授权点统计（1981～1998 年）（单位：个）

学位点申报	批准点数（新增）	云南大学	云南师范大学	昆明理工大学	云南农业大学	西南林学院	昆明医学院	昆明中医学院	云南民族大学	云南财贸学院
第一次（1981 年）	23	12		2		2	7			
第二次（1983 年）	8	1		4	1	0	0		2	
第三次（1985 年）	33	7	4	4	2	1	10	2	3	
第四次（1990 年）	11	1	1	5	0	0	4	0	0	
第五次（1993 年）	22	8	4	4	2	1	3	0	0	
第六次（1996 年）	22	5	2	6	5	1	2	1	0	
第七次（1998 年）	22	5	2	7	1		2	0	2	2
总计	141	39	13	32	11	6	28	3	7	2

资料来源：各高校研究生招生办公室，这里仅作参考之用。

注：昆明理工大学的硕士学位授权点中包含了 1998 年合并到该校的云南工业大学的学位点数。

从表 7-4 有关学位授权点的增加情况可以清楚地看到云南省各高校研究生教育层次的发展状况。具体可以梳理出这样几个基本特征。

1. 学位授权点的增加呈缓慢而稳定的增长趋势

1981 年，云南省获得硕士学位授权点的学校只有 4 所（云南大学、昆明理工大学、西南林学院、昆明医学院），这比较真实地反映了当时云南省高等教育领域高层次的研究生教育事业总体比较弱，这与全省本科院校比较少的基本状况有直接的关系。到了 1985 年第三次申报学位点时，情况有了明显的改观，不仅当次新增 33 个硕士学位授权点，而且全省硕士学位授权点总数翻了一番，达到 64 个。20 世纪 90 年代，尤其是 1993～1998 年连续三次的学位点申报，取得了非常稳定的增长，每次申报均获得 22 个新增学位点。应该说，2000 年之前学位

---

① 根据统计数据，云南省人口基本情况如下：1980 年 3173.4 万人；1985 年 3418.1 万人；1990 年 3730.6 万人；1995 年 3989.6 万人；2000 年 4240.8 万人。数据来源于历年《云南统计年鉴》。

点的平稳增长势头为后来的 2001 年（新增 54 个学位点）和 2003 年（新增 108 个学位点）的大幅度增长奠定了一定的基础。

2. 获得学位授权点的学校数呈现逐渐增多的趋势

应该承认，最初两次学位点申报的结果很不理想，第一次有 23 个学科获得学位授权，分散于 4 所高校；第二次只有 8 个学科获得学位授权，是历次申报中获得授权点数最少的一次。尤其是老牌大学的新增学位授权点非常少（云南大学只增加了 1 个，昆明理工大学增加了 4 个，林学院和医学院没有任何增加）。不过，云南农业大学和云南民族学院取得了历史性突破，进入承担研究生教育的队伍，使得全省的学位授权点在各高校的分布变得更为均衡。第三次申报（1985年）之后，全省获得研究生硕士学位授权点的高校增加到 8 所，与 1981 年第一次申报相比，学校数增加了一倍，学科数增加了近两倍（从 23 个增加到 64 个）。此后，获得硕士学位授权点的学校数一直没有突破，到 20 世纪末（1998年），承担研究生教育的高校队伍才新增加了第 9 所高校（云南财贸学院）。本书只讨论 2000 年之前云南各高校研究生教育的发展情况，进入 21 世纪之后（经过 2003 年的第九次申报，承担研究生教育的队伍里面又增加了大理学院和云南艺术学院两所高校）的发展变化这里不加以分析。

3. 获得学位授权点的学科覆盖面呈现逐渐加宽的趋势

从表 7-4 可以看到，学科覆盖面的逐渐加宽具有两个特点。

首先，获得硕士学位授权的学校增多了。从 4 所学校增加到 6 所、8 所，然后又增加到 9 所（加上已经被合并到昆明工业大学的云南工业大学就是 10 所）。

其次，获得硕士学位授权的学科领域不断增加。最初，云南省各高校获得硕士学位授权的学科专业非常有限，第一次全省只有 23 个学科获得授权，第二次增加到 31 个学科，第三次之后快速地增加到 64 个学科，呈现稳定增长的势头。之后，又增加到 75 个学科、97 个学科，尤其是 1998 年第七次申报时，总数达到 141 个学科，增长的势头比较喜人。尽管在各高校之间存在某些学科的重合，即可能有两三所大学在同一学科领域都先后获得了硕士学位授权（比如，计算机科学与技术、管理学等），但是，从发展的趋势来看，云南省各高校获得的学位点的学科覆盖面正在逐渐加大。这种不断加大的趋势在各高校内部也比较明显。这说明各高校都在努力拓展各自的学科领域。尤其是进入 21 世纪之后，学位点的增加更加显著。

（二）校际差异明显

到 2000 年，云南省各高校研究生教育所依托的学位授权点情况如下[①]。

云南省博士学位授予单位共有 3 所普通高校、3 个科研机构。博士学位授权点共有博士学位一级学科授权点 2 个；博士学位学科、专业授权点 19 个；博士后流动站 8 个。

硕士学位授予单位有 9 所普通高校、6 个科研机构，共有硕士学位授权学科、专业点 202 个（其中，高等院校拥有 191 个）。

1. 博士学位授权点与博士后流动站

到 2000 年，云南高校的博士学位一级学科授权点有两个，云南大学有一个（民族学）[②]，昆明理工大学有一个（管理科学与工程）[③]。

二级学科博士学位授权点的拥有情况为云南大学 8 个，昆明理工大学 7 个，昆明医学院 1 个。除此之外，中国科学院系统在云南的各研究机构也拥有若干博士学位授权点。其中，中国科学院昆明动物研究所 1 个（动物学），中国科学院昆明植物研究所 1 个（植物学），云南天文台 1 个（天体物理）。

博士后流动站（8 个）学科分布情况为：云南大学生物学、云南大学民族学、昆明理工大学矿业工程、昆明理工大学冶金工程、昆明理工大学地质资源与地质工程、云南天文台天文学、中国科学院昆明植物研究所植物学、中国科学院昆明动物研究所动物学。

云南大学和昆明理工大学所拥有的二级学科博士学位点占全省二级学科博士点总数的 78.9%（分别 42.1% 和 36.8%），博士后流动站为全省的 62.5%，几乎形成了"垄断"的态势。

2. 硕士学位学科、专业授权点情况

截至 2000 年，云南省各高校硕士学位学科专业授权点总数为 202 个（包括科学院系统的 11 个）。云南省高等院校拥有的学位点（学科专业）共有 191 个，各校的具体分布区块如下。

[①] 有关"2000 年云南省各高校学位点情况"的数据来源如下：《云南省高等学校和科研机构博士、硕士学位授予单位及学科、专业授权点名录》（http://www.ynjy.cn 2003-07-11）（http://kjc.ynjy.cn/），下载自"云南省科技产业与学位研究生教育信息网—学位与研究生—云南省高等学校和科研机构博士、硕士学位授予单位及学科、专业授权点名录"。

[②] 云南大学一级学科博士学位授权点为民族学，含民族学、马克思主义民族理论与政策、中国少数民族经济、中国少数民族史、中国少数民族艺术等二级学科。

[③] 根据 2006 年的统计，一级学科博士点增加到两个（工学、管理学），其中工学又分为五个学科：材料科学与工程、冶金工程、地质资源与地址工程、环境科学与工程、管理科学与工程。二级学科博士点增加到 28 个。参见："昆明理工大学—人才培养—研究生教育"（http://www.kmust.edu.cn/rencaipeiyang/yjsjy.htm）。

（1）云南大学（50个）

政治经济学、传播学、经济思想史、理论物理、专门史、固体地球物理学、统计学、比较文学与世界文学、宪法学与行政法学、法学理论、经济法学、遗传学、政治学理论、国际贸易学、国际关系、信号与信息处理、民俗学（含中国民间文学）、计算机应用技术、文艺学、世界史、英语语言文学、行政管理、法语语言文学、民族学、粒子物理与原子核物理、计算数学、基础数学、概率论与数理统计、凝聚态物理、有机化学、物理化学（含化学物理）、分析化学、植物学、动物学、气象学、微生物学、系统分析与集成、物理电子学、通信与信息系统、管理科学与工程、企业管理（含财务管理、市场营销、人力资源管理）、旅游管理、伦理学、材料物理与化学、档案学、马克思主义理论与思想政治教育、生态学、马克思主义民族理论与政策、经济史、计算机软件与理论。

（2）昆明理工大学（39个）

应用数学、设计艺术学、机械制造及自动化、热能工程、机械设计及理论、固体力学、材料加工工程、电力系统及其自动化、材料学、大地测量学与测量工程、冶金物理化学、环境与资源保护法学、有色金属冶金、机械电子工程、控制理论与控制工程、物理电子学、检测技术与自动化装置、通信与信息系统、计算机应用技术、建筑历史与理论、应用化学、生物化工、矿产普查与勘探、地质工程、采矿工程、技术经济及管理、矿物加工工程、环境工程、管理科学与工程、企业管理、系统理论、测试计量技术及仪器、结构工程、建筑设计及其理论、道路与铁路工程、防灾减灾工程及防护工程、载运工具运用工程、模式识别与智能系统、水利水电工程。

（3）昆明医学院（32个）

生理学、内科学（内分泌与代谢病、肾病、呼吸系病）、生物化学与分子生物学、临床检验诊断学、人体解剖与组织胚胎学、药物化学、病理学与病理生理学、法医学、内科学（心血管病）、内科学（传染病）、儿科学、神经病学、皮肤病与性病学、影像医学与核医学、外科学（普通外科）、外科学（泌尿外科）、外科学（胸心外科）、外科学（神经外科）、外科学（整形）、外科学（烧伤）、妇产科学、眼科学、耳鼻咽喉科学、肿瘤学、麻醉学、口腔临床医学、劳动卫生与环境卫生学、药理学、社会医学与卫生事业管理、内科学（血液病）、内科学（消化系病）、病原生物学。

（4）云南师范大学（21个）

马克思主义哲学、天体物理、中国哲学、体育教育训练学、发展与教育心理学、自然地理学、马克思主义理论与思想政治教育、语言学与应用语言学、汉语言文字学、生物化学与分子生物学、中国古代史、英语语言文学、世界史、光学工程、基础数学、计算机软件与理论、环境科学、农业生物环境与能源工程、人文地理学、物理化学、教育学原理。

（5）云南农业大学（18 个）[1]

作物遗传育种、科学技术史、作物栽培学与耕作学、农产品加工及贮藏工程、茶学、果树学、植物营养学、农药学、植物病理学、草业科学、动物遗传育种与繁殖、农业机械化工程、农业昆虫与害虫防治、园林植物与观赏园艺、动物营养与饲料科学、预防兽医学、农业经济管理、农业水土工程。

（6）云南民族学院（11 个）

国民经济学、区域经济学、民族学、行政管理、中国少数民族语言文学（藏缅语族）、中国少数民族语言文学（壮侗语族）、中国少数民族语言文学（南亚语族）、有机化学、专门史、宗教学、社会学。

（7）西南林学院（9 个）

森林保护学、林木遗传育种、木材科学与技术、野生动植物保护与利用、植物学、林业经济管理、森林工程、生态学、森林经理学。

（8）云南中医学院（6 个）

中医基础理论、中医内科学、中医儿科学、中西医结合临床、中药学、针灸推拿学。

（9）云南财贸学院（5 个）

金融学（含保险学）、世界经济、企业管理、财政学、会计学。

（10）中国科学院系统的硕士学位授权点情况

昆明动物研究所（3 个）：生物化学与分子生物学、动物学、细胞生物学。

昆明植物研究所（1 个）：植物学。

云南天文台（2 个）：天体测量与天体力学、天体物理。

西双版纳植物园（2 个）：生态学、植物学。

昆明贵金属所（2 个）：有色金属冶金、工业催化。

昆明物理所（1 个）：光学工程。

---

[1]　邹平，古明清：《云南研究生教育研究与展望》，昆明：云南大学出版社，2001 年，第 185～187 页。云南农业大学共有 18 个硕士学位点，76 位导师，11 个学科点 18 个专业方向。

从表7-4及上述各校硕士学位点数看到，各高校学位点的增加情况极不平衡。云南大学、昆明理工大学和昆明医学院拥有的硕士学位点数为121个，占全省高校硕士学位点总数191的63.35%，其中云南大学和昆明理工大学两家的硕士学位点占比即达46.8%，几乎占据半壁江山。而那些学科设置相对单一的高校（比如，云南民族学院、云南中医学院、西南林学院），在取得"历史性"突破之后，学位点的增加势头就受到很大局限，难以取得更大的突破。这种情况一直持续到2000年，虽然21世纪以后情况有所改变，但本章不准备加以讨论。

从招生数也可看出同样的情况：2000年云南大学研究生招生数为328人，昆明理工大学为248人，两家共招收576人，占当年招生总数的46.8%。虽然承担硕士研究生培养工作的高校有10所（截至2000年），但是，多数学校的研究生规模都比较小。一直到2000年，每年招生人数少于100人的学校超过50%。刚起步的学校只招十几名。部分高校在从事研究生培养工作十多年之后，招生规模仍然不到30人（表7-5）。

表7-5　云南省各主要高校研究生招生人数（1978～2000年）（单位：人）

年份	全省高校招生数		云南大学		云南师范大学	昆明理工大学		云南工学院	云南民族学院	云南财贸学院	云南中医学院	云南农业大学	西南林学院	昆明医学院	
	博士	硕士	博士	硕士	硕士	博士	硕士	硕士	硕士	硕士	硕士	硕士	硕士	博士	硕士
1978		21		9			12								
1979		38		30											8
1980		8		5											3
1981		44		15	8		15						4		2
1982		54		21	5		17						5		6
1983		88		47	5		22						2		12
1984		190		127	0		31		4			6	5		17
1985	5	488	3	109	26	2	62		5			10	8		30
1986	2	423		90	16	2	75		6			16	6		31
1987	6	342	2	160	16		59	6	9		5				31
1988	3	236	3	62	5	0	53	6	3		3	9			25
1989	3	179	2	33	13	1	50	5	9		2		5		20
1990	4	151	2	40	2	2	68		4		2				21
1991	7	140	3	36	7	4	41	1	5		0	3	3		18
1992	6	198	3	55	3	3	86	5	5		1	3	5		14
1993	6	274	4	95	13	2	79	6	8			4	3		27
1994	14	323	5	128	22	9	64	7	7		1	12	9		31
1995	20	343	9	131	21	11	67	12	11		3	7	6		30

续表

年份	全省高校招生数		云南大学		云南师范大学	昆明理工大学		云南工学院	云南民族学院	云南财贸学院	云南中医学院	云南农业大学	西南林学院	昆明医学院	
	博士	硕士	博士	硕士	硕士	博士	硕士	硕士	硕士	硕士	硕士	硕士	硕士	博士	硕士
1996	22	414	10	143	30	12	72	19	18		3	14	9		25
1997	18	592	8	147	59	10	118	34	46		6	30	12		50
1998	42	643	18	159	64	24	115	41	29		5	41	14		58
1999	60	822	26	199	75	30	204		40	5	12	51	20	4	74
2000	85	1231	41	328	123	40	248		64	14	24	83	24	4	118

资料来源：各高校研究生招生办公室，这里仅作参考之用。

（三）研究生培养规模存在较大学科差异

从招生的人数变化这个角度来看，自 1978 年以来，云南省高等院校的研究生教育规模出现了学科增减的显著变化（表 7-6）。

表 7-6　云南省高等院校分学科研究生招生数（1978～2000 年）（单位：人）

年份	合计	哲学	经济学	法学	教育学	文学	历史学	理学	工学	农学	林学	医学
1978	31					6	11	6	4		2	2
1979	51					15	10	9	8		3	6
1980	10					4		2	1			3
1981	47					8	2	13	18		4	2
1982	65						6	31	21		5	2
1983	98		9			11	13	19	28		2	16
1984	199		9			3	22	103	34	6	5	17
1985	458	11	28			69	44	129	97	14	2	64
1986	429	6	17	2	7	55	23	97	129	21	6	66
1987	346	5	27	17	3	44	23	92	74	17		39
1988	236	5	3	5		26	18	72	66	9	4	28
1989	179	5	7	5	6	17	9	46	58		5	21
1990	178	2	2	4		6		53	74		5	23
1991	140	2	5	4	3	9	8	38	49	3	2	17
1992	198	1	9	6		7	7	69	78	2	4	15
1993	275	2	18	11		15	18	74	93	9	3	30
1994	323	10	13	16		25	26	98	85	9	9	32
1995	343	4	30	34	2	17	24	100	88	7	1	31
1996	414	4	31	32	3	20	25	150	108	11	4	26

年份	合计	哲学	经济学	法学	教育学	文学	历史学	理学	工学	农学	林学	医学
1997	592	15	51	52	6	30	25	160	167	28	5	53
1998	643	13	36	50	6	29	41	180	181	41	5	61
1999	822	15	48	80	9	29	44	204	250	47	9	87
2000	1231	28	85	128	14	49	66	313	318	78	10	142

资料来源：云南教育厅：《云南教育50年》，北京：教育科学出版社，2002年，第70页。

最初招生比较早、同时招生人数比较多的是历史学、文学、理学、工学等领域。不过，后来这几个领域的招生情况出现了不同的走向：

作为实力强大的传统文科，文学和历史学领域的招生规模总体从缓慢增长转变为20世纪80年代末和20世纪90年代初期的明显下降，虽然文学和历史学领域在80年代中期曾经达到过最高值（分别为69人和44人）。而法学、经济学等应用性学科的招生人数在1995年以后快速增长。

理学和工学领域的招生规模增加幅度非常大，特别是20世纪90年代开始招生人数持续上升，医学学科的招生数也在1997年后迅速增长。

而教育学、哲学和林学招生规模一直都比较小。

（四）"研究生班"教育的式微

在学位研究生教育逐步发展过程中，出现过"研究生班"这样一种比较特殊的高层次专门人才培养方式。其主要特征是完成两年的研究生课程学习，但不授予硕士学位。这类研究生班最初起因是高校需要大面积地提升中青年教师的学历和学术水平。这种普遍需求的背后有两个主要因素：一是教师队伍整体水平偏弱；二是"文化大革命"后各高校因缺乏教师不得不选留了很多比较优秀的本科毕业生充实高校教师队伍。

最初，研究生班这种培养形式是在国家计划下推进的，通过全国统一招生，列入国家招生计划，而且基本上限于一些属于国家社会经济发展急需的专业领域以及高校公共课和基础课等对教师整体素质提升需求很大的领域。不过，到了后期，尤其是21世纪之后，研究生班逐渐演变为一种"创收"的手段。早期的研究生班作为一种特殊的高层次人才培养形式发挥了重要的作用。规范的研究生班通常有以下几种类型。

1. 国家批准的研究生班

1984 年，教育部发出《关于在部分高等学校试办研究生班的通知》，指出：为尽快加强某些对经济和社会发展影响较大，而目前国内又比较薄弱的学科专业，以及某些公共课、基础课的师资队伍建设，在部分高等学校试办研究生班。经国家教委批准，云南大学、昆明工学院的基础数学、英国语言文学等 4 个学科为试点，1984～1989 年，这 4 个学科招收列入国家计划的研究生 140 名，毕业研究生充实了省内外一些高校的师资队伍。[1]

2. 省政府批准的研究生班

1985 年，为了改变云南省高等学校师资队伍学历、学位、职务、年龄结构不合理的现状，仅靠国家批准的研究生班来培养高校的师资，远远满足不了需要。经云南省政府批准，在云南省的 10 所高等学校开办了省办研究生班。这个省办研究生班与国家批准的研究生班区别在于为云南省培养师资，在省内享受研究生待遇。1985～1987 年共招"省办"研究生班 353 名研究生。这些研究生毕业后，对加强云南省高校基础课教学发挥了积极作用。[1]

3. "八仙过海"式的研究生班

前述两类研究生班，其特点是政府在招生、培养以及待遇等方面有较为明确的政策支持。学习者能够清楚地看到完成了这类学习就可以获得较大的实际价值。不过，慢慢地，高校里开办研究生班这一做法却因为各行各业对作为一种身份（学历或文凭）的研究生教育的热切追逐而发生新的变化。

进入 20 世纪 90 年代，随着社会各行各业对高层次专门人才培养需要日益迫切，不少高校也有这样的服务意识，部分高校先后办起了各种形式的研究生班。其中，一些研究生班带有明显的"创收"性质。这种研究生班的教育已失去了研究生教育的应有水准，最后演变为没有实质作用的研究生课程班，即这些研究生课程班的学习过程以及颁发的结业证书与晋升职务职称、改变工作待遇等没有直接挂钩。这样，社会需求越来越少，学习者的积极性等越来越低，以至于"研究生班"这种形式的教育就逐渐退出高校研究生教育的舞台。

---

① 《云南教育改革志》编纂委员会：《云南教育改革志》，昆明：云南人民出版社，2004 年，第 296 页。

第三节 云南研究生教育发展中存在的问题

一、学位点的数量偏少反映了研究生教育的学科结构不合理

云南省研究生教育长期落后的重要原因在于学位授权点较少，学位授权体系建设不完善，学位点的学科分布不均衡。而这类问题的根源又在于我省高等教育的总体实力比较弱，多数学科的学术水平较低，无法为研究生教育的发展提供有力的支持。此外，除了导师队伍的总体质量不够高之外，还有生源质量也不够高，二者同时严重地制约着云南省研究生教育的发展。

一直到 2000 年，在 12 个学科门类中，云南的博士授权点有：历史学、法学、理学、工学、经济学、管理学、医学；哲学、文学、教育学和农学等重要学科还是空白。在 88 个一级学科中，博士点空白达 59 个，硕士点空白为 29 个。在具有研究生学位授权点的 381 个二级学科中，硕士点空白为 50% 左右，博士点空白为 94%[1]。

我们把云南各高校研究生教育的发展与全国和东部、西部地区进行了比较，充分说明云南省研究生教育的发展处于落后状态，云南省研究生教育与东部地区的研究生教育的差距就更为明显了[2]（表 7-7）。

表 7-7 云南省研究生教育与全国的差距（以学位点为例）

比较项	云南省	全国平均	东部	西部
占全国人口比例（％）	3.30		76.25	23.75
占全国面积比例（％）	4.104		43.21	56.79
博士点数（个）及比例（％）	6（0.27）		1900（86.4）	288（13.4）
硕士点数（个）及比例（％）	117（1.44）		6630（81.85）	1470（18.15）
博士点与人口数之比	1：673.67 万	1：55.94 万	1：49.11 万	1：97.15 万
硕士点与人口数之比	1：34.55 万	1：15.11 万	1：14.07 万	1：26.72 万

资料来源：汪戎，古明清，李润红："浅谈云南省加速发展研究生教育的论据与措施"。《东陆学林》编委会：《东陆学林》（第 10 辑），昆明：云南大学出版社，2000 年，第 685～686 页。

---

[1] 邹平，古明清：《云南研究生教育研究与展望》，昆明：云南大学出版社，2001 年，第 29～30 页。

[2] 汪戎，古明清，李润红：《浅谈云南省加速发展研究生教育的论据与措施》。《东陆学林》编委会：《东陆学林》第 10 辑，昆明：云南大学出版社，2000 年，第 685～686 页。

各专业学科研究生教育的规模还不能很好地满足社会发展的需求。这一方面指学位点的数量不能满足经济建设的需要；另一方面指研究生教育的培养规模与社会需要脱节，存在一定程度的结构性问题。比如，根据赵群等的研究①，在工科领域，许多属于云南省急需发展的领域还没有硕士点（如生物制药、化学工程、水资源保护、城市规划等）。同时，在 20 世纪最后几年里，全省招收的工科研究生不足 300 人，毕业研究生的一半考上博士研究生或者到省外就业，而省内一些大中型企业专业技术人员中拥有研究生学历者却非常少。此外，工科研究生的生源情况很不理想，招生面临很多困难。在其他专业领域（如农业、林业、医学等），同样存在类似问题。

二、研究生教育的规模增长与云南省社会发展不相适应

云南省是一个农业大省，人口多，自然资源丰富，但是，生存环境相对比较恶劣，贫困及特困人口比例较高，国家级贫困县为 73 个（2005 年国家公布的数据），在全国各省级行政机构中名列首位，数量遥遥领先于位居其后的贵州（50个）、陕西（50 个）、甘肃（43 个）、河北（39 个）、四川（36 个）、山西（35 个）等省②。为了迅速改变贫穷落后的面貌，云南省的社会经济发展需要大量的高层次专门人才，可是云南省高等学校不论在研究生教育的数量（规模）还是质量方面，都难以满足云南省社会经济发展的实际需要。考虑到东部和中部发达省市培养的研究生难以较大规模地到属于边疆省份的云南省来就业这一现实情况，即难以通过大量招聘东中部省区的毕业研究生来云南省工作，单靠还比较弱小的云南省高等院校研究生教育的发展就更加难以满足云南省长远发展的需要了。

三、研究生教育资源相对贫弱

所谓"研究生教育资源相对贫弱"主要体现在这样几个方面：

1）总体投入相对较弱，很难为研究生教育的发展提供资金保障。

2）学科发展水平相对较弱，很难为研究生教育的发展提供坚实的学科基础。这种情况在 2000 年以前非常明显。

3）师资队伍相对较弱，很难为研究生教育质量的提高提供强大的师资（指导）保障。尤其是在博士研究生层次，这种情况更为突出。

---

① 赵群，李荣兴，谢刚《云南省工科研究生发展构想》。邹平，古明清：《云南研究生教育研究与展望》，昆明：云南大学出版社，2001 年，第 107～108 页。

② 2005 年国家级贫困县名单，http://laozei.bokee.com/2975837.html。

4）生源质量比较贫弱，报考省内研究生的考生录取分数线被定为"C类"，与 A 类和 B 类地区的分数线相比，存在很大差距。这就导致报考云南各高校的考生总体素质偏低，即使云南大学和昆明理工大学这类拥有若干国家重点学科和学位点的大学，在研究生招生的生源方面与国内其他大学相比，仍然存在较大的差距。因此，受生源质量的影响和制约，云南省各高校的研究生教育很难在总体质量上取得大幅度的提高。

四、研究生培养模式亟待转变

长期以来，云南省和全国一样，在研究生培养模式上沿袭着"本科＋X"的学术型培养模式，即研究生教育主要体现为在本科教育之上增加一些内容和难度，基本上仍然采用培养高校和教师和科研人员的"学术型人才"的模式。这类现象有其历史的渊源关系，尤其是与社会对研究生教育的认识有非常直接的关系。

1981 年，我国颁布的《中华人民共和国学位条例》对硕士学位的认识侧重于学术标准，其培养要求主要是针对从事教学研究工作或专门技术工作，培养目标基本上是以教学和科研人员为主，即主要培养学术型人才[①]。但是，就全国以及云南省的社会经济发展状况而言，随着社会经济体制的转轨，社会（尤其是市场）对高层次人才的需求已经从"主要需要科学家、高校教师等学术型人才"过渡到"更需要大量较高层次的应用型专业技术人才"。这种变化在最近几年的人才市场需求关系上表现得非常明显。在专业硕士教育迅速发展的情况下，如何改革培养模式，培养既真正符合经济和社会发展需要、又能促进经济和社会发展的高层次应用型专业技术人才成为今后研究生教育应重点探索的问题。

五、博士学位授权点的发展亟待加强

云南省博士学位授权的发展主要局限于少数高校。在 1998 年之前，只有两个博士学位授权单位（即云南大学和昆明理工大学），到了 1999 年才出现第三个博士学位授权单位（昆明医学院）。另外，博士研究生教育的规模非常小，到了 2000 年，即使是云南大学和昆明理工大学这样的具有十多年博士研究生教育历史的高校，每年博士研究生招生人数也只有 40 来人。这说明，整体实力（包括学科底蕴、研究水平、学术梯队等）依然比较弱。因此，如何提升学校尤其是学

---

① 　康耘坤，叶渊：《浅谈就业压力下的研究生培养目标转换问题》。《东陆学林》编委会：《东陆学林》第13 辑，昆明：云南大学出版社，2004 年，第 7 页。

科的整体实力，开展博士学位点培育工作，把具有条件的、实力较强的硕士点尽快发展成为博士点，是云南省研究生教育亟待解决的难题。

另外，从博士学位授权点所在的学科来看，云南各高校的博士研究生教育存在着非常明显的问题。这就是：授予博士学位的学科只局限于历史学、工学和理学这三个领域（表7-8）。这种情况无论如何很难满足云南省社会经济发展对博士研究生这一层次的高级专门人才的需要。

由表7-8可知，从一级学科的划分维度来看，一直到20世纪末，云南省博士层次的研究生教育只局限于少数几个领域（即历史学、工学、理学），其他学科领域（比如，哲学、经济学、法学、教育学、文学、农学、林学、医学）还是一片空白。也就是说，云南省各高校高层次人才的培养还存在很多空白领域。可喜的是，进入21世纪，经过多年不懈的努力，云南省各高校博士研究生教育方面取得了长足的进步。2000年新增博士学位一级学科授权点2个，博士学位二级学科授权点9，硕士学位二级学科授权点55个。使得全省学位授权点总数达到了博士学位一级学科授权点2个，二级学科授权点19个，硕士学位授权点202个[①]。通常，这些新增学位点获得授权后第二年即可开始研究生的招收和培养工作。

表7-8　云南省高等院校分学科授予博士学位人数（1985～2000年）（单位：人）

年份	1985	1986	1987	1988	1989	1990	1991	1992	1993	1994	1995	1996	1997	1998	1999	2000
历史学	1			3		2	3	2	2	2		3	4	6	5	6
工学				2	2	4		1	2	4	3	2	9	11	5	17
理学											1	7	7	14	12	23
合计	1			5	2	6	2	4	4	6	5	12	20	31	22	46

资料来源：云南省教育厅编：《云南教育50年》，北京：教育科学出版社，2002年，第75页。

注：其他领域（哲学、经济学、法学、教育学、文学、农学、林学、医学）没有博士点，也没有招收博士研究生。

---

① 云南省教育科学研究院：《2002年云南教育蓝皮书——"九五"云南教育改革发展回眸》，昆明：云南教育出版社，2003年，第90页。

第八章

云南的留学教育

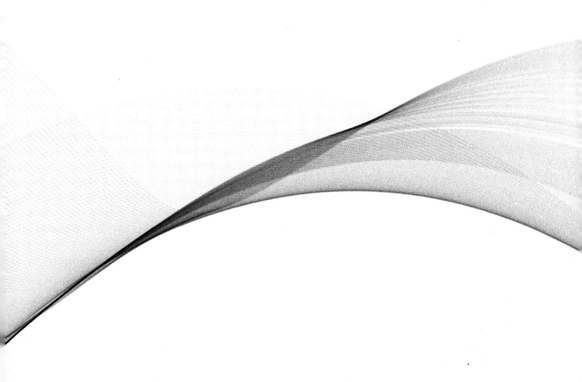

第一节　清末云南的留学教育

中国近代留学教育发端于 1847 年。是年，马礼逊学校在教会资助下派遣学生容闳、黄宽、黄胜赴美留学，成为中国第一批赴美留学生。但由于清政府不重视留学教育，当时的留学只是教会及民间的偶然行为，尚不具备学制上的意义。后几经周折，1871 年 9 月终于由曾国藩、李鸿章联名呈奏，中国近代第一个由中央政府批准的留学教育计划付诸实施。19 世纪 70 年代，一批中国青年学生被派往美国、欧洲学习。甲午战争战败后，在总结双方胜败原因时，人们注意到经过明治维新，日本师法欧美，由弱而强的成功经验，因而主张向日本学习，"若采法其成效，中国之治强，可计日而待也"。1898 年，张之洞发表《劝学篇》，主张今后中国之留学方向，"至游学之国，西洋不如东洋"，其意见很快被清政府采纳，在清政府和督臣的倡导下，留日之潮逐渐启动。云南的留学教育也赶上了这一潮流。同时，自新学制推行后，全国各地新校纷纷建立，合格师资供不应求，走出国门考察学习，借助外国学校培养自己所需人才，成为各地普遍需求。云南对新式师资的需求尤甚，因而云南当局对留学教育较为重视，也推动了留学教育的发展。因此，云南的留学教育在清末获得了较快发展。

较之其他省，云南向近代教育转型面临的最大问题是教育资源短缺、教育水平低下，尤其是新式教育人才的短缺尤为严重。清末云南巡抚林绍年在《选派学生出洋片》中曾指出："滇省僻处边隅，民智未开，自上年开办学堂虽中西并授而教习颇难，其选教法程度亦未尽合宜，各厅、州、县尤难遍及，叠经臣筹款陆续选派员生资潜出洋前赴日本游学，并学习速成师范，以期作育人才。"[①]

---

① 周钟岳等：《新纂云南通志》卷 137《学制考七》，昆明：云南人民出版社，2007 年，第 618 页。

而民族危机的日益加重进一步增强了人民通过出国留学获取先进知识以挽救民族危机的意识："欲不使金碧山川黔然黯然，长没于腥风血雨之中；欲不使千余万文明神胄，如束如缚，呻吟于条顿、拉丁民族之下，是赖夫学，是赖夫游学。"①

在政府和民间形成共识的历史条件下，云南地方政府针对云南的实际情况，实行了教育的全方位开放政策。主要表现为国内交流学习与国外留学相结合，送出去与请进来相结合。由此，云南在清末开始了大规模派遣留学生行动。

一、清末云南派遣留学生的积极政策

（一）派遣留学生的积极态度

自清末推行新政开始，云南为兴办新式学堂做师资、课程方面的筹备就采取了鼓励国内外学习的积极态度。早在光绪二十五年（1899年），云南就创设了武备学堂，下设方言馆，开设英、法、日语教学，为云南学生留学做准备。1901年，云南政府即向京师大学堂派遣第一批国内交流学生，为云南培养了第一批近代化人才，1903年，又积极筹措经费，组织和派遣留学生。如巡抚林绍年所言："叠经臣筹款，陆续选派员生，资遣出洋，前赴日本。"除以日本为主要留学目的国外，云南地方政府也敏锐地认识到"滇越毗邻，需用法文居多。法国政府现在越南河内设立学堂，一切课程悉臻美备"而选派学生前往法国留学。②

1905年云南高等学堂总教习陈荣昌赴日本考察学务时，云南布政使陈灿请他代为转告速成师范生，"滇中各属学堂正待料理，卒业当速归"③。从其对留学生的殷殷期望亦可显现云南地方当局对留学的积极态度。

（二）确定选拔标准及选拔范围

1903年，巡抚林绍年等《续遣二批学生并选员出洋游学折》云："兹在省举、贡、生、监及武备、方言、机器各堂局肄业诸生内，慎选考试，复加察看，恪尊谕旨，取定心术端正、文理明达之举人郭有濬等十名，定为二批出洋学生。"④从中可见选拔留学生的标准及范围。在1901年颁布的《清帝广派游学谕》中，

① 叶祖荫：《同盟会云南支部创始人吕志伊先生》，转引自云南文史资料委员会：《云南文史资料选辑》第15辑，昆明：云南人民出版社，1986年，第37页。

② 周钟岳等：《新纂云南通志》卷137《学制考七》，昆明：云南人民出版社，2007年，第618页。

③ 云南省档案馆馆藏档案：《日本留学生请借支书籍、购置器械、抽田亩经费游学》，转引自周立英：《1904年留日学生浅析》《云南民族大学学报》，2008年第5期，第128页。

④ 周钟岳等：《新纂云南通志》卷137《学制考七》，昆明：云南人民出版社，2007年，第619页。

清廷已明确规定，派遣留学生须选拔"心术端正、文理明通之士"①。所以，"心术端正、文理明达"即是留学生的选拔标准。"心术端正"，即是无奸邪之心，亦即必须忠于清朝；"文理明通"是要有一定文化基础，尤其是要明经修行。但何为"端正"，何为"明通"，因其语义的模糊性，看似不好把握。其实《奏定学堂章程》所明确规定的"无论何等学堂，均以忠孝为本，以中国经史之学为基"就是对这一标准的更为明确的宣示。为达到这一标准，所以官派留学生必须通过考试选拔，当时称为"考选""考送"。云南省档案馆藏《送日本留学生有关就学经费呈文及省会高等学堂学生名册》中就明确规定："饬秉公考送来省，以凭会考资送"，"惟须将该生年籍履历造册，由澂江府考选，并同试卷送省以凭复考详送"②。考生须经过县考、府州厅考、省考，三级考试合格者方可获得选送出国的资格。由县出资资助的考生可直接参加省考。也有少数由县直接保送参加省考的，如东川县保送之唐继尧。③考试内容为类于策论的作文，如临安府某年的考题为"张骞通西域始通中国论"。④

（三）积极的财政政策

1903 年，在云南官员的积极争取下，清政府对云南每位留日学生"各加洋银一百元"，云南官派留日学生的留学经费由每年 300 元 / 生提高到每年 400 元 / 生，从所派遣的第二批留日学生开始，每名各得"川资银二百两，旅费、学费各年给洋银四百元"。⑤除省政府外，府、州、县各级地方政府对派遣留日学生也表现出较大热情，自筹经费选送留学生："普洱等府、州、县就地筹款，陆续选送学生李彝伦等二十四名"，"其学费、路费除各府、厅、州、县自行筹解外"，还有"各地方民捐积谷"。⑥鉴于自费赴日留学者增多，为了进一步鼓励留学，云南教育当局于 1905 年制定了留学生章程，对自费留学给予特别鼓励。规定凡自费生考入日本各官立专门大学者，准予改为官费。⑦由此自费生更加踊跃，而得补官费者日渐增多。据周立英研究，当时到日本留学的学习费用每人三年共需银一千五百一十六两。自费生改官费所需支出经费不菲。

①　朱寿鹏：《光绪朝东华录》第 4 册，北京：中华书局，1958 年，第 4720 页。

②　云南省档案馆藏《送日本留学生有关就学经费呈文及省会高等学堂学生名册》，第 8、207 页。转引自周立英：《晚清云南留日学生的选拔及其相关情况》，《学术探索》，2004 年第 1 期，第 112 页。

③　周立英：《晚清云南留日学生的选拔及其相关情况》，《学术探索》，2004 年第 1 期，第 112 页。

④　陈荣昌：《东游日记》，云南官书局，光绪三十一年，第 133 页。

⑤　巡抚林绍年等：《续遣二批学生并选员出洋游学折》。周钟岳等编纂：《新纂云南通志》卷 137，《学制考七》，昆明：云南人民出版社，2007 年，第 619 页。

⑥　周钟岳等编纂：《新纂云南通志》卷 137《学制考七》，昆明：云南人民出版社，2007 年，第 620 页。

⑦　周钟岳等编纂：《新纂云南通志》卷 137《学制考七》，昆明：云南人民出版社，2007 年，第 619 页。

（四）先行筹备

光绪二十五年（1899 年），云南建立武备学堂，"于堂内附设方言学堂，专授外国语，为留学之备"。随后，方言学堂独立成为专门的外国语学校，分授日、英、法文三科，一年毕业，送日本、欧美留学。后又创办"东文学堂"，从上海东亚同文书院聘请日人高岛、迫田来滇教授外语。"每员认教学生三十名，每期订定三年"，并要求清廷同意按《奏定学堂章程》规定的中学堂毕业生待遇，按成绩评定级差给予"拔贡""优贡""岁贡"等"各项出身"。[①]

二、外出求学学生的派遣及其特点

为了解决近代化人才匮乏这一瓶颈性问题，针对云南的实际情况，云南地方政府实行了国内交流学习与国外留学相结合的求学政策。

（一）国内交流学习

光绪二十七年（1901 年），云南开始选送第一批到京师大学堂学习的学生，计派遣袁嘉谷、由云龙、张耀曾、施汝钦等 7 人。其后，又在光绪二十九年（1903 年）选送张崇仁等 4 人，次年选送李曰垓、李华、陈兴廉、李应谦、张注东、徐咸泰、张鸿翼、刘祖荫 8 人，光绪三十二年（1906 年）选送步清等 6 人入京师大学堂，分别在预备科、师范科、博物科学习，同时还选送学生到京师法政学堂、经科大学学习。

除选送学生入京接受学历教育外，云南地方政府还选派学生到上海等先进地区学习职业技术，如为满足新建成的官印局对印刷技术人才的需要，云南在清光绪末年选送学徒赴上海商务印书馆学习，云南省省会工业学校建立以后从学校九个班中选取成绩较优者数名，先入官印局中实习两个月，期满从中又选四名赴沪学习。[②]

（二）国外留学

光绪二十七年（1901 年），清廷批准湖广总督张之洞和两江总督刘坤一主张派遣留学生的奏请，令各省选派学生出洋留学。光绪二十八年（1902 年），云南

---

① 周钟岳等：《新纂云南通志》卷 137《学制考七》，昆明：云南人民出版社，2007 年，第 609 页。
② 《官印局实习报告》，《双塔校友会会刊》，中华民国十一年五月。

开始选送官费留日学生钱良骏、李爕元、李培元等 10 名及自费生王志恕 1 人[①]，成为云南的首批留学生。1903 年，选送郭有濬、杨振鸿等 10 名，另选送课吏馆候补布经历李辉沅等 5 人一并赴日本学习，使两年内所派"员生二十六员名之多"[②]。1904 年，清政府颁行《约束奖励游学毕业生章程》对留学毕业生的激励作用以及普洱府首开各府资送留学生之风，极大地激发了赴日留学的激情，故这年成为清末云南派遣留日学生的高峰年：先后派出官费留学生 7 批，共 132 名[③]。第一批派遣唐继尧、由人龙、顾品珍、华封祝等 41 名，后又派遣钱鸿逵等 12 人，再派学习速成师范周霞、周钟岳、陈文瀚等 36 名，速成师范兼学务考察钱用中、秦光玉等 6 名，学习军事（陆军）李根源等 28 名，补送陆军留学生 3 名。第七批为自费改官费的留日学生 6 人。

据周立英统计，1902～1911 年，云南到日本留学的人数达 368 人。[④]云南留日学生主要学习军事、师范、政法、矿冶、工程等专业，留学学校主要有日本振武学校、东斌学校、陆军士官学校、弘文学院速成师范、早稻田大学、明治大学、政法大学、法政大学、东京高等矿业学校等。

选送学生留日虽为主流，然云南当局也留意到时为法国殖民地的越南的法式教育。巡抚林绍年就注意到"滇越毗邻，需用法文居多。法国政府现在越南河内设立学堂，一切课程足臻美备。亟宜选派学生，筹给学费，前往肄习"，随即联系法国领事馆，挑选文宝奎等十名学生赴越南学习，并给予每名学生川资银五十两、每年给旅学费龙圆三百元，月费五元。[⑤]

除送日本留学的 368 人外，清末，云南还派遣柳灿坤、杨宝堃、张邦翰 3 人到比利时留学，26 人到法属越南留学，共计有 397 名留学生。清末云南的留学生派遣可谓卓有成效。

---

① 巡抚林绍年等《续遣二批学生并选员出洋游学折》云：是年所派遣首批留日学生中，尚有"自备资斧之广东尽先试用知县、恩安县举人王志恕一员"，载《新纂云南通志》卷 137《学制考七》，昆明：云南人民出版社，2007 年，第 619 页。

② 巡抚林绍年等：《续遣二批学生并选员出洋游学折》。周钟岳等编纂：《新纂云南通志》卷 137《学制考七》，昆明：云南人民出版社，2007 年，第 619 页。

③ 此年所派留学人数有不同说法：《新纂云南通志·学制考七》谓该年"送速成师范四十一名，陆军二十八名，实业二十名"，则 1904 年官派留日学生为 89 名。王丽云将该年派遣之留学生具名统计为 137 名（王丽云：《留学生与云南近代化》，昆明：云南人民出版社，第 14～15 页。）但其将课吏馆李辉沅等 5 人统计于是年有误。故计为 132 人。周立英据云南省档案馆馆藏档案《送日本留学生有关就学经费呈文及省会高等学堂学生名册》、《日本留学生请借支书籍、购置器械、抽田亩经费游学》、《办东文学堂收支、定远县经费清册、关于日本留学生的经费及派遣、官费留学生常年医药费的设置方案》等记载，认为这一年云南省派出的留日学生有 129 人（见周立英："1904 年云南留日学生浅析"，《云南民族大学学报》（哲学社会科学版）2008 年第 5 期，第 127 页）。

④ 周立英：《1904 年云南留日学生浅析》，《云南民族大学学报（哲学社会科学版）》，2008 年第 5 期，第 127 页。

⑤ 周钟岳等：《新纂云南通志》卷 137《学制考七》，昆明：云南人民出版社，2007 年，第 618 页。

清末云南的外出求学具有以下几个特点。

第一，到日本的留学生数占留学生总数的绝大多数。如前所述，清末云南国外留学生计有 397 名，而留日学生即达 368 名，占国外留学生数的 92.7%。

第二，留学以学习军事为多。据史料载，仅在日本陆军士官学校留学的云南籍学生就有 32 人[①]，1907 年，进入日本陆军士官学校第六期学习的中国留学生达 199 人，其中云南籍学生就有 22 人，占了 1/10 强[②]。还有一些留日学生到了日本后，纷纷变更专业，改学军事，一些青年甚至设法自费到日本学军事。

第三，国外留学与国内交流学习相结合。由于云南地偏路远，教育落后，近代化所需人才匮乏，而社会急切需要新式人才，故云南的外出求学与其他地区不同，还包含了国内交流学习。云南自光绪二十七年（1901 年）起多次向国内京师大学堂、京师法政学堂等校选送学生。袁嘉谷、由云龙、李曰垓等均得与焉。国内进修和国外留学相结合的教育是清末民初云南高等教育的一大特点。

第四，留学以官费公派为主，自费留学较少。自费留学不仅需要高额的经费支持，而且还必须经过官府考核方得批准，因而自费留学人数不多。《新纂云南通志》所载巡抚林绍年等《选派学生出洋片》《续遣二批学生并选员出洋游学折》《选派速成师范学生并续遣三批学生出洋游学片》中所提到的自费留学生仅有王志恕、杨嘉绅及其学生王咏霓、陆兴基、蔡正纬、赵书衡等数人，且多为官宦或其子弟。

第二节　民国时期云南的留学教育

一、民国时期云南留学教育政策的波动

为实施教育开放政策，民国时期云南地方政府继续实施积极的财政政策，保障财政供给，并通过对留学生的供、奖、助等政策，积极鼓励学生出国学习。1916 年，云南教育经费支出为 351 262 元，其中，外出求学学生经费 77 728 元，占教育支出总经费的 27.67%，大于当年全省中小学经费之和（74 240 元）。[③]

---

① 云南通志馆撰，云南省志编纂委员会整理：《续云南通志长编》卷 35，内部印刷，1986 年，第 1201 页。
② 吴达德：《留日士官生与云南陆军讲武堂》，《自贡师专学报（综合版）》，1996 年第 3 期，第 27～37 页。
③ 云南通志馆撰，云南省志编纂委员会整理：《续云南通志长编》卷 47，内部印刷，1986 年，第 779 页。

1924 年，因经费紧张，北洋政府教育部曾于 6 月 20 日通令全国暂停留学生考试一次，云南也因"盐款提存，学费无着"，"查滇省财政奇绌，所有政学各费，均议减两成"①。即使在这种情况下，云南也没有停止派遣和资助留学生，只是减了两成学费。1927 年，甚至为保证留学经费而将督学经费移补留学经费，而"暂缓设置督学"②。

但是，由于护国运动及其后的军阀混战，以及全面抗日战争爆发后的民族危机造成经费困难和政局不稳，民国时期云南的留学教育政策出现了波动。

民国建立后，在北洋政府时期，云南地方当局延续了清末派遣赴日留学生的政策，仍然以日本为主要留学目的国。1913 年正月，以蔡锷为首的云南军政当局即在《为筹拟选派学生出洋留学办法给云南军都督的呈》中明确了继续实施积极派遣留学生的政策："呈窃维建设方始，亟赖人才，非广送学生出洋留学无以应特势之需要。"③为保证派遣留学生的质量，1912 年即在省立一中建立留学预备学校，预备学校有"英法文专修科"和"留日预备科"两种，"特饬由省立第一中学校附设留日预备科令先在本省预备半年补习英日语文及理化算学等科学，再行派遣"③。1913 年 6 月，预备期结束后，经考核派出公费留日学生 40 名，派往欧美等地 23 名。此后即对赴日留学改变了政策："停止考送办法，由学生自行赴日入预备学校，俟考入指定学校后，再补给公费。"④

1926 年，鉴于上述办法"漫无限制"，而云南"终以费给不敷"的状况，云南又制定《留日学生管理办法》，限定公费留日学生名额，先为 14 名，后又调整为 20 名、25 名⑤。

南京政府时期，云南派遣留学生的主要方向转向欧美。1928 年，南京国民政府通令全国，要求整顿留学教育，颁布《选派留学生暂行办法大纲》，要求严格选派资格，选派重心放到应用科学，以造就专门技术人才。基于云南财政状况好转，云南又采取了较为积极的派遣留学生的政策，但派出方向已由日本转向欧美。1931 年，云南省政府公布《选派暨管理官费留日学生暂行规程》，对留日学生实施"双限"政策，即限定名额、限定学校。将云南省资助经费的留日学生名额限定为 30 名，同时将资助学生选读的日本高校限定为 17 所。"九一八"事变和"一·二八"淞沪抗战后，"留日滇籍学生悉数罢学回国，乃将本省留日学务

①《教育部咨第二二二号》，1915 年 1 月，云南省档案馆藏，云南省教育厅全宗：1012-8-256，卷内第157 页。

② 云南通志馆撰，云南省志编纂委员会整理：《续云南通志长编》卷 47，内部印刷，1986 年，第 785 页。

③《云南教育行政报告》：《函报教育部选送留学日本学生姓名及派习学科文并清单》，十一月三日。

④ 云南通志馆撰，云南省志编纂委员会整理：《续云南通志长编》卷 49，内部印刷，1986 年，第 836 页。

⑤ 云南通志馆撰，云南省志编纂委员会整理：《续云南通志长编》卷 49，内部印刷，1986 年，第 837 页。

暂时结束"①。至 1936 年，云南完全停止派遣赴日留学事宜。

1931 年，云南在限制赴日留学的同时颁布了《云南省选派留学欧美学生暂行章程》。选派欧美的留学生分为在全省范围内的"考选"和已在国外著名大学留学满一年的自费生申请免试发补给公费两种。为了规范选派赴欧美留学的行为，该暂行章程坚持了"考选"的政策，并规定了考选对象的资格："凡现籍云南通晓留学国语文，有左列资格之一者，得以考选：①国立大学或专科学校暨经教育部立案认可私立大学或专科学校之本科毕业生，曾在省内外服务二年以上，经审查证明者。②曾任前项大学或专科学校之教授或讲师二年以上，经审查证明者。③在本省行政机关任荐任以上职务，或任中等以上学校校长、高级中学教员三年以上，确有成绩，经审查证明者。"该规程还对不得参加考核的情形做了规定，要求"凡有左列情形之一者，不得与考。①有反革命言论或行为者。②身心不健全者。③品行不端、劣迹显著者"②。

该暂行章程确定的选派留学欧美的名额是 20 名。每名公派留学生给予置装费国币 200 元、往返路费国币 800 元（留美学生按西、中、东部的地理差异分别给予 1000、1100、1200 元），学费则因国家不同而有差异：英国、德国按每月拨给 16 英镑，法国 900 法郎，美国仍按西、中、东部分别给予 90、100、110 美元。留学生毕业回国后，必须在云南服务五年以上，否则即追缴全部留学资助费用。

1932 年在实施《云南省选派留学欧美学生暂行章程》时，云南对 20 个指标的分配是美国 6 名，英国、法国各 4 名，德国 3 名，比利时 2 名，丹麦 1 名。美国的 6 名中其学科分布为：农林 1 名，种棉 1 名，中等教育、职业教育和乡村教育各 1 名，飞机工程 1 名。③可见云南省政府对于留学指向于农业、教育等实用学科的倾向十分突出。

1934 年 2 月，国民政府教育部正式颁布《国外留学规程》以后，国民政府遂又公布了留学教育的基本法规《国外留学现行法令》。依照该规程，云南地方政府于 1934 年 5 月颁布《云南省国外留学公费生考选暨管理规则》。此时对公派国外留学生资格的规定在 1932 年的基础上由国内公私立大学及专科学校的毕业生扩大到国内外公立或已立案之私立专科以上学校的毕业生，并且在原本对毕业生需要满两年工作服务年限的基础上进一步要求其工作经历要与其所学学科相符合。若毕业后在研究所工作的学生则需要在这期间取得一定的研究成果，此外无

---

① 云南通志馆撰，云南省志编纂委员会整理：《续云南通志长编》卷 49，内部印刷，1986 年，第 837 页。

② 《云南省选派欧美留学生暂行规程》。云南教育周刊编委会：《云南教育周刊》，1931 年第 1 卷第 2 期，第 12～15 页。

③ 《云南省考选欧美留学生简章》。云南教育周刊编委会：《云南教育周刊》，1932 年第 1 卷第 48 期，第 10～12 页。

工作经验的应届毕业生，成绩优良者也具有选派资格。除了对学历及工作经历的要求之外，学生的自身素质也备受重视，拟派遣留学生要熟练掌握党义、国文、本国史地的相关知识以及留学国语言的读写译的技能。考核更注重对其专业科目的考察。考核通过被确定为派选对象后，必须在三个月内出国，逾期者则会被取消资格。到此时云南对留学生的选派资格的规定已日趋完善。

"七七事变"后，国民政府开始调整留学政策。基于"每年因留学学生汇至国外者，为数颇巨。兹值抗战建国时期，为适应战时人才需要及节省外汇起见"的考虑，教育部于 1938 年 6 月颁布了《限制留学暂行办法》，开始限制留学生的派遣。1939 年 8 月，教育部又公布了《修正限制留学暂行办法》并规定："在抗战期内公费留学生，非经特准派遣者，一律暂缓派遣；自费留学生，除得有国外奖学金或其他外汇补助费，足供留学期间全部费用无须请购外汇者外，一律暂缓出国。"[①] 将特准派遣出国的人员限定在军、工、理、医这四个"有关军事国防"的学科。云南的留学生派遣工作即告停止。

太平洋战争爆发后，云南省政府未雨绸缪，为了谋划抗战后的建设事业，培植本省专门人材，于 1941 年 5 月 6 日的云南省府第 760 次会议中决定，"为培植本省专门人才起见"，筹送留美学生 40 名。为此成立"云南选送留美学生委员会"，以缪云台为主任委员，龚自知、张邦翰等 6 人为委员，开始筹办。应考者的资格只需"本省中等以上学校毕业，年龄在二十五岁以下者为合格"，成绩优异即可。1942 年云南选送留美学生预备班开始上课。受训期为 1 年。1944 年，留美预备班受训结业的学员"复经教育部派高等教育司司长吴俊升来昆举行复试，计及格学生苏尔敏等四十名，并发给出国护照"[②]，1945 年 6 月方得赴美。为管理好这批学生，云南省教育厅专门制定了《云南省公费留美学生留学管理规则》。

1946 年，国民政府公布了《留学公费生考试章程》并规定，"曾在公立或已立案之私立专科以上学校毕业，并且曾任与所习学科有关之职务或研究工作两年以上者"有资格申请出国留学。同年，云南省教育会决定继续派遣留学生，并拟定了《云南省教育会选送欧美公费研究生暂行办法》，继续选拔符合教育部规定的云南籍学生出国。

---

① 中国第二历史档案馆：《中华民国史档案资料汇编》第五辑第二编《教育》（一），南京：凤凰出版社，2010 年，第 865 页。

② 云南通志馆撰，云南省志编纂委员会办公室整理：《续云南通志长编》卷 49，内部印刷，1986 年，第 822 页。

二、民国时期云南留学生的类型及规模

民国时期云南的留学生有三种类型：政府公派、公司派遣和自费留学。

（一）政府公派

民国时期，政府公派的云南留学生的选拔和派遣又分为三种类型：一是考取庚款留学，经由清华学校留美预备部学习后派出（1929 年后停止），二是由云南省政府直接考选，三是自费留学生经批准后转为公费留学生。

1.清华留美预备部派遣

根据 1901 年签订的丧权辱国的《辛丑条约》，清政府向列强赔款 4.5 亿两白银，限期 39 年，本息共达 9.822 亿两白银。这笔赔款被简称为"庚款"。所谓庚款留学，即最早由美国提出的从 1909 年起美国正式退还赔偿美国的赔款，中国方面则保证将此款项用于中国学生赴美留学。此后，英、法、荷、比等国也仿效这一做法。1909 年 7 月，清政府外交部和学部共同会奏《收还美国赔款遣派学生赴美留学办法折》，并拟定了较具体的《遣派游美学生办法大纲》，向全国招考留美学生。同时还设立游美学务处，附设游美肄业馆。9 月 4 日，组织了赴美选拔首次考试，从 140 名报考者中录取了 47 名。1911 年 4 月，游美肄业馆改名清华学堂。1911 年 4 月 29 日，清华学堂在清华园开学。同年，清华学堂改名为清华学校。从 1909 年起至 1929 年留美预备部结束，清华学校派送留美预备部毕业学生 967 名，1929～1932 年选送 104 名，庚款赴美留学生共计 1000 余名。

根据《清华大学史料选编》第一卷《清华学校时期（1911～1928）》之《本校历年毕业生统计表》统计，1919～1928 年，共有 11 名云南籍学生在清华留美预备部学习并被派往美国留学。[①] 其中，较为著名的有华秀升、陈复光、施滉、金龙章等。

2.省派公费留学生

1913 年为民国时期云南省第一次大规模派遣留学生，也是整个民国时期云南规模最大的一次公派留学生活动。计派出公费赴日留学生 40 名、欧美等地 23 名，总计 63 人。

---

① 清华大学校史研究室：《清华大学史料选编》第一卷，《清华学校时期（1911～1928）》，北京：清华大学出版社，1991 年，第 50～55 页。

（1）留学日本

1913 年，考送公费留学生 40 名。从 1914 年起，云南省停止留日学生的考送，而是采取待留学生考入政府指定学校后再补给官费的办法。到 1923 年，共有王九龄、李宗黄等 50 名留日学生获得公费资助。[①] 为保证留日学生的教育质量，1926 年，云南省政府出台《留日学生管理办法》，不仅限定公费留学生名额，而且指定 17 所日本高校为公费留学生就读学校。此后，云南赴日留学走向低潮。至"九一八"事变后，云南留日学生为表示对日本帝国主义侵略行径的抗议而全部回国。1932 年云南省政府虽制定针对这批学生的《复学办法》，但对于父母担保、学生在日学习标准、复学日期等提出严格要求。1936 年，最后 3 名云南留日学生回国后，留学日本的活动即行停止。据《续云南通志长编》之《民元以来云南曾受高等教育人数及科别统计表》统计，截至 1938 年，云南留日毕业学生共有 141 人（未统计军事人才）。[②]

（2）留学欧美

如前所述，云南近代最早派遣公费留学欧洲的学生是宣统年间（1909～1911 年）所派赴比利时学习的柳灿坤、杨宝堃、张邦翰 3 人。民国建立后，不但继续派遣欧美留学生，而且把欧美作为公费派遣留学生的主要目的地。1912 年，选拔董泽、马标、李伟等原留日学生公派赴美留学。1913 年，经由英法文专修科进行留学预备教育后考核合格，云南选送 23 人公费赴欧美留学。赴香港的 8 人：姚光裕、李炽昌、王承才、张裔昌、陆万钟、吴永立、毕近斗、何昌，主要学习工学、医学、电学；缪云台、任嗣达、周恕、杨克嵘、范师武、卢锡荣 6 人赴美国学习工业、政治；李汝哲、姜荣章、窦志宏、秦教忠、柳希权 5 人赴法国学习法政、兵工；熊庆来、杨维浚 2 人赴比利时学习矿业；何瑶和段纬派往德国（后因第一次世界大战影响而改赴美国留学）。

1918～1920 年，云南又从已派出留学人员中选派 8 人前往美国留学。其中有原日本留学生李廷槐、萧杨勋、罗为垣、李昂（李兰芬，女）和去香港的学生李炽昌、王承才、姚光裕及李华。1921 年，根据教育部《选派留学外国学生规程》中关于考选大学专门学校毕业曾任教员二年的规定，考选袁丕佑、张鸿翼、邰重魁 3 人赴美留学。

1922～1931 年，云南没有开展公派留学。

1932 年，按照《云南省选派留学欧美学生暂行章程》，经由省政府主席龙云为委员长的考选委员会考核，共有 4 人入选：杨家凤、徐继祖、熊廷柱和张铭鼎。前 3 人送美国学习，杨家凤、徐继祖学习教育，熊廷柱学习农林和种棉；张铭鼎赴英国学习采矿、冶金。[①]

此后，云南公派留学生活动再度归于沉寂，除出于培养"党治"人才的考虑，在 1930～1933 年由国民党云南省党部公费派出 3 名学生赴美留学外[②]，没有再进行公费派遣留学生活动。

随着抗日战争局势的好转，为培养战后建国人才，云南再度启动公派留学活动。1941 年，云南省为培植本省各种专门人才，建立留美预备学校，预定选送 40 名学生赴美留学。经近两年的留学预备教育（1942 年 1 月至 1943 年 12 月）及考试考核后，1945 年 6 月，由金龙章带领这批学生赴美。

1946 年，在教育部组织的自费留学暨公费留学考试中，孙阳谷、熊秉信、卢濬三人又同时考取公费和自费留学资格，卢濬留学瑞士，在洛桑大学师从皮亚杰学习儿童心理学，熊秉信赴美学习地矿。

3. 自费改公费派遣

民国时期继承了清末云南经考核后自费生可以改为公费生的政策，但是限于财力不济，转公费的名额较少。开初主要仍是面向留日学生。自 1913 年开启大规模考选欧美留学生后，自费补给公费的方向转而以面向欧美留学生为主。如陶鸿焘于 1914 年自费赴美留学，1915 年即获得"补给官费"。1933 年，云南省实施"欧美留学生自费生补给官费"政策，欧美留学生有 11 名自费留学德国、法国、美国的学生申请第一期补助，但只有 1 人获批得到公费资助。

（二）企业派遣

自滇越铁路开通后，云南经济被拉入世界市场，云南经济与欧美国家联系加强。为学习和及时掌握新技术，云南的外资企业和较大的官、民营企业都会派遣公司技术人员出国留学。清末就有李燮阳由滇蜀腾越铁路总公司派出公费留学日本。民国时期仍延续了这种做法。如 1913 年，云南铁路局就派遣原留日学习铁道工程的学生马标前往美国南太平洋公司实习铁道工程两年。当然，这部分人在云南留学生中数量较少。

---

① 云南通志馆编撰，云南省志编纂委员会办公室整理：《续云南通志长编》卷 49，内部印刷，1986 年，第 837 页。

② 朱鸿运：《忆朱鸿题博士》。云南省政协文史委员会：《云南文史集萃》（十），昆明：云南人民出版社，2004 年，第 172 页。

（三）自费留学

1918～1926 年，李立藩、李立言、李德家、何瑗、杨士昌、赵家通等考入美国留学，吕其昌、张伯简、徐嘉瑞、陈绍康、余铭、杨湜、杨洸等留法学习。

1933 年，云南省开始"第一期欧美留学生自费生补给官费"时，计有留德学生 1 人、留法学生 6 人、留美学生 4 人提出自费补给官费的申请，则此时云南自费留学欧美的学生不得少于 11 人，1943 年和 1946 年，教育部分别组织了两次自费留学考试，也有不少云南籍学生考取。例如，1946 年第二次留学考试中就有桂灿坤等 28 人考取。

三、民国时期云南国外留学生所在学校层次和学科分布

与清末留学相比，民国时期云南赴国外留学生所在学校逐渐由日本占绝对优势转向欧美占优，学校层次也有明显提升。

如前所述，清末云南留学以日本为主要留学目的国，而且留学学校层次较低，大多不是大学，其教育也并非正规高等教育，其特点如日本学者实藤惠秀所言："一为教授的内容是普通学科而非专门学科，二为教育的性质是速成教育而非正规教育。"[1]民国时期，自 1913 年云南省政府对留日学生停止考送后，即指定留学学校，特别是 1926 年《留日学生管理办法》出台后，进一步限定留日学生就读的学校，赴日留学生就读学校的层次才得到明显改善。以 1923 年云南日本留学生所在学校为例，可证明此时期留日学生所在学校层次明显高于清末留日学生所在学校：据 1923 年云南留日学生名册，当年计有留日学生 32 人（公费生 20，自费生 12），其中公费生就读于东京帝国大学的 8 人，东京高等师范学校的 4 人，大阪高等工程学校的 4 人，东京高等工程学校、京都医专、长崎医专和七高各 1 人。就读日本最高学府——东京帝国大学的占到公费生的 40%。自费生中就读日本大学、明治大学和东京女子齿科各 1 人，东京帝大选科 1 人，其余为预备科。[2]可见留日学生所就读学校层次明显提高。

就读于欧美的留学生所在学校学术水平更远高于日本。民国时期云南留美学生就读的大学主要分布在密西根大学、哥伦比亚大学、哈佛大学、斯坦福大学、威斯康星大学、伊利诺大学、普渡大学等名校。以 1945 年云南省留美公费留学生就读学校为例，40 名赴美留学生中，不少就读于麻省理工、霍普金斯、

① ［日］实藤惠秀：《中国人留学日本史》，谭汝谦，林启彦译，北京：生活·读书·新知三联书店，1983年，第 57 页。

② 温梁华：《云南的留学教育（续）》，《大理师专学报》，1996 年第 3 期，第 62～63 页。

康奈尔、密西根、芝加哥大学等美国一流高校：就读麻省理工学院和伊利诺大学的各有 6 人，密西根大学和理海大学各 5 人，康奈尔大学、霍普金斯大学和伊俄华州立大学 3 人，考洛拉都采外学校各 2 人，芝加哥大学、威斯康星大学、明尼苏达大学、康奈尔州立大学、俄亥俄洛威尔纺织学校、加乃基学院及学校不明的各 1 人。[①]

从所选学的学科看，以工科为最。据表 8-1，1912～1938 年，云南留学生选读工科的为 60 人，占该时间范围内全部云南留学生的 25.21%；其次为法学（含经济学）的 37 人，占比为 15.56%；教育学科有 20 人，占比为 8.4%。据《民国三十四年云南省选送留美公费学生一览表》，1945 年云南留美预备班留美学生中有 31 人在伊利诺大学、麻省理工学院、密歇根大学、康奈尔大学、理海大学等选学化学工程、工程管理、机械工程、电力工程、建筑工程、水利工程、纺织工程等工学学科，4 人在霍普金斯大学、芝加哥大学选学医科，5 人在威斯康星、明尼苏达、康奈尔大学选读农科（含畜牧）。[①] 选学工科的比例高达 77.5%。从两个不同时间段的统计表可见整个民国时期云南留学生选学工科的比例最高。文科则以选学法学、教育学学科的较多。

表 8-1　1912～1938 年云南留学生所学学科分布统计

学科	英国	法国	比利时	德国	美国	日本	合计	备注
农学		1			5	12	18	
工学	14	5	5	4	15	17	60	
医学	2	2		1	1	8	14	
理学		2		1	2	8	13	
教育					9	11	20	并指高等师范训练
文学	1	1				9	11	
法学		6			9	22	37	包括政治经济法律
商学					1	6	7	
艺术		1				3	4	
音乐						3	3	
体育						5	5	
其他		4			5	37	46	包括未注明科别及专科讲习之类
总计	17	22	5	6	47	141	238	

资料来源：云南通志馆编：《续云南通志长编》卷 49，《教育二·学校教育·高等教育》，内部印刷，1986 年，第 839 页。

①　《民国三十四年云南省选送留美公费学生一览表》，1945 年 6 月 30 日，云南省档案馆藏：云南省教育厅全宗，1012-4-489.

从清末到新中国成立前（1902～1949 年），云南留学生约有 800～1000 人。这些留学生虽然数量较少，规模不大，但是在云南近代化过程中却产生了巨大能量，发挥了重要的历史作用。以李根源、唐继尧和罗佩金为代表的留日学生通过传播资产阶级革命思想、发动云南辛亥革命建立资产阶级政权和护国首义而推进了云南政治的近代化。以华封祝、缪云台为代表的留日、留美学生通过建立和推动云南近代工业、交通和金融业的发展推进了云南经济近代化。以龚自知、李曰垓、董泽和熊庆来为代表的国内交流学生和欧美留学生通过建立近代教育制度、发展基础教育和民族教育、建立发展云南大学促进了云南教育的近代化。他们在云南发展史和云南教育发展史上写下了浓墨重彩的一笔，占有较高的历史地位。因有较多学者对此有专门论述，此不赘言。

第三节　新中国成立后的留学教育

新中国成立后，特别是改革开放以来，云南的高等教育发生了翻天覆地的变化，云南的留学教育也在改革开放后获得迅速发展。在改革开放的政策指引下，云南一方面改变了只有派出留学而无招收留学的历史，招收了来自欧洲、美洲、非洲和东亚、南亚和东南亚众多国家的留学生；另一方面，建立和发展了配套的教育对外开放政策和多层次多渠道的留学教育体系，不断扩大留学教育规模，形成了云南留学教育史上的黄金时期。

一、派出留学生概况

新中国成立后的 30 年，在"冷战"思维影响下，西方资本主义国家对我国采取了封锁政策，我国在外交上也采取了"一边倒"的政策，加上政治运动频仍，高等教育的国际交流与合作难以有大的发展。基于 20 世纪 50～60 年代与苏联和东欧国家较为密切的外交关系，当时云南的留学教育也只是少量的向苏联派遣留学生。1959 年和 1960 年昆明医学院曾分两批派遣 5 位青年教师到苏联留学。[①]

1978 年，党的十一届三中全会确立改革开放的战略方针后，随着对外开放的广泛和不断深入，中国的留学教育得到较大发展。云南高等教育的国际交流与

---

① 昆明医学院校史编审委员会：《昆明医学院校史》，昆明：云南人民出版社，2001 年，第 449 页。

合作包括留学教育都得到了较大发展。1978～2000年，云南省由各种渠道出国留学的人员有3000多人。①

改革开放40年来，云南的留学教育经过了两个阶段：20世纪80～90年代中期的摸索发展时期，以及此后的大发展时期。

1978年，从云南大学从物理系教师中派出首批公派留学人员起，云南开始有了少量的国家公派留学。但是毕竟处于改革开放初期，公派留学数量极少，范围较窄，只集中在云南大学等一两所高校。云南大多数高校只有通过校友、师生、同学等民间关系开始摸索和发展与国外高校的联系，在此基础上建立校际交流与合作关系，并由此开始留学教育。如昆明医学院就是通过有留学经历的老教授刘崇智与其师法国里昂大学马莱基教授恢复联系后，建立起与里昂大学的校际交流关系。1980～1998年，昆明医学院相继派出14批20人到里昂进修。②

1978～1989年，云南教育系统通过各种途径和方式派出公派留学生333人，自费留学生约63人。在333名公派留学生中，有进修生267人，攻读硕士学位的21人，攻读博士学位的43人。留学学科比例为文科131人，占总派出数的39.3%，理科202人，占60.7%。③留学主要分布在美国、英国、法国、联邦德国、加拿大、澳大利亚等国家。

1987年，云南省召开留学生工作会议，促进了云南留学教育的发展。会议确定了公派留学工作"先定学科，后定人选，择优选派"的工作思路。这一思路对于云南公派出国留学工作具有里程碑式的意义。这一思路确定了根据云南省经济社会发展需要和学科基础确定重点支持派出公派留学生学科的导向，由此改变了盲目派出留学人员的状况。此后，云南省确定了优先资助出国的16个省级学科46个专业，40个校级学科48个专业。1987年，云南省教委还制定了《云南省地方公派出国留学人员工作实行办法》，在此强调"根据我省经济建设需要派遣"的原则，制定了"派出学科比例为应用学科80%，基础学科20%"的派出比例，明确了选派对象及其条件，确定了审批程序。④

针对以前出国留学工作中存在的透明度不明，竞争性不强，转流排队，照顾出国，主管部门分配名额以及分配中有一定程度的平均主义等问题。1997年，云南省对公派出国留学工作实行了"个人申请，专家评审，平等竞争，择优录取，签约派出，违约赔偿"的选派办法。把竞争机制引入到云南省地方公派留学选拔工作中，增加了公开性、公正性和公平性，体现了在规定条件下的平等竞争、优

① 甘雪春，李艳：《20世纪中后期云南省高校对外交流与合作回顾》，《云南教育》，2003年第21期，第66页。
② 昆明医学院校史编审委员会：《昆明医学院校史》，昆明：云南人民出版社，2001年，第450～451页。
③ 云南省教育志编纂委员会：《云南省志·教育志》，昆明：云南人民出版社，1995年，第634页。
④ 云南省教育志编纂委员会：《云南省志·教育志》，昆明：云南人民出版社，1995年，第635页。

者先行的原则。这一办法进一步刺激了公派留学的报考。20 世纪 90 年代中期以后，云南派出留学人员又有较大发展。云南高校出国留学工作取得长足发展，已形成多类型，多渠道．多层次的留学格局。1978 ～ 2000 年，云南省公费出国留学人员已超过 1200 多人次。① 其中，1990 ～ 2000 年，云南各高校以各种形式向国外派出的留学生就有 800 多人次。②

"根据我省经济建设需要派遣"的原则虽然确实符合"以经济建设为中心"的需要，但是也带来公派留学生结构不合理的问题。留学人员中理、工、医和语言类占 66.5%。文科类和教育管理类的人员最少，占 11%，尤其是学管理类的人员很少，仅占 3%。③ 云南大学的情况也反映出这种结构的失衡性：从 1978 年到 1994 年，云南大学共派出留学人员 131 人，其中学习自然科学的 69 人，学习语言学科的 17 人，学习经济管理和历史学科的各 8 人，法律学科 1 人。④ 学习自然科学的占到总数的 52.67%，学习语言的占到 12.98%，而其他 3 个文科学科仅占 12.98%。

在公派留学生的学校分布上，也存在不平衡性，云南大学、云南师范大学、昆明理工大学、昆明医学院、云南农业大学、云南民族学院、西南林学院 7 所高校是云南省公派出国留学人数最多的，占全省高校出国留学人数的 88% 左右。⑤

派出留学生主要包含公派和自费两类。其中公派留学生的派遣类型又分为国家公派、地方公派和单位公派三种。

1）国家公派。1978 年，云南即开始派出国家公派留学生。云南大学是首批派出的单位。与沿海省份相比，由于整体外语水平较低等种种原因，云南省 20 世纪 90 年代初期以前的国家公派出国留学规模较小、层次较低，平均每年为 15 人左右。1997 年国家实行打破行业限制，公开竞争的办法后，云南省的国家公派留学人员有较大幅度的增长。

2）云南省地方公派。1986 年以来，云南省政府每年拨出 50 万美元及相配套的人民币供我省地方公派出国留学专用。云南省地方公派出国留学主要针对各高校，派出人数达到每年 50 人左右。1986 ～ 2000 年，云南省共派出地方公派留学人员 1252 名。⑥

① 胡雷，张宝昆，甘雪春：《云南高校公派出国留学管理工作研究》，《云南师范大学学报（教育科学版）》，2001 年第 4 期，第 45 页。

② 《云南教育改革志》编纂委员会：《云南教育改革志》，昆明：云南人民出版社，2004 年，第 323 页。

③ 胡雷，张宝昆，甘雪春：《云南高校公派出国留学管理工作研究》，《云南师范大学学报（教育科学版）》，2001 年第 4 期，第 48 页。

④ 云南大学志编审委员会：《云南大学志·教学志》，昆明：云南人民出版社，2006 年，第 434 页。

⑤ 《云南教育改革志》编纂委员会：《云南教育改革志》，昆明：云南人民出版社，2004 年，第 323 页。

⑥ 甘雪春，李艳：《20 世纪中后期云南省高校对外交流与合作回顾》，《云南教育》，2003 年第 21 期，第 65 页。

3）单位公派。随着国家改革开放和经济建设的逐步深入，教育国际化的趋势也日趋明显。各高校积极开辟对外交流渠道，通过校际互访、联系研究项目及争取国外奖学金等方式派出人员。有的学校还自筹资金资助本校教师出国进修。目前，单位公派出国留学已成为云南省公派出国留学的主要渠道之一。以云南大学为例，1997～2000年，云南大学共派出留学人员82人，其中，国家公派21人，地方公派23人，校级公派38人，学校公派在派出人员中比例是最高的。昆明医学院从1979年到1998年向12个国家和地区派出193次197人出国学习，其中，由学院公派前往法国、美国、澳大利亚、加拿大等国的派出人员超过了总数的一半。昆明理工大学与法国三所著名大学分别合作培养博士，十余年来，共为昆明理工大学培养了11名激光技术与信息技术方面的师资，积极推进了学校的学科建设。

4）自费留学。1978～1995年，云南省自费出国留学人数仅为191人，平均每年11人左右；20世纪90年代，为鼓励自费留学，国家又适时提出了"支持留学，鼓励回国，来去自由"的十二字出国留学工作方针，推动了自费留学，形成热潮。自1996年开始，云南每年自费出国留学人数就激增到150人左右，1999年和2000年更分别达到193人和194人，相当于1978～1995年自费留学人数的总和。[1]

二、招收外国留学生

改革开放后，云南以其美丽的风光、丰富的资源吸引了国外的目光。云南高校或以其较高的学术地位（如云南大学），或因其具有独特的多样性民族文化的资源（如云南民族学院），或因为其历史的渊源（如云南师大）吸引了外国高校的学者和学生。20世纪80年代初，云南高校开始招收外国留学生。1982～1989年，云南大学、云南民族学院、昆明工学院和云南中医学院接受了来自美国、法国、德国、英国、瑞士、爱尔兰、意大利、澳大利亚、日本、泰国等国的留学生241名。[2]为他们开设汉语、中国少数民族文学、历史和中医等课程。进入90年代后，云南大多数本科院校和部分专科学校也开始招收留学生。1993年，国家教委公布全国第一批有条件接受外国留学生的高校名单，云南有云南大学、云南民族学院、云南师范大学、云南教育学院和昆明医学院名列其中。1990～2000年，云南高校招收长短期留学生已逾3000多人。[3]2000年以后，云南省

---

① 甘雪春，李艳：《20世纪中后期云南省高校对外交流与合作回顾》，《云南教育》，2003年第21期，第66页。
② 《云南教育改革志》编纂委员会：《云南教育改革志》，昆明：云南人民出版社，2004年，第325页。
③ 《云南教育改革志》编纂委员会：《云南教育改革志》，昆明：云南人民出版社，2004年，第325页。

政府于 2004 年设立了"云南省政府招收周边国家留学生奖学金"并不断扩大名额，使云南高校招收外国留学生人数大幅度增长，到 2009 年来滇留学生规模已逾万人。

从生源结构看，20 世纪 80～90 年代，来自欧洲、北美洲等发达国家的留学生比例较高。如到 1999 年，云南大学常年在校的欧美留学生占外国留学生在校生总数的 65%，其他国家的留学生占 35%。[1] 随着国家"稳妥发展，加强周边"路线方针的提出，云南省作为中国西南辐射南亚、东南亚的窗口，在对外交流与合作方面做出了积极调整。自 20 世纪 90 年代后期开始，亚洲籍特别是东南亚国家的留学生人数大量增加，逐渐成为云南省各高校留学生的主要生源。以 2002 年为例：当年云南各高校外国留学生在校生总数为 997 人，其中来自亚洲的留学生为 627 名，占总数的 62.89%；来自欧洲的 165 名，占 16.55%；来自北美洲的 163 名，占 16.35%。[2]

从教育层次上看，2000 年以前，云南的外国留学生教育主要是以非学历教育的汉语培训为主，即使到 21 世纪初，这种情况也还在延续。2002 年在云南各高校的 997 名外国留学生中，接受本专科学历教育的有 71 人，接受硕士研究生学历教育的 3 人，其余 923 人全为各种非学历教育的长短期培训。[2] 但是，从 20 世纪 90 年代开始也有一些学校开始招收本科生乃至招收国外硕士研究生。除云南大学外，云南民族学院从 1992 年即开始在民族学、宗教学、中国少数民族语言学等学科正式招收国外硕士研究生。[3]

外国留学生的教育内容仍是以学习和进修汉语文化为主。云南大学 20 世纪 90 年代后期，每年有外国留学生 300 余人，固定开设初、中、高级和本科汉语培训班 20 余个，接受长短期汉语培训的近 300 人。[1]

自 1978 年以来，云南的留学教育取得了长足的进步，呈现多类型、多层次、多渠道、大发展的格局。派出留学人员归国率也较高，他们大多成为云南高校的教学科研骨干，一部分还成为学科带头人，在拓展国际视野、推动教学改革、追踪国际前沿开展科学研究、促进云南高等教育国际交流与合作等方面都做出了较大贡献。不断扩大的外国留学生教育，将中国文化传播到世界各地，特别是充分发挥了面向南亚东南亚的文化辐射作用，加强了与亚洲国家的文化交流，通过留学生教育向世界宣传了云南。

---

①　赵政民：《云南大学外国留学生工作的十年》，《中国高教研究》，1999 年第 4 期，第 47 页。

②　云南省教育厅：《2002/2003 学年初云南教育事业统计公报》，内部资料。

③　云南民族大学编：《云南民族大学 55 年》，昆明：云南民族出版社，2006 年，第 162 页。

云南高等教育大事记
（截至 2000 年）

一、云南高等教育大事记

1384 年（洪武十七年）

普定军民府知府者额谴其子吉隆及其营长之子阿黑子等十六人入太学，是为云南首次派少数民族子弟入明代中央最高学府读书。此后，通过"岁贡"、"选贡"和"考贡"等方式，云南官学诸生进入国子监学习的日渐增多。

1498 年（弘治十一年）

大理府浪穹知县蔡肖杰在今洱源县建立龙华书院，是为有明确史料记载的云南建立最早的书院。

1524 年（嘉靖三年）

云南巡抚王启创办五华书院，书院位于昆明五华山北麓。

1685 年（康熙二十四年）

总督蔡毓荣、巡抚王继文创办"昆明书院"，康熙四十二年（1703 年）皇帝手书"育材"一匾赐之，故改名为"育材书院"。

1731 年（雍正九年）

云贵总督鄂尔泰对五华书院进行大规模扩建。这个时期，五华书院成为一所闻名遐迩的大书院，培育出了钱沣、唐文灼、方玉润、杨国翰、池生春、李于阳、戴淳等著名学者。

1889 年（光绪十五年）

云南总督王文韶、巡抚谭钧培奏请朝廷批准设置经正书院，获准。书院位于今翠湖公园内。光绪十七年（1891 年）获皇帝赐匾"滇池植秀"。

1899 年（光绪二十五年）

成立云南武备学堂。学堂内附设方言学堂，分设日文、英文和法文 3 科，为留学生出国预备教育。在新式高等学校出现之前，云南所需的新学高级人才则是送往京师大学堂去培养。

1901 年（光绪二十七年）

云南首次向京师大学堂派遣袁嘉谷、施汝钦、李泽、孙文达、席聘臣、张耀增、由云龙等学生入学，开启了云南派遣"国内留学"学生之先河。1903 年选送了张崇仁等 4 人，1904 年选送了李华等 8 人，1906 年选送了布青阳等 6 人。另有部分学生就学于京师法政学堂及经科大学。

1902 年（光绪二十八年）

云南教育当局令张贵祚为护送员，将首批留学生钱良骏等 10 名学生送到日本留学。第二年朱勋将杨振鸿等 10 人送往日本。1904 年选送 41 人去日本学速成师范，28 人去学实业。1904 年云南开始有自费留学生。1905 年制定留学生章程，规定：凡自费生考入日本各官立专门大学者，准予改为官费。官费生的待遇优厚（每人 400 两白银做行装旅费，每人每年还有 400 日元作学费）。

《钦定学堂章程》颁布，云南地方当局随即着手草创高等学校。

1903 年（光绪二十九年）

2 月，将五华书院改为云南高等学堂。学校设有理财、兵学、交涉 3 科。当年招生 188 人。但由于生源质量太差，于 1906 年降为普通部 3 班，师范部再另招 3 班。1907 年改为两级师范学堂。校址在昆明市五华山。

1904 年（光绪三十年）

"东文学堂"创办于昆明的三迤会馆，聘请高岛、近田两位日本人为教师，每人包教 30 名学生，学制 3 年，培养外语教师与留学预备生。开办不久，该校并入方言学堂。

1906 年（光绪三十二年）

创办法政专门学堂。初设"速成"一科，分"员""绅"两部。员部收纳后补官吏，绅部则收举、贡、生员。所设课程为比较浅显的政治、法律课，目的在于培养后补官吏。

1908 年（光绪三十四年）

创办速成铁道学堂。

方言学堂从云南武备学堂独立出来。1909 年，方言学堂改为"云南高等方言学堂"，开设日文、英文和法文 3 科，1912 年停办。

1909 年（宣统元年）

创办云南陆军讲武堂。该校的历史渊源：1899 年成立武备学堂，1904 年清王朝令各省设军事学堂，云南又于 1906 年成立陆军小学堂和陆军速成学堂，1909 年成立军医学堂。1909 年在武备学堂的基础上开办陆军讲武堂。李根源为总办，张开儒为提调。校址在承华圃（今农展馆）。讲武堂的办学任务有二：一是轮训在职军官，为期一年；二是招收普通学生，经正规军事教育后，培养新军中下级军官，学习期限三年。学科设置有步兵、骑兵、炮兵、工程兵四个专科。讲武堂 40 名教官中 24 人为日本士官学校毕业生，3 人为日本陆军测量学校毕业生，1 人为日本法政大学毕业生。1920 年，唐继尧为培养高级将校及各级参谋人才，创办高等军事学校，附设于讲武堂内。

公派柳灿坤、杨宝堃、张邦翰 3 人赴比利时学习。

1910 年（宣统二年）

创办云南高等工矿学堂、商业学堂。

1912 年

两级师范学堂改为省会师范学校，校址迁到旧督署（今人民胜利堂），优级选科停办，只办初级师范，该校最后改名为云南省立第一师范学校。

法政学堂改为法政学校。

原留日学生董泽、马标、李伟 3 人先后赴美国留学。

1913 年

法政学校改名为公立法政专门学校。设有政治经济、法律两科。

经英法文专修科培训，缪云台、任嗣达、卢锡荣、杨克嵘、周恕、范师武 6 人被选定为省派公费留学生，派往美国留学。

北京高等师范学校以及南京、武汉、成都各高师相继建立并先后来滇招生。

背景说明：云南教育当局出于人才培养的需要，采取措施鼓励滇籍学生出省深造。对于到省外就读大学的学生，初始之时，当局只给考入大学的学生发放津贴，对省外就学的名额、奖学金数量及享受津贴的办法较为笼统，没有统一办法，私立大学者不予补助。后来规定，凡选送京师大学堂的学生每人每月给津贴银 12 两，民国后仍照旧例执行。1916 年后，又多次对选送名额、津贴发放标准及方法进行修订。1917 年将津贴额扩充到 30 名，以国立为限，分为高师 15 名，大学 5 名，法政 5 名，其他专门学校共 8 名。1918 年又规定，除北京法政专校限定为 2 名外，其余国立各大学专校均不定名额。1922 年，省政府规定，将享受津贴的名额定为 100 名，凡进入北京大学本科学习者，每年加发银 80 元。1930 年，教育厅重新核定《本省补给升学国内大学、专科学校奖学金规程》及《优待升学国内大学、专科滇生汇款贴水办法》，分别实行。原来补给奖学金的学校限于国立，私立大学概不给津贴。这次则规定，凡国立大学、专科学校之滇籍本科正额生，及教育部核准立案认可之私立大学滇籍本科正额生，经审查合格者，一律都可享受奖学金待遇。其中，国立名额 120 个，私立名额 30 个。1932年，奖学金名额扩大至 200 名。同时还出台《补给本省高中毕业生升学国内大学专科学校奖学金规程》，规定：凡获得奖学金的学生在毕业后，必须回云南工作，否则代领奖学金的家属或保证人应赔还所领全部奖学金及其他补助。抗战期间，停止了向省外滇籍学生的资助。抗战胜利后，又恢复了对省外滇籍学生的补助津贴。

1915 年

云南省政府派员赴全国教育行政会议，所报计划案内，曾筹议在本省设立大学，并拟议以后非经大学毕业者，不能选派外国留学。1918 年，在滇、川、黔三省联合会议上，又有设立联合大学的倡议。

1919 年

夏，昆明尚志社龚自知曾向省议会递交请愿书，要求在本省筹办大学，经省议员张怀仁交大会审议通过，"转咨政府核议执行"。同年 9 月，以云南督军公署、省长公署名义，会衔咨复云南省议会，表示："对本案（创立大学）亦屡经筹议，卒以库款支绌，未能为具体之规划。现本督军兼省长（唐继尧）力图整理内政，对于教育全部，均积极进行。大学校之设，必期于成。已在酌定一切办法，俟稍就绪，再行饬财政厅筹发经费，并咨贵会备案"。大学之设遂由一般酝酿转入筹备阶段。筹备阶段分前期（1920 年秋至 1921 年 2 月）和后期（1922 年 3 月至 1922 年 12 月）。

1920 年

夏，云南第一批留美学生董泽、杨克嵘等人学成回到云南，他们既是创设大学的倡议者，又是筹备大学的骨干和主要师资力量。当董泽等人向唐继尧建议创立大学时，立即得到唐继尧的支持与鼓励，并允在经济上加以资助，并指令参议王九龄、秘书官董泽主持筹备事宜。

10 月 22 日，董泽拟就《东陆大学进行计划概略》。开篇便说："中国频年多难，学务废弛。大学教育不发达，遂致人材缺乏，文化未兴。感此痛苦，西南各省为甚，而滇省为尤甚。联帅唐公恻然忧之，故拟在滇中设立一大学，为培养人才、昌明学术之远图"。《概略》主旨：学校之目的为养成文学、政治、经济、教育、专门实业等人材。名称：拟称东陆大学。学校扩充之程序，初期先立大学预科及大学本科，分文学、政治、经济、教育四组，共 7 年毕业。二期添设矿科、机械科、工程科。三期添设医科、农科。

11 月 22 日，王九龄、董泽就大学校址、经费、大学内容呈文唐继尧说："学校地址，自以规模宏敞，空气清洁之区为适用。九龄等曾经省垣内外亲履查勘，只有距城西三里许之大观楼一所，尚觉相宜。该处向称名胜，虽房屋构造与学堂性质不同，但略加改造已可适用，较它处拓地建筑，事半功倍。应请准予拨给本校，鸠工修葺，以垂永久。""大学基金，切实筹计，至少需集 300 万元。""按其生息所入，以作校中常年经费，根基稳固，措施乃克裕如。""一面恳请由钧部先行筹给 10 万元，作为开办经费，并由九龄等分途劝募后，按集资多少，以定办学次序。""再大学内容，文实并重然各国大学亦有先办文科，后办实科者。但就滇之现势观察，觉工、机械各科，亦有可以同时筹办之机会。"

1921 年

2 月，因驻川滇军第一军军长顾品珍倒戈反唐，唐继尧通电辞职，乘滇越火车出走，流落香港，大学筹备工作亦因之中辍。1922 年 3 月，唐继尧回师云南，与顾品珍部激战于宜良大河两岸，顾被击毙。3 月 24 日回昆明，重掌云南军政大权。仍令王九龄、董泽恢复大学筹备工作。

1922 年

7 月 1 日，东陆大学筹备处正式成立，设于省立工业学校内。由董泽任筹备处长。7 月 14 日，召开第一次筹备会。先由董泽报告筹备经过，后经多方研究议决，分为学制、经费、校址三个问题，逐次讨论。1922 年 7 月 15 日至 8 月 10 日，草拟、审议《东陆大学组织大纲》。该大纲分 9 章 27 条。8 月 13 日，《东陆大学组织大纲》经唐继尧核准照行，并暂行捐助 1 万元作筹备费，又令财政司拨给东川矿业公司官股 10 万元修建校舍。同日，省政府决定，指拨旧贡院为东陆大学校址。

9 月 25 日，奉省长令，拨来东川矿业公司 5 万元的股票 2 张，合股本 10 万元，并息摺 2 本。10 月 5 日，省务会议批准，拨第二工业学校开办费 9 千元交本校购办仪器。后又得军饷委员会拨助 24 万元，滇越铁路公司拨助 10 万元，富滇银行 6 万元，隆昌公司 5 千元，福春恒号蒋仰举 5 千元，同庆丰王筱斋 5 千元，永昌祥严子珍 3 千元……殖边银行 2 万元，个碧铁路公司 3 万元，个旧锡务公司 2 万元，顺成号 3 千元，唐继尧 50 万元，以及其他一些捐款，共约 100 万元。拟再筹 200 万元，以 100 万元作建筑设备费，200 万元作基金生息。

1922 年 10 月 1 日，召开筹备会讨论以下事项：①建筑校本部（会泽院）奠基问题；②大学校色。经众议决：采用金黄和碧绿 2 色，取金马、碧鸡互相辉映之义。③校徽。经众表决，以金黄地上绘碧绿园形，中绘指南针，针之东西绘绿色东陆 2 字，取金碧交辉、东陆指南之义。④讨论建筑事务所支领款项手续。

10 月 4 日，开筹备会，①提议明年 3 月开课预备事项，并由陶继鲁拟就招生广告，请众讨论；②选举校长，结果以董泽得票最多当选；③选举名誉校长 2

人，以唐继尧、王九龄得票最多当选；④讨论奠基日仪式；⑤提议由各县筹解奖学金，大县年解 200 元，中县年解 150 元，小县年解 100 元，作为本大学奖劝各该县学生费用。议决呈请省长衡核施行。12 月 4 日，唐省长核准通令各县分担。

10 月 25 日，筹备处开会讨论《组织大纲》。董泽建议，大学为最高学府，欲避去各种牵制，巩固大学根基起见，主张"私立"为善，请众研议。

11 月 10 日，拟具招生办法，因提出兼收女生一事，掀起一场风波。省务会议讨论时提出"男女同校，不妨多加审慎……拟暂从缓议"。唐继尧批示："俟大学成立，办有成效，再行添设女子大学部，为女子升学之地"。事情传出，议论纷纷。杨凤贞、张琼华、张邦贞及女师全体师生于 1923 年 1 月 10 日上书请求东陆大学开放女禁，招收女生，"免使增进社会文化之最高学府，形式上犹有重男轻女之瑕疵，致遭海内外之讥评，而伤大学之体制"，最后，东陆大学提出先试收女生作为"特别生"的方案，得到省务会议与唐继尧的同意，并于 1923 年 4 月 9 日发布试收女生的布告，风波遂告结束。

12 月 7 日，筹备处呈请唐继尧函聘大学校长并发给关防。12 月 8 日，唐继尧函聘董泽为私立东陆大学校长，并发给关防一颗（文曰"东陆大学之章"）。

12 月 8 日，私立东陆大学宣告成立。

12 月 17 日至 1923 年 3 月 28 日，布告东陆大学招生广告与简章。计划招收预科班 4 班，每班定额 50 名，共 200 名。报考者 300 余人，因成绩不佳，"被取为预科生者仅 20 余人，取为预科补习生者约 80 人"，共计 108 人。

1923 年

1 月 10 日，东陆大学首批招生（预科班）开始报名。

1 月 20 日，会议选聘本大学教职员。至是年秋，先后选聘职教员 24 人。

3 月 22 日进行入学考试。3 月 31 日，新生（预科生）开始注册。

4 月 20 日，东陆大学举行隆重的校本部（会泽院）奠基及开学典礼。

5 月 22 日《金碧日报》报道，东陆大学改组班次。报道说，东陆大学近因各生程度参差，用英语教授，每多障碍。现拟择其程度优者为正班，用英语直接教授。其次编为别班，俟一二年后精进英语时，仍升入正班。

本年，校长董泽优礼敦请袁嘉谷（时年 52 岁）主讲国学。从此讲学无间断。因学校系私立，故不受薪，另捐千元助学。讲学以经学为主，另讲考据、词章、文理；假期专讲诗法，每周 3 学时。云南远近学者趋道赶来至公堂听课，座无虚席。每有好书出版，都购买许多，捆载入校，发给同学。对学生的好作品口诵不忘，先后汇集为《东陆大学诗选》三集及《云南大学诗选》一集，为之序，尽力表彰，受益者甚多。

1924 年

东陆大学会泽院、理化实验室、实习工厂相继落成。

1925 年

春，东陆大学开始办大学本科。先设文、工两科。文科分设政治经济、教育等系，工科分设土木工程、采矿冶金 2 系。采矿冶金系因一时设备不及，故仅先办土木工程系。

7 月 1 日，东陆大学与云南高等师范学校、法政学校、省立师范、联合师范、省立中学，成德中学、昆明师范、女子中学等校学生，响应"五卅"反帝爱国运动，这是东陆大学成立后首次参加的学生爱国运动。

1925 年起，私立东陆大学招收正式女生，称特别女生。第一年有吴澄、杨静珊等女生考入文科预科。

1926 年

3 月 14 日，东陆大学行政委员会成立。《东陆大学行政委员会简章》说，为办事便利起见，特组织行政委员会执行校内行政事务。由校长聘任之。设委员长 1 人，由各委员轮流担任之，其次序由抽签主之。责权有：①遇校长离校或因故不能执行校务时代理执行校长职务；②属于全校行政事宜、经校长委托办理者；③处理旧时发生的各种行政事宜。②、③两项所载事件处理后须陈明校长。但重大事件仍须先行报请校长裁决。本会处理事务以委员五分之三以上出席，出席者三分之二以上之议决行之。

唐继尧企图把法政学校、省立第一师范学校及高审厅的地皮卖给法国人，"云南青年努力会"组织全市学生掀起护校运动。一面发表通电和《告全省同胞书》，一面派人去质问外交司司长徐宝权。还组织游行示威活动，不断派代表到省政府抗议。最后，省议会不敢通过该议案，唐继尧被迫收回成命。

1927 年

2 月 6 日，昆明镇守使龙云、蒙自镇守使胡若愚、昭通镇守使张汝骥、大理镇守使李选廷举行"兵谏"。唐继尧被迫交出大权，并于 5 月 23 日呕血不治而死，时年 44 岁。创办人唐继尧死后，私立东陆大学"顿失中心，校务进行，缺乏指导"。

中华教育文化基金董事会派调查员朱庭祜视察东陆大学。6 月 5 日写出《视察东陆大学报告》。对东陆大学前一阶段的工作做了详细的介绍与评价。《报告》对东陆大学之校园与学风多有称赞，并提请该会（中华教育文化基金董事会）每年补助东陆大学 4 万元，以 5 年为期。

1928 年

年底，东陆大学第一届文、工本科生毕业，共 27 人。

1929 年

法政专门学校开始兼收女生。

龙云被国民政府任命为云南省政府主席，开始对各级政府机构进行改组。

1930 年

9 月，私立东陆大学变更为云南省立东陆大学。

背景说明：1930 年，龙云改组了教育厅，将东陆大学由私立改组为省立，称"省立东陆大学"。董泽校长提出辞职。省政府另委副校长华秀升代理校长。学校行政组织按南京国民政府教育部颁发的大学组织规程组成。停招预科。私立东陆大学时期，学杂费高昂，一个学生的学费、膳费、住宿费及制服费，每年要交旧滇币 200 元，一般小资产阶级家庭无法负担。因此，大大限制了中学毕业生报考东陆大学的数量。在整个社会经济处于不稳定的情况下，入学学士因家庭经济发生变化，中途辍学者也不少。1923 年大学建成时，省公署曾令各县按县的大小解给定额奖助学金支援大学，但在国民经济衰微的情况下，大都阳奉阴违。1925 年改为有学生在东陆大学上学的县直接汇给学生作为公费，但到 1927 年唐继尧下台时，也就停止了。东陆大学私立时期，本科不仅入学者少，中途辍学者也多。从 1928～1930 年年底，私立东陆大学的七年总共只毕业了本科生 42 人（文科 31 人、工科 11 人；全为男生）、预科生 191 人（文预科 128 人、理预科 63 人；其中女生供 15 人）。但是，私立东陆大学时期，教师大多是有教学或某专业实践经验的学者，教学认真负责；学生入学时要经过严格的考试，在学期间规定必修学分高，加上较严的学习考试制度与淘汰制度，除去经济原因，当时能够坚持读到毕业的学生，学习基础都比较扎实；"预科毕业生除多数入本科外，有应聘省内中学校及师范学校数理化教师及升入京沪港各大学者，其程度均甚优良云"；本科历届毕业生，大多成为云南地方上的政治、经济、文教、公路、矿务建设中的骨干。

云南省立东陆大学取消董事会，学校改属省教育厅，行政上改为校长向省教育厅负责。是年秋，行政机构除设立基金委员会管理校产外，其他机构仍旧。改省立后，取消了学校经济独立，校产成立基金委员会保管，学校经费改由省库支给。这一时期，正是龙云与其他军阀混战后不久，云南财政不支，学校经费全靠有限的省教育经费拨支。学校根据当时情况，造报 1931 年预算，每月经费订为 6.3 万元（旧滇币，下同），但省府只批准 2.5 万元，全年共 30 万元，另给临时费 5 万元。这年东陆大学未招生，在读的学生在毫无补助的情况下，因经济困难而中途辍学者日多。华秀升为首的校政当局，于 1932 年年初向社会募捐助学，得社会人士慷慨解囊，共募得旧滇币 53620 元，由学校组织保管委员会保管，聘袁嘉谷为委员长、萧杨勋等为委员，严夑成为会计，将款存放商号生息助学，于本年免收学生杂费及住宿费。

1931 年

东陆大学改科为院，东陆大学行政机构进行了调整，校务会议缩小为教务会议，校长只管教务而不管财政，校长权力大大削弱。改文科为文学院，设政治经济、法律等系；改工科为工学院，设土木工程系、采矿冶金系。大学办本科，预科结束。

中原大战之后，蒋介石自兼教育部长，命令整顿高等教育。

1932 年

2 月，云南省立师范学院成立。

10 月，云南省府决定将云南师范学院并入云南大学成立教育学院，师范学院原经费 1.6 万元本应拨给云南大学，但在 1933 年请领经费中，只知加进新设法律、数理、医专增班费 4.5 千元，实领月经费 2.95 万元，另领医专开办费 1 万元。从中可看出师范学院经费未拨给云南大学。在增加院系，经费不足的状况下，学校只有采取交替招生的办法，在一些年度以各系轮替招生的办法来保证新系的开办、老系的延续。同时，停聘专任教师，多聘兼任教师。

公立法政专门学校一度寻求独立为法学院，但未获准。最后只得照教育部颁布的办法停办。

1933 年

春，云南省立师范学院正式并入省立东陆大学，扩充为教育学院。1933 年秋，教育学院添办教育系。

1934 年

6 月，省立东陆大学完成文理、教育、工学 3 个学院之设置，依据《大学组织法》和《大学规程》，具备三个学院以上者可申报教育部审核备案，特造报省立东陆大学现况，呈请转咨教育部核准备案。

9 月 16 日，省立东陆大学正式更名为省立云南大学。

是年，省财政经济已逐步好转；币制经过改革，也日趋稳定；省教育经费独立收支，大学校经费改由财厅与教厅各拨半数，省支经常费改由新滇币支给，月经费 1.18 万元，相当于旧滇币 5.9 万元，比 1933 年经费增加了几乎一倍，较过去稍宽裕，以后教育厅还逐年拨给学生奖助学金、津贴。校长何瑶还将抚仙、星云两湖投资所得的 4 万元并入华秀升时募集的奖学基金中，使奖学基金增加到 9 万多元，与校产资金一起，年息 1.2 万元，进一步免去学生的学费，还设立了有条件的奖助学金名额及三四年级津贴和外文书补助费。

1935 年

5 月，蒋介石来云南"围剿"长征红军，以云南大学会泽楼作为"行辕"，学生学习暂迁"忠烈祠"（今连云巷招待所）医专上课。当时，蒋介石对云南有色金属大感兴趣，强调云南将成为工业中心。

6 月，云南大学接中英庚款董事会通知，本年补助云南大学添置理化器械费 1 万申洋（相当于旧滇币 10 万元、新滇币 5 万元）。

7 月 23 日，云南大学代北平师范大学及四川大学招考本届新生，计录取北平师范大学历史系学生李埏等计 3 名，四川大学教育系范丞先等 3 名。

8 月，省府在第 437 次会议上议决：拨省款新滇币 60 万元给云南大学建理工学院——志成院及学生宿舍，并将与云南大学毗邻的昆华中学旧址（现钱局街及文林街师范学院附中附小）全部拨归云南大学。"志成院"后未盖成，此款用作扩建科学馆费。

10 月 13 日，云南大学学生制服，原与各中学无异。现云南大学为避免与各校混同，经教务会议议决，嗣后学生制帽用方形学士帽，仿日本式；制服用西装式，材料暂用黄斜纹布，以示区别。

12 月，南京教育部特派出其云南视察员陈礼江来云南大学视察。陈对采矿冶金系特表重视，令迅速充实，学校借此机会造报五年扩充推进计划和经费预算，由陈转南京政府教育部。

1936 年

7 月 21 日，经中英庚款董事会决定，补助云南大学矿冶系设置国币 8 万元，自本年起分 2 年拨给，本年 4 万元为矿冶系设备费。

是年，云南大学有教员 49 人，职员 21 人，共 78 人。其中，留美 12 人，留英 7 人，留法 5 人，留德 2 人；留日 8 人。本国各公私立大学毕业 25 人，师范大学毕业 2 人，高等师范毕业 1 人，专科学校毕业 8 人，其他 8 人，外籍教师 1 人。学生：男生 249 人，女生 53 人，共 302 人。

1937 年

4 月～5 月，云南大学发生由政治经济系四年级学生黄光陆、李天骥、王鸿绩发动的驱逐何瑶的"倒何"风潮。风潮发生时，龙云即决定聘请熊庆来到云南任校长。

6 月，熊庆来接受龙云聘请，于 26 日离开北平，7 月 15 日抵达昆明，8 月 1 日到云南大学视事。

7 月 7 日，侵华日军制造"卢沟桥事变"，中华民族进入全面抗战。

7 月 20 日，云南省政府举行第 515 次会议，议决关于省立云南大学事项：

①省立云南大学校长何瑶辞职照准；给予为首闹事学生黄光陆开除处分，李天骥、王鸿绩各停学一年，各院系参加闹事学生均各记大过一次；

②任命熊庆来为省立云南大学校长；

③自8月1日起，省立云南大学直接隶属于省府；

④任命何瑶为云南全省经济委员会专门委员；

⑤议决云南大学核增经费为每年国币25万元。（原云南大学每年经费为新滇币15万元，折合国币仅7.5万元。）

8月17日，云南省政府呈请国民政府行政院教育部自1937年度起，将省立云南大学改为国立。

8月，熊庆来到校视察后，励精图治，对学校改进提出五项基本原则：①慎选师资，提高学校地位；②严格考试，提高学生素质；③整饬校纪；④充实设备；⑤培养研究风气。并从三个方面对院系组织作了适当调整与扩充：①正式成立医学院；②将理工学院分设为工学院与理学院；③对各院的系进行了若干调整。经过调整与充实，云南大学分4院9系。

9月10日，教育部发布第16696号令，宣布以北京大学、清华大学、南开大学组建"国立长沙临时大学"，并设立筹备委员会开始筹建工作。

9月13日，教育部复函，同意云南大学设置医学院。云南大学医学院开始招生，开启云南的医学本科教育。国立云南大学时期的医学院，教师队伍阵容强大，其中，有法国里昂大学博士15人（医学博士12人、药学博士1人、理学1人、文学博士1人），法国国家博士2人（理学博士1人、理学医学双博士1人），巴黎大学博士2人（医学博士），法国斯特拉斯堡大学医学博士1人，德国柏林大学牙医学博士1人，比利时布鲁塞尔大学药学博士2人，这个名单，诚可谓医学界之精英翘楚，队伍之齐整，确为当时海内同类院校所少见。

9月16日，省立云南大学举行隆重的开学典礼。云南省主席龙云派教育厅龚厅长在会长宣读了训词。熊庆来校长主持开学典礼。

是年，云南大学始招新生250名，远超计划的160人。其中，文法学院93名，理学院32名，工学院69名，医学院56名（男生23人，女生33人）。

10月26日，云南大学呈文省政府，因扩充院系、增招新生、转学生、实习生约300人，又收容战区借读生50人，原有教室、寝室不敷使用，拟于衡鉴堂后西侧，暂建临时教室11间。预计约需新滇币2万元，期以三月完工……政府一并如呈照准。

1937年秋，云南大学医学院开始招生。1937年始招新生250名，远超计划的160人。其中，文法学院93名，理学院32名，工学院69名，医学院56名（男生 23 人，女生 33 人）。

12 月 18 日，国民政府教育部督学许季康（名逢熙）奉派视察川黔滇三省教育。他视察云南大学后认为云南大学"基础颇佳""先中央已决定自下年度起改为国立"。

1938 年

1 月 20 日，经蒋介石、教育部同意后，长沙临时大学于是日召开第四十三次常委会，做出"学校迁往昆明"的决议。1 月 22 日发布《长沙临时大学关于迁校的布告》，昭告"本校商承教育当局迁往昆明。"

1 月 24 日，长沙临时大学开始 1937～1938 年度第一学期考试。

2 月 9 日，南开化学系教授杨石先、北大经济系教授秦瓒、清华土木系教授王裕光代表三校乘车先行入滇，安排迁校事宜。15 日，长沙临大昆明办事处主任蒋梦麟飞赴昆明，主持迁滇筹备工作。

2 月 19 日，长沙临时大学"湘黔滇步行团"出发赴昆。是时，长沙临大西迁师生分三路入滇：一路是教职工和女生及体弱者，乘火车沿粤汉铁路至广州、香港，乘船至越南海防，转滇越铁路到昆明；一路由中将参议黄师岳任团长，以男生 284 人和教师 11 人（黄钰生、闻一多等）、军训教官 3 人组成"湘黔滇旅行团"，徒步横跨湘黔滇三省，向昆明进发。

2 月 22 日，龙云夫人顾映秋女士以云南大学女生 160 余人向无适当宿舍，通学颇感不便，慨然捐建价值国币 2 万元之宿舍 1 院（即映秋院）。

4 月 2 日，经最高国防会议通过，国民政府行政院命令长沙临时大学更名为"国立西南联合大学"。

4 月 19 日，因校舍不敷使用，西南联大常委会议决建立西南联大蒙自办事处和蒙自分校，将文学院、法商学院安排到蒙自。

4 月 28 日，西南联大"湘黔滇步行团"抵达昆明。至此，分三路入滇的西南联大师生全部抵达昆明。"湘黔滇步行团"徒步从长沙至昆明，行程 1671 公里（总计步行 1300 公里），被誉为"中国教育史上的长征"。整个迁滇前后历时 68 天。

5 月 4 日，西南联合大学全校开始上课。

6 月 14 日，《云南日报》报道，中华文化教育基金委员会决定每年补助云南大学采矿冶金系国币 10 万元，5 年后每年递减 2 万元，直到 1948 年止共 10 年。

1938 年 7 月 1 日，根据国民政府行政院 1937 年 10 月会议决定，省立云南大学实行改为国立。

6 月 22 日，教育部颁发《国立各院校统一招生办法大纲》，规定国立大学实行统一招生考试（沦陷区各院校除外）。受战争影响，这一办法仅推行了三年。

考试按地域和交通划为 12～15 个考区举行。昆明考区（含香港）由在滇各大学校长蒋梦麟、熊庆来等组成"招生委员会"，特聘西南联大著名教授张奚若、闻一多等组成"命题委员会"和"审核委员会"，负责制定和审核招生章程、命题原则、成绩复核、决定录取、分配学生等工作。

7 月 1 日，根据国民政府行政院 1937 年 10 月会议决定，省立云南大学改为国立云南大学。

7 月，教育部决定在国立西南联合大学、国立中央大学、国立中山大学和国立浙江大学设立师范学院。

7 月 15 日，组建云南省中等学校在职各科教员暑期讲习讨论会，教育厅长龚自知任主任委员，西南联大蒋梦麟、梅贻琦、张伯苓和云南大学校长熊庆来任委员。

7 月，国立国术体育专科学校由广西迁至昆明。

8 月 20 日，教育部令将云南大学教育系并入西南联大师范学院。黄钰生奉命筹建西南联大师范学院。

8 月 23 日，西南联大蒙自分校结束课程，文学院和法商学院师生迁返昆明。

8 月，滇缅公路全线通车，全长 958 公里。

9 月 4 日，云南省中等学校各科教员暑期讲席讨论会结束，云南省内 62 所中学 155 人参加学习。授课教师 66 人，主要为西南联大和云南大学教授，其次为中央研究院研究员、省外大学教授、部分中学校长。

本月，国立中正医学院从江西永新经镇南关（今友谊关）到越南河内，再乘火车沿滇越铁路到昆明。

9 月 28 日，日寇飞机第一次空袭昆明，炸死平民 75 人，伤 83 人，炸毁、震倒房屋 195 间。

10 月 18 日，国民政府行政院第 385 次会议决定，任命熊庆来为国立云南大学校长。

11 月 5 日，《云南日报》报道，中英庚款董事会在抗战后方大学设置讲席，自平津各大学评聘青年才俊充任讲席教授，以资助后方大学提高学术水平。在云南大学设置讲席 8 席（后又增加吴文藻）：

丁道衡（留德博士、地质）每月补助 200 元；

李珩（巴黎大学博士、算学、天文）每月补助 160 元；

单粹民（里昂大学理学硕士，理论力学、椭圆函数）每月补助 120 元；

江应樑（中央大学文科研究所硕士、民族学）每月补助 80 元；

费孝通（伦敦大学博士、人类学）每月补助 120 元；

岑家梧（日本立教大学、史前艺术史）每月补助 80 元；

张维华（燕京大学文学硕士、清初中俄交通）每月补助 120 元；

白寿彝（燕京大学国学研究所肄业、中国回教史）每月补助 80 元；

吴文藻（哥伦比亚大学博士、社会学、人类学）。

11 月 24 日，国立云南大学举行隆重的开学典礼。

12 月 5 日，云南大学与西南联大交换代课教授，云南大学聘到西南联大中文系任教的有闻宥教授等人，而西南联大被聘到云南大学的更多，先后有罗庸、姜立夫、白英、、芮沐、潘光旦、李树青、姚嘉椿、秦瓒、王迅、华罗庚、钟开莱，朱德祥、陈美觉、沈同、陈阅增、吴征镒、冯景兰、钱临照、洪谦、王国屏、司徒惠卿、游泽丞、刘寿民、姚从吾、闻家驷、张印堂、余冠英、吴乾就等。

12 月底，国立艺术专科学校开始由湖南沅陵迁至昆明。

1939 年

1 月 25 日，行政院任命熊庆来为国立云南大学校长（业已就职视事），于本日在至公堂举行宣誓礼。

1 月，国立同济大学由广西八步迁入昆明。

2 月下旬，国立中山大学教职员工共 245 人（校本部人员未计在内），学生 1736 人辗转到达澄江。

4 月 27 日，西南联大教授袁复礼等在禄丰县发现恐龙化石。

5 月 7 日，华中大学在大理喜洲正式开学。在喜洲仍设立文学、理学和教育学三个学院，中文系、外文系、历史社会系经济系、物理系、化学系、生物系、教育系、心理学系 9 个系，10 个专业。

6 月 12 日，北京大学召开教务会议，决定恢复北大文科研究所，并议定工作任务为：①招收研究生；②设立工作室；③成立编辑委员会。研究所设史学、语学、中国文学、考古学、人类学、哲学六门，下设 7 个工作室：文籍校订、中国文学史、中国语言、英国语言、宋史、明史、中国哲学与宗教，各由文学院教授负责主持。文科研究所办公地点在青云街靛花巷 3 号，主任先后定为胡适、傅斯年，均未视事，后由汤用彤、郑天挺主持日常工作。

7～10 月，根据教育部“一、二年级学生仍应留沪”的指令，国立上海医学院三～六年级的学生和部分教师近 200 人分三批迁至昆明白龙潭。

7 月 28 日，云南大学开办农学院，聘汤惠荪为院长。

8 月 12 日，北京大学文科研究所举行恢复后第一届研究生招生考试，共录取 7 名研究生（史学部分 3 名、语言学部分 3 名、中文部分 1 名）。

8月23日，清华大学研究院恢复工作，下设文科、理科、工科三个研究所（挂靠于相关院系，未独立设置）。文科研究所设中国文学、外国文学、历史、哲学四部。

9月1日，清华大学研究院文科、理科研究所举行研究生招生考试。

9月22日，清华大学公布研究院文科、理科研究所录取研究生李赋宁等7人名单。

11月1日，清华大学研究院工科研究所公布录取研究生徐恩元等4人名单。

11月2日，清华大学研究院公布复学研究生俞大鲲、钱伟长等10人名单。

11月10日，西南联大与云南省教育厅合办的中学在职教员晋修班开班上课。该班共有学员62人，其中国文科进修教师27人，数学科及其他科各10人。除蒋梦麟亲自授课（中国教育问题）外，授课者多为西南联大名教授，如朱自清、罗庸、杨振声、雷海宗、蔡维藩、洪诚、杨石先、郑华炽、许浈阳、刘薰宇、张希陆等。该班至1940年暑假后结业。

11月27日，中法大学理学院在所租北门街南菁中学旧址（今昆明第三十中学）正式开学。

1940年

3月20日，董澄农慨捐国币7.7万元，赠送云南大学医学院建筑细菌学研究室（亦称细菌学馆）。该研究室取名澄农馆以资纪念。

背景说明：云南大学医学院建院后，随着年级的增加，专业实验要求日亟，为解决专业实验场所问题，急需另建实验室。大理喜洲"四大商帮"之首董澄农得知此事，向范秉哲院长表示：愿捐国币6万元，以为建筑之资。董氏十数年来，捐资助学，不遗余力，扬名于世，号为儒商。熊庆来久仰董氏之名，得此捐赠，即函致谢。董澄农接函后，即复熊庆来，函云："吾省大学，自兄主持以还，教育进步，一日千里，仰兄才识宏富，令人敬佩"。捐助事乃"桑梓义务，份所应尽。弟虽……略有赞助，未敢藉以沽名，咸请守密，崎雾鸣谢"。熊庆来阅函后，对其高瞻远瞩和仁者精神，愈加感佩，再函董澄农云："仁者服务桑梓之精神，岂可湮而弗彰？况急公之风，将自此愈振，表扬之意义，商不止此也"。1940年6月，工程告竣在即，云南大学特请滇中名流、曾任北京政府代总理、时任云贵监察使的国民党元老、腾越李根源（字印泉）题赐馆名。李根源欣然挥就"澄农馆 李印泉书"，被镶于馆门之上。该馆建成后，大大改善了医学院的办学条件。此前，云南大学曾呈文教育部转国民政府，对于董澄农捐资助学义举"照章赐予褒奖"。教育部接呈后，颁予董澄农"捐资兴学一等奖状"。

4 月 4 日，西南联大、云南大学等专科以上高校校长及全体师生联合通电声讨汪精卫叛国投敌在南京成立成立伪政府，一致拥护坚持抗战。

巴黎陷落，法国政府向德国投降。维希政府迫于日本压力，关闭滇越铁路。

7 月 17 日，教育部指示：因时局变化不定，安南（今越南）不保，昆明堪忧，在滇各校应做迁校之准备。西南联大于是日召开第 149 次常委会，议决做万一必要之迁校准备。

英国宣布封闭滇缅公路，停止滇缅路军事运输 3 个月。至此，滇越铁路、滇缅公路等我国西南国际运输线全被封锁。

8 月，省立英语专科学校建成招生，学制先为两年，后改为三年。上年，云南省教育厅与中国正字学会协商，合作筹办该校，至是建成。该校于 1949 年并入云南大学。

8 月 31 日 教育部密电西南联大，令其"仰速迁移"、确定迁移地点，并续拨迁移费用 30 万元。

9 月 9 日 教育部派员到西南联大，商洽迁校四川。

9 月 30 日，日军机 27 架从越南起飞轰炸昆明，炸毁房屋 303 间、震倒和焚毁 112 间，死伤 101 人。

10 月 2 日 西南联大劝告教职员家属即速疏散。西南联大常委会决议派樊际昌、黄钰生赴川勘察新校舍，并做图书仪器运往四川的准备。

10 月 13 日，日本侵略者飞机空袭昆明，炸毁房屋 410 余间，震倒 300 余间。西南联大师范学院男生宿舍全遭炸毁，办公室及教员宿舍亦有多处震倒。文化巷多处教员住宅被炸。师范学院借昆华工校校舍上课。云南大学校舍也惨遭轰炸。会泽院屋顶中弹一枚，同学寝室亦落弹，衣物被毁。

10 月 28 日，云南大学奉令将理工学院迁移，理学院迁至嵩明县的马坊，迁工学院于会泽，于本日起程前往。学生组织步行团。11 月初抵达目的地。

11 月 18 日，云南大学决定一年级新生除应疏散的理工等院系尚须稍缓上课外，不予疏散的文法学院及医学院新生于本日上课。

1941 年

1 月 2 日，西南联大叙永分校开始注册，4 日选课，6 日上课。杨振声被任命为分校主任。

3 月 7 日，西南联大第 170 次常委会议决以长沙临时大学开始上课之 1937 年 11 月 1 日为校庆日。

3 月 16 日，云南大学农学院、理学院、工学院一年级学生迁至嵩明县杨林马坊镇后，学校决定成立"云南大学马坊镇分校"。5 月 10 日，马坊镇分校实行管教合一，特组织军训总队。

5月7日，西南联大第三届第四次校务会议决定，1941～1942年度取消叙永分校，联大集中在昆明办学。

5月12日，日寇飞机15架轰炸昆明市，在云南大学校园内投炸弹10余枚，伤校工1人。多处校舍被炸。财物受损情况有：会泽院屋顶中一弹被炸穿，图书馆旁亦落一弹，书架多受损坏，至公堂炸去屋顶，医学院教室及实验室破坏最重，澄农馆被炸毁一半，其他还有若干毁坏。

6月24日，云南大学奉教育部令添设"摆夷"语科。国立西北师范学院、四川大学分设蒙、回、康、藏语科目，云南大学本年度添设"摆夷"语科，造就专门人才，以供需用。

7月2日，云南大学奉教育部令增设铁道管理学系。这是根据滇缅铁路工程局提出的要求而设置的。

7月7日，云南大学医学院建立附属医院。初，医学院成立已近4载，学生临床实习，迫在眉睫，创办实习医院，已属刻不容缓。恰逢此时教育部拨美金2万元予学校，以作购置设备之用，又医学院院长范秉哲，急公好义，公忠体"校"，甚愿无偿借出其新建于北门外的屋宇，以为医院房舍，始得建立附属医院。

8月15日 教育部训令，西南联大师范学院成立初级部（专修科），开办史地、理化各一班。

8月，云南省政府决议"成立云南选送留美学生委员会，以缪云台为主任委员，龚自知、陆崇仁、张邦翰、丁兆冠、李培天、袁丕佑委员"，办公地点设在云南省经济委员会。

9月23日，云南大学近年来发展迅速，除政府核拨的经费外，又得各方的大力赞助。计有中华教育文化基金董事会续允补助矿冶系民国30年度（1941年度）经费14万元，中英庚款补助讲席9席，云南蚕桑新村公司最近亦决定照上年度补助农学院蚕桑专修科3万元，滇越铁路公司上年曾补助工学院实习工厂设备费4万元，并允每年补助经常费越币9000元。

10月，清华大学文科研究所在昆明龙泉镇司家营成立。该所系在清华研究院原中国文学研究室的基础上独立设置，闻一多任主任。

11月29日，西南联大尊教育部指令，设师范学院初级部，由云南省教育厅保送60名学生入读。

12月8日，太平洋战争爆发，英美两国同时对日宣战。

12月9日，民国政府发布对日宣战布告，同时发布对德、意宣战布告。

12月24日，因太平洋战争爆发后，孔祥熙等垄断中航飞机，从香港运输私人财物，甚至运送洋狗而致使何香凝、柳亚子、邹韬奋、陈寅恪等滞留香港，无法及时撤离，重庆《大公报》透露此消息，昆明各大中学学生群情激奋，掀起"倒孔运动"。

1942 年

1 月 6 日，西南联大、云南大学、中法大学、英语专科学校、同济大学、昆华中学等学校学生组成了 3000 多人的游行队伍，上街游行，声讨孔祥熙。

4 月 29 日，日军攻占缅北腊戍，远征军从腊戍撤退。30 日，滇缅公路缅甸段被日军阻断。

5 月 6 日～10 日，日军自缅北侵入中国云南，攻占滇西重镇畹町、芒市、龙陵和腾冲。

6 月 27 日，云南大学农学院鉴于各大学农学教授缺乏，特定于暑期中与浙江大学农学院交换教授，举行暑期讲学会。云南大学农学院聘请浙江大学教授卢守耕、吴耕民、孙逢吉等为"龙氏讲座"教授。

7 月 12 日，西南联大边疆教育研究会组成暑期工作团，赴路南尾则一带彝区开展边地教育工作。西南联大与云南大学社会学系联合举行边疆问题座谈会，方国瑜、陈岱孙、曾昭抡、潘光旦等出席，勉励青年学生献身边疆。

7 月 28 日，云南省政府主席龙云提倡学术促进教育，由兴文、劝业两银行拨款国币 20 万元补助云南大学，其中 10 万元用于设立西南文化研究室，10 万元用于"龙氏讲座"。

8 月 18 日，经对留美预备班报名学生 168 名进行笔试，及格的 61 名考生，随后由龙云主持进行口试，录取 44 人。

8 月 27 日，云南省选送留美公费学生委员会正式把留美预备生训练管理机构定名为"云南选送留美公费学生委员会预备班"，简称"留美预备班"，定预备期为一年。并决定委托西南联大代办留美预备班，其师资大多聘自西南联大。

1943 年

1 月 1 日，留美预备班在大兴街新建的昆明图书馆正式成立，同年 1 月 30 日正式开学。

2 月 25 日，教育部近规定，自本年起，凡高中毕业生均须在社会服务半年，持有服务证者始能参与大学入学考试。

4 月 4 日，云南大学农学院获云南省企业局补助烟草栽培试验费国币 10 万元。

1944 年

3 月 14 日，行政院副院长孔祥熙月前在昆明，蒋梦麟、熊庆来两校长数度争取，后来终得孔氏允借 300 万元予西南联大，100 万元予云南大学，充作两校周转金。两校已得教育部确认汇款消息。

4 月 14 日，《云南日报》报道，西南联大和云南大学日前奉教育部令，蒋介石令国民政府拨款 40 万元，救济两校贫苦学生，西南联大 30 万元，云南大学 10 万元。云南大学决定以大部分配发学生，以小部分充作该校员生公利互助社基金。

5 月，西南联大历史学会、国文学会、《文艺》壁报社等组织举办时事座谈会、系列讲座、文艺晚会等活动，纪念"五四运动"25 周年，以反对国民政府将 3 月 29 日定为青年节。

6 月 24 日，美国副总统华莱士自重庆飞抵昆明参观访问，视察驻滇美军，6 月 25 日又到西南联大、云南大学参观。西南联大学生出版大型中英文壁报，反映中国政治现状及人民的民主要求。华莱士将随带物品捐赠给西南联大和云南大学，其中，云南大学医学院分得"显微镜二架、复式维他命 2500 粒、消炎剂 9000 片等"。为此，《中央日报》特作新闻予以报道："云大分配华莱士赠药"（【中央社】美副总统华莱士上月来昆参观，临别带来之显微镜、消炎剂、复式维他命药品等，分给云南大学、西南联大。云南大学方面将显微镜送医院，药品除一部分分配全体教职员外，余留校医室保存，凡患病师生均可免费服用云。）

7 月 3 日，云南留美公费学生于是日起开始复试，参加复试者 44 人。笔试由教育部高教司司长吴文俊任主考，梅贻琦、龚自知监考，口试由吴有训、黄钰生和陈雪屏任主考。疏散到嵩明马坊镇的云南大学理学院移回昆明。

9 月 14 日，中国军队收复腾冲。29 日，盟军打通中印公路，并开始修复滇缅公路。

10 月 10 日，昆明市各界人士在昆华女中召开纪念辛亥革命 33 周年大会。闻一多、吴晗、罗隆基、楚图南等演讲。大会主张结束国民党一党专政，召开国是会议，成立民主联合政府。

10 月 14 日，中国科学社、中国天文学会、中国动物学会昆明分会、新中国数学会、中国物理学会昆明分会、中国化学学会昆明分会、中国植物学会昆明分会、中国地质学会昆明分会在云南大学至公堂举行联合年会开幕典礼。

10 月，西南联大师范学院与云南省教育厅合办第二期中等学校在职教员晋修班开班。本期晋修班分文史地、数理化两组，学制 1 年，共计学员 91 人。

11 月 30 日，蒋介石于 10 月发动"十万知识青年从军"运动，西南联大 189 人于是日志愿报名从军，除在校在读学生外，还有助教 2 人，职员 13 人，毕业生 4 人。12 月 9 日报名截止时，西南联大报名者达 340 人，其中教师 5 人。

12 月 25 日，在中共云南省工委的组织领导下，由云南大学、西南联大等校学生自治会等团体发起，在云南大学至公堂召开护国运动 30 周年纪念大会。各大中学校、社会各界人士 6000 人参加了大会。大会结束后，举行了声势浩大的示威游行。参加游行的达 2 万多人。

12 月，教育部修改公布的大专院校公费生办法，设甲、乙两种公费生。甲种公费生有膳宿费及其他补助，乙种公费生只有膳费。两种公费生的首要条件为操行考核必须在乙等以上。还规定理、农、文法、商学院学生成绩甲等可申请甲种公费，成绩乙等可申请乙种公费，申请获得比例农科为 60%。

1944 年，昆华体育师范学校（创建于 1936 年）改为省立体育专科学校。体育师范作为附属仍然在该校续办。

1945 年

5 月 1 日，由西南联大、云南大学、中法大学、省立英专四校学生自治会联合举办的音乐晚会在云南大学至公堂举行。云南各高校纪念"五四"活动展开。

5 月 4 日，西南联大、云南大学、中法大学、省立英专四校学生自治会在云南大学操场联合举办"五四"纪念会，大会决定成立昆明学生联合会。会后举行万人大游行。

5 月 5 日，《国立西南联合大学全体学生对国是的意见》在《云南日报》以广告的形式发印。

5 月，昆明学生联合会成立。

6 月 2 日，通过复试的留美预备班学生 40 名由金龙章带队，赴美留学。

6 月 9 日，教育部颁布公费生的新办法。新办法规定，公费待遇以家境清寒学生为对象，以学生经济情况以及所在院系学科性质为主要条件，理、工、农、医、师范各院系学生全部公费，以资奖励。文法、商等院系皆为部分公费。

8 月 15 日，日本天皇广播《终战诏书》，宣布无条件投降。

9 月 15 日，云南大学教授获悉教育部令各大学，嗣后教职员薪金将改发实物。上半年已发米贷金则照数收回，另以实物作价发给，使每一教授将负债 30 万元之巨。

10 月 1 日，值国共重庆谈判之际，西南联大张奚若、周炳林、朱自清、李继桐、吴之椿、陈序经、陈岱孙、汤用彤、闻一多、钱端升十位教授为国共和谈分别致电蒋介石、毛泽东，要求停止内战，实现国内和平。

10 月 3～5 日，乘卢汉率滇军主力赴越南受降之机，昆明守备司令杜聿明带兵突然包围云南省政府，逼迫云南省主席龙云下台。蒋介石任命卢汉为云南省政府主席。

10 月 7 日，教育部批准增拨云南大学临时费 1100 余万元，作建设及购置图书仪器之用。

11 月 25 日，西南联大、云南大学、中法大学、省立英专四校学生自治会发起反内战时事晚会在联大新校舍大草坪举行，参加者 6000 余人。第五军军人在西南联大围墙外鸣枪放炮，意图恐吓师生，特务则切断电源进行破坏，激起师生愤慨，学生酝酿罢课。

11月27日，昆明市学联议决全市大、中学总罢课，并成立"昆明市中等以上学校罢课联合委员会"（简称"罢联"）组织指挥罢课运动。

11月29日，西南联大教授会发表《国立西南联合大学全体教授为11月25日地方军政当局侵害集会自由事件抗议书》。

11月30日，"罢联"为学生被殴打逮捕事发表《紧急告全市同胞书》、《告昆市父老书》，呼吁全市人民支持。

西南联大68位教职员签名发表声明，向国民政府和地方当局提出反对武装威胁、维护学府尊严、维护自由的要求。

12月1日，昆明爆发震惊中外的"一二·一"惨案。联大云南同学会派代表向省政府、省议会面陈惨案经过，要求严惩凶手、伸张正义。全市、全省、全国各界声援学生，轰轰烈烈的"一二·一"反内战民主运动展开。

云南大学教职员71人签名发表宣言，支持学生反内战民主运动。

12月10日，罢联公布与政府谈判经过，再次提出严惩凶犯、惩办污蔑师生的中央社负责人、取消特务制度、取消禁止集会游行的非法禁令、保障人身自由等要求。

12月27日，罢联发表《复课宣言》并宣布"停灵复课"。

1946年

1月30日，西南联大第362次常委会决定联大于5月4日结束。

5月1日，西南联大学生依志愿分发三校肄业，填写志愿书基本完竣，计愿入北大者647名，愿入清华者983名，愿入南开者70名。5月4日，西南联大举行结束仪式。

6月15日，教育部发布总高字第04122号训令：国立西南联合大学，本部为培植西南各省中学师资起见，业经决定将该校师范学院自本年八月起在昆独立设置，改称"国立昆明师范学院"。同日，教育部发布〔总高字第04123号〕训令，任命查良钊为国立昆明师范学院院长。

6月17日，教育部发布训令，国立昆明师范学院分设国文、史地、英语、教育、理化、博物、体育等学系，开附设中学。国立西南联合大学师范学院所有校舍、校具、图书仪器及其他校产，学生成绩及有关文件拨付昆明师范学院使用。西南联大师范学院原有教职员、学生由该院接收，继续办理。

7月11日，西南联大北上复校的学生，最后一批离昆北上。

著名的民主人士和社会教育家李公朴于晚十时被特务枪杀。

7月15日，闻一多在云南大学致公堂发表最后一次演讲，痛斥国民党特务枪杀李公朴的罪行。下午五时，闻一多回家途中在西仓坡联大教师宿舍旁遭特务狙击，身中数枪而亡，长子闻立鹤身受重伤。

7 月 31 日，西南联大常委会召开最后一次会议（第 385 次），确定西南联合大学结束。

8 月 1 日，国立昆明师范学院召开成立大会，宣告本院成立。院长查良钊宣布各部门主要负责人任命：胡毅任教务长，许浈阳任训导长，周荫阿任总务长，国文系主任罗庸、史地系主任蔡维藩、英语学系主任胡毅、教育学系主任徐继祖、数学系主任杨武之、理化系主任许浈阳、博物学系主任陈桢、体育学系主任未定，附中教务主任阎修文，附小主任沈劲东。

国立昆明师范学院定西南联大校庆日 11 月 1 日为院庆日。

8 月 5 日，五华文理学院确定系统研究工作三项。其中于学术演讲一事，聘罗庸讲《为学与为人》、雷海宗讲《先秦的书院和讲学》、贺麟讲《儒家哲学的中心问题》。

8 月 14 日，国立昆明师范学院刊登首次招生广告，是年该校国文、史地、英语、教育、数学、理化、博物系招生。9 月 2～4 日报名，10 日起考试。

8 月 20 日，昆明师范学院函告云、贵、川、黔、西康五省教育厅，请各保送 10 名一年级新生，函告湘、鄂、赣、苏、浙、徽、鲁、冀、豫、晋、陕、甘、闽、察哈尔、绥远、东北各省保送 5 名一年级新生。

10 月 8 日，教育部核准昆明师范学院试行"学季制"。9 月，昆明师范学院院务会已讨论通过《国立昆明师范学院学季制度说明书》，该制度将一学年分为四学季，每学季 12 周，三学季修完课业，其余时间用于教育实习。

10 月 10 日，北京大学、清华大学、南开大学三大学，北上复校工作基本完成，于今日复校开学。西南联大结束时，全校本科学生按各自志愿分发三校继续学业，现已经三校确切统计后发表：北京大学有 709 人，清华大学 1004 人，南开大学 20 人。

10 月 17 日，上午十时，国立昆明师范学院在本校大礼堂举行首届开学典礼。次日正式上课。

1947 年

1 月 6 日，为抗议美军士兵强奸北大女生沈崇，昆明市 20 余所大中学学生 2 万余人齐集云南大学操场，举行抗议美军暴行大会，会后进行游行。

1 月 6 日，昆明师范学院复函（代电）教育部，呈报本院英译名称为"National Kunming Teachers College"。

3 月 29 日～4 月 4 日，奉教育部令，云南省教育厅和昆明师范学院举办"师范教育运动周"活动。活动有请专家讲课、师范教育展览等内容。

4 月 8 日，熊庆来校长飞赴南京，就学校经费和物色教授人才向教育部商洽。教育部允拨6亿元，另加用于云南大学中心图书馆的特准补助建筑费4亿元，共计10亿元，已先后拨发到校。关于提高滇区大学教授待遇，除允许照普通之改善办法外，尚商得有外籍教授还乡旅费补助规定。至于延聘师资，教育部允增教授名额30名，此次已聘定多人。

4月，教育部规定，国立中等以上学校教职员兼课钟点费提高标准，令各校遵照执行。专科以上学校教授每小时最高48元，副教授每小时最高42元，讲师每小时最高36元，中等学校，高中教员每小时最高32元，初中教员每小时最高24元。

5月18日，国民政府颁布《维护社会秩序临时办法》，禁止一切请愿、罢课、罢工和示威游行。昆明师范学院学生不顾这一禁令，成立了"反饥饿、反内战罢课委员会"，准备在近日发动学生罢课。

同日，教育部长朱家骅致电昆明师范学院负责人，称"迩来物价巨变，人心浮动，日来更甚，深恐有人借此滋事"，要昆明师范学院负责人设法制止学生的"不轨"行为。

5月21日，昆明师范学院学生罢课5天，声援南京"5.20"惨案学生。云南大学和各中等学校学生也相继罢课。

5月23日，云南省警备司令部函告昆明师范学院，要学校负责人设法制止学生的罢课演变为上街游行。

6月2日，昆明师范学院学生再次罢课，组织2万多学生和市民反内战示威游行。

8月，经教育部立案后五华文理学院招收第一届"文史研究班"学生36名，钱穆为导师。3个先修班，学生180余人。1948年文史研究班改为边疆文化系，同时添办中国文学系、物理系，招收新生500余人，其中先修班300余人。1949年又添加历史、地质两系，招新生600余人。1950年下半年该校并入云南大学。

10月，本年新学年开学后，全国各大城市的物价持续上涨，学生生活更加困难，健康水平普遍下降，不少学生面临失学的危险。这时，北平学生掀起一个自救救人的助学运动，云南学生迅速响应。在云南大学、昆明师范学院学生的倡议下，"昆明大中学校学生助学委员会"成立。昆明师范学院的学生也成立了"助学委员会"，开展助学活动，先在本院同学之间互助互救，后又向社会募捐，暂时缓解了贫困生的困难。

11月1日，云南省主席卢汉等人发起并组织了"昆明清寒学生补助金募捐委员会"，进行募捐活动。后宣布省政府已募捐国币6亿元，分别补助各校学生，昆明师范学院有35名学生得到补助。同时，昆明师范学院也应学生请求，按当时高等师范生的规定，发给每个学生一套制服的公费。

11 月 7 ～ 27 日，昆明各大中学校开展人权保障运动，在中共云南地下党领导下，7 日组织了 3 万名大中学生举行人权保障示威游行，并赴省政府请愿，要求释放 11 月 3 日被云南警备司令部逮捕的 27 名所谓"共产党嫌疑分子"，未果，继续罢课。

11 月 11 日，当局召集昆明各大中学校校长开会，决定各校限期复课，否则，提前放寒假。

1948 年

2 月 8 日，教育部向昆明师范学院、云南大学发出训令：本部督学视察昆明师范学院后提出改进事项两点：第一，关于该院学生罢课及参加校外不正当活动，应由学院切实告诫并加强管教，不得再有同样事情发生。第二，提前放假 1 月，应补授所缺之课。

2 月 16 日～ 3 月 6 日云南省教育厅与昆明师范学院合办圭山区国民教师讲习会，共计有路南圭山夷区及陆良、弥勒、泸西、宜良四县教师 61 人（其中夷区教师 20 人）参加。授课教师由昆明师范学院和云南省教育厅合聘。

4 月 27 日，云南大学医学院附属医院设免费病床，收容贫病产妇难民，受到社会欢迎。

6 月 15 日，云南警备司令部发出通令，严禁学生上街游行，如果学生上街游行，要逮捕为首学生。

6 月 16 日，晚上，昆明师范学院学生参加了在云南大学操场上举行的反美扶日演讲会。

6 月 17 日，昆明市大中学生两万多人齐集云南大学操场，举行"反美扶日"大会抗议美国扶植日本侵略势力的反动政策，通过《反美扶日宣言》，会后进行万人示威游行。参加游行的市郊中学学生在在解散回家途中，被军警逮捕 30 多人，当晚，昆明学联召开紧急会议，决定大中学生罢课 5 天以示抗议。

6 月 19 日，云南大学、昆明师范学院等校学生 200 多人到警备司令部请愿，强烈要求释放被捕学生。当局无视学生正当要求，反而又逮捕学生 4 人。学生再次罢课，学校准备以考试方式强迫学生上课。

6 月 22 日，昆明师范学院致电教育部云，本院定于 23 至 26 日举行学期考试，28 日放暑假。

6 月，昆明市学联根据中共云南省工委的安排，把市郊中学的学生迁往云南大学、昆明师范学院，共同坚持斗争。这些中学生迁入云南大学和昆明师范学院后，增强了力量，每天出动大批学生到街头宣传，但又有 6 名大中学生在街头被捕。

7 月 3 日，中共云南省工委决定，把原住昆明师范学院的大中学生，加上云南大学附中、中山中学、天南中学、五华学院等校学生迁往南菁中学，其他中学学生迁往云南大学，集中力量坚守云南大学、南菁中学两个据点，以防止军警各个击破，继续迫害学生。

7月15日，昆明爆发"七一五"学生运动。凌晨，昆明警备司令何绍周指挥2000余军警包围云南大学、南菁中学两校，5时，军警开始武装进攻。中午，军警攻入校园，宪兵将所谓"学生要犯"76人逮捕，把428百名学生集中看管于"夏令营"，直至9月5日。

7月24日，教育部训令：查近年来学风不正，风渐迭起，起因虽多，但各校训导人员未能尽善……各校训导人员不得在校外兼课，并须住宿校中，与学生共同生活，以收身教之效。

7月28日，《中央日报》（昆明版）报道，昆明成立"特种刑事法庭"，"七一五"事件被捕学生49人将要受审。

教育部参事刘英士主持召开解决"七一五"事件会议，教育厅厅长王政、熊庆来、查良钊参加。会议决定云南大学解聘徐梦麟、秦瓒、朱驭欧、杨春洲四教授，解散云南大学附中、中山中学。

8月21日，卢汉主席在省府大礼堂邀集本市公私立大中学校校长举行座谈会，到会百余人，有昆明师范学院的查良钊、胡毅、罗庸等人。到会人员均主张对大中学加强训管，加紧教学。

9月18日，教育部司长黄龙先、参事刘求南会见卢汉主席，商洽整理云南大学及昆明师范学院事宜，卢汉主张对两校彻底整理。

1949年

1月，山东农学院农艺系、森林系四七级、四八级学生54人转入云南大学农学院农艺系和森林系借读，1950年后转为正式生。

1月21日，昆明发生挤兑金元券惨案。

2月22日，云南大学教授李吟秋、杨堃、方国瑜等向云南大学教职员揭露国民党中央银行昆明分行扣压追加云南大学款项，造成云南大学教职员工资欠发，面临断炊的真相，激起云南大学教职员对中央银行的愤慨。

3月19日，昆明师范学院院长查良钊致电教育部，呈报调整学术研究费的情况：自从1月份起，教授月支基数为200元，副教授150元，讲师100元，助教50元。

4月18日，昆明师范学院院长查良钊致电广州教育部云：本院员工受金圆券贬值压迫难以维持，从今日起讲师、助教停教，职员总请假，工友停工，课业停顿，群情惶惑……务请从5月起，将员工薪给折合银元发给。

5月1日，昆明师范学院教职员因待遇微薄，讲师、助教已停教数十日，校工总请假一周，从今日起再总请假 3 日。

5 月 21 日，云南大学教授会、讲师助教会、职员联谊会、工警联谊会、学生系级代表会（简称"云大五联会"）与昆明师范学院讲师助教会、职员联谊会、工警联谊会、学生系级代表会等共计 21 单位，推派代表 11 人，赴省参议会及省政府请愿，要求中央银行昆明分行将发行金元券时收兑的黄金白银用于解决师生生活困难。

5 月 23 日，"三罢"（罢教、罢课、罢工）期间，昆明师范学院师生分头开展活动，学生向社会募捐，教职员工与云南大学、英专等校同仁联合，屡次向省政府请愿。同日，省政府在教职员工的强烈要求下，同意给每个教职员工借垫银元半开 40 ～ 50 元。各校的三罢斗争取得一定的胜利。

5 月 25 日，查良钊于日前急电教育部请转商财政部，自 5 月份起，将员工薪给折合银币或准予动用中央银行所存的黄金白银硬币，以解除教育危机。

6 月 1 日，云南大学、昆明师范学院教职员工代表，再度到省参议会、省政府请愿，要求解决生活困难。同日，省参议院驻委会决议，并推 5 名参议员前往省政府洽商，要求省政府动用中央银行收兑金银半开 50 万元，以抢救云南大学、昆明师范学院危机。

6 月 12 日，因云南大学、昆明师范学院教职员工一再请愿，代总统李宗仁致函云南省主席卢汉，希望协助解决两校困难。据省财政厅长谈，在教育部未予解决前，曾由省财政厅予以 4 次救济。此次教育部参事刘求南来昆，仅带港币13 000 元，两项救济，根本无法解决两校的困难。

6 月 27 日，昆明师范学院北方八省同乡会，举行理监事联席会，决定发动同乡救济云南大学、昆明师范学院的同乡学生。

6 月 28 日，云南大学、昆明师范学院就停教、停职、停工、听课发表声明，经省政府与教育部协商，问题尚未全部解决，决定一面工作一面斗争，直到问题完全解决为止。

7 月 30 日，教育部训令，派教育部参事刘英士来昆明师范学院视察。

8 月 3 日，昆明师范学院接教育部令填寄"专科以上学校调查表"。同日，云南大学、昆明师范学院、英专、五华学院等四校，联合本市各大中学校学生代表，质询教育部主任参事刘英士有关"七一五"事件及云南大学、昆明师范学院经费事。

8 月 12 日，省教育厅成立"边疆教育委员会"，聘昆明师范学院教授倪中方等为委员。

8 月 15 日，昆明师范学院接部令，再填具"专科以上学校调查表"。内容有：①教职员工：教授 25 人，副教授 9 人，讲师 29 人，助教 25 人，职员 68 人，工人 57 人；②各系系主任：国文系罗庸、英语系胡毅、史地系蔡维藩、数学系蒋硕民、理化系周荫阿、博物系谭锡畴、教育系徐继祖、附中附小主任查良钊。

8 月 31 日，熊庆来校长离开云南大学，赴法国参加联合国教科文组织会议。国民党教育部免去其云南大学校长职务。

8 月，云南省教育厅制定《云南省中等以上学校学生学籍管理规则》。

9 月 1 日，《中央日报》（昆明版）刊载昆明师范学院 1949 学年度招生广告，有七个系招一年级新生。

9 月 9 日，云南省绥靖公署主任、云南省政府主席卢汉发表《告云南人民书》《告保安官兵及青年学生书》，宣布昆明戒严。逮捕中共地下党员、进步学生和民主人士 400 余人，是为所谓"九九整肃"。

9 月 13 日，云南省政府据行政院电示，云南省各公私立学校应予解散停办或解散整理或予以整理，一律暂不开学。

云南省绥靖公署主任卢汉转达行政院训令，昆明师范学院着即解散，实行整理，并派宪兵一连（后改派警察）进驻。整理委员会宣布，全院教职员工原有的聘约一律失效，要学生离校或集中到指定地点暂时收容，对师生员工一律实行"甄审登记"。同日，卢汉布告云南大学师生，于当晚 7 时前迁出学校，学校解散，由军警进驻，成立"云南大学整理委员会"。

9 月 21 日，教育部次长吴俊升抵达昆明，考察云南大学、昆明师范学院两校情况。昆明师范学院成立整理委员会并举行第 1 次会议。该会会址设于昆明师范学院清华园。

9 月 22 日，云南大学整理委员会"甄复"教职员工，解聘、革职、裁退近百人，开除学生 20 余人。

9 月 28 日，整理委员会为办理昆明师范学院的接收手续，举行第 3 次会议，通过《执行接管事项办法大纲》，又组织学生审察委员会和招生委员会两个临时委员会。

10 月 1 日，中华人民共和国成立。

毛泽东宣布接受《中国人民政治协商会议共同纲领》为本政府的施政方针。《共同纲领》规定：中华人民共和国的文化教育为新民主主义的，即民族的、科学的、大众的文化教育。人民政府的文化教育工作，应以提高人民文化水平，培养国家建设人才，肃清封建的、买办的、法西斯思想，发展为人民服务的思想为主要任务。在知识分子中进行思想与政治教育，有计划、有步骤改革旧的教育制度、教育内容、教育方法。新中国教育建设起步。1949 年 11 月 1 日，中央人民政府教育部举行成立典礼。

10 月 12 日，昆明师范学院整理委员会第 6 次会议议决，工友名额按照教育部电令，裁减 1/4。

10 月 13 日，昆明师范学院学生开始复学登记。14 日，整理委员会开始为教职员工发聘书。

10 月 15 日，云南大学、昆明师范学院重新开学上课。至此日，云南大学登记学生 800 余人，昆明师范学院原有学生申请登记 226 人，新生报名 876 人。

11 月 2 日，原驻昆明师范学院宪兵连离院，由昆明市警察局派警察为驻院警卫。

11 月 4 日，云南省整理委员会发表公告，将云南省立英语专科学校分别并入云南大学和昆明师范学院。

11 月 10 日，"民国教育部"电告昆明师范学院，仍应一本初衷，尽量设法收录寄读学生。

11 月 16 日，"民国教育部"训令，查本部档卷大部份远存台湾，并在台湾专设档案清理处，办理学生学籍暨教员资格审察等事项，嗣后各校对于有关案卷应送该处核办。

12 月 9 日，卢汉宣布起义。

12 月 12 日，昆明师范学院接卢汉和平起义函电，据电文发布布告：本院及附中附小学生，须安心学习，教职员同仁各守岗位。

12 月 17 日，云南人民临时军政委员会致函（代电）昆明师范学院，谓本省自和平解放后，教职员应积极加紧工作，学生须安心学习。须知安定方能言学习，学习方能言进步。否则，定予严惩不贷。

12 月 23 ～ 31 日，新中国教育部召开第一次全国教育工作会议。

会议提出教育必须为国家建设服务，学校必须向工农开门。建设新教育要以老解放区新教育经验为基础，吸收旧教育某些有用的经验，借助苏联教育的先进经验。教育工作的发展方针是普及与提高的正确结合。必须坚决正确地执行团结、教育、改造知识分子的政策。毛泽东等国家领导人接见了全体会议代表。这次会议对新中国教育产生了深远影响。

1949 年，中国人民解放军各地军管会接收新解放区的各级公立学校，组织开学复课，对学校进行整顿改造，取消国民党反动训导制度和反动课程。开设革命的政治课程和其他新课程。

1950 年

1 月，云南省立英语专科学校并入云南大学外语系，成立英语专修科。

2月20日，解放军二野四兵团进驻昆明。受到卢汉将军和昆明各界10万人夹道热烈欢迎。

3月4日，解放军西南军区昆明市军事管制委员会（简称"军管会"）成立，下设7个部，其中有文教接管部。6日，开始接管工作。军代表进驻昆明师范学院实行接管。由教授、讲师、工友、职员和学生代表参加的"五联会"向军代表办理移交院务事宜。接管部未派军事代表接管云南大学，仍由原来的云南大学临时校务执行委员会负责维持，遵照军管会文教接管部的指示精神，有计划有步骤地进行整顿改革。

3月21日，云南大学教授会提出拥护人民币和推行公债的两项公约，号召全体会员共同遵守。在关于拥护人民币的公约中提出，坚决拒用银元，打击银元贩子，不抢购物资。在关于推行国家发行的胜利折实公债的公约中提出，厉行节约，购买公债，每个会员至少购买一份，向亲友尽力推销。

4月，昆明市军管会即制定了《人民助学金暂行条例》凡9条。其中规定：助学金分为三种，即甲种生每月供给大米70市斤（每斤价约1000元，折合7万元），乙种供给50市斤，丙种供给30市斤；学生按照贫困程度分别评给。后来多有变化（如改为发给伙食费或发给饭菜票）；改部分学生享受为人人享受；又因国家曾经鼓励在职人员报考大学，考取者称"调干生"（一律享受较高金额的"调干生助学金"）；1955年10月又改"全体发给的制度"为"根据学生家庭经济情况而部分发给的制度"。

5月5日，政务院颁发《各大行政区高等学校管理暂行办法》。

5月26日，遵照教育部《关于高等学校1950年度暑期招考新生的规定》，云南大学认真执行为工农开门的方针，规定有三年以上工龄的产业工人、参加工作三年以上的革命干部及革命军人、兄弟民族学生、华侨学生得从宽录取。

5月，昆明市军管会文教接管部向云南省人民政府递交了《关于接管后教育工作的报告》。其主要内容有：

①接管前情况，云南共有2所公立大学（云南大学和昆明师范学院），学生1619人；

②宣布了新民主主义的教育方针和"暂维现状，争取时间开学，以后作有计划、有步骤的改革"的接管方针；

③对学校教育进行整顿改革：精简课程，取消公民、党义、军训、童训、劳作等课程；取消训导制，实行教导合一，建立民主管理制度；成立校务委员会、由校长、教务主任、教职员、学生代表组成，校长为主任；废除不合理的公费制，代之以人民助学金制；合并学校，精简人员；明确各校领导关系。

④目前的中心工作是：加强各校教学工作，提高教学质量。

6月1～9日，教育部召开第一次全国高等教育工作会议，讨论改造高等教育的方针和新中国高等教育的建设方向。会议规定，高等学校的任务是："培养具有高度文化水平，掌握现代科学和技术的成就，全心全意为人民服务的高级建设人才"。同年颁布的《高等教育暂行规程》进一步明确高等教育的目标是"培养通晓基本理论与实际适用的专门人才，如工程师、教师、医师……"。会议提出以理论与实际一致的方法培养国家高级建设人才。

6月3日，政务院成立1950年暑期高等学校毕业生工作分配委员会，直接办理全国公私立高等学校18000名毕业生的工作分配事宜。

6月13日，根据中央人民政府所做全国所有大、中、小学，其校名上一律不再加具"国立""省立""县立"等字样的规定，云南省人民政府特发训令："国立云南大学"新定校名为"云南大学"，"国立昆明师范学院"改为"昆明师范学院"。

6月19日，毛泽东就健康问题写信给教育部长马叙伦，要求"要各校注意健康第一，学习第二。营养不足，宜酌增经费，学习和开会的时间宜大减。病人应有特殊待遇。全国一切学校都应如此"。次年1月15日，再次写信给马叙伦，提议采取行政步骤，具体地解决学生健康问题。教育部根据毛主席的指示，采取调整学生人民助学金，增设照顾患病学生营养的特种人民助学金，精简课程、教材，减少学生课外活动，整顿学习秩序等一系列措施。

6月，高教部颁发了高等学校校历，规定一学年分为两个学期，分别上145天、144天，放假76天（其中暑假62天，寒假14天）。

7月5日，政务院发出指示：对救济失业教师与处理学生失学问题提出政策措施。

7月24日，教育部在北京召开全国高等学校政治课教学讨论会。

7月28日，昆明市高等学校教职员暑期学习会根据西南文教部关于"利用暑假加强党性教职员政治学习，提高思想水平与教学质量，建立正确的服务观点和工作态度"的指示，组织云南大学、昆明师范学院、五华学院共556人参加暑假学习会学习。学习的内容有《中华人民共和国土地改革法》和毛主席《做一个完全革命派》等文件。

8月2日，政务院公布第43次政务院会议批准的《关于实施高等学校课程改革的决定》。

8月9日甘美医院致函云南大学，愿将该院现有设备和房产无条件赠予云南大学医学院。

8月，全国首届卫生工作会议召开。鉴于国家急需大批医药卫生人才，会议决定：除了重点院校外，一般医科本科学制定为五年。据此，云南大学医学院决定：从本年新生开始，修业年限从六年改为五年。

9月，"全国工资改革准备会议"以后，全国实行该会议制定的"工资分制度"。即以一定种类和数量的实物为计算基础，经计算后，使用货币支付工资。当时，每一"工资分"所含实物的种类和数量分别为：粮0.8市斤，布0.2市尺，油0.05市斤，盐0.02市斤，煤2.0市斤。各地工资分的"牌价"，则由当地主管机关依照国营商店零售价格，按时统一公布。1953～1955年，昆明地区工资分牌价为26.40元。云南大学除兼校长周保中外，最高工资分为李广田，990分，医学院最高为杜棻、秦作梁、梁家椿，910分。工资分牌价乘以工资分数，即为实发工资。

9月26日，教育部发出高等学校文、法、理、工等学院系的课程草案，作为各校拟订课程的参考。并规定，暂行学分制，以3个学习小时为1个学分（包括听讲、自习、实验、实习）。1952年院系调整后，停止实行学分制，普遍实行学时制。

10月，经军管会决定，云南大学附属医院总院、分院与甘美医院合并。

1951年

1月4日，云南省政府文教厅通知昆明及各地公私立学校，废止反动政府用来拘限学生政治活动的入学保证书制度。

1月11日，教育部根据政务院《关于处理接受美国津贴的文化教育救济机构及宗教团体的方针的决定》发出《关于处理接受美国津贴的教会学校及其他教育机关的指示》，确定了处理受外资津贴学校的原则、办法和接受工作中的具体政策、措施。至1951年末，按不同情况，对全部接收外资津贴的大中小学校，分别改为公办和中国人民自办，收回了教育主权。

1月14日，云南大学生物系主任朱彦丞教授在云南米丘林学会作《苏联大科学家米丘林》的演讲，受到热烈欢迎。

1月25日，云南省文教厅通知，为配合全省中心工作和加强教职员的政治思想教育，决定组织昆明市大中学校教职员下乡工作团，利用寒假时间，到昆明市郊区参加减租退押工作。

1月27日，云南省文教厅针对在学校乱招乱调在校学生和拉聘教师的现象及不通过行政主管部门和学校行政，直接向学校布置工作，学校形成多头领导，学校课外活动过多，会议过多，造成学校严重混乱的状况做出规规定，任何单位需要调动在校学生，必须先征得文教厅的同意，通知学校行政，方能调动。

3月，教育部颁发《高等学校教学研究指导组暂行办法》，规定教学研究指导组（教研组）为高等学校基本教学组织。教研组担任进行一种或性质相近的几种课目的教学工作与教学有关问题的研究工作。

5月1日，教育部长马叙伦和中国教育工会全国委员会主席吴玉章发表书面谈话，提出废除6月6日的教师节，改用5月1日国际劳动节为教师的节日。（6月6日教师节是我国教育界邰爽秋等于1931年提出的）

5月11日，云南省人民政府第22次行政办公会议决定成立云南民族学院筹备委员会。

5月30日，在云南省政府办公厅正式办理私立南菁中学校址（校产）移交给筹建中的云南民族学院。

5月，新建的云南民族学院第一批学员（675人）陆续前来报到。1952年3月，第一批学员结业。

5月，政务院颁发《各大行政区高等学校管理暂行办法》。8月，又颁发《关于高等学校领导关系问题的决定》。两文均予强调：中央教育部对于全国高等学校，均负有领导之责任；各大行政区教育部或文教部，均有根据中央统一之方针、政策，领导本区高等学校之责任。文中明确规定："除华北区外，其他各大行政区高等学校，暂由中央教育部委托各大行政区教育部直接领导。"

7月9日，由云南人民广播电台、云南大学、昆明师范学院合办的昆明空中文化大学正式上课。上课时间是每天上午6:30至8:30，晚上8:30至10:30重播。

教育部决定，西南区应届大学毕业生集中到重庆，组织他们学习，由中央人事部实行全国统一分配。云南大学农林两系毕业生多数被分配到东北、西北全国重点建设地区工作。

8月1日，云南民族学院宣告正式成立。

办学目的：云南民族学院是为了解决云南民族问题而设。

办学方针：培养本省各民族的政权工作及经济、文化、教育、建设的干部，并提高其政治觉悟和文化水平，使之成为执行民族政策和可靠干部。

办学任务：学习共同纲领的民族政策和研究本省少数民族问题，使民族形式与新民主主义的内容获得适当的结合。

招生原则：①为边疆对敌斗争的需要，招生重点针对边疆各族劳动青年、知识分子及部分民族上层的子女，原则上不问资历随到随收；②为各族群众今后建设事业的需要，吸收相当数量文化较高、志愿从事民族工作的汉族知识青年，对内地各少数民族学员则根据其民族社会经济发展程度的不同，分别要求具有高、初中（如回族、白族）和小学的文化水平；③为适应当前民族地区工作急需领导的实际，调训一部分民族县、区级负责干部来院研究民族政策。

8月21日，教育部发出《关于各校拟定1951学年度教学计划时应注意的几项原则》。

8月27日～9月11日，教育部合并召开第一次全国初等教育会议和第一次全国师范教育会议，讨论制定发展、建设新中国初等教育和师范教育的方针、任务。会议提出，争取10年内基本普及小学教育，以正规师范教育与大量短期培训相结合，五年内培养百万小学教师。

9月10日，教育部指示，为纠正政治课与业务课的对立，以为只有政治课才进行思想政治教育的错误看法，决定取消"政治课"的名称，将"社会发展史"改为"辩证唯物论与历史唯物论"，与"新民主主义论"及"政治经济学"同为独立的课目。

9月29日，周恩来总理在京津高校教师学习报告会上作《关于知识分子改造问题》的报告。11月30日，中共中央发出《关于在学校进行思想改造和组织清理工作的指示》。由此拉开了北京、天津20所高等学校教师以改造思想、改革高等教育为目的的学习运动。

10月1日，政务院公布实施《关于改革学制的决定》。这是新中国第一个有关学制的文件。它以法令形式确立和充分保障工农干部受教育的机会；明确规定了职业技术教育和业余教育在学制中的适当地位。

10月5日，政务院为大学逐渐走上正规化，建立校长负责制，特命省人民政府周保中副主席兼任云南大学校长。云南大学临时校务管理委员会宣告结束。

10月6日，周保中兼任云南大学校长就职典礼在云南大学隆重举行。省府副主席龚自知、文教厅长徐嘉瑞、中共云南省委宣传部副部长袁勃等莅校祝贺。

10月，云南大学派出118名教师和398名学生参加土改。

11月30日，中共中央发出《关于在学校进行思想改造和组织清理工作的指示》。全国高校开始进行思想改造运动。

11月30日，中共中央发出《关于在学校进行思想改造和组织清理工作的指示》。全国高校开始进行思想改造运动。

12月，云南大学派出118名教师和398名学生参加土改。

云南大学农学院及其他学院二年级以上学生和部分教师参加土地改革运动，直到1952年7月结束。

1952年

1月26日，教育部和西南军政委员会文教部发出大学师生参加土改工作的指示。昆明师范学院498名师生参加土改。

5月25日，经西南军政委员会批准，四川西昌技艺专科学校园艺科于本年暑期并入云南大学农学院园艺系。该校教师全部调入园艺系工作。

6月27日，政务院发出国家工作人员实行公费医疗的指示。指示规定，从本年秋季起，全国各级学校的教职员工实行公费医疗制度。从1953年春季起，高等学校的学生也开始享受公费医疗的待遇。

6月，教育部开始着手进行全国高校院系调整工作。总的方案是以培养工业建设人才和师资为重点，发展专门学院和专科学校，整顿和加强综合大学，逐步创办函授学校和夜大学。1955年又调整部分高等学校院系专业设置和分布，以改变高等学校过于集中大城市和沿海地区的状况。经过两次大调整，初步形成了新中国的高等教育基本格局。

7月8日，政务院发出通知，决定在全国高、中等学校学生中实行人民助学金制。此前该制度已在一些地区公立学校实行。

9月1日，中共中央发出《关于培养高等、中等学校马克思列宁主义理论教师的指示》。

11月15日，经云南省人民政府文教委员会批准，云南大学成立思想改造学习委员会，开展思想改造运动。17日，昆明师范学院思想改造运动正式开始。云南高校的思想改造运动开始。运动的主要内容为开展揭发"资产阶级思想和反动思想"、划清敌我界线、交代历史关系、清理组织和思想改造运动。

12月30日，根据西南军政委员会文教部关于院系调整的部署，云南大学就工学院、农学院、医学院将于1953年独立建院所需最低限度的建筑费向西南军政委员会文教部作出书面报告，并就三院独立建院所需校舍面积呈报省政府文化教育委员会。

是年，云南大学有5院20个系，教师319人，学生2288人。5院20个系为：文法学院：中文、历史、经济、政治、法律、社会和外语系。理学院：数学、物理、化学、生物系。工学院：机械、矿冶、土木、铁道系。农学院：农艺、园艺、森林、蚕桑、畜牧、兽医系。医学院不分系。另有3个专修科和先修班、干部补习班各一。

昆明师范学院有7系2部：中文、外语、史地、数学、理化、生物、教育系和体育部、艺术部。有教师106人，学生749人。

1953年

1月13～24日，政务院文教委员会召开大区文委主任会议，会议根据党和国家过渡时期总路线精神，提出"整顿巩固、重点发展、提高质量、稳步前进"的文教工作方针。

2月，毛泽东在全国政协会上提出"要学习苏联"的号召。高教部长马叙伦也著文倡导：教育工作必须配合经济建设，加紧学习苏联先进教育体制，以提高教学质量，而培养合格人才。据此，各高校纷纷以苏联为榜样，依其教育体制，建立教学组织，制定教学计划，编写教学大纲，选用苏联教材，自编讲义讲稿，改进教学方法，加强实验实习，开展科学研究等。

3月5日，高等教育部、西南军政委员会文教部联合发文决定：云南大学农学院园艺、蚕桑两系并入西南农学院，畜牧兽医系并入四川大学。

4月17日，云南大学与昆明师范学院的思想改造运动结束。云南省政府召开云南大学、昆明师范学院思想改造运动结束大会，在会上宣布，逮捕4人，管制7人，在校继续学习改造3人。云南检察署还对9名反革命分子提起公诉。

6月30日，毛泽东接见青年团第二次全国代表大会主席团，提出"要使青年身体好，学习好，工作好"。

8月，高教部制定《关于1953年全国高校院系调整的计划》。

8月24日，西南行政委员会发出相关通知。昆明师范学院的学系、专业调整开始。史地系之地理组并入西南师范学院。

根据教育部1952年7月在北京召开的全国农学院院长会议及1953年5月政务院第一百八十次政务会议的精神，进行了院系调整。云南大学将农艺系改为农学系，森林系改为林学系。

10月，全国高等学校经过院系调整之后，共有182所，其中包括综合大学14所。其时，政务院又颁布《关于修定高等学校领导关系的决定》。规定：综合大学概由新近成立的中央高等教育部（部长马叙伦）负责管理。据此，云南大学成为中央部管大学。

1954年

5月，云南大学选定农学系及物理系的二年级学生试行"劳动与卫国制"体育锻炼标准，取得经验后，全面推广。

8月26日，根据高教部指示，经西南高教局备案，云南大学决定撤销文法、理、农三学院建制，相应免去三院院长职务，其所属各系改隶属云南大学直管。

9月7日以云南大学工学院为基础的昆明工学院正式成立，设采矿、冶金、机械3个系。

9月20日，一届全国人大一次会议通过《中华人民共和国宪法》。这是新中国第一部宪法，其中规定：国家设立并且逐步扩大各种学校和其他文化教育机关，以保证公民享受教育权利；对从事科学、教育、文学、艺术和其他文化事业的公民的创造性工作，给以鼓励和帮助。

1955年

1月，云南大学在毕业生中进行忠诚老实教育，要求毕业生交代自己的历史、社会关系以及所有的历史问题或政治问题。

2月9日，《人民教育》发表署名文章：《实行全面发展教育中若干问题的商权》，由此在教育界展开关于全面发展教育问题的大讨论。

4 月 10 日，周恩来总理视察云南大学，提出把云南大学办成一所能体现伟大社会主义祖国边疆文化的大学的要求。

6 月 9 日，中共云南省委宣传部部长马文东向云南高校教职员及毕业生作关于彻底揭露和清算胡风集团反党、反革命罪行的报告。会后，云南各高校开展反胡风集团的斗争。

7 月 7 日，云南大学全校开展忠诚老实运动，全体师生员工参加这一运动，交代各自历史、社会关系等问题。昆明师范学院在 7 月下旬也开展了这一运动。

9 月 20 日，中央高教部、卫生部下发"为云南大学医学院独立为昆明医学院事"向云南省人民委员会、云南大学等机关发出了"联合通知"。该通知明确指出："为了保证完成高级医药人才的培养计划，兹根据我国发展国民经济的第一个五年计划的规定，特决定：云南大学医学院于 1956 年在昆明开始独立建校，定名为昆明医学院，由你会负责领导。学校发展规模定为 3150 名学生，即每年招生 630 名，皆为医疗专业……" 10 月 28 日，昆明医学院筹备委员会正式成立。

11 月 4 日，中共中央转发教育部党组《关于实用主义思想在中国教育中的影响和批判实用主义教育思想的初步计划》，以此作为进一步进行教师思想改造和教育事业建设中的重要任务。

12 月 29 日，教育部发布《实施教学工作量和工作日制度》的指示，云南高校开始按照这一文件实行教学工作量和工作日制度。

1956 年

1 月 14～20 日，中共中央召开知识分子问题会议，周恩来作《关于知识分子问题的报告》，肯定知识分子是工人阶级一部分，应"最充分地发挥现有知识分子的力量"，为此要改善对于他们的使用和安排，应对知识分子充分了解、信任和支持，应给予知识分子必要的条件和待遇。本次会议发出向"现代科学进军"的号召。

4 月 1 日，国家决定实施工资改革，废除了工资分制，在增加工资的基础上重新评定级别，实行货币工资制。云南省召开全省工资改革会议。

5 月 2 日，毛泽东在最高国务会议上提出"百花齐放，百家争鸣"的方针。

6 月 16 日，国务院全体会议第 32 次会议通过《关于工资改革的决定》。这次工资改革是具有划时代意义的一次改革，它奠定了此后长达 30 年之久的劳动工资制度的基础。

8 月，云南省高校进行工资改革。根据高教部根据国务院文件精神对高校工资改革实施分类管理，分为教学人员、行政人员和教学辅助人员三类。《全国高等学校教学人员工资标准表》将教学人员分为 12 级 6 级，教授为 1～6 级，副教授为 3 ～ 6 级，讲师为 6 ～ 9 级，助教 9 ～ 12 级。高教部认定的"工资排队名单"中云南高校的一级、二级教授均为云南大学的教授。一级教授：刘文典、秦仁昌，二级教授朱彦丞、曲仲湘、刘尧民、方国瑜、纳忠、杜棻、梁家椿，二～三级教授王士魁。

9 月 1 日，昆明医学院独立建院，新校成立。当日开学。

1957 年

1 月 10 日，苏联教育科学院院长凯洛夫率苏联文化代表团到昆明师范学院访问。

2 月 27 日，毛泽东在最高国务会议上作《关于正确处理人民内部矛盾的问题》的报告，提出"我们的教育方针，应该使受教育者在德育、智育、体育几方面都得到发展，成为有社会主义觉悟的有文化的劳动者"。

4 月 1 日，周恩来总理为云南高校师生作《目前的形式和任务》的报告。

4 月 27 日，中共中央发出《关于整风运动的指示》。云南省委决定立即在省市级机关整风。云南各高校开始组织整风运动。

6 月，全国开始反右派斗争。这场斗争有扩大化错误。从 1957 年夏至 1958 年春，在各级教育行政机关和各级学校中，一批干部、教师职工和大学生被错划为右派分子。1980 年被错划为右派的同志全部改正。

6 月 21 日，中共云南省委召开反右派斗争动员大会，此后，云南各高等院校开展反右斗争。昆明地区四所高校中共有 452 人被划为"右派"，其中有教职工 144 人。一批知识分子、爱国人士、党内干部和青年学生被错划为右派分子，误伤了许多好同志，造成不幸后果。根据中央指示，从 1959 年起，陆续摘去一些右派分子的帽子，到 1979 年，各高校对 1957 年所划右派，进行了全面复查和改正，被错划为"右派分子"的同志全部改正，恢复名誉。

1957 年，云南大学农学系的一些班级中重点试行勤工俭学制度。

1958 年

1 月，毛泽东在中央南宁会议上起草的《工作方法六十条(草案)》中提出"红"与"专"的关系问题。

3 月 17 日，贯彻中共中央 3 月 3 日发布的《关于开展反浪费反保守运动的指示》，云南各高校开展"双反"运动，以大字报的形式表决心，要彻底反掉浪费现象、保守思想和五气（官气、暮气、阔气、骄气、娇气）。

3 ～ 6 月，在中共云南大学委员会领导下，全校开展以查教学思想和教学态度为中心的教学整改运动。目的是进一步贯彻教育与生产劳动相结合的方针，培养又红又专的工人阶级知识分子。

4 月、6 月，中共中央分两段召开教育工作会议，总结建国以来的教育工作，讨论教育方针和教育改革等问题。会议确定，党的教育工作方针，是教育为无产阶级政治服务，教育与生产劳动相结合。为实现这一方针，教育工作必须由党来领导。并提出教育事业发展措施。

4 月，根据中央关于高等农林院校搬入农村林区的指示，中共云南省委提出，在云南大学农、林两系基础上独立建立农学院。在中共云南大学委员会领导下，成立建院筹备小组。

5 月，中共云南省委、省人委批准成立"昆明农林学院"，设农学、林学两系，农学系设农学专业，林学系设林学专业和森林采伐运输专业，学制四年。

7 月初至 15 日，昆明农林学院农林两系师生员工，历时约两周，全部搬迁至黑龙潭新校址。

7 月 15 ～ 22 日，云南召开教育工作会议，以大办教育事业适应工农业生产大跃进为主题。

8 月 7 日，昆明师范学院召集全体师生员工参加跃进誓师大会，确定"苦战三年，建设共产主义新师院"的奋斗目标。

8 月 11 日，教育部根据中共中央《关于高等学校和中等技术学校下放问题的意见》，决定将云南大学由教育部领导改为归云南省政府领导。

8 月 17 ～ 30 日，中央在北戴河召开政治局扩大会议，提出"以钢为纲"，全民动员大炼钢铁。全省高校迅即开展"大炼钢铁"运动。

8 月 26 日～ 9 月 3 日，中共云南省委召开科学跃进大会，号召科学事业也来个大跃进。

8 月，新建滇西大学、滇南大学、云南体育学院、昆明师范专科学校、昆明医学专科学校等 20 余所高校（其中大部分是半日制，即半工半读的学校）。

9 月 11 日，昆明农林学院图书馆筹备就绪，开始接收云南大学图书馆拨给的图书 20500 多册，其中有中文图书 14 000 多册，外文图书 6000 多册，及部分杂志合订本和教育部发给的储备书籍。

12 月 1 日，昆明农林学院组织全院师生干部下放农村劳动锻炼，全院师生干部 1152 人。下放 763 人（其中教师 96 人，干部 20 人，学生 647 人）。

1958 年，根据中央教育工作会议关于老校支援新建院校的精神以及省人委的要求，云南大学、昆明农林学院抽调一批教师、干部支援云南新建的滇西大学和滇南大学。

1959 年

1 月，中央召开全国教育工作会议，提出"调整、巩固、提高、适当发展"的方针，国务院发出"关于整顿 1958 年新建全日制和半日制高等学校的通知"。

6 月，中共云南省委决定，1958 年新建的高等学校，保留滇西大学、滇南大学、云南体育学院 3 所，其余停办，同时新建云南艺术学院。

5 月 20 日，根据《关于教育工作的指示》中所提出的"一切高等学校中，应当实行学校党委领导下的校务委员会负责制"，昆明师范学院成立院务委员会。

6 月，根据中共中央教育工作会议提出的全日制学校应以贯彻教学为主的原则和国务院关于"不得延迟本届毕业生的毕业期限"的指示，云南省内各高校于 1958 年以来分期下放劳动的师生从本月起开始先后从下放地区回校上课。

11 月 20 日～12 月 4 日，国家科委、教育部、中国科学院联合召开高等学校科研工作（自然科学部分）会议，会议指出，高等学校是科学战线的一个方面军。开展科学研究是高等学校的重要任务之一。要把高等学校的研究力量，纳入国家科技发展规划。

1960 年

3 月、5 月，中共中央文教小组分别召开省、市委文教书记会议。会议提出教学改革方针、原则和文教部门大办生产企业、学术批判、学生参加生产劳动等问题的具体政策。

4 月 1 日，各高校开始进行教学改革动员，计划 5 月初传达中共云南省委高等学校会议关于教学改革的指示。各高校的改革围绕解决教学中的"少、慢、差"问题主要包括：①确定一批重点改革的课程，②对一批专业课程教学进行"五查"（思想观点、繁琐重复、陈旧落后、脱离实际、教学方法），③要求上报各专业全部课程配套的教改方案，拟定新的教学计划，④秋季学期开始各门课程的教材陆续编出。

4 月 15 日，根据中共云南省委指示，为贯彻教育事业两条腿走路的方针，多快好省地培养农业建设人才，决定从暑假开始，在昆明农林学院开办半农半读的二部，招收高小毕业生经过 8 年学习，初中毕业生经过 6 年学习达到大学毕业生水平。

5～6 月，为应对印度尼西亚等国掀起的反华排华逆流，根据教育部的安排，省教育厅制定《接待和安置归国华侨学生计划》，各高校积极落实"接待安置归国华侨学生入学的任务"。比如，昆明农林学院完成接待安置 100 名自印度尼西亚、越南、缅甸归国华侨学生入学。

5 月，云南中医学院成立，其前身是 1953 年成立的昆明中医进修学校。

6 月 4 日，为贯彻中共中央、国务院《关于保证学生、教师身体健康和劳逸结合问题的指示》，各高校制定了具体措施。比如，昆明农林学院提出以下措施：

①学生每天保证8小时睡眠，学习劳动6小时，自习3小时，自由活动7小时；

②周学时控制在48小时以内；

③严格控制群众性的会议次数；

④严格控制学生的学习强度，教师不得随意延长讲课和实验时间；

⑤合理安排寒、暑假；

⑥调整教师兼职，每人一般兼任一项社会工作。

6月10日，中共云南省委安排大专院校和中等技术学校师生下乡下厂支援"四化"（机械化、半机械化、自动化、半自动化）建设。

7月18日，昆明农林学院一分为二。农学系独立建院，定名为昆明农学院，林学系和森工系独立建院，定名为云南林学院。

9月，各高校开始开展以巴人、李何林、托尔斯泰、牛顿和夸美纽斯为对象的学术批判。

11月21日，云南省教育厅下达云南省高等学校教职工编制，按在校学生人数，以1：5计算。

11月24日～12月12日，中共中央文教小组召开全国文教工作会议。会后向中共中央写了《关于1961年和今后一个时期文化教育工作安排的报告》。次年2月7日，中共中央批转了这个报告，批示提出，当前文教工作必须贯彻执行"调整、巩固、充实、提高"的方针。由此，教育系统开始进行教育事业和教育政策的调整、整顿。

1960年，继续贯彻"调整、巩固、提高、适当发展"的方针，增设云南中医学院、云南机械学院、云南煤炭学院、昆明铁道学院、云南畜牧兽医学院、云南林业学院、云南政治学院、红河师范学院、大理师范学院等9所高等学校，全省共有18所高等学校。

1960年，云南高校招生生源不足。省内外33所高校在云南招生计划数为4508人，应届高中毕业生只有3615人。

1961年

1月14～18日召开的中共中央八届九中全会提出"调整、巩固、充实、提高"方针。教育部据此要求高校开展"定规模、定任务、定方向、定任务"的"四定"工作。

1月21日，云南省大中学团委书记会议上认为当前学校存在的主要问题是：教学秩序混乱、思想政治工作简单粗暴、违反政策任意批判、处罚学生的现象严重。

2月，中共中央书记处讨论高等学校和中等专业学校的教材问题。决定由中宣部、教育部成立高等学校及中等专业学校理工农医各科教材工作领导小组，负责组织教材编写工作。

3月12日，云南省教育厅、省劳动局下达上半年高等学校教职工编制。

3月29日，根据云南省人民委员会对全省各级各类学校一般学生人民助学金实施办法补充通知的精神，各高校制定了相应的"人民助学金实施办法"及其"补充规定"。

4月15日，由于营养不足，水肿病、肝炎等疾病在高校师生中蔓延。云南省委省政府要求高校领导深入食堂、宿舍，关心群众生活，切实办好为患病师生服务的营养食堂。

7月12日，中共云南省委决定撤销昆明农林学院二部、昆明工学院罗茨分院、云南科学技术学校、云南大学附中和昆明工学院附中。

7月20日，中共云南省委决定昆明农学院、云南林学院、云南畜牧兽医学院合并为"昆明农林学院"。昆明农林学院决定在原云南畜牧兽医学院院址设"昆明农林学院小哨分院"。

9月9日，滇南大学农学系学生126名，教师13名并入昆明农林学院。

9月16日，《中华人民共和国教育部直属高等学校暂行工作条例（草案）》（简称《高教六十条》）颁行，更加明确了高等学校要"以教学为主"，努力提高教学质量。云南各高校在贯彻《高教六十条》前后，围绕提高教学质量，采取了确立教学中心地位、根据"少而精"原则调整教学内容和学时、加强实践教学、开展课程改革等诸多措施，转变教育观念，健全管理制度，调整教学内容、改革教学方法，维护了云南高校的教学秩序、保证和提高了教学质量。

本年底，对高等学校进行调整，1960年增设的9所院校，保留在云南中医学院，其余8所合并撤销：云南机械学院、云南煤炭学院、昆明铁道学院并入昆明工学院，云南畜牧兽医学院、云南林业学院并入云南农林学院，云南政治学院并入云南大学，红河师范学院并入滇南大学，大理师范学院并入滇西大学。全省高校调整为10所。

1962年

1月11日～2月7日，中共中央召开7000人参加的扩大中央工作会议。会议初步总结了"大跃进"的经验教训，开展了批判和自我批评。

3月2日，周恩来在全国科学技术工作会议上（广州会议）上作《关于知识分子问题》的报告，指出对知识分子要采取团结、教育和改造的方针，要信任、要帮助、应改善关系，解决问题，对过去批评错了的要向人家道歉。陈毅也在会上讲话，给知识分子"脱帽加冕"。

4月21日～5月中旬，教育部召开全国教育会议，讨论调整教育事业和精简学校教职工问题。5月25日，中共中央批发教育部党组《关于进一步调整教育事业和精简学校教职工的报告》，指出在我国发展教育事业，必须贯彻执行国家办学和人民办学两条腿起路的方针，坚决改变国家对教育事业包得过多的办法。

7月、12月，教育部两次召开全国高、中等学校调整工作会议。会议提出高、中等学校要缩短战线、压缩规模、合理布局，通过调整工作集中力量提高教学质量。并讨论调整教育事业的具体计划。

7月30日，毛泽东给江西共产主义劳动大学写信，赞成和支持该校实行半工半读和勤工俭学，希望各省也应该有这样的学校。从此，江西共产主义劳动大学成为全国探索半工半读办学道路的样板之一。

10月15日，云南省高等学校调整工作结束。滇西大学、滇南大学撤销，有关专业分别并入昆明工学院、昆明师范学院、昆明农林学院。云南艺术学院和云南体育学院并入昆明师范学院。全省保留6所普通高等学校（云南大学、昆明工学院、昆明师范学院、昆明医学院、云南中医学院、昆明农林学院）。

1963 年

3月5日，毛泽东、刘少奇、周恩来、朱德、邓小平题词号召向雷锋同志学习，全国各级类学校普遍开展了学习雷锋的活动。

5月，根据中央《关于目前农村工作中若干问题的决定》的精神，云南高校师生深入农村工厂，开展社会调查，撰写村史、厂史、社史。

6月26日，中共中央、国务院颁发《关于加强高等学校统一领导、分级管理的决定（试行草案）》，重申对高校中央统一领导、中央、省市自治区两级管理的制度，要求各高等学校贯彻中央统一的方针政策、统一的教学计划、统一的教育规划。

1964 年

2月13日，毛泽东在主持召开的教育工作座谈会上说：教育的方针路线是正确的，但办法不对。学制、课程、教学方法都要改。之后，教育部召开全国教育厅局长会议，传达学习毛泽东讲话和中央有关批示、检查教育工作中的缺点、错误，提出了加强学校思想政治工作，减轻学生负担，进一步贯"两条腿走路"的方针，逐步实行两种教育制度。

2月29日，根据教育部《关于高等学校理工农医各科学生参加社会主义教育运动问题的通知》（后来发展成为城乡社会主义教育运动，其内容是清政治、清经济、清思想、清组织，简称"四清"运动）的决定，各高校分批派出学生、教师和干部到全省各地参加"四清"运动。

4月11日，昆明农林学院决定，参加农村"四清"运动的全体师生干部，于20～25日分批回院，按教学计划安排上课。

5月18日，教育部核定云南省高等学校调整方案。方案包括各校的专业设置、学制（年限）及规模等内容。

9月11日，中共中央、国务院发出通知：组织高等学校文科师生参加社会主义教育运动。1965年2月，又指示组织高等学校理、工科师生参加社会主义教育运动。此后，中央宣传部在北京大学，中共北京市委在北京市几所中学进行社会主义教育运动试点。

1965年

3月，教育部召开全国农村半农半读教育会议，10月召开全国城市半工半读教育会议，12月召开全国半工（农）半读高等教育会议。由此，全国再次掀起试行两种教育制度，大办半工半读学校的热潮。此前，11月17日中共中央转发江苏省委《关于发展半工（耕）半读教育制度的规划（草案）》，中央批示：半工（耕）半读学校是我们今后教育发展的方向。

5月4日，中共云南省委、云南省人委决定，成立云南农业劳动大学，当年开始招生。分设大学、中专、初中3个部。本科设4个系，7个专业：农学系设农学、植物保护、经济林3个专业；畜牧兽医系设畜牧兽医专业；中文系（师范）设中国语言文学专业；理化系设化学专业、数理专业。学制四年。

5月27日，云南省省长办公会议决定，云南农业劳动大学校址选在寻甸县天生桥、张所地区。

6月，贯彻"两种教育制度、两种劳动制度"，增设了半农半读的云南农业劳动大学。

背景说明：9月20日，云南农业劳动大学成立暨开学典礼在寻甸县天生桥大洼子举行。10月25日，云南农业劳动大学在校生1439人，其中大学部716人，中专、中师部491人，初中部232人；有教师127人，其中讲师10人，教员5人，助教112人；行政干部73人，工人21人。

7月3日，毛泽东写信给陆定一，指出："学生负担过重，影响健康。"建议从学生活动总量中砍去三分之一，使学生有充分的休息时间和自由支配的时间。此信简称"七三指示"。

1966年

5月27日，云南大学政治、外语、生物三个系的干部和师生以及化学系部分师生共500余人，到农村、工厂参加社会主义教育运动。历时9个月，次年2

月返回学校。

6 月 13 日，中共中央、国务院发出《关于改革高等学校招生考试办法的通知》，并决定 1966 年高等学校招收新生推迟半年进行。6 月 27 日，高等教育部通知，因"文化大革命"，研究生招生工作暂停。

7 月 24 日，中共中央、国务院发出《关于改革高等学校招生工作的通知》，决定从本年起，高等学校招生工作下放到省、市、自治区办理；取消考试，采取推荐与选拔相结合的办法。

1967 年

5 月 18 日，云南大学举行毛泽东主席全身巨型塑像落成典礼。

6 月 4 日，中共中央决定，大专学校 1966 年毕业生、1965 年待分配的毕业生应即进行分配，1967 年毕业生原则上也应在 7～8 月进行分配。

1968 年

6 月 15 日，中共中央、国务院、中央军委、中央文革小组发出《关于 1967 年大专院校毕业生分配工作问题的通知》和《关于分配一部分大专院校毕业生到解放军农场去锻炼的通知》。

1969 年

2 月 21 日，云南民族学院被撤销。

8 月 5 日，云南省革命委员会云发（1969）97 号文件决定，将原下放给昆明市管的云南大学、昆明工学院、昆明医学院、云南中医学院、昆明农林学院、昆明师范学院、云南农业劳动大学收归省管。

10 月～12 月，中共中央发出《关于高等院校下放问题的通知》，规定中央所属的高等院校全部下放地方管理。

本年，北京林学院搬迁云南。

1970 年

6 月 27 日，中共中央批转《北京大学、清华大学关于招生（试点）的请示报告》。该报告提出废除招生考试制度，实行"群众推荐，领导批准和学校复审相结合"的办法招收工农学员。各高校开始招生复课。

上半年，昆明各高校师生先后从疏散各地赶赴昆明参加滇池"围海造田"义务劳动。此次"围海造田"，将滇池面积围掉 20 平方公里，造出了 3 万亩田。在这块"造出来"的土地上，后来出现了昆明滇池国家旅游度假区、云南民族村、云南大学滇池学院等单位。

7 月 29 日～8 月 20 日，根据中共中央 6 月 27 日的通知，1969～1971 年大专院校应届毕业生从 1970 年 7 月份开始分配，预定于 7 月底前分配完毕。"文化大革命"前招收的大学生基本分配完毕。

10月14日，云南省教育局革委会拟订《大学理工科教育革命初步计划》。同日，云南省革委会党的核心小组办公室批示，昆明农林学院、云南农业劳动大学合并，两校林学系并入云南林学院。合并后校址在寻甸县云南农业劳动大学原址，校名为"云南农学院"（后未用此名）。

12月，北京林学院与昆明农林学院林学系合并，定名为云南林学院。1979年原北京林学院迁回北京，云南林学院继续办学，1983年改名为西南林学院。

1971 年

2月27日，经云南省革命委员会批准，昆明农林学院和云南农业劳动大学合并，成立云南农业大学。

9月10～13日，云南省教育工作会议在昆明召开，贯彻全国教育工作会议精神。

背景说明：时任云南省委第一书记、云南省革委会主任周兴13日在会上说：前段时间片面强调"开门办学"，其结果是有的把学生单纯作为劳动力使用，学生参加不必要的社会活动也太多，上课时间没有保证，因而造成文化课教学质量不高。他强调：对原有教师要大胆使用，在使用中加以改造。有的教师被调去修公路、蒸酒、管食堂、卖饭票，这不是真正的使用，要很快解决。

9月，云南省委决定恢复云南民族学院，列入普通高等学校。

1972 年

2月5日，省革委会发出《关于1972年春季大专院校招生的通知》。确定，1972年春季，云南大学、昆明师范学院、昆明医学院、云南民族学院招生1960人。

本年，云南大学先后派出100多名教师组成21个教育实践队，深入社会各部门，进行社会调查、进行教育革命实践。

1973 年

1月27日，云南省高等院校第二次教育革命经验交流会在昆明召开。

4月3日，国务院批转《关于高等学校1973年招生工作的意见》。除继续采取前一年的办法外，要"重视文化考查"。文化考查内容为初中教材的科目：政治、语文、数学、理化。实行开卷考查，可带书。（这次招生，辽宁出了一个"白卷英雄"张铁生）

4月26日，云南省科教局向各高校发出《关于教材工作的通知》。要求对三年内的教材改革工作进行规划，组织协作编写教材。

8月18日，云南省教育局发出《关于高等学校学生待遇的通知》，开始实行

《国务院批准国务院科教组关于高等学校 1973 年招生工作意见的意见》中关于学生待遇的规定。伙食费按北京地区标准开支，每人每月 15.5 元。

9 月，根据云南省革委会转发《国务院科教组关于高等学校 1973 年招生工作意见》和省革委会提出的具体执行办法，实行"群众推荐、领导批准和学校复核"的办法，各高校招收首届工农兵学员（截至 1975 年，共招收 3 届 10 个专业，学生 1394 人），学制 3 年。

10 月 7 日及 1974 年 3 月 9 日，云南省革委先后以革发〔1973〕110 号文及（1974）22 号文，向国家计委、国务院科教组上报了《关于筹建云南工学院的报告》及《关于筹建云南工学院的补充报告》，要求新设云南工学院。

1974 年

1 月 12 日，根据毛泽东主席"备战、备荒、为人民"和"深挖洞、广积粮、不称霸"等一系列指示，云南大学成立战备人防领导小组，成立云南大学民兵团，进行军事训练。

6 月 4 日，国务院科教组决定恢复和新建 27 所高校，并通知云南省革委："同意你省增设云南工学院"。

12 月 11 日，云南省革委以革发〔1974〕150 号文宣布成立云南工学院。云南工学院是在第一工业学校、第三工业学校、省农机学校合并基础上建立的。1975 年首届新生入学（5 个专业的三年制工农兵学员 159 人）。

1975 年

5 ～ 10 月，时任教育部部长周荣鑫根据毛泽东、周恩来和邓小平等中央领导同志的指示精神，开始积极整顿教育工作，力争使教育战线上的混乱局面有所扭转。

1976 年

10 月，"四人帮"被粉碎。各地学校师生与全国人民一起举行集会、游行、热烈庆祝粉碎"四人帮"反党集团的胜利，愤怒声讨"四人帮"的滔天罪行。

1977 年

春，最后一批工农兵大学生入学。

6 月 29 日，全国招生会议继续提出 1978 年的推荐计划。

8 月 4 ～ 8 日，全国科学和教育工作座谈会。

8 月 8 日，邓小平在主持召开的科学和教育工作座谈会上否定"两个估计"。

8 月 13 日～ 9 月 25 日，第二次全国招生工作会议，否定 6 月 29 日第一次全国招生工作会议所主张的推荐制，坚持要求恢复高考。

9 月 18 日，中央发出《关于召开全国科学大会的通知》，提出高等学校是科学研究工作的"重要方面军"。

9 月 25 日，《光明日报》社论"建设世界第一流的科学技术队伍"提出"高等学校既是教育中心又是科学研究中心"、"重点高等学校可以采取随时破格录取特别优秀的青少年等办法，不拘一格选拔人才"。

10 月 12 日，国务院批转教育部《关于 1977 年高等学校招生工作的意见》，提出要废除"文化大革命"中"群众推荐、组织审查"的入学办法，"实行自愿报名，统一考试，德智体全面衡量，择优录取"的办法。高考由各省命题，分文、理两科考试。并正式宣布当年立即恢复高考。从此恢复了高等学校招生统一考试的制度。

10 月 30 日，云南省高校招生工作会议在昆明召开。会议研究落实当年高校统一考试招生的计划和方案，确定高考时间为 12 月 10 ～ 11 日。

11 月 3 日，教育部、中国科学院联合发出《关于 1977 年招收研究生的通知》。"文化大革命"期间长期中断的招收培养研究生的工作从此开始恢复。

11 月 12 日，《云南日报》刊登云南省招生委员会发布的《云南省高等学校、中等专业学校招生简章》。报名日期为 11 月 20 ～ 30 日。高等学校入学考试的时间与科目：

12 月 10 日——语文、数学
12 月 11 日——政治、史地（文科）和理化（理科）
12 月 12 日——艺术、体育、外语加试
1978 年 2 月初签发入学通知书，二月底前开学。

12 月 2 日，中共中央批示，工宣队撤出高校。

12 月 10 ～ 12 日，全省高等学校招生考试顺利结束。14 万余名云南考生参加高考，云南 9 所高校当年录取 5625 人。

1977 年冬天，中国 570 万考生走进了曾被关闭了十余年的高考考场。当年全国大专院校录取新生 27.3 万人；1978 年，610 万人报考，录取 40.2 万人。77 级学生 1978 年春天入学，78 级学生 1978 年秋天入学，两次招生仅相隔半年。

本年，云南增设了曲靖、蒙自、下关（1984 年改名为大理师专）、保山四所高等师范专科学校。

1978 年

1 月 10 日，教育部发出《关于高等学校 1978 年研究生招生工作安排意见》，决定将 1977 年、1978 年两年招收研究生工作合并一次报名，同时考试，一起入学，统称为 1978 届研究生。报名工作从 1978 年 3 月 1 ～ 31 日止。各招生学校

要在 4 月 15 日前做好命题、试题印制、密封工作，各县区招生办要组织力量，安排考点，部署考试工作。初试时间统一定在 5 月 5 ~ 7 日，第一天考政治、外语，第二天考基础课，第三天考专业课。录取通知书最迟在 8 月 5 日前发出。

本年，云南全省共有 1707 人报考研究生，其中报考高等院校的有 1069 人，报考中科院的有 500 人，报考中国社科院的有 108 人，报考国务院各部委研究所的有 40 人。录取研究生 31 名。

2 月 17 日 国务院转发教育部《关于恢复和办好全国重点高等学校的报告》，确定 88 所高校为第一批全国重点高校，云南大学名列其中。

云南省教育局拟制《云南省高等学校科技机构 8 年规划草案》。计划八年投资 3600 万元，平均每年需增劳动指标 102 人。1978 年全省高等院校科研经费支出 414.9 万元。

3 月 7 日，国务院批转教育部《关于高等学校恢复和提升职称问题的请示报告》，全省各高校随即开展恢复和提升职称的工作。至 1981 年，高等院校中原有的教授、副教授、讲师和助教都恢复了职称。

本年，全省 9 所大学进行教师职称的恢复和提升的工作。恢复教授职称 52 人，副教授职称 32 人；新提升教授 12 人，副教授 102 人，讲师 723 人。

3 月 18 ~ 31 日"全国科学大会"召开。充分肯定了科学技术在社会发展中的重要地位，制定了《1978 年 ~ 1985 年全国科学技术发展纲要》，对一批科研成果进行表彰。云南大学和昆明工学院共有 14 项成果获得奖励。

4 月 22 日 ~ 5 月 16 日，教育部在北京召开全国教育工作会议。邓小平发展重要讲话，强调提高教育质量，提高科学文化的教学水平，更好地为社会主义建设服务；学校要大力加强革命秩序和革命纪律，促进整个社会风气的革命化；教育事业必须同国民经济发展的要求相适应，培养社会主义建设需要的合格人才；尊重教师的劳动，提高教师的质量。教育部长刘西尧说："当前教育工作的中心环节是提高教育质量，要充分发挥高等教育在提高教育质量和人才培养中的重要作用。要集中力量办好一批重点学校，加强科学研究工作；加强教师队伍的建设；努力实现教学手段现代化；要广开才路，大力选拔和培养优秀人才。"

4 月，曲靖、保山、大理、蒙自 4 所师范专科学校成立。

5 月 9 日，中共云南省委通知，学校不再保留革命委员会。学校革委会主任、副主任改为校长、副校长。

5 月 13 日，中共云南省委同意并批转省委宣传部关于宣传文教系统的体制和机构设置的请示报告。决定将云南大学等 6 所院校党的核心小组一律改为党委会，核心小组成员暂改为党委委员，撤销各大专院校、系两级革委会，院校一级实行党委领导下的校长、院长负责制。

5月26日，中共云南省委发出通知，要求抓紧解决科技、教学人员用非所学的问题。要求各地、各部门按照中央和国务院指示，立即组织力量进行一次普查，边调查边落实。对确有真才实学而用非所学的科技、教学人员，采取适当措施予以安排，要坚持"学用一致，专业专用"原则。

7月5日，云南省教育厅向省委上报《关于我省高等学校第一批新建科研机构的报告》。

7月，恢复云南艺术学院（由昆明师范学院艺术系分出）。

8月26日，教育部发出通知，决定从9月1日起在全国执行包括《高等学校学生守则（试行草案）》在内的各级各类学校学生守则。

8月，教育部发布《印发〈关于加强高等学校图书资料工作的意见〉的通知》，提出：①要继续揭批"四人帮"；②切实加强对图书资料工作的领导；③对现有图书资料进行一次彻底清理；④调整开馆时间，提高服务质量；⑤要加强图书（特别是善本、珍本、孤本）资料的保管；⑥加强图书资料工作队伍建设；⑦要积极贯彻勤俭办学方针，改善图书馆的条件；⑧加强图书资料工作的现代化。（1981年9月，教育部召开了全国高等学校图书馆工作会议。会后制订了《中华人民共和国高等学校图书馆工作条例》。同年12月，教育部发出《关于成立全国高校图书馆工作委员会的通知》。1982年2月，省教育厅在昆明召开了全省高等学校图书馆工作会议）。

10月4日，教育部下发关于讨论和试行《全国重点高等学校暂行工作条例》（试行草案）的通知。这个条例是在原"高教60条"的基础上修订而成的。

12月18～22日，党的十一届三中全会召开，批判了"两个凡是"的方针，确定了"解放思想、开动脑筋、实事求是、团结一致向前看"的指导方针。

12月31日，原北京林学院从云南林学院分出，迁回北京办学。

经中共云南省委批准，云南省中学教师进修学校改为云南教育学院。大理医学院建院。

1979年

1月4～24日，国家科委、教育部、农林部在北京联合召开全国高等学校科学研究工作会议，集中讨论如何把高等学校办成既是教育中心又是科研中心的问题。认为高等学校是我国文化和科学水平的重要标志，担负着培养专门人才、发展科学技术的双重任务。5月9日，国务院批转这次会议的纪要，明确提出高等学校要成为两个中心。

1月12日，云南大学召开"文化大革命"后第一次校务会议。副书记、副校长杨黎原在会上宣布：从现在起，本校依据修改了的《高教六十条》执行新的领导体制，即党委领导下的校长分工负责制。各系是系总支领导下的系主任分工负责制。

昭通、思茅两所师师范专科学校成立。

2 月 2 日，教育部、外交部、财政部发布《关于加强外国教材引进工作的规定和暂行办法》。该办法自 1979 年起试行，对快速编审出版反映先进科学技术的新教材，提高我国高校教学质量起了推动作用。

2 月底 3 月初，中共云南大学委员会召开三级干部会议传达全国高等学校和科学研究工作会议纪要。着重讨论如何把党的工作着重点转移到教学科研上来的问题。

3 月 19 日，中央转发《教育部党组关于建议中央撤销两个文件的报告》，正式撤销《全国教育工作会议纪要》（1971）和中央转发的《关于河南省唐河县马振扶公社中学的简报》（1074）两个文件，推翻了"两个估计"，清除了极左思潮对高等教育的干扰，并要求抓紧解决由此造成的冤假错案的改正工作。

第一步：清查批林批孔和反击右倾翻案风中四人帮直接插手制造的冤案。

第二步：主要为在"文革"期间受迫害的干部教师予以改正。

第三步：主要处理一批历史遗留问题。

4 月 1 日，《云南大学教师工作量试行办法》开始试行。教师工作量主要包括教学工作量、教学法工作量和科研工作量。规定每个教师全年工作量为 1800小时。对专职或主要从事科研、实验室工作的教师也作了具体规定。

5 月 29 日，中共云南省委、云南省革委会召开科技成果颁奖大会，奖励云南省建国以来的主要科技成果。全省高校在本次奖励中有 152 项获奖，其中全国科技大会授奖 18 项，冶金部表扬 6 项。

8 月 22 日，省教育学会代表会议召开，共有代表 100 人参加会议。会议讨论并通过《云南省教育学会章程》，选举并成立云南省教育学会理事会。理事会名誉会长刘鼎铭，会长李福均，副会长卢俊、刘了御、刘俊杰、陈心恬，理事60 人。

1979 年，恢复了云南艺术学院，成立云南广播电视大学。

1980 年

1 月 5 日，教育部在北京召开全国教育工作会议。会议肯定了过去 30 年的大部分时间里，我国教育工作是正确的，为今后发展奠定了可靠基础。总结了 4条基本经验，提出 8 项任务。

省教育局改称省教育厅。

2 月 12 日，全国人大常委会通过《中华人民共和国学位条例》共 20 条。《条例》规定：硕士学位、博士学位由国务院授权的高等学校和科学研究机构授予。于1981年1月1日起施行。1981年5月20日，国务院批准了《中华人民共和国学位条例暂行实施办法》。

2月23日，中共云南省委批复云南民族学院，原则上同意云南民族学院1980～1985年发展规划，云南民族学院应该在现有基础上发展为包含本科、预科、干部轮训部和民族研究所的新型民族高等院校。

3月6日，云南农业大学党政机关各部门搬回黑龙潭校址办公。

4月，为推动大专院校学生业余文艺活动的开展，云南省教育厅、省文化厅、团省委联合举行了昆明地区大专院校学生业余文艺汇演，并评选出38个优秀节目。

5月，昆明师范专科学校正式成立。

7月，云南省教育厅、团省委制定了《云南省大专院校评选表彰三好学生暂行办法》，每年有10%思想品德好、学习好、身体好的学生受到表彰。

8月，为发展云南民族教育事业，省委常委会又决定三年内拨款518万元扩建云南民族学院，计划其近期学校规模达3000人。在部分大学和中专办民族班（在报考大中专的少数民族考生中适当降低录取线，录取后补习一年，再转入本科）。

9月1日，云南大学校刊报道，为了加快云南边疆少数民族地区四个现代化建设的步伐，促进经济、文化事业的发展，培养更多的少数民族干部，云南大学除了招收41名少数民族本科生外，还新开设了文科民族班。这个班招收学生37名，包括17个少数民族，他们绝大多数是中学应届毕业生。民族班学制5年，第一学年集中加强语文、数学、外语三门课的学习。第二年分成两个班，分别学习法学和企业管理的专业课。

9月5日，国务院批转教育部《关于大力发展高等学校函授教育和夜大学的意见》。该意见指出，发展高等教育应贯彻两条腿走路的方针，采取多种形式办学。

10月15日，全省师范教育工作会议召开，主要研究了如何办好高等师范院校、中等师范学校和加强在职中小学教师的培训问题。

10月22日，云南大学校刊报道，为鼓励学生坚持又红又专，努力做到德智体全面发展，经云南省教育厅批准，从本年起，颁发云南大学"三好"奖学金。获得该奖学金的学生必须是云南大学三好学生，考试成绩在本年级连续两个学期名列前三名，或者公认专业知识学习的某一方面有突出成绩。该奖学金每年颁发一次，金额为80元。

1980年，教育厅举行昆明地区大专院校文科学生学习报告会。

1981 年

1 月 13 日，国务院批转教育《关于高等教育自学考试试行办法的报告》。高等教育自学考试在北京、天津、上海、辽宁三市一省先行试点。

1 月 14 日，国务院批转教育部等七单位《关于自费出国留学的请示》和《关于自费出国留学的暂行规定》。明确提出，自费出国留学是培养人才的一条渠道。并对自费出国留学人员的条件、审批费用、待遇、政治思想工作和管理教育工作等作出了具体规定。

1 月 20 日，云南省教育厅批复，同意云南大学成立"云南大学实验中心"，统一管理和使用国家科委规定的 23 种大型精密仪器。云南大学规划建设一座 3000 平米的实验中心大楼，预计 1982 年底可投入使用。

1 月 30 日，云南农业大学学生全部由寻甸县搬回黑龙潭原昆明农林学院校址上课。

3 月 16 日，教育厅提出进一步办好师专、师专班，提高教育质量的意见：①其管理体制为省、地（州、市）双重领导，以地（州、市）领导为主；②专业设置为中文、外语、数学、物理、化学，其他专业可根据实际需要举办培训班，学制除昆明师专为三年外，其他学校为二年；③加强教学管理，必须以教学为中心，加强教材建设，建立健全学校行政组织，修订师专二年制教学计划的教学大纲，注意基础理论的教学，重视建设，加强教育学科的教学和研究，妥善安排教育实习；④抓好教师队伍建设；⑤加强政治思想教育。

3 月 25 日，云南省教育厅制定《云南省各级研究室试行工作条例》并提出《关于加强云南省教学研究工作意见》。

5 月 20 日，国务院批准了《中华人民共和国学位条例暂行实施办法》共 25 条。

6 月 9 日，云南省教育厅正式下发《关于全省师范院校推广普通话的意见》。

6 月，中央通过《关于建国以来党的若干历史问题的决议》，对"文化大革命"及其以前"左"倾错误作了彻底否定。

8 月 1～11 日，教育部在北京召开全国学校思想政治教育工作会议。会议强调，要以《中共中央关于建国以来党的若干历史问题的决议》为教材，加强学生的思想政治工作，全面贯彻党的教育方针，积极引导学生德、智、体全面发展，走又红又专的道路。

9 月 15 日，云南大学历史系举行"文化大革命"后首次研究生毕业论文答辩会，由方国瑜教授指导的两名研究生林超民、史继忠通过了毕业论文答辩。

10 月 8 日，经国务院学位委员会讨论通过并报国务院批准的第一次获得博士、硕士学位授予权的学科、专业点名单中，云南省取得博士学位授权点 1 个（云南大学的中国民族史）；取得硕士学位授予权点 12 个。

11 月 3 日，云南财贸学院成立。

1981 年，云南工学院在初步建立了正常的教学秩序后，组织全院教师和干部学习《高等教育学》。了解高等教育的基本特点和基本职能，初步懂得高等教育的内外部规律，具备在德智体诸方面培养学生的基本知识和要求，为进行教学改革，提高教学质量打下基础。同时，积极引导和推动各教研室，结合学习，联系实际，开展教学研究活动。

1982 年

3 月 9 日，国务院批转教育部、外交部、公安部《关于安排外国进修生和研究学者有关问题的指示》。

云南省高等教育学会成立。选举郝建为会长，赵季、方国瑜、卢濬、谭庆麟为副会长。

8 月 10 ～ 19 日，第一届全国大学生运动会在北京举行。

从本年起，省教育厅与云南省军区联合进行高等学校学生军事训练。参与高校逐年增加。到 1986 年全省有 7 所高校 4000 余名学生参加了为期两周的军训。

9 月 6 日，大理医学院正式成立。

1983 年

1 月 25 日，云南省高等教育自学考试委员会成立。

2 月 9 日，省高等教育自学考试委员会下发《云南省高等教育自学考试暂行办法》，1983 年开考 5 个专业（法律、哲学、英语、语文、财经），其中，法律和哲学专业由云南大学主考，英语和语文专业由昆明师范学院主考，财经专业由云南财贸学院主考。

3 月，云南省召开全省招生工作会议，主要内容：加强人才的预测和计划安排工作；搞好定向招生和委托培养；将考生填报升学志愿的时间改在高考之后，通知成绩之前；地区级以上表彰的"三好生"比例控制在应届高中毕业生总数的 0.3% ～ 0.4%，优秀学生干部的比例控制在 3% ～ 5%；不搞预选，仍实行大专、中专分别报考，分别录取的办法。

从 1983 年以后，云南工学院进行了招生制度改革。实行国家计划与调节性计划相结合的招生制度，开始招收委托培养生和自费生。

5 月 30 日，云南体育进修学院成立，属于大专性质，学制三年，1983 年开始招生。

7 月，云南政法专科学校成立，学制三年，规模 1300 人。

8 月 24 日，中共中央、国务院发出《关于引进国外智力以利四化建设的决定》。该决定指出，在充分利用外资和引进国外先进技术的同时，积极有计划有步骤地引进国外人才，特别是引进现在国外的华侨华裔人才，将大大利于我国的社会主义现代化建设。

9 月 9 日，邓小平为景山学校题词：教育要面向现代化，面向世界，面向未来。

10 月 7 日，在教育部、财政部（1983 年 7 月 11 日）下发《关于颁发〈普通高等学校本、专科学生人民助学金暂行办法〉和〈普高等学校本、专科学生人民奖学金试行办法〉的通知》之后，云南省财政厅、教育厅结合我省实际情况，制定并颁发了具体实施细则，从 1983 年 9 月 1 日起，新生一律按此执行。

经林业部决定，云南林学院改名为西南林学院。

11 月 18 日 楚雄、玉溪师范专科学校成立。

12 月 14 日，云南省教育厅下发《关于曲靖等 6 所师范专科学校改制的通知》，决定对曲靖、下关、蒙自、昭通、保山、思茅等专科学校分期分批将二年制改为三年制。具体改制年份为：1984 年改曲靖和下关两所师专，1985 年改蒙自和昭通 2 所师专，1986 年改保山和思茅 2 所师专。

1984 年

4 月 11 日，昆明师范学院更名为云南师范大学。

云南省人民政府批准成立曲靖、昭通、临沧、丽江、德宏、西双版纳 6 所教育学院。

云南公安专科学校和文山师范专科学校成立。

8 月 24 日，云南省与世界银行签署 46.1 万美元的云南广播电视大学项目贷款分贷协议。

9 月 24 日，云南省政府批准省在云南大学和云南师范大学进行"高等学校教育体制改革试点"。教育体制改革包括：扩大学校办学权；扩大学校人事权；扩大学校经费使用权；建立岗位责任制，实行岗位津贴，扩大学校毕业生分配权；学校后勤工作逐步实行企业化、半企业化管理等内容。

11 月 12 日，云南省教育厅印发了云南省高等学校科学技术开发服务中心《各种业务经费使用办法（试行）》，包括"中心"经费的集资和自主、科技类经费管理、定购与经销类经费管理、进修、培训类经费管理、其他服务类、"分中心"单独承接的科研项目。

本年，增设文山师范专科学校、云南公安专科学校、昆明大学（短期职业大学）、云南城乡建设专科学校。

自本年开始，省教育厅拨出专款委托省外高校为本省高校培养研究生以补充师资。到 1987 年共委托培养 635 名研究生（文科 96 名，理科 246 名，工科 110 名，医科 86 名，农科 34 名，外语 15 名，艺术 10 名，教育心理及社会管理 38 名）。已有 400 多名毕业回本省高校工作。

1985 年

1 月 21 日，六届全国人大常委会第九次会议通过《关于教师节的决定》，决定每年 9 月 10 日为教师节。

2 月 1 日，在云南省委、省政府召开全省教育工作会议，决定全省教育事业经常费增长比例要高于财政经常性收入增长的 2%。

3 月 13 日，云南省教育厅制定了《云南省教育厅厅管科研项目及科研经费管理的暂行办法》，明确了教育厅管理科研项目的范围、申请、确定、合同的签订、监督检查、经费管理、鉴定、成果转让以及云南省教育厅资助普通高等学校的科研经费的分配使用。

3 月 18 日，教育部发出通知：建立科学技术进步奖励制度，奖励高等学校在推动科学技术进步中作出重要贡献的集体和个人。

3 月，云南省政府批准筹建云南化工专科学校和云南轻工专科学校。1987 年云南化工专科学校基本筹建就绪，上报国家教委审批。

4 月 20 日，教育厅召开了高校教学经验交流、优秀教师表彰大会。会上表彰了教学工作成绩显著的 148 名优秀教师。

4 月 25 日，云南省招生委员会决定，从本年起，少数民族预科班从各校办班改为相对集中办班，在云南民族学院、昆明医学院、云南财贸学院招收 4 个班，共 200 人（文理各 100 人），学生从高等学校的落选考生中降低 80～100 分由学校择优录取，按文、理科补习一年的高中课程，翌年由办班学校按高中毕业生的要求组织考试，成绩合格者进入高等学校的本科或专科学习；成绩不合格者，集中到云南民族学院继续学习，一年后进行考试，仍未达到升入本科或专科学习条件者，按中师毕业生分回所在地任小学教师。

5 月 15 日，为贯彻中央有关指示精神，云南省教育厅发出通知，明确"高等学校科技开发服务中心"主要是开展科技服务，不属于经商、办企业范围，为此，撤销云南省高等学校科技开发服务中心董事会。"中心"工作由经理负责开展。

5 月 15～19 日，中共中央、国务院在北京召开改革开放以来第一次全国教育工作会议。会议的主要议题是：讨论《中共中央关于教育体制改革的决定（草案）》，并结合各地各部门实际情况，研究贯穿执行的步骤和措施。5 月 19 日，邓小平出席闭幕式，并做了重要讲话。他强调，各级领导要像抓好经济工作那样抓好教育工作。

5 月 27 日，中央政治局讨论通过了《中共中央关于教育体制改革的决定》，并于 5 月 29 日在《人民日报》公开发表。

5 月，云南省教育厅决定每年举行一次大学生优秀论文、作品评奖活动，确定了评奖目的、要求、评奖标准、办法和评奖基金的设立。

6 月 18 日，六届人大常委会第十一次会议决定设立国家教育委员会。国家教委成立后教育部即予撤销。

7 月 5 日，国务院批转国家科委、原教育部、中国科学院《关于试办博士后科研流动站的报告》。

7 月 19 日，云南省高校教育体制改革座谈会召开。会议重点讨论高校领导体制改革、重点学科建设、高校发展规模等问题。此后，云南省教委从省财政补助专款中拨出 844 万元用于充实重点学科建设。

9 月，云南省增设云南矿冶专科学校（1987 年改名为昆明冶金专科学校）。至此，云南全省共有 26 所高等学校。

12 月 11 日，云南省委省政府召开全省教育工作会议。中心议题是贯彻《中共中央关于教育体制改革的决定》和全国教育工作会议精神，讨论并部署教育管理体制改革的工作。

1986 年

年初，云南省高校校长、党委书记会议在云南农业大学召开。会议专门研究讨论了高等学校办学的指导思想问题，包括高校的任务、培养目标、培养规格及专业设置；加强教学、科研的管理，使教学、科研为提高教学质量服务；高校的学风建设等问题。

1 月，云南省六届人大常委会第 19 次会议通过了《关于我省教育工作的决议》。决议要求普通高等学校要通过改革挖掘潜力，增强活力，提高质量，稳步发展。

4 月 12 日，六届人大四次会议通过《中华人民共和国义务教育法》。7 月 1 日起施行。

7 月 2 日，中共云南省委直属机关党委、中共云南省委省级机关党委、省教育厅联合发出《组织高校应届毕业生参加省讲师团的通知》，要求各单位做好首届省讲师团人员的组织和选派工作。

9 月，云南省教育厅召开高校实验室工作委员会会议，总结了两年来的工作，通过了高校实验室工作委员会章程，表彰了 14 个先进集体和 51 名先进个人。

9 月 19 日，云南省教育厅提出并经省政府同意，云南省"七五期间"建设 15 个重点学科。

9 月 25 日，党的十三届六中全会通过《中共中央关于社会主义精神文明建设指导方针的决议》。该决议指出，精神文明建设包括思想道德建设和教育科学文化建设两个方面，培养"四有"新人，提高整个中华民族的思道德素质和科学文化素质是根本任务。

10 月 31 日，云南省职业教育工作会议召开，时任云南省委书记普朝柱在会议讲话中，要求各级党委要统筹规划，大力发展各种实用技术培训。

12月16日，昆明地区发生政治风波，持续一周，学生上街游行三次。

12月30日，邓小平就1986年政治风波约见中央负责同志并作重要讲话。指出，要理直气壮的坚持社会主义道路，坚持四项基本原则，要旗帜鲜明地反对资产阶级自由化，争取安定团结的政治局面。

从1983～1986年，云南省教育厅"学生体质、健康调查研究工作领导小组"历经三年调研，于1986年撰写了《云南省学生体质、健康调查报告》，获得省科技进步二等奖。

本年，云南工学院获得硕士学位授权，1986年获得2个硕士点（建筑设计及理论、工业自动化）。

1987年

3月9日，云南省高级职称评审委员会评审通过职称改革工作开展以来首批高级职称名单。

4月，国家教委下发了《关于1987年试行大学英语四级标准考试的通知》，决定从本年起，首次试行大学英语四级考试。

5月29日，中共中央发出《关于改进和加强高等学校思想政治工作的决定》，提出了在改革开放条件下改进和加强高等校思想政治工作的指导方针与措施。

5月，中共云南省委宣传部、省教育厅、省文化厅和团省委联合举"1987年昆明地区大学校园戏剧会演"。10所高校16个节目参演，有话剧、花灯剧、哑剧、京剧片段、歌剧、小品。云南大学的话剧《五次以上方程式没有公方解》、云南师范大学的话剧《毕业歌》等获奖。

5月，按照国家教委的要求，云南省高等师范学校师资培训中心在云南师范大学成立，该中心负责制定云南省高师师资培训规划和年度计划。

6月6日，国家教委、国家计委、财政部联合发出《高等学校培养第二学士学位生的试行办法》。

6月27日上海市高教局副局长李明忠带队的复旦大学、华东师范大学、上海师范大学、上海大学文学院8所高校组成的支滇考察团共34人先后到昆明、楚雄、大理、玉溪考察。通过参观考察，供需双方直接见面，协商并签订合同，24名支边毕业生被云南日报社、省经贸厅、昆明电视台、省电力厅、昆明纺织工业学校、大理医学院接受录用。

7月8日，国家教委发出《关于社会力量办学的若干暂行规定》。指出社会力量办学是我国教育事业的组成部分，是国家办学的补充，应予以鼓励和支持。

7月31日，国家教委、财政部发布《普通高等学校本、专科学生实行奖学金制度的办法》和《普通高等学校本、专科学生实行贷款制度的办法》。规定在

1987 年入学的本科普通高等院校的新生中全面实行奖学金制度和学生贷款制度。

7 月，云南省委宣传部、省教育厅和团省委联合组织了由 5000 名大学生参加的暑假"扶贫兴滇、学习社会"社会实践建设营活动。产生了 152 项社会实践优秀成果，其中 31 项成果被编为《成才之路》一书。

7 月，云南省招生委员会决定我省高校 1987 年招收自费生。条件是：符合高校的报考条件，参加 1987 年高考，成绩本科最低录取控制分数线以下照顾 40 分的考生，分别录取本科或专科。自费生享受国家计划招收的学生的同等待遇。生活费、医疗费等自理、自谋职业，不足收费部分由录用单位补足。全省共有 15 所高校招收自费生 411 名。

7 月，根据国家教委关于普通高校招收保送生的规定，结合云南具体情况，省招生委员会决定从 1987 年起实行普通高校招收保送生。

9 月 2 日，云南省高评委评审通过职称改革工作开展以来的第二批高级职称名单。

9 月 10 日，云南省教育厅和省军区司令部在昆明拓东体育场举行"首届昆明地区大中学生军事训练校阅"，受过军事训练的 13 所高校和 1 所试点中学组成 22 个方队受阅。云南省和昆明市的党政领导以及驻昆部队、武警云南总队、省级各部门领导，昆明地区大中小学师生 2 万余人观看校阅，国家教委发来贺电。

1987 年，云南工学院进行毕业分配改革试点。实行招聘、推荐与考核录用相结合，把竞争机制引入毕业分配中。

1988 年

3 月 24 ～ 29 日，全省教育工作会议召开，传达国家教委 1988 年工作会议和全国高等教育工作会议精神。会议明确高等教育是教育改革的重点。把竞争机制引入学校，推行办学承包责任制，试行教育经费和任务包干。转变教育厅职能，提高宏观控制和督学制度。

3 月，云南省语言文字委员会（省语委）委托云南师范大学中文系学生对昆明市正义路 104 家商店的招牌、广告、商标和宣传橱窗进行检查，共发现乱造简化字、错别字等不规范汉字 665 个。

4 月，云南省大学生艺术团成立，并参加了首届民族艺术节的演出活动。

5 月，云南省教育厅制定高等学校科研成果评选奖励试行办法，并进行首次评奖。申报项目共 210 项，评选出获奖项目 74 项，其中社会科学成果奖一等奖 2 项，二等奖 7 项，三等奖 24 项；自然科学成果奖一等奖 3 项，二等奖 10 项，三等奖 28 项。

9 月 13 日，云南大学与省教育厅签订了《任务经费包干议定书》。学校在执行国家的法令、方针政策的前提下在国家计划的指导下，享有人事使用、调配权，经费和物资的占有和处置权，教学、科研与社会服务的管理权，开展国内外教育、学术的交流合作权，成为办学实体。具有独立的法人地位。

9～11月，12所高校参加首届云南民族艺术经济技术成就展览会，参展的近百项科研成果中，共转让25项，成交额达234万元。

本年，云南省在19个省、市、自治区大学社会实践主体活动中，获得第三的好成绩，受到中宣部、国家教委和团中央的表彰。

本年，云南省教育厅出版《云南省学生体质健康调研数据册》和《云南省学生体质健康调研论文集》。

本年，云南省提出《关于高校逐步实行校长负责制的实施意见》，经省委批准，云南大学、云南师范大学、云南财贸学院作为首批实行校长负责制的试点学校。并决定次年扩大试点面，力争1990年在全省绝大部分高校实行校长负责制。

本年，经国务院学位委员会审核批准，云南大学（中国民族史、基础数学、植物学）和昆明工学院（矿产普查与勘探、采矿工程、选矿工程、有色金属冶金、机械学、环境工程）进行在职人员申请硕士、博士学位试点工作。

1989 年

6月9日，云南省教育厅发出通知，要求高校严格教学管理和学籍管理，全面恢复教学秩序。

12月21日，云南省首次教育外事工作研究会召开。

1990 年

1月1日，云南省教育厅改名为云南省教育委员会。

8月20日，国家教委发出《关于在普通高中实行毕业会考制度的意见》。到1993年，全国各地均实行此项制度。

9月17～20日，云南省评出1990年科技进步奖92项。云南大学有7个项目获奖。

9月，云南省1979年～1989年社会科学优秀成果颁奖大会举行。云南大学有60项成果获奖。

12月17～21日，国家教委、国家科委联合在北京召开全国高等学校科学技术工作会议。会议提出高校科技工作是我国科技工作十分重要的组成部分，要把建设国家重点实验室、承担重大科技攻关项目与培养人才密切结合起来。

本年，为深化教学改革，加强高校教学基础建设，提高教学质量，云南省教委决定，"八五"期间建设100门云南省高等学校重点课程。本年度先评审20门进行建设。

1991 年

2月，为贯彻国家教委要求，云南省教委批准省高校师资培训中心在云南部分高校开办"青年教师学习研究生课程进修班"46 个。招生对象为云南省高校在职青年教师，学制为 1～1.5 年。

3 月 8 日，联合国开发计划署、教科文组织援建教育项目——"西南民族地区英语培训中心"通过项目评审。

7 月，云南省教委在 10 所省属本科院校中确定 21 门课程为首批省级重点课程建设。并拨专款 40 万元用于该门课程的师资队伍建设、教材建设、购置图书资料，省教委与学校签订了重点课程建设协议书。

8 月，暑假期间全省大中专学校组织"重走长征路"系列活动。

10 月 13 日，时任云南省委书记普朝柱就云南农业大学教学改革经验给云南教委主任海淞批示，要求在云南大中专学校推广其经验。

1992 年

3 月，云南省各高校组织学习邓小平"南方谈话"。

7 月，国家能源部决定，将云南电力职工大学改名为南方电力职工大学，并在贵州成立分校，采取有偿服务的方式，向云、贵、桂电力系统招生。在校生规模为 1100 人，其中校本部为 600 人，贵州分校为 500 人。该校是云南省第一所跨省区联合办学的职工大学。

9 月，云南省人民政府批转省教委《关于扩大我省高等学校办学自主权意见》。其主要内容为：①学校可根据我省经济建设和社会发展需要在现有专业内设置拓宽和调整专业方向；②在保证国家下达的招生计划的前提下，学校可在招生计划总数的 30% 以内招收委培生和自费生；③学校可以自定委培生、自费生、夜大及函授生的收费标准；④在定编、定机构数及年度工资总额包干指标的前提下，学校可自主设置内设机构和人员配备；⑤在核定岗位职务限额内，本科学校可自主评定副教授任职资格，专科学校可自主评定讲师任职资格，并可自主评定适当比例的本校承认的高级专业技术职务；⑥按照"包干使用，超支不补，结余留用，自求平衡"的原则，学校有权自主统筹使用预算内教育事业费和预算外经费。

9 月 15 日～10 月下旬，云南省高校教师课堂比赛在云南师大举行。

10 月 6 日，云南大学举办熊庆来先生诞辰 100 周年纪念活动。举行了熊庆来铜像揭幕仪式和《熊庆来 100 周年诞辰纪念文集》首发式。还举办了"熊庆来先生诞辰 100 周年今年展览"和以纪念熊庆来先生为主题的系列报告会和学术讲座。

12 月 24～26 日，云南省成人高教工作会议在昆明召开。

1980～1992 年，作为新建本科院校，云南工学院重视教师队伍建设，师生比由 1∶3.0 上升到 1∶5.9，专任教师中教授、副教授的比例由 0.2% 上升到

29%，具有研究生学历的由 2.7% 上升到 27%。1984 年专任教师中 35 岁以下的教师占 26.6%，1992 年上升到 50.2%。

1993 年

1 月 12 日，国务院批转国家教委《关于加快改革和积极发展普通高等教育的意见》，要求高等教育必须面向经济建设主战场，改革办学体制，积极发展以高新技术产业为主的校办产业。

2 月 13 日，中共中央、国务院印发《中国教育改革和发展纲要》。制定了我国教育 90 年代发展的目标中、战略和指导方针。这是我国改革开放时期最有指导意义的教育改革与发展决策性文件。1994 年 7 月 3 日，国务院发出《关于〈中国教育改革和发展纲要〉的实施意见》，要求各级党和政府，各级教育行政部门和各级各类学校认真贯彻实施该纲要。

2 月，时任云南省长和志强在云南省政府第 57 次会议上宣布，云南大学、昆明工学院、昆明师范学院、昆明医学院、云南农业大学等 5 所大学被列为省属重点大学。

7 月 26 日～8 月 15 日，台湾新竹县私立中信高级工商职业学校选派 10 名教师到云南师范大学进修。这是云南高校第一次接待台湾教师进修。

10 月 31 日，八届全国人大常委会第四次会议通过《中华人民共和国教师法》。自 1994 年 1 月 1 日起施行。

本年，为了促使云南省高等院校青年教师在深化教学改革、教书育人、提高教学质量等方面健康成长，省教委在高校青年教师中开展了首届课堂教学比赛活动。对 32 所高校推荐的 148 名青年教师进行评选，共评出一等奖 21 名，二等奖 40 名，三等奖 79 名，优秀集体组织奖 5 名，省教委向获奖教师和单位颁发了证书和奖金。

1994 年

3 月 14 日，国务院发布《教学成果奖励条例》。鼓励教育工作者从事教育科学研究，提高教学水平和质量。

3 月 16 日，中共云南省委表彰 27 所高校为内部管理体制改革工作先进集体。云南大学、云南师范大学等 8 所高校获一等奖。

9 月，云南省级重点学科评估揭晓。全省高校有 6 个学科被评为 B＋，5 个学科为 B，3 个学科为 B－，1 个学科为 C。

12 月 15 日，云南农业大学制定《云南农业大学对学生实行德育一票否决制的规定》，《云南农业大学学生品德量化考核实施细则》。

1995 年

1 月 26 日，国家教委发布《中外合作办学暂行规定》。指出中外合作办学是中国教育对外交流与合作的重要形式，是对中国教育事业的补充。

3 月 16 日，国家教委办公厅印发《关于开展"中华人民共和国教育史"研究工作的报告》。指出，开展中华人民共和国教育史研究是一项复杂的长期的任务，对于建设有中国特色的社会主义教育体系，促进我国教育改革与发展将具有重大意义。

3 月 18 日，全国人大八届三次会议通过《中华人民共和国教育法》，自1995 年 9 月有起施行。《教育法》以宪法为依据，规定了我国教育的基本性质、地位、任务、基本法律原则和基本教育制度。

4 月，国家教委设立《国家教委留学基金会管理委员会》。决定改革现行的国家公派留学人员的选派和管理办法，实行面向社会、公开报名、平等竞争、择优录取、公布录取结果、签约派出、违法赔偿的新选派办法。

5 月 31 日，云南农业大学获 1994 年云南省高校管理体制改革一等奖。

7 月 19 日，国务院办公厅转发国家教委《关于深化高等教育体制改革的若干意见》。该意见提出，要着重抓好高等教育管理体制的改革。其目标是，争取到 2000 年或稍后，基本形成举办者、管理者和办学者职责分明，以财政拨款为主多渠道经费投入，中央和省、自治区、直辖市人民政府两级管理、分工负责，以省、自治区、直辖市人民政府统筹为主，条块有机结合的体制框架。

9 月 5 日，国家教委港澳台办批复省教委，同意云南师范大学招收台湾学生就读本专科及硕士研究生。至此，云南师范大学成为全国师范大学中有港澳台地区招生权的 9 所高校之一。

11 月，国家计委、国家教委、财政部联合发布《"211 工程"总体建设规划》。标志该工程正式列入国民经济和社会发展中长期规划和第九个五年计划，并由规划设计阶段转入全面实施阶段。

11 月 30 日，云南省隆重纪念"一二·一"50 周年暨西南联大建校 57 周年大会在昆明体育馆举行。全国人大常委会副委员长王汉斌、费孝通、国务委员彭佩云、云南省委省政府主要领导及云南师范大学师生、校友代表、嘉宾 3000 多人出席。

12 月 12 日，国务院发布《教师资格条例》，对教师资格分类与适用、条件、考试、认定等做出规定。

本年，云南省制定《云南省高等教育"九五"规划》。

确立云南高等教育发展目标为：普通高等教育坚持走内涵发展为主的道路，适当扩大现有学校规模，调整布局，优化专业和科类结构，稳定基础学科，努力发展边缘新兴学科，重点发展应用学科，进一步完善办学条件，全面提高教育质量和办学效益，培养云南社会经济发展急需的高层次人才。

具体目标为：

（1）加快研究生教育发展。到 2000 年，普通高校在学研究生 1600 人，比 1995 年增加 744 人，"九五"期间年增长 13.3%。

（2）稳步扩大现有高校规模。到 2000 年，普通高校本专科在校学生达到 6.5 万人，比 1995 年增加 1.36 万人，本科院校校均规模达到 4000 人，专科达到 2000 人左右，每 10 万人口中普通高校在校生达到 151 人。

（3）增加投入，加紧建设。争取云南大学进入"211 工程"，到 20 世纪末，云南大学要办成全国重点建设的 100 所大学之一，云南工业大学、云南师范大学、云南农业大学、昆明医学院、云南民族学院、云南财贸学院要建成具有本省特色的省级重点大学，接近或达到全国同类学校先进水平。

（4）努力加强基础性研究和高新技术研究。到 20 世纪末，建设 27 个省级重点学科，争取建设 3 ～ 5 个国家级的基础性科研基地和工程（技术）研究中心。

1996 年

3 月 28 日，江泽民与上海交通大学、西安交通大学、西南交通大学、北方交通大学领导座谈时指出，我们的经济工作正在实现经济体制和经济增长方式的"两个重要转变"。在这种新形势下，我们的教育工作必须进一步解决好两个重要问题：一是教育要全面适应现代化建设对各类人才培养的需要；二是要全面提高办学质量和效益。

4 月，《中国共产党普通高等学校基层组织工作条例》颁布。

5 月 13 日，经国家教委同意，云南省人民政府组成以省长和志强为组长的云南大学"211 工程"主管部门预审领导小组，聘请以北京大学校长吴树青教授为组长的 10 所大学校长（书记）组成专家组，于本日对云南大学"211 工程"整体建设进行了主管部门预审。专家组一致认为，云南大学是我国西南边疆一所学科门类齐全、特色明显、综合实力较强，并有一定国际影响的社会主义综合大学，专家组一致建议通过云南大学"211 工程"主管部门预审，并建议奖云南大学作为国家"九五"期间"211 工程"第一批重点建设的大学之一。省人民政府同意专家组的建议，通过云南大学"211 工程"主管部门预审。

5 月，云南省第二届高校青年教师课堂教学比赛进行。评出一等奖 26 人，二等奖 57 人，三等奖 100 人。

本年，云南积极贯彻落实中央、国家教委关于高校"两课"改革的有关文件及会议精神，主要工作：

①建立高校"两课"督导组，聘任程传贤等6位专家教授组成，日常工作由省教委政教处负责联系。

②6月19～21日，省委宣传部、省教委对西南林学院、云南中医学院进行了"两课"教学改革情况检查。

③省教委组织21位专家分别对在昆9所高校41位教师进行听课评课。

④省教委加强对高校"两课"教材统一管理，重新编写、审定思想品德课《法律基础》和《思想道德修养》两门教材。

⑤配合国家教委评选全国普通高校百名"两课"优秀教师工作。经专家认真评选，评出30名教师（其中20名马列课、10名思想品德课）作为全省"两课"优秀教师。从中选出王展飞、赵金元、王向明3人作为全国百名"两课"优秀教师候选人上报国家教委。

8月28日 云南省教委对1986年以来云南省古籍整理研究的26项优秀成果进行奖励。

10月4日，云南师范大学招收第一批港、澳、台学生5人，其中台湾1人，香港3人，澳门1人。

1997年

7月7日，云南省政府批准成立云南省学位委员会，由副省长赵淑敏任主任委员，杨崇龙、吴家仁、张文彬、朱维华、张柏荣任副主任委员，委员21人。省政府印发了《云南省学位委员会工作制度》，明确其职责。省学位委员会制定了《云南省学位委员会学科评议章程》，遴选专家并成立学科评议组，共设10个学科评议组，包括文史哲、法学教育学、理学、工学、医学、经济与管理、农林畜牧等。遴选学科评议组成员74人，省学位委员会为当然成员。

8月19～23日，《西南联大史料》编审会在云南师范大学召开。

9月4日，"云南省教委高校学术著作出版基金管理委员会"成立。该基金管理委员会有35名委员，制定了《云南省教委高校学术著作出版基金管理条例》和《实施细则》，每年资助10万元，并将逐年有所增加。

9月20日，《云南省教育基金会奖教、奖学金评选委员会评奖条例》公布实施。云南省教育基金会系由1945年云南省派遣公费赴美留学生中留居美国的成平、纳忠陛、苏尔敬、周宝瑶等发起建立。自1989年起，十年间奖励云南省10所师专、云南师范大学、云南民族学院和云南教育学院的教师50名，学生180名。自本年起，奖学金捐赠于云南师大。

10月，云南农业大学被国家体委评为"全国群众体育先进单位"。

11月，国家计委批复同意云南大学"211工程"项目正式立项。

12 月 18 日，云南省教委公布云南省普通高校函授、夜大学教育评估结果：函授优良学校 5 所：云南大学、昆明理工大学、云南师范大学函授本、专科均为优良学校，云南中医学院、云南民族学院为函授专科优良学校；夜大学优良学校 6 所：云南大学（本专科）、昆明理工大学（本专科），云南师范大学（专科）、云南民族学院（专科）、昆明医学院（专科）、云南工业大学（专科）、昆明师范高等专科学校。

本年，省教委推出《普通高校教学总学时及课时结构比例的指导性方案》，明确规定各院校安排教学计划时，总课时不得突破规定，让学生有更多的自学时间，发挥学生的学习主动性。

本年，云南省共接受了来自 15 个国家和地区的外国留学生 337 名，招生院校由原来的 3 所增加为 6 所，即云南大学、云南师范大学、云南民族学院、云南农业大学、云南财贸学院、玉溪师范专科学校。

1998 年

2 月，云南省政府第二次常务会议对云南省高等教育管理体制改革作出重大决策：①云南师范大学与云南教育学院、云南体育进修学院合并；②云南财贸学院与云南经济管理干部学院合并；③云南大学与云南政法专科学校合并；④理顺 16 所地州高校管理体制；⑤与林业部、中国有色金属工业总公司共建西南林业学院、昆明理工大学。

3 月 30 日，云南省教委召开了七所合并学校会议。

4 月 10 日，经云南省政府批准，云南财贸学院与云南经济管理干部学院合并，重新组建云南财贸学院。同日，教育部发出通知，宣布云南财贸学院等 29 所高校顺利通过本科教学工作合格评估。

4 月 13 日，根据中央精神，云南省高校招生会议决定今年高校全面并轨，包括农、林、师范、体育、民族院校都实行缴费上学，但这些学校的收费标准可低于一般院校。并轨后学校大部分专业仍实行定向招生，并严格执行定向协议。

4 月，云南省政府决定开展"省校合作"，投入 1 亿元，与清华大学、北京大学、中国科学院等单位在科研、教育、人才引进及培训等方面进行合作。

5 月 4 日，江泽民在庆祝北京大学建校一百周年大会上发表重要讲话，强调大学是科教兴国的强大生力军，提出要建设若干所世界一流大学的历史任务。

6 月 15 日，云南师范大学举行"田家炳教育书院"奠基典礼。田家炳先生及省领导出席。

6 月 23 日，国务院学位委员会第十六次会议批准云南财经学院为新增硕士学位授权点单位（金融学、企业管理），1999 年录取 5 人（考生 120 人，录取比例 1：24），2000 年招收 14 人。

7 月 15 日，在云南省教委教材学研究室基础上组建的云南省教育科学研究院正式成立。

7 月，国务院批准将昆明理工大学划转以云南省为主管理。9 月，完成昆明理工大学交接仪式。

8 月 24 日，云南省政府批复同意《云南工业大学 6 所省属重点大学建设发展总体规划》。规划确定 6 所省属重点大学到 2000 年的规模为 29 500 人，各自进入同类院校全国先进行列。

8 月 29 日，九届全国人大常委会第四次会议通过《中华人民共和国高等教育法》，于 1999 年 1 月 1 日起开始实施。该法的颁布标志着中国教育法律法规体系的基本框架已经形成。

9 月 4 日，云南省教委成立"云南省高等学校教学指导委员会"，以加强对教学改革的指导和教学工作的管理。

12 月 17 日，云南省政府批准云南师范大学等三校合并方案。

12 月 31 日，中共云南省委、省政府对全省扶贫攻坚作出贡献的挂钩扶贫单位给予表彰奖励，云南农业大学荣获一等奖。

本年，国家云南省高等教育发展的需要，成立高等教材审定委员会。

本年，云南省共有普通高等院校 26 所，其中本科院校 12 所，专科院校 14 所，共设有 457 个专业点，其中本科专业 22 个，专科专业 143 个。有博士点 9 个，硕士点 142 个。省级重点实验室 6 个。省级重点学科 47 个，省级重点课程 48 门。普通高等院校教职工 18450 人，专职教师 8143 人，其中教授 554 人，占专职教师总数的 6.8%；副教授 2286 人，约占 28%；在校生 6.4 万人，在校生本专科学生比例为 1：1.1；学生平均预算内教育经费 6863.3 元。有图书 884 万册，设备总值 2.8 亿元；校舍总面积 2025 万平米。

本年，云南大学"211 工程"建设通过中期检查。云南师范大学等 6 所省属重点大学建设规划制订完毕，省政府批准实施。

本年，云南省教委制定了《云南省普通高等学校专业设置引导性规划》，促使高校根据自己学校的性质和任务，按规划所确定的范围设置专业，以便形成各校办学的优势和特色。

本年，昆明医学院新增为博士学位授予单位，云南财贸学院新增为硕士学位授予单位，全省高校增列 4 个博士学位授权点，22 个硕士学位授权点，云南师范大学批准为教育专业硕士学位试点单位。

从本年起，云南省教委每年从高校科研基金中划拨出 10 万元设立了云南省高校出版基金，积极扶持高校教师著述成果的发表。该基金的设立有效地促进了高校教师潜心著述的积极性，解除了后顾之忧，为教师的科研成果顺利展示于社会、提高科研工作的效益创造了一定的条件。

1999 年

3月26日，教育部印发《关于师范院校布局结构调整的几点意见》，提出师范教育改革的工作目标为："以师范院校为主体，其他高等学校积极参与，中小学教师来源多样化；师范教育层次结构重心逐步升高；职前职后教育贯通，继续教育走上法制化轨道，以现代教育技术和信息传播技术为依托，开放型的中小学教师继续教育网络初步建立。"为提高师范教育层次结构重心，决定师范院校层次结构"由三级师范（高师本科、高师专科、中等师范）向二级师范（高师本科、高师专科）过渡。"由此开启了中国以高等师范专科学校为主体的专科学校升级本科院校的浪潮。

6月15～18日，中共中央、国务院在北京召开改革开放以来第三次全国教育工作会议，颁布《关于深化教育改革全面推进素质教育的决定》。会议主题：动员全党同志和全国人民，以提高民族素质和创新能力为重点，深化教育体制和结构改革，全面推进素质教育，振兴教育事业，实施科教兴国战略，为实现党的十五大确定的宏伟目标而奋斗。这次全教会和该决定赋予素质教育以时代的特征和新的内涵，并紧紧围绕全面推进素质教育，培养适应21世纪现代化建设社会主义新人提出一系列教育改革和发展的重大决策，取得了一系列突破性进展。会后教育部根据会议精神，进一步扩大了当年全国高校的招生规模。自1999年开始，全国高等教育出现一波前所未有的扩招。

9月7日，教育部启动国家助学贷款工作，并与中国工商银行制定《国家助学代款管理操作规程（试行）》。国家助学贷款的目的是通过银行贷款帮助高等学校中经济确实困难的学生支付在校期间的学费和日常生活费。国家助学贷款利由国家财政予以补贴。

本年，在云南省政府及有关部门的大力支持下，教育厅开始酝酿在省内高校实施特聘教授岗位制度，期望通过岗位的设置，引进和选拔一批具有高学历、高水平、在国内外有较大影响、学术造诣深的学科学术带头人。为此，教育厅下发了《关于组织申报设置高等学校特聘教授（研究员）岗位的通知》及《云南省高等学校特聘教授（研究员）岗位制度实施办法》，并组织专家到有关高校对21个申报拟设岗位的点进行实地评审。正式确定了首批设置的10个特聘教授（研究员）岗位：云南大学微生物学、民族学、理论物理；昆明理工大学有色金属冶金、环境工程、矿物加工过程；云南师范大学农村生物环境与能源工程；昆明医科大学肝胆胰外科、药理/毒理学；云南农业大学植物病理学。

本年，云南教育学院、云南体育进修学院合并到云南师范大学。

2000 年

1 月 7 日，云南省政府转发云南省教委提出的《云南省实施〈面向 21 世纪教育振兴行动计划〉的意见》〔云政发（200）8 号文件〕。

该意见针对云南省的教育发展提出了若干目标，其中涉及高等教育的内容主要有：积极、稳步地发展高等教育，提高高等教育质量和办学效益，高等教育毛入学率达到 7%，培养一批高水平的创新人才，加强高校科研工作，为云南省的经济社会发展做贡献。2010 年，全省全面实现"普九"，高中阶段在校生约 115 万人，人均受教育年限达到 8 年，高等教育毛入学率达到 11%，基本建立起终身学习体系，经济发达地区基本实现教育现代化。

该意见提出实施七大工程（素质教育工程、教育扶贫工程、园丁工程、职业教育工程、创新人才培养工程、高校高新技术产业化工程、现代远程教育工程）；

突出深化四项改革（办学体制改革、大中专学校招生制度改革、大中专毕业生就业制度改革、高校后勤社会化改革）；

落实三项保障（加强教育法制建设、加强教育科学研究、依法保障教育经费的稳定来源和增长）。

1 月 26 日，教育部印发《教育部关于实施"新世纪高等教育教学改革工程"的通知》。"新世纪教改工程"的主要内容包括：高等教育人才培养战略规划研究、高等学校本科教育教学改革与实践、高职高专教育教学改革与实践、现代远程教育资源建设、高校中青年骨干教师培训、高校基础教学实验室改造与建设六个方面。

3 月，经教育部批准，在玉溪师范高等专科学校、玉溪师范学校、玉溪成人教育培训中心（教育资源）合并的基础上建立玉溪师范学院。曲靖师范高等专科学校、曲靖教育学院、曲靖师范学校合并组建曲靖师范学院。

6 月 30 日，云南省教育厅印发《关于在云南省成人高等教育试行学分制的意见》，规定有条件的成人高校、普通高校、函授、夜大等可申请学分制。

云南省教育厅决定，从本月起凡经教育部（或原国家教委）批准、备案的云南省独立设置的成人高校、广播电视大学和普通高校函授、夜大各专科专业（除英语、计算机、中文专业相应课程外）原则上均要开设外语、计算机、大学语文课程，各校要将这 3 门课程作为必修课程安排在教学计划中，并组织相应的等级水平考试。

8 月 25 日，云南省教委更名为省教育厅。

9 月，云南省政府发布《关于加快云南省社会力量办学的若干意见》。该意见指出：社会力量办学是我国教育事业的重要组成部分，属国民教育体系。要求各级政府要进一步解放思想，转变观念，鼓励和支持社会力量办学，并给予必要的扶持。鼓励社会采取多种形式办学，强调只要有利于增加教育投入，有利于扩大教育规模，有利于提高教学质量，有利于满足社会需要的各种办学形式都可以充分探索和尝试。还对社会力量办学的用地、税收、贷款、收费、用人、招生、就业等一系列问题作了规定。

10 月底统计，云南省内 10 所本科院校有 12 828 名学生申请贷款，银行发放金额 58.94 万元。全省没有一名学生因家庭困难而辍学。

本年，自 1998 年开展省院合作工作以来，教育合作工作得到全面发展。已考取合作院校的博士生 61 名，免试推荐攻读合作院校硕士学位达到 49 名，清华大学另外招收了云南省高校 45 名"两课"教师攻读硕士学位；选派了 300 余名进修教师、访问学者；聘请了 30 多名中科院院士、工程院院士和知名教授为本省高校的客座兼职教授；立项开展了 22 个省级重点学科的咨询、建设；立项并资助了 25 项人文社会科学研究项目的研究工作；建设了 3 个远程教育教学点，召开了 5 次国际交流会议；建设了产学研联合办学基地 1 个。到 2000 年与云南省进行教育合作的已有 11 所高校及中科院中国林科院共 13 个单位。

本年，云南大学微生物实验室经教育部批准，正式成为教育部微生物资源开发研究重点实验室，实现了云南省高校实验室成为国家重点实验室"零的突破"。云南大学建立西南边疆民族研究中心，经教育部评审，正式批准为全国普通高等学校人文社会科学重点研究基地，纳入第三批建设计划名单。

本年，高校招生扩招，边疆、民族、贫困、山区学生增多，加之云南省自然灾害频繁，各校学生贫困面进一步扩大。省教育厅把高校贫困生助学工作作为工作中的重点，通过强化管理、广开助学渠道、社会齐抓共助等，全省贫困生助学工作成绩斐然，受到教育部的表扬。主要做法是：

①用好、管好高校特困生助学基金；
②指导学校齐抓共管，形成有云南特色的助学机制；
③广开助学渠道，开展和促进高校毕业生助学贷款工作。

2000 年，高等院校合并情况：
①昆明理工大学和云南工业大学合并，成立新的昆明理工大学；
②云南政法专科学校并入云南大学。

二、高等教育发展若干话题与背景（1949～2000 年）

1. 高等学校管理体制

中华人民共和国成立前，云南有 2 所公立大学（云南大学、昆明师范学院），1 所私立学院（私立昆明五华学院），在校生 1653 人，教师 353 人。中华人民共和国成立后，国家有计划地改革旧的教育制度、教学内容和教学方法，对原有学校进行调整。1950 年底，云南有 2 所高校（云南大学、昆明师范学院），在校生 2481 人。1952 年以后，根据国家建设需要，进行高等学校院系调整。1954～1956 年，云南增设昆明工学院、昆明医学院。"大跃进"期间，云南高校经历了一次盲目的"大发展"的过程。到 1960 年底，高校增加到 18 所，在校生急剧增加到 13 983 人，给高校教学工作带来很多问题，严重影响了教育质量。1961 年 1 月，中央决定对国民经济实行调整，云南停办部分高校，重新走向健康发展和稳步提高的轨道。到 1965 年，全省有 7 所高校（云南大学、昆明师范学院、昆明工学院、昆明医学院、昆明农林学院、云南中医学院和半工半读的云南农业劳动大学），全日制在校生 9410 人，半日制在校生 716 人。1956～1965 年，云南大学培养了 33 名研究生，1965 年，昆明工学院招收了 3 名研究生。

1958 年，中共中央和国务院先后分别或联合发出《关于高等学校和中等技术学校下放问题的意见》《关于教育事业管理权力下放问题的规定》《关于高等学校校长任免问题的通知》，下放对高等学校的管理权力，实行分级管理的办学体制。据此，原由教育部领导的云南大学和昆明工学院，改由中央有关部委和云南省人民委员会双重领导，以省管理为主。

1963 年 5 月 21 日，中共中央、国务院颁布《关于加强高等学校统一领导、分散管理的决定（试行草案）》。高等学校实行统一领导、分散管理，昆明工学院划归冶金部领导。

1966 年 10 月 26 日，中央发出《关于高等学校下放问题的通知》，决定国务院所属高等学校，除北京以外，交由各省、市、自治区革命委员会领导，对高等学校实行分散管理的办学体制。林业部所属北京林学院 1969 年迁至云南，亦由云南省领导。由此，云南省内的所有高校均由云南省领导。

1979 年，中共中央批转教育部党组《关于建议重新颁发〈关于加强高等学校统一领导、分散管理的决定〉的报告》，国务院各部委和省、直辖市、自治区对各自所属的高等学校的领导管理关系进行调整，中止"文化大革命"中执行的"分散管理"的领导体制，恢复了中央统一领导、中央和省自治区两级管理的领导体制。根据中共中央、国务院关于办好一批重点高等学校的指示，一部分重点高校和非重点高校改为双重领导，以一方为主的领导体制。云南大学列为全国重点高校，由云南省领导；昆明工学院、西南林学院实行省和部委双重领导，分别以中央冶金部（后改为中国有色金属总公司）、国家林业总局（后改为林业部）为主的领导体制；其余高校由省领导。

1985 年，昆明工学院开始试行院长负责制。

1988 ~ 1990 年，云南大学、云南师范大学、云南财贸学院试行校（院）长负责制。

到 2001 年，云南 28 所普通高等学校，在管理体制上分为 4 种类型：①云南省教育厅主管高校，9 所；②省部共建、以省为主高校，1 所（昆明理工大学）；③中央业务部门主管，1 所（西南林学院）；④云南省教育厅和厅局地州市双重领导，以省为主的领导管理体制，12 所。另外还有 6 所独立设置的高等职业技术学院。

2. 省级重点学科建设

1986 年和 1991 年，云南省教委进行了两次省级重点学科建设。

1991 年 10 月，云南省教委宣布，决定在"八五"期间（1991 ~ 1995 年）拨出专款，在全省高等学校中建设 100 门左右的省级重点课程。

1991 年 11 月，第一批申报开始，评选出 21 门课程列入省级重点建设。

1992 年 10 月，开始第二批建设申报。

1992 年 12 月初，评选出 27 门课程列入省级重点建设。

1996 年，云南省教委以云教科字（1996）018 号文，在总结"七五""八五"期间省级重点学科建设经验的基础上，经高校学术委员会评审，云南省教委批准，"九五"期间（1996 ~ 2000 年）在十所省属本科院校建设 27 个重点学科。

1998 年，在 1996 年立项建设的 27 个省级重点学科之基础上，1998 年又增补立项 20 个省级重点学科，并召开首次全省重点学科工作会议，承办国务院学位办全国省级地方学位委员会工作座谈会。根据国务院学位委员会的有关文件要求，编制了全省学科、学位点的五年建设发展计划及十年规划。

2000 年，云南省学位委员会办公室组织专家对"七五""八五""九五"以来立项的 77 个省级重点建设学科进行了全面检查评估。其中，48 个省级重点建设学科挂牌，24 个学科拟"十五"期间继续建设，另外 3 个当时仍在专家第二轮的评审中。

3. 教师职称评定

1982 年 2 月，国务院《关于实行职业技术职务聘任制度的规定》涉及专业技术职务聘任制的基本内容（岗位、职责与任职条件、各类岗位比例、评定与聘任，等），职业技术职务的设置、任职的基本条件、各级技术职务的聘任和任命、已获得职称人员的安排、特聘人员的安排和待遇等。

1982 年，国务院《高等学校教师职务试行条例》规定了任职条件、资格评审的机构与基本程序、评审的组织机构设置。经教育部及省级政府主管部门批准，部分高校有权审定讲师、副教授或接受的任职资格。

1986 年 3 月，中央职称改革工作领导小组关于转发国家教育委员会《高等学校教师职务试行条例》等文件的通知。其中，《高等学校教师职务试行条例》（1986 年 3 月）对任职条件进行了具体的规定，对助教、讲师、副教授、教授各类教师的学历、工作经历等方面提出来相应的要求。

考核内容：思想政治表现、业务水平、工作成绩三大方面：

思想政治表现——政治态度、职业道德、思想意识、工作态度；

业务水平——教学水平、科研开发能力、工作能力和创新精神；

工作成绩——工作中的贡献（论文数量和质量、申报课题的水平和级别高低、科研成果的社会影响和经济效益，教学效果的好坏，教学受学生欢迎的程度，等）；

对兼任党政工作的教师——还要考核其党政工作的管理水平和工作成效。

考核的主要形式：定性考核和定量考核、单项考核和综合考核、自我考核和他人考核、定期考核和不定期考核。

考核原则涉及三个方面：全面衡量原则、重绩原则、动态原则。

考核步骤：确定考核目标、考核内容、制定规范的评分标准、规定考核方法、开展考核工作、评定考核结果。

判定方法：学位评定方法和效果评定方法。

该条例提出要重视学术带头人的培养，并从三个方面对学术带头人的基本素质进行了界定：

①目光敏锐、创新能力强、能时刻追踪学科前沿；

②具备丰富的学士、开阔的视野；

③具备较强的能够组织和依靠广大教师共同争取重大项目、把学科建设调动起来的能力。

1990 年 11 月，人事部下发了《企事业单位评聘职业技术职务若干问题暂行规定》。

1991 年 4 月，国家教委、人事部发布了《关于高等学校继续做好教师职务评聘工作的意见》提出 5 条原则和要求：

①职称评聘应做到目的明确、方向准确、措施和方法切实可行；

②对教师的职务和职称的评聘应该全面、方向准确，并应将工作实绩作为考核的重要内容，将教师的考核作为评聘、晋级的重要依据；

③重新组建教师职务评聘组织；

④不同类型和层次的高等学校应根据各自承担的不同任务及其不同特点，制定相应的各级教师职务任职的具体要求；

⑤对教师的考核应根据其不同的工作岗位、所承担的不同任务而有所侧重地考核教学效果及在教学改革、教学法研究方面的成绩。

1987 年 8 月，中央职称改革工作领导小组发布了《关于博士后研究人员专业技术职务评审和任职的原则意见》。

1991 年 3 月，人事部下发了《关于在专业技术职务评聘工作中严格掌握外语条件的通知》。

1997 年 3 月，人事部下发了《关于重申离退休人员不再评审专业技术职务任职资格的通知》。

1998 年 7 月，人事部印发了《关于专业技术人员职称外语等级统一考试的通知》，该通知要求，从 1999 年开始，实行全国专业技术人员职称外语等级统一考试。这一通知明确提出，专业技术人员担任或晋升相应专业技术职务，须取得相应职称外语统一考试合格证书。

4. 科技产业化发展

20 世纪 80 年代末，云南省高校以不同形式创办校办企业，开展技术服务和成果转让。到 90 年代初期，随着改革开放的深入，国家经济体制改革的力度加大，受外部经济环境的驱动，云南省内各高校纷纷兴办一大批不同类型的校办企业，逐步来、打开了学校封闭的大门，使教学、科研工作参与到社会的经济活动中去，进入市场竞争，接受社会的检验。经过几年的运作和市场的优胜劣汰，为数不多的校办企业幸存下来，总体规模很小。但是，经过一段时间的探索和艰苦实践的过程，云南省高校初步找到了教育产业与市场的切入点，产业发展的方向和项目由模糊渐渐明朗起来，校办产业的发展趋势越来越好，涌现了一批成长性好的科技企业。

到 2000 年，云南全省高校有科研机构 94 个，科研项目 1536 项，科研经费 1.5 亿元，从事科研活动的人员 6000 余人。发表学术论文 4766 篇；出版专著 152 部。"九五"期间，高校取得科研成果 1500 余个，其中申报专利 148 项，授予专利权 85 项；获得省部级及以上成果奖励 510 项。"九五"期间，高校产业得到较好发展，有企业 150 家，年总产值 4.5 亿元，实现利润近 8000 万元。

大学科技园建设：根据云南省委、省政府《关于加速高新技术产业开发区发展的决定》意见，省教委与昆明高新技术开发区共同提出了"创办云南省大学科技园"的可行性研究报告，得到省委省政府的认同和大力支持，组建了云南省大学科技园指导委员会，副省长梁公卿任主任委员，下设办公室实施具体管理。经省政府批准并报教育部同意，云南省大学科技园于 1999 年 7 月 8 日正式挂牌，成为全国首批 15 个批准试点的大学科技园之一，并创造了"一园多校"的运行模式。

试点建设一年之后，经国家科技部、教育部组织有关专家对申报国家级大学科技园的评估认定，云南省大学科技园正式成为国家科技部、教育部正式批准认定的首批 22 个国家大学科技园。该科技园坐落于昆明国家高新技术开发区，首批入园的有五个分部（云南大学、昆明理工大学、云南师范大学、云南农业大学、昆明医学院），计划两年后增加到 10 个分部，让更多的高校入园。2001 年底，云南留学人员产业园又在云南省大学科技园内挂牌。

5. 利用社会力量合作办学

"九五"以来，云南省内各高校不断开拓办学空间，利用自身的学科资源与专业品牌优势，与社会各界热心教育事业的企业合作，先后办起了二级学院。

① 1994 年 4 月，云南大学与马来西亚国际现代设计艺术集团合办"云南大学国际现代设计艺术学院"；2005 年 12 月，国际现代设计艺术学院与艺术学院合并，成立云南大学艺术与设计学院。

② 2000 年 6 月，云南大学与企业合作创办"云南大学国际文化学院"；学院以云南大学为依托，聘请云南大学各学科的教授、副教授和优秀教师任课。设有旅游管理、英语、艺术设计、会计学、计算机科学与技术 5 个本科专业；与澳大利亚拉筹伯大学合办旅游管理、计算机及应用 2 个专业，每年有拉筹伯大学的教师到校授课，（本专业的学生在国内完成专科学业后，由云南大学和拉筹伯大学双方发给专科毕业文凭。专科毕业达到澳方相关条件的可自费到澳大利亚拉筹伯大学进行本科学习，毕业成绩合格，发给拉筹伯大学毕业证书）；另有体育预

科班 1 个。学院 2000 年招生 500 多人。2005 年停止招生。

③2000 年，云南师范大学与南方青年进修学院合办云南师范大学商学院。

④2000 年，云南师范大学与云南省世界园艺博览集团有限公司合办云南师范大学世博学院。

⑤2001 年，云南大学与企业合作创办"云南大学滇池学院"。

⑥2001 年，昆明理工大学津桥学院成立。这是昆明理工大学申办、云南省国有大型企业云南省城市建设投资集团有限公司投资，经云南省教育厅审核、教育部批准的全日制本科（国有）独立学院。

⑦2001 年，昆明医学院海源学院成立。

⑧2001 年，云南科技信息职业学院经省政府批准正式成立，这是云南省首家（独立的）民办高校。

⑨2001 年，云南大学与云南滇池教育培训有限公司联合举办"云南大学华美学院"。

⑩2002 年，云南大学丽江旅游文化学院成立，2004 年 1 月经教育部首批确认为独立学院。

其他合作共建办学情况如下：

①云南师范大学与玉溪体育运动学校联办云南师范大学体育学院分院，云南省银行学校并入云南师范大学后建立金融财政学院（二级学院）。

②云南农业大学先后与省水利厅联合共建水利水电与建筑学院，与省林业厅联合共建林业职业技术学院，与省农垦总局联合共建热带作物工程学院，与德宏州政府联合建立云南农业大学德宏学院。

③云南民族学院与云南省军区人民武装学院联合办学，成立云南民族学院人民武装学院。

6. 世纪之交的高校合并

2000 年，昆明理工大学和云南工业大学合并成立新的昆明理工大学；云南政法专科学校并入云南大学。

2001 年，云南省成立了三所职业学院。在云南省地矿局职工大学基础上组建成立云南国土资源职业学院。在西双版纳教育学院基础上组建西双版纳职业技术学院；在云南省公路局职工大学和云南省交通学校的基础上重组而成的云南交通职业技术学院。

①2000 年，昆明理工大学和云南工业大学合并，成立新的昆明理工大学。

②2000 年，云南政法专科学校并入云南大学。

③ 2001 年，在云南省地矿局职工大学基础上组建成立了云南国土资源职业学院。

④ 2001 年，由西双版纳教育学院等三所学校合并成立了西双版纳职业技术学院。

⑤ 2001 年，由四校（云南省交通学校、云南省公路局职工大学、云南省交通干部学校、云南交通职工中等专业学校）合并组建了云南交通职业技术学院。

7. 高校招生制度改革

1985 年 5 月 27 日，中央颁布《中共中央关于教育体制改革的决定》。自此，体制改革逐步走向深入。

在招生制度的改革方面，改革按国家计划统一招生的做法（计划制度），实行"国家计划同用人单位委托培养及计划外招收少数自费学生相结合，以国家计划为主"的办法。

1983 年开始招收委培生，到 1985 年共招收 60 400 人，占当年招生数的 10%。

1985 年起，北京师范大学、四川农学院等进行招收保送生实验，当年全国 70 多所高校共招近 6000 名保送生，占招生总数的 1.2%。

1987 年，高校可以在国家计划外招收自费生，当年共招 11 000 人，1988 年招收了 42 200 人。

1988 年 11 月 24 日国家教委发布《普通高校定向招生、定向就业暂行规定》，按计划的 5% 开始定向招生。

在高等学校入学考试制度改革方面，各地进行了各类改革尝试。

1985 起，上海实行高考单独命题。同时制定了高中会考方案。1988 年起，高中毕业生必须参加政治、语文、数学、物理、化学、外语、生物、历史、地理等 9 科会考。

1985 年，教育部批准高考标准化实验（英语、数学）在广东进行；1986 年，增加物理、1987 年增加语文、化学；1988 年，英语课实验扩大到全国 17 个省区；1989 年扩大到全国。

8. 高校毕业生就业改革

1951 年 10 月 1 日，政务院发布《关于学制改革的决定》，规定"高等学校毕业生的工作由政府分配"，1952 年 7 月和 1954 年 2 月，政务院分别发文强调同配置度的必要性，确定了"地方分配、中央调剂"的分配原则。

1980 年，国家计委、教育部联合召开全国普通高校毕业生分配工作会议，明确毕业生的分配，在国家统一计划下，采取抽成调剂、分级安排的方法，即在国家统一计划下实行国家直接分配、部分分配和地方分配相结合的方法。教育部直属高校，毕业生由国家统一分配。中央业务部门主管院校，主要是为本系统本行业培养人才，毕业生实行国家抽成分配。国家抽成后的毕业生由主管学校的部门本着兼顾直属单位和地方归口行业需要的原则进行分配，并对学校所在地区给予一定留成，其留成比例一般占所需专业人数的 15% ～ 20%。省（自治区、直辖市）主管高校的毕业生，原则上由地方自行分配。国家根据需要对某些专业的毕业生也可适当抽调，但最多不超过这些专业毕业生人数的 10%。

国家分配的高校毕业生，根据需要可以分配到全民所有制单位，也可分配到集体所有制单位。分配到集体所有制单位的，按国家干部管理。

自 1981 年起，在毕业生分配中试行择优分配的办法，由学生自愿报名，学校推荐，用人单位考核，择优选择一部分毕业生，让其本人在调配计划范围内选择工作单位。

1985 年颁布的《中共中央关于教育体制改革的决定》，在编制分配计划和程序、方法上调整了各方面的责任和权利，改变了全部由国家指令性计划自上而下分配到用人单位的分配制度。

1986 年 2 月 8 日，国家教委制定了《毕业研究生分配工作暂行办法》，提出了 4 项原则：

①根据国家计划招生，取得毕业资格者，由国家分配工作。

②要在社会主义现代化建设需要的前提下，贯彻学用一致的原则，各用人单位要珍惜人才，做到分配合理，使用得当，发挥其所长。

③要继续充实高等学校的师资和科研机构的研究人员；要加强国家重点建设项目的科研攻关和设计、生产，以及专业技术部门所需人员的配备；要适当照顾领导机关和经济管理部门度较高层次管理人员的需要；要注意培养单位之间的调剂与交流，以博取各家之长，促进学科专业的发展。

④要照顾考生来源地区，特别是边远省区的需要。

1985 年，经云南省政府批准，云南省教育厅、省计委、省科干局、省公安厅、省劳动人事厅印发《关于云南省高等学校毕业生调配工作的几项试行办法》规定：省内高校从边远一、二类地区招收的学生，毕业时原则上分回入学前所在地州安排工作；实行"优才优用、择优分配"的原则；自分配名单公布之日起三个月内不服从分配、不报到的毕业生，由学校报教育厅批准，取消分配资格；分配或自愿到边远一、二类地区工作的昆明四区入学的毕业生，其户口可以不转往工作单位，而转至入学前父母所在地，服务 5 年后允许流动。

1985 年开始，举办一年一次的供需见面会。

1987 年，云南省在云南大学的数学、化学专业，云南工学院的水工、水动专业的 221 名毕业生中进行毕业分配办法改革的试点，在国家分配方针原则和计划指导下，试行招聘、推荐与考核录用相结合的方法。1988 年，两校的试点扩大到 9 个专业 417 名毕业生。

1988 年，国家教委发出了《关于 1988 年改革毕业生分配工作的通知》，要求在国家计划的指导下，逐步把竞争机制引入高校毕业生分配工作，加强和深化毕业生分配制度的改革。逐步实行国家分配方针、政策指导，毕业生选择职业，用人单位择优录用的"双向选择"制度。1989 年起实行提前一年预分配的办法。

1991 年，国家教委成立全国高等学校毕业生就业指导中心。

1993 年，国家教委印发《关于普通高等学校招生和毕业生就业制度改革的意见》，毕业生就业制度的改革采取主管部门与高校上下结合编制就业计划，并通过"供需见面"协商落实的方式向社会输送毕业生。国家任务招收的学生由学校负责向用人单位推荐就业，毕业生也可以在规定的范围内与用人单位见面，由用人单位招聘录用。少数经学校推荐、无用人单位录用的毕业生，回家庭所在地区就业。其中定向毕业生到定向单位工作，因特殊原因不能到定向单位工作的，应征得原定单位同意，并缴纳全部培养费。

1995 年，国家教委在《关于做好 1996 年全国普通高等学校毕业生就业工作的意见》中指出，根据《中国教育改革和发展纲要》和实施意见中的要求，积极稳妥地推进高校毕业生就业制度的改革。已实行招生"并轨"后招收的学生毕业时，主管部门可根据自己的实际情况，要求毕业生在国家就业方针政策指导下，在一定范围内自主择业；已落实工作单位的，国家负责派遣，未落实工作单位的，转回其家庭所在地，由当地毕业生就业指导机构推荐其就业。其他未实行招生"并轨"改革的高校，学生毕业时原则上仍由国家负责在一定范围内安排就业，通过"供需见面"和一定范围内"双向选择"的办法，落实毕业生就业方案；师范类毕业生原则上在教育系统内就业；委托和定向培养的学生应按合同就业；自费生"自主择业"。

云南省从 1996 年起实行对统招毕业生主要通过一定范围内的"双向选择"和"供需见面"的办法落实就业单位。

9. 博士、硕士学位授权及审批

1980 年 12 月 15～18 日，国务院学位委员会第一次扩大会议在北京举行。会议通过《国务院学位委员会关于审定学位授予单位的原则和办法》，决定设立学科评议组负责全国学位授予单位的审定工作。

1981 年 6 月 12 日，国务院学位委员会第二次会议在北京举行，会议决定按学科门类设立 44 个学科评议分组，并通过聘请成员的名单。7 月，国务院学位委员会学科评议组第一次会议评审我国首批博士和硕士学位授予单位。10 月 8 日，国务院学位委员会第三次会议在北京举行，会议通过《学科评议组试行组织章程》；通过经学科评议组第一次会议审核的我国首批博士和硕士学位授予单位及学科、专业名单，并报国务院批准。

1981 年 11 月 3 日，国务院批准了我国首批博士点 812 个，硕士点 3185 个；批准博士学位授予单位 151 个，硕士学位授予单位 358 个。

1983 年 3 月 15 日，国务院学位委员会第四次会议在北京举行。会议通过了修订的《高等学校和科研机构授予博士和硕士学位的学科、专业目录》，公布试行；审议了进行第二批博士和硕士学位授予单位审核工作的文件。12 月 5 日，国务院学位委员会第五次会议在北京举行，通过经学科评议组第二次会议审核的第二批博士和硕士授予单位及学科、专业名单，并报国务院批准。

第二次学位授权审核后，我国有博士点 1151 个，硕士点 4254 个；批准博士学位授权单位 196 个，硕士学位授权单位 425 个。

1985 年 2 月 16 日，国务院学位委员会第六次会议在北京举行，审核通过第二届学科评议组成员名单；通过《国务院学位委员会关于做好第三批博士和硕士学位授予单位审核工作的几点意见》，认为自行增列博士生指导教师工作和在一定学科范围内下放增列硕士学位授权学科、专业的审批权可选择部分学位授予单位先行试点。

1986 年 7 月 28 日，国务院学位委员会第七次会议在北京举行，审核了第三批博士、硕士学位授予单位及学科、专业名单，经国务院同意，该名单由国务院学位委员会直接批准。

第三次学科授权审核后，我国有博士点 1830 个，硕士点 6407 个；批准博士学位授权单位 238 个，硕士学位授权单位 545 个。

"从 1981 年到 1986 年，我国共进行了三批学位授予单位的审定。它是我国学位授予单位的初创阶段。在这一历史时段，对学位授予单位的审定，主要看条件和水平。这里必须说明的是，在这段时间内，国务院学位委员会及其办公室下发的文件，均未将学位授权单位的审定和学科、专业的审核严格加以区分，而统称为学位授予单位的审定，这是因为，学位授权单位的审核与学科、专业点的审核是同时进行的，只要学科、专业点和导师获得通过，则授权单位也随之通过。"

这三批的学位授权审核，均按照"坚持标准、严格要求、保证质量、公平合理"的指导思想开展工作。

博士点、硕士点、博士学位授权单位、硕士学位授权单位的审核，基本由国务院学位委员会进行，省级学位委员会没有审核权力，部分学位授权单位1995 年试行自行审核硕士点。

1990 年 10 月 5 ～ 6 日，国务院学位委员会第九次会议在北京举行，审核通过第四批博士、硕士学位授予单位及学科、专业名单；通过《授予博士、硕士学位和培养研究生的学科、专业目录》；原则同意在我国试办工商管理硕士学位，我国专业学位设置试点工作开始。

第四次学位授权审核后，我国有博士点 2107 个，硕士点 7534 个；博士学位授予单位 271 个，硕士学位授予单位 586 个。

1993 年 4 月 26 日，国务院学位委员会发出《关于做好博士、硕士学位授权点审核工作的通知》，全面部署第五批博士、硕士学位授权点的申报和审核工作。5 月 26 日，国务院学位委员会发出《关于认真做好并严格控制新增博士和硕士学位授予单位推荐和审核工作的通知》，提出了审核新增博士、硕士学位授予单位的原则和基本条件，并对新增学位授予单位的申报和整体条件的评审工作提出了具体要求。9 月 21 ～ 29 日，国务院学位委员会学科评议组第五次会议在北京召开，审核了新增博士、硕士学位授予单位和新增博士、硕士授权学科、专业点及博士生指导教师。12 月 10 ～ 11 日，国务院学位委员会第十二次会议在北京召开，审议通过了第五批学位授权审核结果；审改了《关于进一步改革学位授权审核办法的意见》；原则通过了《关于开展学位与研究生教育评估工作的报告》，并公布给予"黄牌""红牌"警告的单位及其学科、专业点名单；开展由省级学位委员会组织审批硕士点的试点工作。

第五次学位授权审核后，我国有博士点 2398 个，硕士点 8467 个；博士学位授予单位 271 个，硕士学位授予单位 586 个。

1996 年 4 月 29 ～ 30 日，国务院学位委员会在北京召开第十四次会议，审批第六批博士、硕士学位授予学科专业名单；同意数学等 5 个学科共 26 个学科点试行按一级学科行使博士学位授予权；审议通过《专业学位设置审批办法》；批准设置和试办教育硕士专业学位。

第六次学位授权审核后，我国有博士点 2604 个，硕士点 9799 个；博士学位授予单位 277 个，硕士学位授予单位 633 个。

1997 年 4 月 23 ～ 24 日，国务院学位委员会第十五次会议在北京召开，审批了《授予博士、硕士和培养研究生的学科、专业目录》，审议并通过了关于1997 年博士、硕士学位授权审核工作的意见，设置医学和工程硕士专业学位方案等。6 月 6 日，国务院学位委员会、国家教育委员会颁布了新修订的《授予博士、硕士学位和培养研究生的学科、专业目录》；新的学科、专业目录是对 1990 年目录的修订；新目录增加了管理学学科门类，授予学位的学科门类增加到 12 个。

1998 年 1 月 14 日，国务院学位委员会批复同意军队学位委员会及北京市学位委员会、天津市学位委员会等 16 个地方学位委员会在国务院学位委员会授权的学科范围内审批硕士点。5 月 20～23 日，国务院学位委员会学科评议组第七次会议在北京召开，审核了新增博士、硕士学位授权点。6 月 17～18 日，国务院学位委员会第十六次会议在北京召开，审批了国务院学位委员会学科评议组第七次会议审核通过的新增学位授权单位及授权点名单。

第七次学位授权审核和调整对应学科专业目录后，我国有博士硕士学位授权一级学科点 388 个，博士点 1769 个，硕士点 8361 个；博士学位授予单位 303 个，硕士学位授予单位 655 个。

经过前三批学位授权审核，博士、硕士学位授权单位所占的比例已经超过了本科院校的 60% 以上，从数量上来说已经具有一定的规模。但是，由于审核时重点强调的是条件审核，没有过多的考虑按需授权，因此造成学科结构的不合理。

因此，在第四至七次审核中，严格控制了新增学位授予单位的数量；提出了"按需授权的原则""分层次办学的原则""学位授予单位以高校为主的原则""保证质量、宁缺毋滥"的原则。

这一时期，积极发展了我国的学位授权审核制度，又在保证质量、调整点的布局、分层次办学等方面进行了部分改革；同时，扩大了学位授权的口径，开始试行按一级学科行使博士硕士学位授予权。

1999 年 5 月 10～11 日，国务院学位委员会第十七次会议在京召开，审议并通过了《关于进行第八次博士、硕士学位授权审核工作的意见》，决定第八次博士、硕士学位授权审核工作制定并发布申报博士点的学科专业指南，较大幅度扩大了按一级学科审核学位授权的学科范围，对博士学位授权一级学科点的审核增加答辩程序，扩大了省级学位委员会和部分学位授予单位自审硕士点的试点范围。

2000 年 12 月 25～28 日，国务院学位委员会第十八次会议在京召开，批准了《第八批博士和硕士学位授权学科、专业名单》。第八次审核工作继续贯彻宏观调控与专家审核相结合的原则，总体上实现了授权点适度增列的目标。较好地调整和优化了学位授权点的学科结构和布局，急需和应优先发展的学科点获得较大幅度增列，部分长线或社会需求量少的学科没有增列，其他学科也基本做到了适度增列。

第八次学位授权审核，增列博士学位授权一级学科点 310 个；增列博士点 442 个，调整原有博士点 1 个；增列硕士点 2598 个（其中国务院学位委员会审批的硕士点 229 个，省级学位委员会审批的硕士点 1765 个，部分学位授予单位自行审批的硕士点 604 个），调整原有硕士点 11 个。此次审核工作还结合硕士学位授予单位研究生培养工作的评估，新增 7 所院校为博士学位授予单位。

后　记

如果以明代云南人入国子监和建立书院为云南高等教育的开端，则至今已有 600 余年的历史。但是到目前为止学术界还没有系统地开展过对云南高等教育史的研究，已有的研究成果极少而且较散。通过系统描述和深入分析较为全面地勾勒出云南高等教育的历史图景，以促进云南高等教育史的研究和教学是我们研究和写作本书的初衷。随着研究和认识的深入，我们已不满足于简单地描绘一段历史的画面，而是更想发现历史表象背后的内核。

德国著名史学家兰克（Leopold von Ranke）曾言："哲学家企图将现实压缩成一个系统，牺牲了历史世界的独特性，而历史寻求在个别中理解普遍。"发现独特性是我们写作本书的最终目标：通过梳理和研究云南高等教育发展变化的历史，去发现一个边疆多民族地区高等教育在艰难曲折发展过程中所显现的独特性，并借此寻求云南高等教育的发展之道。

我们得到了五点发现。①云南虽然教育资源极度匮乏，但是社会精英阶层却对发展教育充满了热情与渴望，试图通过教育培植人才以改变落后面貌。从南诏的入蜀求学到元明清地方大员的大力捐资办学，从上下勠力同心筹办东陆大学到改革开放后积极发展高等教育的举措，无不反映出社会精英发展教育、发展高等教育的迫切性和历史延续性。②云南社会经济发展水平的低下，导致教育基础的薄弱，云南高等教育发展主要依赖政府支撑，政府的政策导向、地方政府主要官员对教育的重视程度对教育的盛衰具有重要影响。③全面改革开放，借助外力发展高等教育是云南高等教育发展的另一个显著特征，也是云南高等教育得以提升品质的主要途径。近代的大规模国内外留学和抗战时期大量优质高等学校的迁入，使云南高等教育脱胎换骨。④高等教育对于云南具有较强的增强人民的国家认同、稳定边疆的政治功能。⑤高等教育发展的不平衡性在云南表现得更为突出。这一方面表现为高等教育的发展在时间上晚于其他地区，"起步晚"的特点十分突出；另一方面，反映在空间上的高度集中。在其发展的 600 余年间，云南的高等教育主要集中于昆明。发现这些特点或许对于当今制定云南的高等教育发展战略会有所启迪。

地方教育史的研究和写作很容易陷于区域的狭窄视野或就教育论教育的点状思维陷阱。我们尝试把云南高等教育的历史放在全国教育发展的大背景下，放在云南政治、经济和社会发展变迁的大背景下进行观察和理解，以尽可能避免认识的误区。因而本书对全国教育发展政策背景及云南经济和社会变迁节点、政策的制定予以较多着墨，以期读者能更好理解云南高教发展变化的社会基础和时代特征。

"如实地说明历史"是史家亘古的理想，我们也知道"严谨的事实陈述……无疑是历史编纂学的最高法则"，为此，我们力图把研究建立在坚实的史料基础上。"白头搔更短，浑欲不胜簪。"为了搜寻和考证史料，我们把大量的时间、精力沉浸其中，春夏秋冬，四季寒暑，甘苦自知。真可谓"为伊消得人憔悴"。同样是基于求真求实的原则，我们依据史料对若干学术界的旧说，包括一些影响较大的旧说予以了颠覆。

理想很丰满，现实很骨感。虽然我们自己对本书写作有着很高的期望，但在实际研究和写作过程中仍存在两大遗憾：一是由于无法言说的原因，本书删除了一章（近 5 万字）；二是由于我们的才、学、识史学三才均不佳，也由于研究中面临的种种困难，特别是我们都担任着一定行政职务，很难拿出完整的时间、静下心来搞研究，多数研究都是利用寒暑假以及节假日进行的，以致从课题立项到完成书稿撰写，历经七年，耗时太长，而研究却远未达到精深，还留下了较多遗憾。

本书总共八章，封海清撰写了第一章至第五章和第八章，张磊撰写了第六章、第七章和"云南高等教育大事记"。封海清对"云南高等教育大事记"进行了补充，并对全部书稿进行了统稿。

在本书完成之际，首先要感谢云南哲学社会科学规划办公室为本项貌似缺乏应用价值的研究提供了立项支持，使得我们有一个研究得以进行的条件和平台；感谢云南师范大学省级重点学科——教育学学科提供的资助。其次，感谢云南师范大学肖雄博士慨然提供的《明清云南书院与边疆文化教育发展研究》一书，该书为我们研究云南书院教育提供了研究方向；感谢研究生陈富贵、冯媛、温锡伟、刘豪对本项研究资料收集提供的帮助；感谢研究生胡天银、叶彬对本书资料引用的校核工作。最后，要感谢科学出版社教育与心理分社长付艳，以及朱丽娜、刘曹芃、崔文燕编辑对本书的出版付出的较多心血，我们为她们工作中表现出的高度责任感和高效、严谨的工作作风致以崇高敬意！

封海清

2018 年 7 月 5 日记于雨花陋室